21 世纪高职高专经济贸易类实用规划教材

金融学概论(第二版)

王 雯 主编
吕时礼 朱 颖 宋小红 副主编

清华大学出版社
北 京

内 容 简 介

本书结合国内外金融改革与发展的实践，在金融发展趋势、跨国货币、国际储备与汇率、通货膨胀、金融改革与创新等章节的内容上更加贴近现实，更具时代感。全书增加了知识拓展 MOOC 视频、专栏等内容，引导教学线上线下讨论与反思，旨在提高学生的自主学习能力。

全书共 12 章，分别对金融的基本概念、货币与货币制度、信用与利息、金融市场、金融机构体系、货币供求与失衡方面的内容作了具体分析；详尽介绍了中央银行、商业银行以及其他金融机构的业务构成及管理；阐明了货币供求规律和信用波动规律。

本书可作为高职高专院校会计电算化、财务管理、电子商务、国际贸易、物流管理、房地产经营与估价、涉外事务管理等专业的教材，亦可作为成人教育相关课程的教材，还可作为相关从业人员的参考书。

本书封面贴有清华大学出版社防伪标签，无标签者不得销售。
版权所有，侵权必究。举报: 010-62782989, beiqinquan@tup.tsinghua.edu.cn。

图书在版编目(CIP)数据

金融学概论/王雯主编. —2 版. —北京: 清华大学出版社，2017（2023.1重印）
(21 世纪高职高专经济贸易类实用规划教材)
ISBN 978-7-302-46159-3

Ⅰ. ①金… Ⅱ. ①王… Ⅲ. ①金融学—高等职业教育—教材 Ⅳ. ①F830

中国版本图书馆 CIP 数据核字(2017)第 013748 号

责任编辑: 吴艳华
装帧设计: 杨玉兰
责任校对: 周剑云
责任印制: 丛怀宇

出版发行: 清华大学出版社
　　　网　　址: http://www.tup.com.cn, http://www.wqbook.com
　　　地　　址: 北京清华大学学研大厦 A 座　　邮　编: 100084
　　　社 总 机: 010-83470000　　邮　购: 010-62786544
　　　投稿与读者服务: 010-62776969, c-service@tup.tsinghua.edu.cn
　　　质量反馈: 010-62772015, zhiliang@tup.tsinghua.edu.cn
　　　课件下载: http://www.tup.com.cn, 010-62791865

印 装 者: 北京同文印刷有限责任公司
经　　销: 全国新华书店
开　　本: 185mm×260mm　　印　张: 18.25　　字　数: 439 千字
版　　次: 2012 年 2 月第 1 版　2017 年 3 月第 2 版　印　次: 2023 年 1 月第 7 次印刷
定　　价: 58.00 元

产品编号: 070922-03

再 版 前 言

《金融学概论》第一版自2012年3月出版以来，得到了全国各地高校的好评和广大读者的厚爱与支持。以安徽工业经济职业技术学院、安徽职业技术学院、安徽水利水电职业技术学院等学校的7位教师组成的"金融学概论"课程教材编写团队，对《金融学概论》第一版进行了全面的修订。在教材修订过程中，本着理论与实践相结合、案例与启发相结合、知识拓展与专栏相结合的原则，汲取原教材的合理部分，增加了金融业的新发展、新内容，展现了我国近年来金融改革和创新的成就。本版教材在秉承第一版特点的基础上，精益求精，具有更强的生命力。

"金融学概论"是经济类各专业的基础课程，更是金融学专业的主干核心课程，在整个专业课程体系中占有十分重要的地位。在教材修订过程中，"金融学概论"课程教材编写以安徽省教育厅高等学校质量工程大规模在线开放课程(MOOC)示范项目"金融学概论"(项目编号：2014mooc079)为基础，依托教育部国家精品在线开放课程项目"金融学概论"(项目编号：2018-2-0074)，基于安徽省网络课程学习中心(e会学)平台开展MOOC示范教学应用，通过以知识点为单元设计的模块化MOOC教学视频、音频、影视、动画图片在线文本等富媒体的教学模式，提高学生的自主学习能力。《金融学概论》(第二版)在2017年—2018年教学应用效果好。2018年安徽省质量工程金融学概论MOOC示范项目经过安徽省教育厅组织专家评审，该项目结项被评选为"优秀"等级。

《金融学概论(第二版)》在原有基础上，对总体框架、层次结构、章节内容等进行了修订，全书共分十二章，大体上分为五部分，第一部分是基本范畴，主要介绍金融、货币、信用、利息与利率等；第二部分是微观金融部分，由金融市场、金融机构组成；第三部分是连接微观和宏观的"节"，即货币需求、货币供给以及货币失衡，第四部分是宏观金融部分，主要介绍通货膨胀、货币政策等；第五部分是金融运行环境，由金融与经济、金融风险防范与金融创新共同构成。

本书由安徽工业经济职业技术学院王雯副教授担任主编，安徽职业技术学院吕时礼副教授、安徽工业经济职业技术学院朱颖、安徽水利水电职业技术学院宋小红担任副主编，安徽工业经济职业技术学院范昱、何远景和郑雪娇任参编。具体分工如下：第二、七、十二章由王雯编写，第一章及全书电子教案由朱颖编写，第三至五章由范昱编写，第六、八、九章由何远景编写，第十、十一章由郑雪姣编写。全书由吕时礼、宋小红阅稿，王雯总纂定稿。本书由安徽工业经济职业技术学院副院长崔景茂教授审定。

在本书的编写和出版过程中，吸收了许多学者的研究成果，为了表示对他们的敬意和谢意，在书后列出了主要的参考书目。

由于作者水平有限，加之教学及管理任务繁重，编写过程中难免有疏漏或不当之处，恳请广大读者批评指正。

编 者

前　　言

当今，金融已逐渐成为世界经济领域内最活跃、最有能量的要素之一。经济决定金融，经济的发展水平决定了金融的发展水平，同时金融在服务于经济的过程中，又反作用于经济。2008年，一场因美国次贷危机引发的金融风暴席卷全球。像美国这样金融业高度发达、资本市场法律非常完善、衍生市场监管体系健全的经济体，经历了多年乃至长期的危机洗礼，仍然摆脱不了次贷危机导致的金融风暴的宿命。2011年8月，意大利、西班牙国债危机显现，美国股市继续大跌6%左右，四大银行之一的美国银行(Bank of America)大跌20%，花旗集团(CitiGroup)大跌16%。因此，世界各国开始从理论和实践上对现行世界货币体系、货币政策和金融监管进行新的反思与调整。而对于正处在金融市场发展初级阶段的中国等发展中国家来说，分析和研究金融理论发展是现实环境和实践的需要，具有重大的现实和理论意义。

正是从这个基点出发，我们组织编写了本书，以期为寻找解决金融危机对策的人们提供有益的借鉴。金融学作为一门具有吸引力和挑战性的学科，主要研究货币和金融体系的运行机制，是经济类各专业的核心课程，更是金融专业的主干课程，在整个专业课程体系中占有十分重要的地位。本书作为高职高专金融学专业的基础理论课程教材，在编写过程中，坚持从高职高专人才培养的要求出发，按"基础理论教学以应用为目的，以必需、够用为度"的原则，科学合理地处理专业内容与教学时数，增加了教学任务驱动环节，以案例教学为特色，培养学生的实践分析能力，力图使本书成为符合高职高专教学的实际需要、具有特色鲜明的教材。

全书共十二章，大体上分为四部分。第一部分是第一至四章，重点阐述金融、货币、信用、金融市场等基本理论和基本知识；第二部分是第五至七章，集中介绍金融机构体系的主体——金融机构，包括金融机构的基本特征、功能、种类，商业银行和中央银行的性质、职能、业务、体制等；第三部分是第八章，介绍国际金融知识；第四部分是第九至十二章，主要阐述货币供给、货币需求、货币均衡、通货膨胀、通货紧缩、货币政策、金融与经济发展、金融风险与防范、金融改革与创新等宏观问题的基本知识和理论。

本书由王雯担任主编，吕时礼、宋小红、朱颖担任副主编，具体分工如下：第二、七、十二章由王雯编写，第一章及全书电子教案由朱颖编写，第三至五章由范昱编写，第六、八、九章由何远景编写，第十、十一章由郑雪姣编写。全书由吕时礼、宋小红阅稿，王雯总纂定稿。本书由安徽工业经济职业技术学院院长助理崔景茂审定。

在本书的编写和出版过程中，吸收了许多学者的研究成果，为了表示对他们的敬意和谢意，在书后列出了主要的参考书目。

由于作者水平有限，加之教学及管理任务繁重，编写过程中难免有疏漏或不当之处，恳请广大读者批评指正。

编　者

目 录

第一章 金融概述 1
 第一节 金融和金融学 2
  一、金融的概念及构成要素 2
  二、金融学及金融体系的
    构成与功能 4
 第二节 金融的产生与发展 8
 第三节 金融工具 10
  一、金融工具的种类 10
  二、金融工具的特征 20
 本章小结 21
 复习思考题 22

第二章 货币与货币制度 23
 第一节 货币 24
  一、货币的产生与发展 24
  二、货币的本质、形态与职能 26
  三、货币的定义及计量 33
 第二节 货币制度 37
  一、货币制度的含义及构成要素 37
  二、货币制度的演变及发展 39
  三、我国的货币制度 43
  四、跨国货币制度 45
 本章小结 46
 复习思考题 46

第三章 信用、利息与利率 49
 第一节 信用 50
  一、信用的概念及构成要素 50
  二、信用的基本形式 51
  三、信用的经济功能 55
 第二节 利息与利率 57
  一、利息 57
  二、利率 57
 本章小结 63
 复习思考题 64

第四章 金融市场 67
 第一节 金融市场概述 68
  一、金融市场的概念 68
  二、金融市场的分类 69
 第二节 货币市场 71
  一、货币市场的概念和特征 71
  二、货币市场的资金供求者 71
  三、货币市场的结构及其内容 73
 第三节 资本市场 75
  一、资本市场的概念和特征 75
  二、证券发行 76
  三、有价证券 77
 第四节 其他金融市场 83
  一、外汇市场 83
  二、黄金市场 87
 本章小结 88
 复习思考题 89

第五章 金融机构体系 91
 第一节 金融机构 92
  一、金融机构的概念 92
  二、金融机构体系的一般构成 93
 第二节 非银行金融机构 100
  一、保险公司 100
  二、证券公司 101
  三、信托投资公司 101
  四、资产管理公司 102
  五、财务公司 103
  六、融资租赁公司 103
  七、信用合作社 104
 第三节 国际金融机构体系 104
  一、国际金融机构体系概述 104
  二、国际货币基金组织 106
  三、世界银行 108
  四、区域性国际金融机构 110

第四节 我国的金融机构体系............114
    一、我国金融机构体系的发展历史 . 114
    二、我国现行的金融机构体系........116
  本章小结..119
  复习思考题..120

第六章 商业银行............................123

  第一节 商业银行概述........................124
    一、商业银行的概念........................124
    二、商业银行的性质、职能与
      组织制度....................................125
    三、商业银行的发展趋势................128
  第二节 商业银行的负债业务和
      资产业务....................................129
    一、商业银行的负债业务................129
    二、商业银行的资产业务................134
  第三节 商业银行的中间业务................138
    一、中间业务的概念........................138
    二、中间业务的特点........................138
    三、中间业务的种类........................139
  第四节 商业银行的信用创造................143
    一、商业银行信用创造的
      相关概念....................................143
    二、商业银行创造派生存款的
      条件..144
    三、商业银行派生存款的
      创造过程....................................144
    四、商业银行派生存款的
      影响因素....................................146
  第五节 商业银行的经营与管理............147
    一、商业银行的经营原则................147
    二、资产负债管理理论及方法........147
  本章小结..149
  复习思考题..150

第七章 中央银行............................151

  第一节 中央银行概述........................152
    一、中央银行的产生和发展............152
    二、中央银行的制度类型................155
    三、中央银行的机构设置................157

  第二节 中央银行的性质及职能............158
    一、中央银行的性质........................158
    二、中央银行的职能........................160
    三、中国人民银行的职责................161
  第三节 中央银行的相对独立性............161
    一、中央银行保持相对独立性的
      含义及原因................................161
    二、中央银行相对独立性的表现....162
    三、中央银行相对独立性的
      不同模式....................................162
  第四节 中央银行的主要业务................163
    一、中央银行的负债业务................164
    二、中央银行的资产业务................166
    三、中央银行的中间业务................167
  本章小结..168
  复习思考题..169

第八章 国际金融概述........................171

  第一节 外汇....................................172
    一、外汇的概念................................172
    二、外汇的分类................................173
    三、外汇市场与外汇交易................174
  第二节 汇率....................................178
    一、汇率的标价方法........................178
    二、汇率的类型................................179
    三、影响汇率变动的因素................181
  第三节 国际收支....................................184
    一、国际收支的概念........................184
    二、国际收支平衡表及内容............184
    三、国际收支失衡的调节................186
    四、我国的国际收支........................187
  第四节 国际储备....................................190
    一、国际储备的概念及特征............190
    二、国际储备的构成........................191
    三、国际储备与国际清偿力............193
    四、国际储备的作用........................193
  本章小结..194
  复习思考题..194

第九章 货币供求与均衡 197

第一节 货币需求 198
一、货币需求概述 198
二、货币需求的种类 199
三、影响货币需求的因素 199
四、货币需求理论 201

第二节 货币供给 205
一、货币供给与货币供给量 205
二、货币供给量的供给 205

第三节 货币均衡 206
一、货币均衡的含义 206
二、货币失衡的表现及成因 207
三、货币均衡的实现机制 208

本章小结 210
复习思考题 210

第十章 通货膨胀与通货紧缩 213

第一节 通货膨胀 214
一、通货膨胀的含义 214
二、通货膨胀的度量 215
三、通货膨胀的成因与类型 216
四、通货膨胀的危害与治理 221

第二节 通货紧缩 226
一、通货紧缩的含义 226
二、通货紧缩的测量 227
三、通货紧缩的成因及治理 229

本章小结 231
复习思考题 232

第十一章 货币政策 235

第一节 货币政策的目标 236
一、货币政策的含义 236
二、货币政策的目标体系 237
三、我国的货币政策目标 244

第二节 货币政策工具 244
一、一般性货币政策工具 245
二、选择性货币政策工具 248
三、其他货币政策工具 249
四、我国货币政策工具的使用和选择 250

第三节 货币政策的传导 252
一、货币政策传导机制 252
二、我国货币政策的传导机制 256

第四节 货币政策与其他宏观政策的配合 258
一、货币政策与财政政策的配合 258
二、货币政策与收入政策的配合 259
三、货币政策与产业政策的配合 260

本章小结 260
复习思考题 261

第十二章 金融发展与改革创新 263

第一节 金融与经济发展的关系 264
一、金融与经济发展 264
二、经济货币化与经济金融化 266

第二节 金融风险及其防范 267
一、金融风险的含义及种类 268
二、当前我国金融各主要行业的风险表现 269
三、金融风险防范对策 270

第三节 金融改革与创新 272
一、金融改革与创新的必要性 272
二、金融改革创新的主要任务 273

第四节 我国的金融改革与金融创新 275
一、金融改革与金融创新的关系 276
二、金融创新的重点 278

本章小结 279
复习思考题 279

参考文献 281

第一章

金融概述

【学习目标】

通过本章的学习,掌握金融的概念及构成要素;熟悉金融学的概念及其分类;掌握金融学体系的构成;了解金融的产生与发展;掌握金融工具的特点及其种类;能够根据所学的金融学基本知识分析金融在经济活动中发挥的作用。

【本章导读】

钱多"钱荒"话货币流通

一般意义上的钱荒含义是指市场上流通的钱过于稀少,不能满足人们正常的商品生产和商品流通需要而引起的一种危机现象。但是,如果滥发钞票,势必引起通货膨胀、物价上涨、货币贬值,甚至货币废弃的另一种"钱荒"现象。

1948年8月,国民党政府为了维持自己的最后统治,制止法币带来的金融危机,强行发行金圆券,确定国家以金圆券为本位币,并规定金圆券每元值纯金0.222 17公分。金圆券开始发行的面额分1元、5元、10元、50元、100元五种,发行总额定为20亿元为限。以金圆券1元折合300万元的比率,收兑贬值的法币。黄金每两兑金圆券4元,白银每两兑金圆券3元,银币每枚兑金圆券2元。至1949年6月,金圆券的发行面额为1万元、5万元、10万元、50万元、100万元,且还印制了500万元券,但来不及发行。发行总额为130余万亿元。黄金每两兑金圆券900亿元,银币每枚兑金圆券10亿元。由这些数字可以看出,短短10个月,黄金涨了45 000万倍,银元涨了5亿倍,其他物价所涨倍数也与金银不相上下。从这一组数字可以看出,这种极度违背货币流通规律的货币必然是短命的货币。至1949年6月22日,金圆券在出台10个月后结束了它的短暂生命而宣告终结。

问题:通过上述材料试用货币流通规律加以分析。

(资料来源:百度文库)

第一节　金融和金融学

一、金融的概念及构成要素

(一)金融的概念

简单来说,金融就是资金的融通,是货币流通和信用活动以及与之相联系的经济活动的总称。广义的金融泛指一切与信用货币的发行、保管、兑换、结算、融通有关的经济活动,甚至包括金银的买卖;狭义的金融专指信用货币的融通。

详细解释:金,金子;融,融通;金融——金子的融会贯通。古今中外,黄金因其具有不可毁灭性、高度可塑性、相对稀缺性、无限可分性、同质性及色泽明亮等特点,成为经济价值最理想的代表、储存物、稳定器和交换媒介之一,并因此成为世人喜爱和追逐的对象。

黄金曾一度成为国际贸易中唯一的媒介。在易货经济时代,商人只能进行对口的交易,以物易物,因此,人类的经济活动受到巨大的制约。在金本位经济时代,价值与财富以实物资产——黄金为依据和标准,这种客观的物理方法非常有利于全球经济的平稳发展。然而,作为价值流通的载体,黄金受其不利的一面如搬运、携带、转换等不便的物理条件的限制,而让位于更为灵活的纸币(货币)。如今,货币经济不仅早已取代了原始的易货经济,而且覆盖了金本位经济。货币经济在给人类带来空前经济自由的同时,也给人类带来诸多麻烦和问题,如世界贸易不平衡、价值不统一、通货膨胀、货币贬值、经济发展大起大落等,甚至成为引发席卷全球性的金融危机的重要宏观因素之一,最终造成全球贸易失衡。

【专栏 1-1】

在古代欧洲，人们认为金子是由绝对纯净的硫黄和汞完美融合而成的，这听着有点耳熟，中国的炼丹道士也是对这两样东西钟爱有加。虽然炼金术士们失败了，但是他们却成为欧洲最早的化学家，对欧洲早期的化学发展做出了卓越的贡献。

黄金可能是史前人类加工过的第一种金属。早在 6200 多年前的石器时代，保加利亚原始人已经开始加工黄金，2500 多年前的古埃及人就已经掌握了黄金提纯技术。

脱离金本位的初衷是想实现经济自由和稳定发展，然而，今天却适得其反。在货币多样化的今天，现代金融中的含"金"量越来越少，但其内涵、作用及风险却越来越广、越来越大，并已渗透到社会的各个角落和每个人的生活中。

如今，尽管金融中的含"金"量越来越少，但其作为价值的流动性却越来越强。金融已经成为整个经济的"血脉"，渗透到社会的方方面面。人体的活动会带动血液的流动，同样，所有经济活动都会带动金融(资金和价值)的流动。离开了流通性，金融就变成"一潭死水"，价值就无法转换；价值无法转换，经济就无法运转；经济无法运转，新的价值也无法产生；新的价值无法产生，人类社会就无法发展。反过来，金融危机发展到一定程度就会演变为经济危机，经济危机发展到一定程度就会演变为社会危机，这是不以人类意识为转移的客观金融规律。

金融的核心是跨时间、跨空间的价值交换，所有涉及价值或者收入在不同时间、不同空间之间进行配置的交易都是金融交易。金融学就是研究跨时间、跨空间的价值交换为什么会出现、如何发生、怎样发展等。

例如，"货币"的出现首先是为了把今天的价值储存起来，等明天、后天或者未来的任何时候，再把储存其中的价值用来购买其他东西。货币同时也是跨地理位置的价值交换，今天你在张村把东西卖了，带上钱，走到李村，你又可以用这钱去买想要的东西。因此，货币解决了价值跨时间的储存、跨空间的移置问题，货币的出现对贸易、对商业化的发展是革命性的创新。

像明清时期发展起来的山西"票号"，则主要以异地价值交换为目的，让本来需要跨地区运物、运银子才能完成的贸易，只要送过去山西票号出具的"一张纸"即汇票就可以了。其好处是大大降低了异地货物贸易的交易成本，让物资生产公司、商品企业把注意力集中在自己的特长商品上，把异地支付的挑战留给票号经营商，体现各自的专业分工。在交易成本如此降低之后，跨地区贸易市场不快速发展也难！

(二)金融的构成要素

金融的构成要素主要有以下五个方面。

(1) 金融对象：货币(资金)。由货币制度所规范的货币流通具有垫支性、周转性和增值性。

(2) 金融方式：以借贷为主的信用方式为代表。金融包括直接融资和间接融资，其中直接融资是指无中介机构介入的金融；而间接融资是指通过中介结构的媒介作用来实现的金融。

(3) 金融机构：通常有银行和非银行金融机构。

(4) 金融场所：即金融市场，包括资本市场、货币市场、外汇市场、保险市场和衍生性金融工具市场等。

(5) 制度和调控机制：对金融活动进行监督和调控等。

二、金融学及金融体系的构成与功能

(一)金融学的概念及分类

1. 金融学的概念

金融学是以融通货币和货币资金的经济活动为研究对象，具体研究个人、机构、政府如何获取、支出、管理资金以及其他金融资产的学科，是从经济学中分化出来的学科。

1) 国内定义

在国内学界，对 finance 一词的翻译及内涵界定存在较大争议。总览国内出版的各类财经专业辞典，finance 一词的汉语对译主要有"金融""财政""财务""融资"四种。相对而言，后三种译法用途相对特定，唯有"金融"颇值商榷。"金融"就其理论内涵来说，在国内具有转轨经济背景下的典型特征。基于货币、信用、银行、货币供求、货币政策、国际收支、汇率等专题的传统式金融研究，对于"金融"一词的代表性定义为"货币流通和信用活动以及与之相联系的经济活动的总称"(刘鸿儒，1995)，并不突出反映资本市场的地位。一般而言，国内学界理解"金融学"，主要以"货币银行学"和"国际金融"两大代表性科目为主线。其原因大致有：一是在视资本、证券为异类的历史环境下，由政府主导的银行业间接融资是金融实践的中心内容。与此相适应，针对银行体系的货币金融研究成为金融学绝对主导。二是发端于 20 世纪 80 年代初的改革开放国策导致对外贸易加强，因此国内高校大多开设以国际收支和贸易为核心的"国际金融学"专业。

2) 国外定义

在国外学界，对金融学较有权威的解释可参照《新帕尔格雷夫货币金融大辞典》中的 finance 相关词条。由斯蒂芬·A. 罗斯(Stephen A. Rose)撰写的 finance 词条称："金融以其不同的中心点和方法论而成为经济学的一个分支，其中心点是资本市场的运营、资本资产的供给和定价。其方法论是使用相近的替代物给金融契约和工具定价。"罗斯概括了 finance 的四大课题："有效率的市场""收益和风险""期权定价理论"和"公司金融"。罗斯的观点集中体现了西方学者界定 finance 倚重微观内涵及资本市场的特质。

西方学界对 finance 的理解集中反映在两门课程：一是以公司财务、公司融资、公司治理为核心内容的公司金融。二是以资产定价为核心内容的投资学。值得一提的是，国内很多学者将 corporate finance 译作"公司财务"或"公司理财"，很容易使人误解其研究对象为会计事项，今后应予修正。总体观之，国内所理解的"金融学"，大抵属于西方学界宏观经济学、货币经济学和国际经济学领域的研究内容。而西方学界所指的 finance，就其核心研究对象而言更侧重微观金融领域。

2. 金融学的分类

鉴于以上分析，金融学分为三大学科支系：微观金融学、宏观金融学，以及由金融与数学、法学等学科互渗形成的交叉学科。这种界定对于澄清目前中国学术界的金融学定义之争应有所帮助。

1) 微观金融学

微观金融学即国际学术界通常理解的 finance，主要包含公司金融、投资学和证券市场微观结构三个大的方向。微观金融学科通常设在商学院的金融系内。微观金融学是目前我国金融学界和国际学界差距最大的领域，亟须改进。

2) 宏观金融学

国际学术界通常把与微观金融学相关的宏观问题研究称为宏观金融学。宏观金融学又可以分为两类：一是微观金融学的自然延伸，包括以国际资产定价理论为基础的国际证券投资和公司金融、金融市场和金融中介机构等。这类研究通常设在商学院的金融系和经济系内。二是国内学界以前理解的"金融学"，包括"货币银行学"和"国际金融"等专业，涵盖有关货币、银行、国际收支、金融体系稳定性、金融危机的研究。这类专业通常设在经济系内。

宏观金融学的研究在我国有特别的意义。这是因为微观金融学的理论基础是有效市场理论，而这样的市场在我国尚未建立，所以公司和投资者都受到更大范围的宏观因素影响。金融学模型总会在开始说"让我们假设……"，例如，以金融的范式——资本资产定价模型为例，詹森(1972)归纳出 CAPM 建立在下述七个假设上：所有投资者追求单周期的财富期望效用最大化；根据期望收益的均值和方差选择资产组合；可以无限量地拆借资金；对所有资产的收益回报有相同的估计；他们是价格的接受者，资本市场是完全竞争的；资产总量是固定的，没有新发行的证券，并且证券可以完全分离，交易无成本；最后，资本市场无税收。这些假设显然过于苛刻，尤其在我国这样的不成熟市场更难成立。

诸如此类的假设，侧面反映了宏观经济体制、金融中介和市场安排等问题。而这些问题，正是这里所定"宏观金融学"的研究内容。

3) 金融学和其他学科的交叉学科

伴随社会分工的精细化，学科交叉成为突出现象，金融学概莫能外。实践中，与金融相关性最强的交叉学科有两个：一是由金融和数学、统计、工程学等交叉而形成的"金融工程学"；二是由金融和法学交叉而形成的"法和金融学"。金融工程学使金融学走向象牙塔，而法和金融学将金融学带回现实。

数学、物理和工程学方法在金融学中被广泛应用，阐述金融思想的工具从日常语言发展到数理语言，具有了理论的精神与抽象，是金融学科的一个进步。

金融是艺术而非科学。物理学理论模型使用确定性的参数，而金融学研究不确定性条件下的决策，所以不存在完美的金融模型来指导实践。科学利用理论模型引导人们的认识由未知走向已知，而金融利用理论模型从一种期望变成另一种期望——如股票定价、期权定价模型的参数分别是期望红利和期望收益变动率，永远是一个不确定性。

基于以上原因，加之我国金融衍生产品等金融工具的缺乏，笔者认为，金融工程学在我国近期不会有太大的现实意义。金融学人应该学会"走过数学"。另一方面，我国金融改革实践的发展却亟须法和金融学的理论指导，可以预见法和金融学在我国将会有相当大的发展。

我国目前金融改革的结构性难题大多同时涉及法律和金融两方面问题，如在转型期的法律体系下，什么样的金融体系最能有效配置资源？怎样为解决银行坏账的资产证券化业务等金融创新提供法律支持？怎样修改公司法、证券法、破产法、商业银行法等法律中不合时宜的条款，激励金融创新？等等。类似的研究在国际学术界近年来已成风潮，而且逐渐形成了一门新兴学科，谓之"法和金融学"。

"法和金融学"是自20世纪70年代兴起的"法和经济学"的延伸，罗利(Rowley，1989)把法和经济学定义为"应用经济理论和计量经济学方法考察法律和法律制度的形成、结构、程序和影响"；法和经济学强调法学的"效益"：即要求任何法律的制定和执行都要有利于资源配置的效益并促使其最大化。法和金融学有两大研究方向：一是结合法律制度来研究金融学问题，也就是以金融学为中心，同时研究涉及的法律问题，强调法律这一制度性因素对金融主体行为的影响，这也是本书的核心任务；二是利用金融学的研究方法来研究法学问题，本书同时覆盖这方面的重要问题，如金融立法和监管的经济学分析。

法和金融学对中国的金融创新和司法改革的意义尤为深远。目前，这门学科在我国尚属空白，吴敬琏教授和江平教授最近已开始倡导经济和法的融合研究，不过目前学术界的研究还停留在概念引进阶段，其对实际工作和教学科研的意义尚未显露。换言之，要实现法和金融学由概念诠释到实务操作、教学普及直至学科发展的跃升，学界仍需付出巨大努力，从头做起。

(二)金融体系的构成与功能

1. 金融体系在国民经济中的地位

一个经济社会面临的四大基本问题是：生产什么商品和生产多少？如何生产？为谁生产？这就是如何进行资源配置的问题。这种分配并不是无偿的，而是有偿的。也就是说，获得资源者必须为其获得的资源支付相应的报酬。

一方面，经济社会通过市场交换等方式将短缺资源分配给最需要的生产者和消费者；另一方面，获得资源的生产者和消费者为其获得的资源支付相应的报酬。因此，一个经济体系必然形成物流和资金流。物流和资金流是经济体系运行的两大基本流量。在经济运行中，这两大基本流量互相依赖、互相补充，缺一不可。在现代经济条件下，资金的流动主要是通过金融体系来实现的。

2. 金融体系的概念

金融体系，又称金融系统，是各种金融工具、机构、市场和制度等一系列金融要素的集合，即这些金融要素为实现资金融通功能而组成的有机系统。它通过吸收存款、发放贷款、发行证券、交易证券、决定利率、创造金融产品并在市场流通等金融行为，实现把短缺的可贷资金从储蓄者转移到借款者手中，以购买商品、服务和投资，从而促进经济增长，满足人们的生活需要。

金融体系的资金流动：资金富裕者进行储蓄；资金短缺者需要融资。金融体系为资金富余者和资金短缺者之间的资金融通提供了有用的渠道。

因此，金融体系中的资金流动不仅是为了满足经济支付的需要，而且是为了满足资金需求者融入资金、资金富裕者融出资金的需要，而后者已经成为现代金融体系最基本的功能。

3. 金融体系的构成要素

金融体系作为各种金融要素有机组合的一个整体，它的功能是这些构成要素综合作用的结果。构成金融体系的基本要素主要包括：作为交易对象的金融资产或金融工具，作为金融中介和交易主体的金融机构，作为交易场所的金融市场以及作为交易活动的组织形式和制度保障的金融体制和制度。

1) 金融资产或金融工具(即交易对象)

金融资产，是一种未来收益的索取权，通常以凭证、收据或其他法律文件表示，由货币的贷放而产生。发行或出售金融资产可使发行人或转让者获得资金，购买并持有金融资产可能给购买者和持有人带来未来收益。金融资产是实现资金融通的工具，所以金融资产又是金融工具。

2) 金融机构(即交易中介)

金融机构，又称金融中介机构，其基本功能就是在间接融资过程中作为连接资金需求者与资金盈余者的桥梁，促使资金从盈余者流向需求者，实现金融资源的重新配置。

金融机构作为金融中介，一方面通过发行自己的金融资产(存单、债券和股票)来筹集资金，另一方面又通过提供贷款或购买债券、股票向资金需求者提供资金。

3) 金融市场(即交易场所)

金融市场的含义有狭义和广义之分。

(1) 狭义的金融市场，是指金融资产交易的场所。早期的金融市场为有形市场，随着现代电子通信技术和网络技术的迅速发展，现代金融市场正在向无形市场方向发展。

(2) 广义的金融市场，泛指金融资产的供求关系、交易活动和组织管理等活动的总和。

金融市场是在不断发展完善的。金融市场的发育程度直接影响金融体系功能的发挥，因此，其发育程度也是一国金融体系发育程度的重要标志。

4) 金融体制和制度(即交易规则)

金融体制和制度是指有关金融活动、组织安排、监督管理及其创新的一系列在社会上通行或被社会采纳的习惯、道德、戒律和法规等构成的规则集合，也是与金融市场、金融组织和金融活动相关的各种规则的总和。它是金融运行的行为规范和制度保障。

4．金融体系的基本功能

金融体系是提供资金的融通渠道，现代金融体系的基本功能包括以下八个方面。

(1) 储蓄和金融投资功能(为资金盈余者提供的服务)：提供各种金融工具和储蓄、投资渠道等。

(2) 融资功能(为资金短缺者提供的服务)：提供融资工具和渠道等。

(3) 提供流动性功能(实现资产转换)：为社会成员提供以较小的损失风险、较短的时间将金融资产转化为现金的方式和渠道。

(4) 配置金融资源功能(整合为盈余和短缺双方服务功能)：通过价格机制(如利率的变动)实现金融资源的优化配置。

(5) 提供信息功能：必须为投、融资者的决策提供信息支持。

(6) 管控风险功能：转移风险、控制风险和管理风险的功能。

(7) 清算和支付结算功能：银行清算体系提供的快速、准确、安全、方便的清算和支付结算服务，是现代经济运行不可缺少的重要服务。

(8) 传递金融政策效应功能：金融政策对经济的调节作用是通过金融体系的传递来实现的。

【知识拓展 1-1】无处不在的身边金融——什么是金融
MOOC 网址：安徽省网络课程学习中心 http://www.ehuixue.cn/View.aspx?cid=495

第二节　金融的产生与发展

金融业起源于公元前 2000 年巴比伦寺庙和公元前 6 世纪希腊寺庙的货币保管和收取利息的放款业务。公元前 5 至前 3 世纪在雅典和罗马先后出现了银钱商和类似银行的商业机构。在欧洲，从货币兑换业和金匠业中发展出现代银行。最早出现的银行是意大利威尼斯的银行(1580 年)。1694 年英国建立了第一家股份制银行——英格兰银行，这为现代金融业的发展确立了最基本的组织形式。此后，各资本主义国家的金融业迅速发展，对加速资本的积聚和生产的集中起到了巨大的推动作用。19 世纪末 20 世纪初，主要资本主义国家进入垄断资本主义阶段。以信用活动为中心的银行垄断与工业垄断资本相互渗透，形成金融资本，控制了资本主义经济的命脉。

中国金融业的起点可追溯到公元前 256 年以前周代出现的办理赊贷业务的机构，《周礼》称之为"泉府"。南齐(479—502)时出现了以收取实物作抵押进行放款的机构——"质库"，即后来的当铺，当时由寺院经营，至唐代改由贵族垄断，宋代时出现了民营质库。明朝末期钱庄(北方称银号)曾是金融业的主体，后来又陆续出现了票号、官银钱号等其他金融机构。由于长期的封建统治，现代银行在我国出现较晚。鸦片战争以后，外国银行开始进入中国，最早的是英国丽如银行(1845)，随后又相继设立了英国的麦加利银行(即渣打银行)和汇丰银行、德国的德华银行、日本的横滨正金银行、法国的东方汇理银行、俄国的华俄道胜银行等。中国人自己创办的第一家银行是 1897 年成立的中国通商银行。辛亥革命以后，特别是第一次世界大战开始以后，我国的银行业开始有较快的发展，银行逐步成为金融业的主体，钱庄、票号等相应退居次要地位，并逐步衰落。中国银行业的发展基本上是与民族资本主义工商业的发展互为推进的，这表明了金融业与工商业之间的紧密联系以及对国民经济的重要影响。

现代金融业经过长时间的历史演变，从古代社会比较单一的形式逐步发展成多种门类的金融机构体系。在现代金融业中，各类银行占有主导地位。商业银行是现代银行最早和最典型的形式，城市银行、存款银行、实业银行、抵押银行、信托银行、储蓄银行等虽都经营金融业务，但业务性质常有较大差异，而且，金融当局往往对它们的业务范围有所限制。现代商业银行一般综合经营各种金融业务。大商业银行除在本国设有大量分支机构外，往往在国外也设有分支机构，从而成为世界性的跨国银行。现代大商业银行通常是大垄断财团的金融中心。持股公司已成为当代发达资本主义国家金融业的重要组织形式。与商业银行性质有所不同的是专业银行。专业银行一般由国家(政府)出资或监督经营，其业务特别是信贷业务大都侧重于某一个或几个行业，并以重点支持某些行业的发展为经营宗旨。中央银行的建立是金融业发展史上的一个里程碑。在现代金融业中，中央银行处于主导地位。它是货币发行银行、政府的银行和银行的银行，负责制定和执行国家的金融政策，调节货币流通和信用活动，一般也是金融活动的管理与监督机关。

除银行外，现代金融业中还包括各种互助合作性金融组织(如合作银行、互助银行、信用合作社或信用组合等)、财务公司(或称商人银行)、贴现公司、保险公司、证券公司、金融咨询公司、专门的储蓄汇兑机构(如储金局、邮政储汇局等)、典当业、金银业、金融交易所(证券交易所、黄金交易所、外汇调剂市场等)和资信评估公司等。现代金融业的经营手段已十分现代化，电子计算机和自动化服务已相当普及。

中华人民共和国的金融业始创于革命根据地。最早的金融机构是第一次国内革命战争时期在广东、湖南、江西、湖北等地的农村信用合作社，以及1926年12月在湖南衡山柴山洲特区由农民协会创办的柴山洲特区第一农民银行。随着革命战争的发展，各革命根据地纷纷建立起农村信用合作社和银行。1948年12月1日，中国人民银行在河北石家庄市成立。中华人民共和国建立后，革命根据地和解放区的银行逐步并入中国人民银行。政府没收了国民党的官僚资本银行，并对私营金融业进行了社会主义改造。在此基础上建立起高度集中统一的国家银行体系。同时，政府在广大农村地区发动和组织农民建立了大批集体性质的农村信用合作社，并使它们发挥了国家银行在农村基层机构的作用。高度集中的"大一统"国家银行体系与众多的农村信用合作社相结合是20世纪50—70年代中国金融业的最显著特点。 从1979年起，中国开始对金融业进行体制改革。中国人民银行摆脱了具体的工商信贷业务，开始行使中央银行的职能；国家专业银行逐一成立；保险公司重新成立并大力发展国内外业务；股份制综合性银行和地区性银行开始建立；信托投资机构大量发展；租赁公司、财务公司、城市信用合作社、合作银行、证券公司、证券交易所、资信评估公司、中外合资银行、外资银行等都得到一定程度的发展，形成一个以专业银行为主体、中央银行为核心、各种银行和非银行金融机构并存的现代金融体系如图1-1所示。

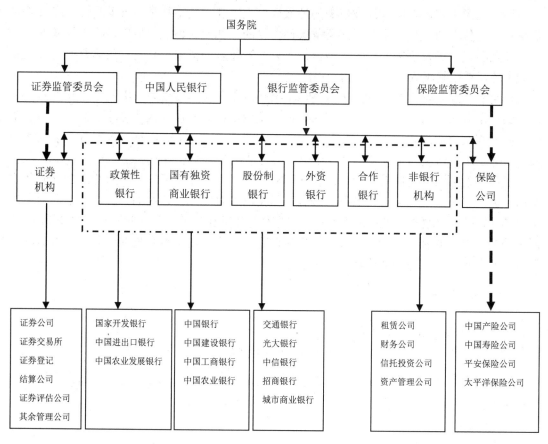

图1-1 中国现代金融体系

【知识拓展 1-2】商羊飞舞，众望所归——我国金融发展历程
MOOC 网址：安徽省网络课程学习中心 http://www.ehuixue.cn/View.aspx?cid=495

第三节 金融工具

一、金融工具的种类

金融工具是在信用活动中产生的，是能够证明金融交易金额、期限、价格的书面文件。它对于债权债务双方所应承担的义务与享有的权利均有法律约束意义。

金融工具，也称信用工具，种类繁多，近年来随着金融创新的推进，更多的金融工具品种涌入经济生活之中。下面主要介绍以下几种。

(一)商业票据

商业票据是起源于商业信用的一种传统金融工具，也是工商业者之间信用买卖商品时用来证明债权债务的书面凭证。

典型的商业票据是产生于商品交易中的延期支付，换言之，即有商品交易的背景。商业票据只反映由此产生的货币债权债务关系，而不反映交易的内容，因为交易行为已经完结，商品已经过户，这叫作商业票据的抽象性或无因性，其特征是不可争辩性，即只要证实票据不是伪造的，应该根据票据所载条件付款的人就无权以任何借口拒绝履行义务。此外，商业票据的签发不需要提供其他保证，只靠签发人的信用。因而，商业票据能否进入金融市场，要视签发人的资信度为转移。

传统的商业票据有本票和汇票两种。本票是由债务人向债权人发出的支付承诺书，承诺在约定期限内支付一定款项给债权人；汇票是由债权人向债务人发出的支付命令书，命令债务人在约定的期限内支付一定款项给第三人或持票人。汇票必须经过债务人承认才有效。债务人承认付款的手续叫承兑。无论本票还是汇票，期限均不超过 1 年。

现在，融通票据，即并无交易的背景而只是为了融通资金所签发的商业票据有很大的市场。融通票据是与"真实"票据，即有商品交易背景的票据相对的。融通票据金额多为大额整数，以方便融资。它的签发者多为大的商业公司及金融公司。西方在 18 世纪后期 19 世纪前期曾对这两种票据的优劣以及银行应对它们所采取的态度有长期的争论。本书第七章第四节讲到银行业务时会涉及这一问题。

(二)银行票据

【知识拓展 1-3】银行票据
MOOC 网址：http://www.ehuixue.cn/View.aspx?cid=495

银行票据是在银行信用基础上产生的短期金融工具，主要包括银行本票、银行汇票、银行支票和信用证。

1. 银行本票

本票是出票人签发的，承诺自己在见票时无条件支付确定的金额给收款人或者持票人

的票据。银行本票是申请人将款项交存银行，由银行签发给其凭以办理同一票据交换区域内转账或支取现金的票据。它适用于同城范围内的商品交易、劳务供应及其他款项的结算。目前，在我国流通并使用的本票只有银行本票一种。银行本票分为定额本票和不定额本票两种，定额银行本票面额分为 1000 元、5000 元、10 000 元和 50 000 元四种。

1) 银行本票的特征

银行本票的特征主要表现在以下三个方面。

(1) 自付票据。本票是由出票人本人对持票人付款。

(2) 基本当事人少。本票的基本当事人只有出票人和收款人两个。

(3) 无须承兑。本票在很多方面可以适用汇票法律制度，但是由于本票是由出票人本人承担付款责任，无须委托他人付款，所以本票无须承兑就能保证付款。

2) 使用提示

(1) 银行本票可以用于转账，填明"现金"字样的银行本票，也可以用于支取现金，现金银行本票的申请人和收款人均为个人。

(2) 银行本票可以背书转让，但填明"现金"字样的银行本票不能背书转让。

(3) 银行本票的提示付款期限自出票日起 2 个月。

2. 银行汇票

汇票是出票人签发的，委托付款人在见票时或者在指定日期无条件支付确定的金额给收款人或者持票人的票据。汇票按照出票人的不同分为银行汇票和商业汇票。由银行签发的汇票为银行汇票，由银行以外的企业、单位等签发的汇票为商业汇票。

银行汇票的出票银行为银行汇票的付款人。单位和个人各种款项的结算，均可使用银行汇票。银行汇票可以用于转账，填明"现金"字样的银行汇票也可以用于支取现金。申请人或者收款人为单位的，不得在"银行汇票申请书"上填明"现金"字样。

1) 银行汇票的相关规定

(1) 银行汇票一律记名。所谓记名是指在汇票中指定某一特定人为收款人，其他任何人都无权领款；但如果指定收款人以背书方式将领款权转让给其指定的收款人，其指定的收款人有领款权。

(2) 银行汇票的汇票金额起点为 500 元。500 元以下的款项银行不予办理银行汇票结算。

(3) 银行汇票的付款期为 1 个月。这里所说的付款期，是指从签发之日起到办理兑付之日止的时期。这里所说的 1 个月，是指从签发日开始，不论月大月小，统一到下月对应日期止的一个月。例如，签发日为 3 月 5 日，则付款期到 4 月 5 日止。如果到期日遇到节假日可以顺延。逾期的汇票，兑付银行将不予办理。

2) 银行汇票结算方式

银行汇票结算方式是指利用银行汇票办理转账结算的方式。与其他银行结算方式相比，银行汇票结算方式具有以下几个方面的特点。

(1) 适用范围广。银行汇票是目前异地结算中较为广泛采用的一种结算方式。这种结算方式不仅适用于在银行开户的单位、个体经济户和个人，而且适用于未在银行开立账户的个体经济户和个人。凡是各单位、个体经济户和个人需要在异地进行商品交易、劳务供应和其他经济活动及债权债务的结算，都可以使用银行汇票，并且银行汇票既可以用于转账结算，也可以支取现金。

(2) 票随人走，钱货两清。实行银行汇票结算，购货单位交款，银行开票，票随人走；购货单位购货给票，销售单位验票发货，一手交票，一手交钱；银行见票付款，这样可以减少结算环节，缩短结算资金在途时间，方便购销活动。

(3) 信用度高，安全可靠。银行汇票是银行在收到汇款人款项后签发的支付凭证，因而具有较高的信誉。银行保证支付，收款人持有票据，可以安全及时地到银行支取款项。而且，银行内部有一套严密的处理程序和防范措施，只要汇款人和银行认真按照汇票结算的规定办理，汇款就能保证安全。一旦汇票丢失，如果确属现金汇票，汇款人可以向银行办理挂失，填明收款单位和个人，银行可以协助防止款项被他人冒领。

(4) 使用灵活，适应性强。实行银行汇票结算，持票人可以将汇票背书转让给销货单位，也可以通过银行办理分次支取或转让。

(5) 结算准确，余款自动退回。一般来讲，购货单位很难准确地计算具体购货金额，因而出现汇多用少的情况是不可避免的。在有些情况下，多余款项往往长时间得不到清算，从而给购货单位带来不便和损失。而使用银行汇票结算则不会出现这种情况，单位持银行汇票购货，凡在汇票的汇款金额之内的，可根据实际采购金额办理支付，多余款项将由银行自动退回。这样可以有效地防止交易尾欠的发生。

3. 银行支票

银行支票是以银行为付款人的即期汇票，可以看作是汇票的特例。支票出票人签发的支票金额，不得超出其在付款人处的存款金额。如果存款低于支票金额，银行将拒付。这种支票称为空头支票，出票人要负法律上的责任。

开立支票存款账户和领用支票必须有可靠的资信，并存入一定的资金。支票可分为现金支票和转账支票。支票一经背书即可流通转让，具有通货作用，成为替代货币发挥流通手段和支付手段职能的信用流通工具。运用支票进行货币结算，可以减少现金的流通量，节约货币流通费用。

1) 支票的特点

支票具有如下特点。

(1) 使用方便，手续简便、灵活。

(2) 支票的提示付款期限自出票日起 10 天。

(3) 支票可以背书转让，但用于自取现金的支票不得背书转让。

2) 支票的种类

支票的种类很多，常见的支票有以下几种。

(1) 记名支票。记名支票是在支票的收款人一栏写明收款人姓名，如"限付某甲"或"指定人"，取款时须由收款人签章，方可支取的支票。

(2) 不记名支票。不记名支票，又称空白支票，支票上不记载收款人姓名，只写"付给来人"，即取款时持票人无须在支票背后签章，即可支取。此项支票仅凭交付而转让。

(3) 划线支票。划线支票是在支票正面划两道平行线的支票。划线支票与一般支票不同的是，划线支票必须由银行领取，故只能委托银行代收票款入账。使用划线支票的目的是为了在支票遗失或被人冒领时，还有可能通过银行代收的线索追回票款。

(4) 保付支票。保付支票是指为了避免出票人开出空头支票，保证支票提示时付款，支票的收款人或持票人可要求银行对支票"保付"。保付是由付款银行在支票上加盖"保付"戳记，以表明在支票提示时一定付款。支票一经保付，付款责任即由银行承担，出票人、背书人都可免于追索。付款银行对支票保付后,即将票款从出票人的账户转入一个专户,以备付款,所以保付支票提示时,不会退票。

(5) 银行支票。银行支票是由银行签发并由银行付款的支票,也是银行即期汇票。银行代顾客办理票汇汇款时,可以开立银行支票。

(6) 旅行支票。旅行支票是银行或旅行社为旅游者发行的一种固定金额的支付工具,是旅游者从出票机构用现金购买的一种支付手段。

4. 信用证

信用证是银行结算方式中的一种契约文书,是银行信用的一种形式。开证银行根据开证申请人的要求和指示,对受签人在一定期限内交来的符合信用证条款规定的汇票和单据进行承兑和付款。

(三)债券

债券是政府、金融机构、工商企业等直接向社会借债筹措资金时,向投资者发行,承诺按一定利率支付利息并按约定条件偿还本金的债权债务凭证。债券的本质是债的证明书。债券购买者与发行者之间是一种债权债务关系,债券发行人即债务人,投资者(债券持有人)即债权人。债券是一种有价证券。由于债券的利息通常是事先确定的,所以债券是固定利息证券(定息证券)的一种。在金融市场发达的国家和地区,债券可以上市流通。在我国,比较典型的政府债券是国库券。人们对债券不恰当的投机行为,如无货沽空,可导致金融市场的动荡。

债券作为一种债权债务凭证,与其他有价证券一样,也是一种虚拟资本,而非真实资本,它是经济运行中实际运用的真实资本的证书。

债券作为一种重要的融资手段和金融工具,具有偿还性、流通性、安全性、收益性等特点。

债券按照不同的标准可划分为以下几种。

1. 按发行主体划分

债券按发行主体的不同,可分为政府债券、金融债券和公司(企业)债券。

1) 政府债券

政府债券是政府为筹集资金而发行的债券,主要包括国债、地方政府债券等,其中最主要的是国债。国债因其信誉好、利率优、风险小又被称为"金边债券"。除了政府部门直接发行的债券外,有些国家把政府担保的债券也划归为政府债券体系,称为政府保证债券。这种债券由一些与政府有直接关系的公司或金融机构发行,并由政府提供担保。

2) 金融债券

金融债券是由银行和非银行金融机构发行的债券。我国目前的金融债券主要由国家开发银行、进出口银行等政策性银行发行。金融机构一般有雄厚的资金实力,信用度较高,因此,金融债券往往有良好的信誉。

3) 公司(企业)债券

公司(企业)债券是企业依照法定程序发行,约定在一定期限内还本付息的债券。公司债券的发行主体是股份公司,但也可以是非股份公司的企业发行债券,因此,一般归类时,公司债券和企业发行的债券合在一起,可直接为公司(企业)债券。

2. 按是否有财产担保划分

债券按是否有财产担保可分为抵押债券和信用债券。

1) 抵押债券

抵押债券是以企业财产作为担保的债券，按抵押品的不同又可以分为一般抵押债券、不动产抵押债券、动产抵押债券和证券信托抵押债券。以不动产如房屋等作为担保品，称为不动产抵押债券；以动产如适销商品等作为担保品，称为动产抵押债券；以有价证券如股票及其他债券作为担保品的，称为证券信托债券。一旦债券发行人违约，信托人就可将担保品变卖处置，以保证债权人的优先求偿权。

2) 信用债券

信用债券是不以任何公司财产作为担保，完全凭信用发行的债券。政府债券属于此类债券。这种债券由于其发行人的绝对信用而具有坚实的可靠性。除此之外，一些公司也可发行这种债券，即信用公司债。与抵押债券相比，信用债券的持有人承担的风险较大，因而往往要求较高的利率。为了保护投资人的利益，发行这种债券的公司往往受到种种限制，只有那些信誉卓著的大公司才有资格发行。除此以外，在债券契约中都要加入保护性条款，例如，不能将资产抵押给其他债权人、不能兼并其他企业、未经债权人同意不能出售资产、不能发行其他长期债券等。

3. 按债券形态分类

债券按形态可分为实物债券、凭证式债券和记账式债券。

1) 实物债券

实物债券是一种具有标准格式实物券面的债券。它与无实物票券相对应，简单地说就是发给你的债券是纸质的而非电脑里的数字。

在其券面上，一般印制了债券面额、债券利率、债券期限、债券发行人全称、还本付息方式等各种债券票面要素。这种债券不记名、不挂失，可上市流通。实物债券是一般意义上的债券，很多国家通过法律或者法规对实物债券的格式予以明确规定。实物债券由于其发行成本较高，将会被逐步取消。

2) 凭证式债券

凭证式债券是指国家采取不印刷实物券，而用填制"国库券收款凭证"的方式发行的国债。我国从 1994 年开始发行凭证式债券。凭证式债券具有类似储蓄、又优于储蓄的特点，通常被称为"储蓄式国债"，是以储蓄为目的的个人投资者理想的投资方式。凭证式债券从购买之日起计息，可记名、可挂失，但不能上市流通。

3) 记账式债券

记账式债券是指没有实物形态的票券，以电脑记账方式记录债权，通过证券交易所的交易系统发行和交易。近年来我国通过沪、深交易所的交易系统发行和交易的记账式债券就是这方面的实例。如果投资者进行记账式债券的买卖，就必须在证券交易所设立账户。所以，记账式债券又称无纸化债券。

记账式债券购买后可以随时在证券市场上转让，流动性较强，就像买卖股票一样。当然，中途转让除可获得应得的利息外(市场定价已经考虑到)，还可以获得一定的价差收益(不排除损失的可能)。这种国债有付息债券与零息债券两种。付息债券按票面发行，每年付息一次或多次；零息债券折价发行，到期按票面金额兑付，中间不再计息。

由于记账式债券发行和交易均无纸化，所以交易效率高、成本低，是未来债券发展的趋势。

4. 按是否可以转换为公司股票划分

债券按是否以转换为公司股票，可分为可转换债券和不可转换债券。

1) 可转换债券

可转换债券是指在特定时期内可以按某一固定的比例转换成普通股的债券，它具有债务与权益双重属性，属于一种混合性筹资方式。由于可转换债券赋予债券持有人将来成为公司股东的权利，因此其利率通常低于不可转换债券。若将来转换成功，在转换前发行企业达到了低成本筹资的目的，转换后又可节省股票的发行成本。根据《中华人民共和国公司法》的规定，发行可转换债券应由国务院证券管理部门批准，发行公司应同时具备发行公司债券和发行股票的条件。

2) 不可转换债券

不可转换债券是指不能转换为普通股的债券，又称普通债券。由于它没有赋予债券持有人将来成为公司股东的权利，所以其利率一般高于可转换债券。

5. 按付息的方式划分

债券按付息方式的不同，可分为零息债券、固定利率债券和浮动利率债券。

1) 零息债券

零息债券，也称贴现债券，是指债券券面上不附有息票，在票面上不规定利率，发行时按规定的折扣率，以低于债券面值的价格发行，到期按面值支付本息的债券。从利息支付方式来看，贴现债券以低于面额的价格发行，可以看作利息预付，因而又可称为利息预付债券、贴水债券，是期限比较短的折现债券。

2) 固定利率债券

固定利率债券是将利率印在票面上，并按其向债券持有人支付利息的债券。该利率不随市场利率的变化而调整，因而固定利率债券可以较好地抵制通货紧缩风险。

3) 浮动利率债券

浮动利率债券的息票率是随市场利率变动而调整的利率。因为浮动利率债券的利率同当前市场利率挂钩，而当前市场利率又考虑到了通货膨胀率的影响，所以浮动利率债券可以较好地抵制通货膨胀风险。其利率通常根据市场基准利率加上一定的利差来确定。浮动利率债券往往是中长期债券。

6. 按是否能够提前偿还划分

债券按是否能够提前偿还可以分为可赎回债券和不可赎回债券。

1) 可赎回债券

可赎回债券是指在债券到期前，发行人可以以事先约定的赎回价格收回的债券。公司发行可赎回债券主要是考虑到公司未来的投资机会和回避利率风险等问题，以增加公司资本结构调整的灵活性。发行可赎回债券最关键的问题是赎回期限和赎回价格的制定。

2) 不可赎回债券

不可赎回债券是指不能在债券到期前收回的债券。

7. 按偿还方式不同划分

债券按偿还方式的不同，可以分为一次到期债券和分期到期债券。

1) 一次到期债券

一次到期债券是指发行公司于债券到期日一次偿还全部债券本金的债券。

2) 分期到期债券

分期到期债券是指同一日期发行的债券本金在不同到期日分期偿还的债券。分期到期债券可以减轻发行公司集中还本的财务负担。

8. 按计息方式分类

债券按计息方式的不同，可以分为单利债券、复利债券和累进利率债券。

1) 单利债券

单利债券是指在计息时，不论期限长短，仅按本金计息，所生利息不再加入本金计算下期利息的债券。

2) 复利债券

复利债券与单利债券相对应，是指计算利息时，按一定期限将所生利息加入本金再计算利息，逐期滚算的债券。

3) 累进利率债券

累进利率债券是指年利率以利率逐年累进方法计息的债券。累进利率债券的利率随着时间的推移，后期利率比前期利率更高，呈累进状态。

(四) 股票

股票是股份公司发行的所有权凭证，是股份公司为筹集资金而发行给各个股东作为持股凭证并借以取得股息和红利的有价证券。股份公司就是通过股票的发行，聚集巨额资本以从事大规模的经营。在激烈的竞争中，公司的拆、并、收购、整理等，也要通过股票的买卖、调换等操作来实现。

股票可以分为优先股与普通股两种。优先股是指股东有优先于普通股分红和优先于普通股的资产求偿权利。优先股的股息收益通常是事先确定的，无论公司经营好坏、利润大小，都可以按固定比率领取股息。因此，优先股的风险低，收入稳定。但是，与低风险相对应，优先股比普通股享有的权利范围也小，主要表现为优先股股东没有选举权和被选举权，对公司经营重大事件也无投票权，而操纵股份公司的实际上是持有普通股的大股东。此外，优先股虽有稳定的收益，但如果公司利润急增时，却不能分享这部分收益——收益将归普通股。

股票有记名的，即将股东姓名记入股票及股东名册。记名股票的转让要到公司办理过户手续。不记名股票不记载承购人的姓名，可以任意转让，但发行往往有限制性规定。

股票的面额并不一定是认购股票的股东所必须交足的金额，有时是先交一半，然后再补足另一半；有时则并不补足。面额反映的是股东对公司所负的有限责任。假如企业破产，股东必须补交未交足的部分。

(五) 投资基金

投资基金是一种利益共享、风险共担的集合投资制度。投资基金集中投资者的资金，由基金托管人委托职业经理人员管理，专门从事证券投资活动。可以说，投资基金是对所有以投资为形式的基金的统称。具体地说，就是众多投资者出资、专业基金管理机构和人员管理的资金运作方式。

按照不同的分类方法，投资基金可以分为如下类别。

1. 按法律地位划分

投资基金按照法律地位的不同，可以分为契约型基金和公司型基金。

1) 契约型基金

契约型基金又称单位信托基金，是指把投资者、管理人和托管人三者作为当事人，通过签订基金契约的形式发行受益凭证而设立的一种基金。委托者、受托者和受益者三方订立契约，由经理机构(委托者)经营信托资产；银行或信托公司(受托者)保管信托资产；投资人(受益者)享有投资收益。

2) 公司型基金

公司型基金是指基金公司本身为一家股份有限公司，公司通过发行股票或受益凭证的方式来筹集资金。它是按照股份公司方式运营的。投资者购买公司股票就成为公司股东。公司型基金涉及四个当事人，即投资公司、管理公司、保管公司和承销公司。投资公司，是公司型基金的主体；管理公司，为投资公司经营资产；保管公司，为投资公司保管资产，一般由银行或信托公司担任；承销公司，负责推销和回购公司股票。

公司型基金分为封闭式和开放式两种。封闭式基金公司发行的股票数量不变，发行期满基金规模就封闭起来，不再增加或减少股份。开放式基金，也称共同基金，其股票数量和基金规模不封闭，投资人可以随时根据需要向基金公司购买股票以实现投资，也可以回售股票以撤出投资。

2. 按资金募集方式和来源划分

投资基金按照资金募集方式和来源的不同，可以分为公募基金和私募基金。

1) 公募基金

公募基金是以公开发行证券募集资金方式设立的资金。

2) 私募基金

私募基金是以非公开发行方式募集资金所设立的基金。私募基金面向特定的投资群体，满足对投资有特殊期望的客户需求。私募基金的投资者主要是一些大的投资机构和一些富人。例如，美国索罗斯领导的量子基金的投资者，或是金融寡头，或是工业巨头；量子基金的投资者不足100人，每个投资者的投资额至少为100万美元。

3. 按对投资受益与风险的设定目标划分

投资基金按照投资受益与风险的设定目标不同，可以分为收益基金和增长基金。

1) 收益基金

收益基金追求投资的定期固定收益，因而主要投资于有固定收益的证券，如债券、优先股股票等。收益基金不刻意追求在证券价格波动中可能形成的价差收益，因此投资风险较低，同时，投资收益也较低。

2) 增长基金

增长基金追求证券的增值潜力，通过发现价格被低估的证券，低价买入并等待升值后

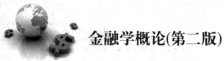

卖出,以获取投资利润。

4. 其他投资基金类型

1) 货币市场基金

货币市场基金是投资于货币市场金融产品的基金,专门从事商业票据、银行承兑汇票、可转让大额定期存单以及其他短期类票据的买卖。

2) 对冲基金

对冲基金是私募基金的一种,是专门为追求高投资收益的投资人设计的基金。对冲基金最大的特点是广泛运用期权、期货等金融衍生工具,在股票市场、债券市场和外汇市场上进行投机活动,风险极高。

3) 养老基金

养老基金是一种用于支付退休收入的基金,是社会保障基金的一部分。养老基金通过发行基金股份或受益凭证,募集社会上的养老保险资金,委托专业的基金管理机构,用于产业投资、证券投资或其他项目的投资,以实现保值增值为目的。

4) 证券投资基金

证券投资基金是指通过发售基金份额,将众多投资者的资金集中起来,形成独立资产,由基金托管人托管,基金管理人管理,以投资组合的方法进行证券投资的一种利益共享、风险共担的集合投资方式。证券投资基金是一种间接的证券投资方式。根据基金单位是否可增加或赎回,将证券投资基金可分为开放式基金和封闭式基金。开放式基金不上市交易,一般通过银行申购和赎回,基金规模不固定;封闭式基金有固定的存续期,期间基金规模固定,一般在证券交易场所上市交易,投资者通过二级市场买卖基金单位。

5) 产业投资基金

产业投资基金是一种借鉴西方发达市场经济规范的"创业投资基金"运作形式,通过发行基金受益券募集资金,交由专业人士组成的投资管理机构操作,基金资产分散投资于不同的实业项目,投资收益按资分成的投融资方式。

6) 基金定投

基金定投是定期定额投资基金的简称,是指在固定的时间以固定的金额投资到指定的开放式基金中,类似于银行的零存整取方式,这样投资可以平均成本、分散风险,比较适合进行长期投资。

(六)股票、债券与投资基金的异同

1. 股票、债券与投资基金的区别

股票、债券与投资基金相比,存在以下几个方面的区别。

1) 投资者地位不同

股票持有人是公司的股东,有权对公司的重大决策发表自己的意见;债券的持有人是债券发行人的债权人,享有到期收回本息的权利;基金单位的持有人是基金的受益人,体现的是信托关系。

2) 风险程度不同

一般情况下,股票的风险大于基金。对中小投资者而言,由于受可支配资产总量的限制,只能直接投资于少数几只股票,这就犯了"把所有鸡蛋放在一个篮子里"的投资禁忌,

当其所投资的股票因股市下跌或企业财务状况恶化时，资本金有可能化为乌有；而基金的基本原则是组合投资，分散风险，把资金按不同的比例分别投于不同期限、不同种类的有价证券，把风险降至最低程度。债券在一般情况下，本金得到保证，收益相对固定，风险比基金要小。

3) 收益情况不同

基金和股票的收益是不确定的，而债券的收益是确定的。一般情况下，基金收益比债券高。以美国投资基金为例，国际投资者基金等 25 种基金 1976—1981 年 5 年间的收益增长率平均为 301.6%，其中最高的 20 世纪增长投资者基金为 465%，最低的普利特伦德基金为 243%；而 1996 年国内发行的两种 5 年期政府债券，利率分别只有 13.06% 和 8.8%。

4) 投资方式不同

与股票、债券投资不同，证券投资基金是一种间接的证券投资方式，基金的投资者不再直接参与有价证券的买卖活动，不再直接承担投资风险，而是由专家具体负责投资方向的确定、投资对象的选择。

5) 价格取向不同

在宏观政治、经济环境一致的情况下，基金的价格主要决定于资产净值；而影响债券价格的主要因素是利率；股票的价格则受供求关系的影响巨大。

6) 投资回收方式不同

债券投资是有一定期限的，期满后收回本金。股票投资是无限期的，除非公司破产、进入清算，投资者不得从公司收回投资，如要收回，只能在证券交易市场上按市场价格变现。投资基金则要视所持有的基金形态不同而有区别：封闭型基金有一定的期限，期满后，投资者可按持有的份额分得相应的剩余资产，在封闭期内还可以在交易市场上变现；开放型基金一般没有期限，但投资者可随时向基金管理人要求赎回。

2. 股票、债券与投资基金的联系

1) 三者都是有价证券

三者都是有价证券，都具有有价证券的收益性、流动性、风险性和期限性等特征。它们的投资均为证券投资。

(1) 证券的收益性是指持有有价证券本身可以获得一定数额的收益，这是投资者转让资本所有权或使用权的回报。证券代表的是对一定数额的某种特定资产的所有权或债权，投资者持有债券就是同时拥有了取得这部分增值收益的权利，因而证券本身具有收益性。

(2) 证券的流动性是指证券变现的难易程度。证券具有极高的流动性必须具有三个条件：很容易变现、变现的交易成本极小、本金保持相对稳定。证券的流动性可通过到期兑付、承兑、贴现、转让等方式实现。不同的证券的流动性是不同的。

(3) 证券的风险性是指实际收益与预期收益的背离，或者说是证券收益的不确定性。从整体上说，证券的风险与其收益成正比。

(4) 证券的期限性是指债券一般有明确的还本付息期限，以满足不同的筹资者和投资者对融资期限以及与此相关的收益率的需求。债券的期限具有法律约束力，是对融资双方权益的保护。股票没有期限，可以视为无期证券。

2) 三者都是虚拟资本

尽管有面值，代表一定的财产价值，但是它们只是一种虚拟资本，它们只是证明投资者和筹资者关系的证书。它们是独立于真实资本之外,在资本市场上进行着独立的价值运动。

3) 三者的收益率相互影响

从单个股票、债券和基金来看,它们的收益经常会有很大的差异,而且有时差异还很大。但是,从总体来看,如果市场是有效的,则它们的平均收益率会大体保持相对稳定的关系,差异反映了三者的风险程度的差别。这是因为,在市场规律的作用下,证券市场上一种融资手段收益率的变动,会引起另一种融资手段收益率的同向变化。

二、金融工具的特征

金融工具一般具有偿还期限、流动性、风险性和收益率等基本特征。

1. 偿还期限

偿还期限是指债务人必须全部归还本金之前所经历的时间。例如,一张标明 3 个月后支付的汇票,偿还期为 3 个月;5 年到期的公债,偿还期为 5 年;等等。但对当事人来说,更有现实意义的是从持有金融工具日起到该金融工具到期日止所经历的时间。假设一张 1980 年发行要到 2000 年才到期的长期国家公债券,某人于 1989 年购入,对于他来说,偿还期限是 11 年而非 20 年,他将用这个时间来衡量收益率。另外,金融工具的偿还期限可以有零和无限期这两个极端。例如,活期存款的偿还期可以看作是零,而股票或永久性债券的偿还期则是无限的。

2. 流动性

流动性是指金融工具迅速变为货币而不致遭受损失的能力。现款这类金融工具本身就是流动性的体现。除此之外,变现的期限短、成本低的金融工具流动性强;反之,则流动性差。发行者资质和信用程度的高低对金融工具的流动性有着重要的意义。例如,国家发行的债券,信誉卓著的公司所签发的商业票据,银行发行的可转让大额定期存单等,流动性就较强。对于持有人来说,流动性强的金融工具相当于货币,在一些国家,这类金融工具往往分别被列入不同层次的货币供给数量的范围之内,并成为中央银行监控的目标。

3. 风险性

风险性是指购买金融工具的本金有遭受损失的风险。本金受损的风险有信用风险和市场风险两种。

1) 信用风险

信用风险,指债务人不履行合约,不按期归还本金的风险。

(1) 这类风险与债务人的信誉、经营状况有关。就这方面来说,风险有大有小,但很难保证绝无风险。例如向大银行存款的存户有时也会受到银行破产清理的损失。

(2) 信用风险也与金融工具种类有关。例如,股票中的优先股就比普通股风险低,一旦股份公司破产清理,优先股股东比普通股股东有优先要求补偿的权利。

(3) 信用风险对于任何一个金融投资者都存在,因此,认真审查投资对象,充分掌握信息是至关重要的。

2) 市场风险

市场风险是指由于金融工具市场价格下跌所带来的风险。某些金融工具，如股票、债券，它们的市价是经常变化的，市价下跌，就意味着投资者金融资产贬值。1987年10月股市暴跌风潮席卷美国时，约有17 000万的股东在19日这一天损失财产5000亿美元。因此，在金融投资中，审时度势、采取必要的保值措施非常重要。

4. 收益率

收益率是指持有金融工具所取得的收益与本金的比率。收益率有三种计算方法：名义收益率、即期收益率与平均收益率。

1) 名义收益率

名义收益率是指金融工具票面收益与票面额的比率。例如，某债券面值100元，10年偿还期，年息8元，则该债券的名义收益率就是8%。

2) 即期收益率

即期收益率是指年收益额对该金融工具当期市场价格的比率。若上例中债券的市场价格为95元，则

$$即期收益率 = 8 \div 95 \times 100\% = 8.42\%$$

3) 平均收益率

平均收益率是指将即期收益与资金损益共同考虑的收益率。在上述例子中，当投资人以95元的价格购入面值100元的债券时，就形成5元的资本盈余。如果他是在债券发行后1年买入的，那就是说，经过9年才能取得这5元资本盈余。考虑到利息，平均每年的收益约为0.37元。将年资本收益额与年利息收入共同考虑，便得出：

$$债券的平均收益率 = (0.37+8) \div 95 \times 100\% = 8.81\%$$

比较前两种收益率，平均收益率可以更准确地反映投资者的收益情况，因而是金融投资者考虑的基本参数。

本 章 小 结

金融是货币流通和信用活动以及与之相联系的经济活动的总称。广义的金融泛指一切与信用货币的发行、保管、兑换、结算、融通有关的经济活动，甚至包括金银的买卖；狭义的金融专指信用货币的融通。金融的构成要素有五个：金融对象、金融方式、金融机构、金融场所、制度和调控机制。

金融学分为三大学科支系：微观金融学、宏观金融学，以及由金融与数学、法学等学科互渗形成的交叉学科。金融体系或金融系统是各种金融工具、机构、市场和制度等一系列金融要素的集合，是这些金融要素为实现资金融通功能而组成的有机系统。它通过吸收存款、发放贷款、发行证券、交易证券、决定利率、创造金融产品并在市场流通等金融行为，实现把短缺的可贷资金从储蓄者转移到借款者手中，以购买商品、服务和投资，从而促进经济增长、满足人民生活需要。

金融工具是在信用活动中产生，能够证明金融交易金额、期限、价格的书面文件。它对于债权债务双方所应承担的义务与享有的权利均有法律约束意义。金融工具一般具有偿还期限、流动性、风险性和收益率这几个基本特征。金融工具种类很多，常见的类型有商业票据、银行票据、支票、债券、股票以及投资基金等。

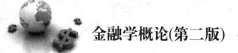

复习思考题

一、名词解释

金融　金融学　金融体系　风险性　收益率　名义收益率　平均收益率　商业票据　银行票据　支票　债券　股票　投资基金

二、简答题

1. 简述金融的构成要素。
2. 简述金融体系在国民经济中所发挥的作用。
3. 简述金融在经济发展中的产生原因及发展状况。
4. 简述金融工具的种类。
5. 简述股票与公司债券的异同。

三、案例分析

一国四币：独特的货币文化现象

当政治上的"一国两制"在我国取得重大突破时，经济上的"一国四币"即人民币、港币、澳门币及新台币早已在两岸四地相互流通，这种新的经济文化现象是很具有独特性的。

据有关资料，目前在大陆流通的港币现金已超过 150 亿港元，占香港货币发行总量的 30%左右。而从中国台湾涌向大陆和中国香港的资金高达 600 多亿美元，其中有相当数量的新台币流到大陆，已在福建等地流通。由于受 20 世纪 90 年代末东南亚金融危机的影响，港元、澳门元与币值稳定的人民币关系十分密切，除金融机构相互挂牌外，形成了地域性的如珠江三角洲一带互为流通使用的局面。广州、深圳、珠海等地，接受港元、澳门元的店铺随处可见。内地城乡居民为了使自己拥有的货币收入分散化以及投资或收藏等原因，他们也都以拥有港币、澳门元及新台币为荣。与此同时，人民币在香港、澳门已进入流通领域，在这些地区，越来越多的人以人民币为"硬通货"及结算货币。在香港或澳门的街头上，除银行外，还随处可见公开挂牌买卖人民币的兑换店。更有趣的是，香港、澳门大多数的商店、饭店、宾馆等很多消费场所都直接接受人民币，一些商店门口甚至挂上"欢迎使用人民币"的牌子招揽顾客。中国台湾也同样出现了人民币的流通现象，许多人将人民币作为坚挺的货币来看待，中国台湾警方已视伪造人民币为非法，不少台胞回大陆探亲后，都带着人民币回去使用或留作收藏纪念。

(资料来源：百度文库)

问题：这种独特的货币现象对大陆、港、澳、台四地的经济社会发展起到了什么样的作用？

第二章

货币与货币制度

【学习目标】

通过本章的学习,了解货币的产生与发展;掌握货币的定义、计量和货币的本质、形态与职能;熟悉货币制度的含义及构成要素;了解我国的货币制度及跨国货币制度。

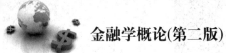

【本章导读】

> **小岛上的石头货币**
>
> 耶普岛是一个位于太平洋西部的小岛，人口约为 6300 人，面积 100.2 平方公里。当地不出产金属，石头便成为最重要的资源。因此，石头被当作货币来交易，居民称之为"斐"。斐是由大而坚硬、厚重的石轮组成，石轮的中间有个孔，人们在孔中插入一根杆，作为方便搬运之用。对于当地人来说，斐体积的大小，代表着价值的大小。一般从居民拥有多少石币大致可以计算出他财富的多少，但石币巨大而且不易搬运，因此在交易完成后，只是由石头的主人作一个口头声明，告诉大家这块石头易主了。这些石头齐刷刷地排放在村落外，这就是被耶普岛居民称谓的"石币银行"。
>
> 1898 年，德国从西班牙手中获得了耶普岛的所有权。当时，岛上的交通状况极差，德国人计划改造岛上道路，通知部落首领把路修好。但是命令下达后迟迟无人响应。最后，德国人决定向抗拒命令的部落首领征收罚金，于是他们派人去收取罚金，部落首领被德国人征服了。岛上的道路修得很齐整。看到工程已经完成，德国人立即派人擦掉了画在石头上的十字。一眨眼的工夫，罚金抵消了，幸福的耶普岛人重新获得了对"斐"的所有权，并尽情享受着自己的财富。
>
> （资料来源：百度文库）
>
> 问题：
> (1) 根据以上案例，请结合本章所学的知识点，试谈论一下你对货币的看法。
> (2) 货币在社会进程中起到什么样的作用？

第一节　货　　币

现代社会，日常生活离不开货币，经济运行需要依靠货币。货币一般是以纸币的形式出现。最早的货币产生于 4000 年前的夏代，那时货币主要是海贝、布帛和农具；世界上其他地区曾使用牲畜、象牙、可可豆等作为货币。那么，货币是如何产生的？为什么形形色色的货币会殊途同归，都演变为金属货币、纸币甚至电子货币了呢？为此，我们首先来了解一下有关货币的起源和货币形态的演变过程。

一、货币的产生与发展

一般认为，货币是商品生产和商品交换长期发展的产物。然而，货币究竟是怎样产生的？对于这个问题，西方学者有着各种不同的解释，但在马克思之前，没有一个人能够真正科学、准确地阐明货币的起源、本质与职能。正是马克思的货币理论，为人们解开了千古"货币之谜"。

1. 货币是商品交换的产物

货币的出现是与交换联系在一起的。根据史料的记载和考古的发掘，在世界各地，交换都经过两个发展阶段：先是物物直接交换，然后是通过媒介的交换。在古埃及的壁画中，可以看到物物交换的情景：有用瓦罐交换鱼的，有用一束葱交换一把扇子的。我国古书中有这样的记载：神农氏的时候，"日中为市，致天下之民，聚天下之货，交易而退，各得其所"。这也是指物物交换。在交换不断发展的进程中，逐渐出现了通过媒介的交换，即先将自己的物品交换成作为媒介的物品，然后用所获得的媒介物品去交换自己所需要的物品。

随着交换经济的发展，交换产品越来越多，继续采用物物交换，势必使交易过程纷繁复杂，成本过高。因此，物物交换的局限性暴露出来。具体地说，要想使交换圆满实现，必须满足以下两个基本条件。

第一，需求的双重巧合。也就是说，要完成一项交易，首先必须使参加交易的两种产品正好是双方各自需要的产品。

第二，时空的双重巧合。也就是说，一个人想卖出产品时，恰好该地区有人在这一时刻需要这种产品。

英国古典经济学家亚当·斯密(Adam Smith, 1723—1790)在《国民财富的性质和原因的研究》(1776年，简称《国富论》)中，从物物交换的不便与困难引出货币，进一步指出："自分工确立以来，各时代各社会中有思想的人，为了避免这种不便，除自己的劳动生产物外，都随时在身边带有一定数量的某种物品，这种物品在他想来，拿去和任何人的生产物交换，都不会被拒绝。"这种不易被拒绝的物品就是作为交换工具的货币。

现代西方经济学家一般都认为，货币是为了克服物物交换的困难而产生的，是便利交换的产物。他们认为物物交换有四大缺点：一是缺少共同的单位来衡量和表示商品、劳务的价值；二是交换双方"需求双重巧合"和"时间双重巧合"难以完全一致；三是缺少用作将来支付的单位；四是没有储存一般购买力的方法。正是由于这些缺陷，物物交换必然发生如下交易成本。

(1) 寻求成本，即为了寻找可能交易对象所产生的成本，包括所花费的时间与费用。

(2) 机会成本，即将资源(如人力等)用于迂回交易过程时所失去的进行其他方面投资的收益。

(3) 直接成本，即实际进行交换时的成本，如雇人搬运等。

显然，纯粹的物物交换是效率低下而成本相对较高的一种交易方法。因此，创造某种形式的货币，使商品和劳务交换更加方便，减少交易的时间、精力，将大大促进专业化分工和生产率的增长。货币出现以后，不仅消除或降低了物物交换的缺点与交易成本，而且拓宽了人类的生产、消费、贸易等活动，极大地提高了社会的福利。

2. 马克思对于价值及其形式的论证

马克思认为，货币起源于商品，是商品交换的结晶，是商品经济内在矛盾发展的必然产物，是价值形式演变的结果。马克思根据大量的历史资料，在分析商品交换发展以及与其相适应的价值形式发展过程中，揭示了货币的起源。

货币是存在于商品经济现象中的，它随着商品经济产生而产生，伴随商品经济的发展而发展。因此，货币与商品相辅相成、不可分离。马克思主义经济学理论告诉我们，商品是指为市场交换而生产的劳动产品。商品具有两种属性：一是使用价值，即能满足人们某种需要的物品的效用，如粮食可以充饥，棉衣能够御寒；二是交换价值，即凝结在商品中的一般的、无差别的人类劳动，它能通过与另一种商品交换而体现在交换价值上。商品交换价值形式先后经历了简单的或偶然的价值形式、扩大的价值形式、一般的价值形式和货币的演变。

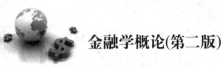

【知识点小案例】

在第二次世界大战纳粹的战俘营中,香烟被作为第三种商品用来交换食品、衬衫等。当时的红十字会设法向战俘营提供各种人道主义物品,如食物、衣服、香烟等。由于数量有限,这些物品只能根据某种平均主义的原则在战俘之间进行分配,而无法顾及每个战俘的特定偏好。但是人与人之间的偏好显然是会有所不同的,有人喜欢巧克力,有人喜欢奶酪,还有人可能更想得到一包香烟。因此这种分配显然是缺乏效率的,战俘们有进行交换的需要。但是即便在战俘营这样一个狭小的范围内,物物交换也显得非常不方便,因为它要求交易双方恰巧都想要对方的东西,也就是所谓需求的双重巧合。为了使交换能够更加顺利地进行,需要有一种充当交易媒介的商品,即货币。那么,在战俘营中,究竟哪一种物品适合做交易媒介呢?许多战俘营都不约而同地选择香烟来扮演这一角色。战俘们用香烟来进行计价和交易,如一根香肠值 10 根香烟,一件衬衣值 80 根香烟,替别人洗件衣服则可以换得两根香烟。有了这样一种记账单位和交易媒介之后,战俘之间的交换就方便多了。

(资料来源:百度百科)

点评:香烟之所以会成为战俘营中流行的"货币",是和它自身的特点分不开的。它容易标准化,而且具有可分性。这些正是和作为"货币"的要求相一致的。当然,并不是所有的战俘都吸烟,但是,只要香烟成了一种通用的交易媒介,用它可以换到自己想要的东西,自己吸不吸烟又有什么关系呢?我们现在愿意接受别人付给我们的钞票,也并不是因为我们对这些钞票本身有什么偏好,而仅仅是因为我们相信,当我们用它来买东西时,别人也愿意接受。

我国的货币起源,在先秦时期盛行的"先王制币说",认为货币是先圣们为解决民间交换的困难而创造出来的。例如,《管子》的"人君铸币立币,民庶之通施也。"在古埃及,货币是很神圣的,只有那些经过法老发出并被神圣化过的神秘物品才能作为货币。在西方有创造发明说,认为货币是人们为了解决直接的物物交换困难而共同选择出来的;曾流行过"保存财富说",认为货币是为了保存、计量和交换财富而产生的。现代经济学则从交易成本、信息的不确定性入手对商品交换中为何需要货币进行了诠释,认为货币是应降低交易成本、充实交易信息、提高交易效率的需要而出现的。

二、货币的本质、形态与职能

(一)货币的本质

对于货币本质的认识,历来存在着两种对立观点,即"货币金属论"和"货币名目论"。货币金属论强调货币的内在价值,货币名目论则否定货币具有内在价值,这两种学说显然具有片面性,没有形成全面客观的认识。而马克思提出的"一般等价物"理论,科学完整地概括了货币本质。马克思在对价值形态研究中揭示了货币的本质,把货币定义为:"货币是从商品世界中分离出来的,固定充当一般等价物的特殊商品,并能反映一定的生产关系。"

1. 货币是商品

货币是商品,它与商品世界的其他商品一样,都是人类劳动的产物,是价值和使用价值的统一体。正因为货币和其他一切商品具有共同的特性,即都是用于交换的人类劳动产品,它才能在交换、发展的长期过程中被逐渐分离出来,成为不同于一般商品的特殊商品,即货币。

2. 货币是一般等价物的特殊商品

货币是商品,但却不是普通的、一般的商品,它是从商品世界中分离出来的、与其他一切商品相对立的特殊商品。货币商品不同于其他商品的特殊性,就在于它具有一般等价物的特性,发挥着一般等价物的作用,这是货币最重要的本质特征。货币商品作为一般等价物的特性,具体表现在以下两个方面:①表现和衡量一切商品价值的材料或工具;②具有与其他一切商品直接交换的能力,成为一般的交换手段。

货币商品不同于一般商品,还在于其使用价值的两重性特点:一方面,货币商品与其他商品一样,按其自然属性而言具有特殊的使用价值,如金可作为饰物的材料等;另一方面,更重要的是,货币商品还具有其他商品所没有的一般使用价值,就是发挥一般等价物的作用。

3. 货币是固定充当一般等价物的商品

人类社会价值形态由简单的、偶然的价值形态到总和的、扩大的价值形态,再到一般的价值形态。在一般价值形态中充当一般等价物的商品很多,但它们都不是货币,因为它们只是在局部范围内临时性地发挥一般等价物的作用;货币则是固定充当一般等价物的商品,是在一个国家或民族市场范围内长期发挥一般等价物作用的商品。

4. 货币是生产关系的反映

由于商品经济存在于迄今为止社会历史发展的不同阶段,商品经济的基本原则是等价交换。同样的货币,都是作为价值的独立体现者,具备转化为任何商品的能力。固定充当一般等价物的货币是商品经济社会中生产关系的体现,即反映产品由不同所有者生产、占有,并通过等价交换实现人与人之间社会联系的生产关系。因此,货币体现一定的社会生产关系,这是马克思货币本质学说的核心。

【知识拓展 2-1】方圆之中,人类文明进程——货币的演变

MOOC 网址:安徽省网络课程学习中心 http://www.ehuixue.cn/View.aspx?cid=495

(二)货币的形态

货币形态,亦称货币形式,是指以什么货币材料(即币材)来充当货币。不同的货币形态适应了不同的社会生产阶段和历史阶段的需要。纵观货币的发展历史,货币形态的发展演变大体上经历了实物货币(含金属货币)、代用货币和信用货币三个阶段,这个过程也是货币价值不断符号化的过程。

1. 实物货币(含金属货币)

实物货币是人类历史上最古老的货币,又称足值货币或商品货币。在人类经济史上,许多商品曾在不同时期不同国家扮演过货币的角色,如牲畜、贝壳、布帛、粮食和金属等都充当过货币。我国最早的货币是贝,因此,至今很多与财富有关的汉字,其偏旁也多从"贝",如货、财、贸、贷、贫、贱等;在日本、东印度群岛以及美洲、非洲的一些地方,也有用贝作货币的历史,如图 2-1 所示。在古代欧洲的雅利安民族,在古波斯、印度、意大

利等地，都有用牛、羊作为货币的记载。此外，如古代埃塞俄比亚曾用盐作货币；非洲和印度等地曾以象牙为货币；而在美洲，曾经充当古老货币的有烟草、可可豆等。任何商品，如果能充当交换媒介或具有价值尺度功能，都是实物货币。

最早时期，许多实物货币均有不适合作为货币的缺点，如体积笨重、携带不便、不能分割、质地不一、不易储藏等。因此，随着商品交换的发展和扩大，实物形态的商品货币就逐渐由内在价值稳定、质地均匀、易于分割、便于携带的金属货币所替代。

世界各国货币发展的历史证明，金属作为币材，一般是从贱金属(如铜等)开始的，最普遍、使用时间最久的是铜钱，我国最古老的金属铸币也是铜铸币。后来，这些贱金属逐步让位于金、银等贵金属，但金属货币最初没有固定形状和重量，而是采用条块或块状形式每次交易时都要重新鉴定其成色和重量，相当繁琐，如图 2-2 所示。

图 2-1　早期实物货币贝壳

图 2-2　金属货币——金锭、金块

因此，这类金属货币又称"称量货币"。随着商品交换的发展，金属铸币出现并使用，克服了称量货币的弊端，因而促进了商品交换的发展，然而金属铸币也有其自身的缺陷或不足：流通费用较高，不便携带，无法适应大宗交易的需要。于是，渐渐地出现了代用货币。

2．代用货币

代用货币是指在贵金属货币流通下，代替金属货币流通的货币符号，可以和所代表的金属货币自由兑换。通常是纸制的，故称纸币。这种纸制的代用货币是由政府或银行发行，要求有足量的金属保证，持币者有权随时要求政府或银行将纸币兑换为金银货币或金银条块，因此，代用货币能在市面上广泛流通，被人们所普遍接受。代用货币——壹圆铜币如图 2-3 所示，代用货币——壹圆纸币如图 2-4 所示。

图 2-3　代用货币——壹圆铜币

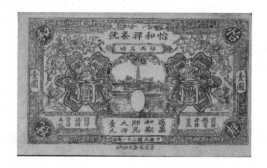

图 2-4　代用货币——壹圆纸币

典型的代用货币是可兑换的银行券。这种银行券首先出现于欧洲，发行银行券的银行保证随时按面值兑付金属货币。代用货币较实物货币或金属货币具有以下明显的优点。

(1) 纸币比金属货币更易于携带和运输。

(2) 节省黄金、白银等币材的使用。

(3) 印刷纸币相比铸造金属货币的成本大大降低。

19世纪末20世纪初,在银行券广泛流通的同时,贵金属货币的流通数量日益减少,显现出代用货币终将取代实物货币或金属货币流通的趋势。在第一次世界大战前,只是在战时或经济动荡的非常时期,一些国家才会停止银行券的兑现。然而,由于代用货币的发行数量取决于金属准备量,不能满足增加货币量的需求,况且,大量闲置的金属准备只存放在仓库里,造成巨大的浪费。因此,在第一次世界大战中,世界各国普遍出现了银行券停止兑现的现象。第一次世界大战后,有些国家虽曾一度实行有条件地兑换金块或外汇的制度,但随着20世纪20年代末和30年代初金本位制的崩溃,世界主要国家纷纷停止银行券的兑现,现代信用货币终于取代代用货币而成为世界货币舞台上的主角。

【知识拓展2-2】一带一路沿线国家的货币认知1-1
MOOC 网址:http://www.ehuixue.cn/View.aspx?cid=495

【知识拓展2-3】一带一路沿线国家的货币认知1-2
MOOC 网址:http://www.ehuixue.cn/View.aspx?cid=495

3. 信用货币

信用货币是以信用作为保证,通过信用渠道发行和流通的货币,其形态同代用货币一样,都是纸质形态。信用货币本身价值低于其货币价值,而且不代表任何贵金属,不能与金属货币兑换,实际上信用货币已经成为一种货币价值符号,完全依靠银行信用与政府信用而流通。

信用货币是代用货币进一步发展的产物,而且也是目前世界上几乎所有国家采用的货币形态。1929—1933年的世界性经济危机和金融危机,迫使各国相继放弃金本位制,实行不兑现的纸币流通制度,所发行的纸币不能再兑换金属货币,于是信用货币应运而生。信用货币如图2-5所示。

图2-5 信用货币(信用卡和现金)

信用货币的主要形态有以下几种。

(1) 辅币。辅币多以贱金属(如铜、镍等)铸造,自身所含的金属价值低于其货币价值。辅币一般由政府独占发行,由专门的铸币厂铸造,其功能主要是承担小额或零星交易的媒介手段。

(2) 纸币或现金。纸币是指由政府发行并由国家法令强制流通使用的、以纸张为基本材料的货币。可见,纸币发行权一般为政府或政府的金融机关所垄断,发行机关多数是中央银行,也有的是财政部或货币管理局等政府机构。纸币的主要功能是承担人们日常生活用品的购买手段。

(3) 银行存款。银行存款的种类很多,主要有活期存款、定期存款和储蓄存款。此外,还有大额可转让定期存单、可转让支付命令账户、自动转账服务账户和定活两便存款账户等新形式。银行存款有以下优点:①可以避免丢失和损坏的风险;②传输便利,降低运输成本;③实收实支,免去找零的麻烦;④汇票可以在一定范围内背书流通。随着信用制度的发展,银行存款在信用货币中的比重几乎占绝大部分,甚至一些小额交易,也广泛使用这种类型的货币。

(4) 电子货币。电子货币是指电子计算机系统存储和处理的存款。电子货币是现代商品经济高度发达和银行转账结算技术不断进步的产物,同时,也反映了支付手段的进化。电子货币通常是利用计算机或储值卡来进行金融交易和支付活动,如各种各样的信用卡、储值卡、电子钱包等,顾客在购物、享受服务或通过网络进行交易时,计算机自动将交易金额分别记入双方的银行账户。电子货币具有转移迅速、使用安全和节省费用等优点,虽然它与存款货币并无本质区别,但却代表着现代信用货币形式的发展方向。

此外,国家发行的短期债券(即国库券)、银行签发的承兑汇票,以及其他特殊种类的短期证券等,可在货币市场上随时通过转让、贴现、抵押等多种形式变现,转化成现实的购买手段和支付手段。我们一般称其为"准货币"或"近似货币",也是目前发展中的信用货币形式之一。

(三)货币的职能

货币的职能由货币的本质所决定,也是货币本质在经济功能上的具体表现。货币在现代经济中执行着以下五种职能。

1. 价值尺度

货币在表现和衡量商品价值时,执行着价值尺度的职能。货币之所以能够充当价值尺度职能,是因为货币本身也是商品,具有价值。本身没有价值的东西,是不能去衡量其他商品的价值的。因此,价值尺度也称"计量标准",是货币职能中最重要和最基本的职能。货币是商品内在价值的表现形式,实质上就是把商品价值表现为一定的价格。它是一种观念上的货币,"价标"就体现了观念上的货币。货币发挥价值尺度职能,表现和衡量商品的价格必须借助于价格标准。所谓价格标准,是指包含一定重量的贵金属的货币单位。

1) 货币单位名称和货币重量单位名称的分离

在历史上,价格标准和货币单位曾经是一致的,例如,我国过去长期使用"两"(10两为一斤)作为价格标准,"两"也是货币单位;英国以"磅"(1磅白银)作为价格标准,"磅"也是货币单位。但随着商品经济的发展,货币单位名称和货币本身重量单位名称分离了。

(1) 外国货币的输入,例如,在我国清代时,外国货币输入中国,促使中国货币单位名称脱离了金属重量单位名称,改"两"为"圆"。

(2) 随着财富的增长,贱金属币材由贵金属代替。

(3) 国家铸造不足值的货币。

2) 价格标准与价值尺度的区别

价格标准与价值尺度是两个联系紧密又有区别的概念，其区别如下。

(1) 价值尺度是在商品交换中自发地形成的；而价格标准则是由国家法律规定的。

(2) 金(银)充当价值尺度职能，是为了衡量商品价值；规定一定量的金(银)作为价格标准，是为了比较各个商品价值的不同金(银)量，并以此去衡量不同商品的不同价值量。

(3) 作为价值尺度，货币商品的价值量随着劳动生产率的变化而变化；而作为价格标准，是货币单位本身的重量，与劳动生产率无关。

二者的联系表现在：价格标准是为货币发挥价值尺度职能而作出的技术规定。有了价格标准，货币的价值尺度职能作用才得以发挥，因而价格标准是为价值尺度职能服务的。此外，货币作为价值尺度，可以是观念上的货币，但必须以十足价值的真实货币为基础。这是因为货币执行价值尺度职能，即商品生产者在给商品规定价格时，只要有想象中的或者是观念上的货币就行了，并不需要有现实的货币。

2. 交换媒介

货币在商品交换过程中发挥媒介作用时便执行流通手段职能，也称"流通手段"。物物交换是商品所有者拿自己的商品去找持有自己所需商品的所有者去交换。有了货币，则一个商品所有者先要把它换成货币，即"卖"出；然后再用货币换取所需要的商品，即"买"进来。

1) 货币执行交换媒介职能的特点

(1) 必须是现实的货币。因为只有商品生产者出卖商品所得到的货币是现实的货币，才能证明他的私人劳动获得社会承认，成为社会劳动的一部分。这里，货币充当商品交换的媒介不能是观念上的，必须是现实的货币。

(2) 可以是不足值的货币或货币符号。因为货币流通是指货币作为购买手段，不断地离开起点，从一个商品所有者手里转到另一个商品所有者手里的运动，在这里，商品生产者手中的货币只是转瞬即逝的东西，货币持有者所关心的只是它能够最终换回的与其代表的价值量是否等值的商品量，所以只要有货币的象征存在就够了。

(3) 包含有危机的可能性。在货币发挥流通手段职能的条件下，交换过程分裂为两个内部相互联系而外部又相互独立的行为：买和卖这两个过程在时间和空间上分开了，因此，货币流通手段的职能"包含着危机的可能性"。

2) 作为交换媒介的货币表现

作为交换媒介的货币，最初是金属条块，但每次流通都需要鉴别真假，测其成色，进行分割。由此，货币从金银条块发展到铸币。铸币是国家按一定成色、重量和形状铸造的硬币，它的出现极大地方便了流通。但因铸币在流通中不断磨损，使其实际价值低于名义价值，但仍按其名义价值流通，这就意味着："在货币流通中隐藏着一种可能性：可以用其他材料做的记号或用象征来代替金属货币执行铸币的职能。"于是，没有什么价值的纯粹象征性的纸币就出现了，这也是货币本身是否足值并不显得重要的原因所在。

3. 价值储藏

当货币由于各种原因退出流通领域，被持有者当作独立的价值形态和社会财富的绝对化身而保存起来时，货币就停止流通，发挥储藏手段的职能。马克思把这种现象称为货币的"暂歇"，现代西方学者则将其称为"购买力的暂栖处"。

1) 执行价值储藏的货币特点

(1) 它必须既是现实的货币，又是足值的货币。作为储藏货币，必须是实实在在的货币，最典型的形态是储藏具有内在价值的货币商品，如黄金或铸币。

(2) 作为储藏手段的货币，必须退出流通领域，处于静止状态。处在流通领域中的货币发挥流通手段和支付手段的职能，退出流通领域的货币才是执行储藏手段职能。

2) 货币执行价值储藏职能时需要满足的条件

(1) 货币的价值或购买力稳定。

(2) 便于存款人的取用(这是货币的灵活性要求)。

(3) 安全可靠。

在市场经济条件下，纸币流通与通货膨胀紧密相连，谁也不愿意储藏不断贬值的纸币。因此，马克思认为纸币不能作为储藏手段，但在分析可兑换的黄金银行券时指出："危机一旦爆发，……将会发生对市场上现有的支付手段即银行券的全面追逐。每一个人都想尽量多地把自己能够获得的货币储藏起来，因此，银行券将会在人们最需要它的那一天从流通中消失。"可见，纸币能不能发挥储藏手段职能的关键在于它能否稳定地代表一定的价值量。如果货币币值不稳定，便丧失了价值储藏手段的职能，而贵金属和实物则成为保值工具。

同时，还应看到，货币并非唯一的价值储藏形式，甚至不是最有利的价值储藏形式。在现代经济中，人们可以通过持有短期期票、债券、抵押凭证、股票、房屋、土地，以及其他物品来储藏价值，其中的某些形式还将带来高于储蓄利息的收益，或在储藏中增值。这种储藏价值的多元形式为后续的银行业和信用制度的形成与扩张提供了客观条件。

4. 延期支付

当货币作为价值的独立形态进行单方面转移时，它发挥支付手段的职能。例如，货币用于清偿债务，以及支付赋税、租金、工资等所执行的职能。

由于商品经济地不断发展，商品生产和商品交换在时空上出现了差异，这就产生了商品的使用价值的让渡与商品价值的实现在时间上分离开来的客观必然性。某些商品使用者(或销售者)在需要购买时没有货币，只有到将来某一时间才有支付能力。同时，某些商品生产者又急需出售其商品，于是就产生了赊购赊销。这种赊账买卖的商业信用就是货币支付手段的起源。

与交换媒介相比较，货币执行支付手段职能，具有以下几个方面的特点。

(1) 作为流通手段的货币，是商品交换的媒介物；作为延期支付的货币，不是流通过程的媒介，而成为补足交换的一个环节。

(2) 交换媒介只服务于商品流通，支付手段除了服务于商品流通外，还服务于其他经济行为。

(3) 就媒介商品流通而言，二者虽然都是一般的购买手段，但交换媒介职能是即期购买，延期支付职能是跨期购买。

(4) 交换媒介是在不存在债权债务关系的条件下发挥作用，而延期支付是在债权债务关系的条件下发挥作用。

(5) 商品赊销的发展，使商品生产者之间形成了一个很长的支付链，一旦某个商品生产者不能按期还债，就会引起连锁反应，严重时会引起大批企业破产，造成货币危机。所以，货币作为延期支付，既促进了商品经济的发展，又使商品经济的矛盾复杂化。延期支付职能地出现与扩展为经济危机的可能性变为现实性创造了客观条件。

5. 世界货币

随着国际贸易交往的发展，当货币超越国界并在世界市场上发挥一般等价物作用时，它便执行世界货币的职能。理论上说，世界货币只能是以重量直接计算的贵金属。而铸币和纸币是国家依靠法律强制发行、只能在国内流通的货币，不能真实地反映货币具有的内在价值。按照马克思对典型金本位条件下的科学论述，如果货币要充当世界货币就必须脱掉自己原有的"民族服装"，还原成金银本来面目。马克思指出："货币一超出国内流通领域，便失去了在这领域内获得的价格标准、铸币、辅币和价值符号等地方形式，又恢复原来的贵金属块的形式。"也就是说，世界货币是以金银计价流通的。但应该看到，当今世界货币流通领域出现了很多新的现象。许多国家的货币，如美元、日元、欧元等，在国际发挥着支付手段、购买手段和财富转移的作用。2015年11月30日，国际货币基金组织(IMF)执董会批准人民币加入特别提款权(SDR)货币篮子，新的货币篮子于2016年10月1日正式生效，人民币将作为第五种货币，与美元、欧元、日元和英镑一道构成SDR货币篮子。同时，黄金仍没有完全退出历史舞台，它仍然是国际最后的支付手段、购买手段和社会财富的保藏和转移形式。

货币的五种职能并不是各自孤立的，而是具有内在联系的，每一种职能都是货币作为一般等价物的本质的反映。其中，货币的价值尺度和流通手段职能是两种基本职能，其他职能都是在这两种职能的基础上产生的。所有商品首先要借助于货币的价值尺度来表现其价格，然后才通过流通手段实现其商品价值。正因为货币具有流通手段的职能，随时可购买商品，可作为交换价值独立存在，可用于各种支付，所以人们才储藏货币，货币才能执行储藏手段的职能。支付手段职能是以储藏手段职能的存在为前提的。世界货币职能则是其他各种职能在国际市场上的延伸和发展。从历史和逻辑上讲，货币的各种职能都是按顺序随着商品流通及其内在矛盾的发展而逐渐形成的，从而反映了商品生产和商品流通的历史发展进程。

三、货币的定义及计量

(一)货币的定义

西方经济学家对货币定义的争论，主要是围绕两个相互关联的问题展开的，即从内涵上揭示货币的基本特性，来回答"什么是货币"的问题，以及从外延上确定货币所应包括的内容或范围，即货币的层次，来回答"货币是什么"的问题。前者是后者的前提和基础，后者是前者的运用和表现。

1. 货币的一般性定义

如果对货币做一个通俗的定义，货币就是在商品或劳务的支付中或债务的偿还中被普遍接受的任何东西。

"货币"一词在日常生活中运用非常广泛，它的含义似乎是很明显的。然而，在经济学里货币具有特定的含义，要给货币下一个精确的定义却相当困难。为了避免混淆，我们必须澄清货币的经济学定义与人们日常生活中的习惯用法之间的区别。

(1) 将货币视为通货或现金。何为通货？通货是指人们通常使用的钞票和硬币。例如：

"你带钱了吗？"，这句话中的钱显然指的就是现金。把货币仅仅定义为现金，对于经济分析而言过于狭窄。因为现金支票、信用卡或银行存款，都可用以支付所购买的商品与劳务。如果我们把货币定义为现金，那么我们就难以把货币与人们所进行的全部购买活动联系起来。现代经济学中的货币比通货更为广泛。

(2) 货币等同于财富。例如："他很有钱"这句话意味着他不仅有一大笔现金和存款，还有债券、股票、珠宝、字画、房子、汽车等。这里的货币被当作财富的同义词。从经济学角度来看，货币的定义要比财富窄得多，货币作为一般等价物，是社会财富的一般性代表，但并不等同于社会财富本身，它只是社会财富的一部分。在美国，货币大约只相当于财富总量的2%，即使是最广义的货币也不超过财富总量的10%。可见，把货币定义为财富显然又太宽了。

(3) 将货币等同于收入。例如，"他的工作很好，能赚很多钱。"这句话中的钱就是指收入。收入是一定期限内的流量，而货币是某一时点上的存量，若把货币定义为收入，那么货币量将无法计量。例如，有人告诉你张三的收入为3万元，那么，你只有在得知他是每年还是每月收入这3万元之后，才能确定他的收入是高还是低。而如果有人告诉你他口袋里有1000元的话，你对这笔钱的量是完全确定的。至此，我们可以看出，虽然货币一词经常被人们使用，但其含义却是难以界定的。

2. 货币的理论定义

货币的理论定义是指经济学家用归纳方法给货币下的定义。由于西方经济学家对于货币的起源、本质和职能有着不同的看法，这导致他们在"什么是货币"这个问题上存在着分歧。

(1) 从合法性来定义货币。货币的定义较早见于英国的哈托依(R. G. Hanetey)在其《货币与信用》(1928年)一书中对货币定义的表述。哈托依认为货币就是法律规定的(或法律力量赋予的)支付债务的手段。哈托依认为，国家之所以要把一些东西规定为货币，原因有二：一是为了提高它的可接受性；二是便于确定供信人和受信人间的债权债务关系的法律地位。任何东西，只要政府赋予它以法定的清偿力量，供信人就不能拒绝接受。

这种看法较片面，没有将银行存款或信用货币定义在货币之内，尤其不能解释恶性通货膨胀时出现的情况，此时，法定货币并不能很好地行使货币职能；相反，非法定货币，例如，一些票据和外币甚至实物却更能为人们所接受。

(2) 从货币的职能来定义货币。马克思认为：货币是固定地充当一般等价物的特殊商品。该定义强调了货币的基本职能，即价值尺度和交易媒介。但是这一定义的局限性也很明显。马克思分析的是金属本位制及其以前的货币，那时的货币是实实在在的商品货币，是一种"特殊商品"。金本位制崩溃后的不兑现信用货币制度下，货币早已不是特殊商品，货币与存款货币都是信用货币，如此一来，一般等价物这个定义就需要有更深一步的理解。

(3) 从普遍接受性来定义货币。很多著名的经济学家都从这个角度来定义货币。例如，英国经济学家阿尔弗雷德·马歇尔(Alfred Marshall，1842—1924)认为，货币是在一定时间或地点购买商品或劳务时，或支付开支时能毫不迟疑地为人们所普遍接受的东西。凯恩斯(John Maynard Keynes)认为货币是具有一般购买力的、能被用来结清债务合同和价格合同的东西。弗里德曼(Milton Friedman)则把货币看作购买力的暂栖所，指货币具有为一般人能接受的交易媒介的职能。这种定义包含了前面两种定义的内容，又弥补了它们的不足。

3. 货币的实证定义

有些经济学家不满足于上述给出的狭义的货币定义。他们认为，货币是一种资产，强调货币的价值储藏手段职能，认为各种金融机构的定期存款、储蓄存款以及其他一些短期流动资产都是潜在的购买力，而且也很容易变为现金，具有不同程度的流动性，因而主张以流动性为标准，划分出更为广义的货币概念或层次，从而形成了货币的实证定义，即货币的层次划分。

1) 货币层次划分的依据

各国中央银行在确定货币层次时，主要以货币资产的流动性作为标准。货币流动性是指金融资产能及时转变为现实购买力并不蒙受损失的能力。流动性越高的金融资产，即现实购买力越强；流动性越低的金融资产，即转化为现实购买力的能力较弱。例如，现金作为购买力十分方便，能够随时支付流通，对市场的影响最直接；定期存款要转化为购买力就不够方便，一般需要到期后才能形成市场购买力。那么，现金就是流动性高的货币，定期存款就是流动性低的货币。这样划分的目的，是为了掌握不同层次货币的分布和变化规律，以及由此引起的市场总供求和供求结构的变化，为中央银行金融调控提供决策参考依据。随着金融创新地不断深化发展，新的金融工具层出不穷，金融市场的复杂性日益突出，科学划分货币层次的意义也更加重要。

2) 货币层次的划分

各国经济与金融发展状况不一，金融工具的种类和创新程度有差异，金融对经济发展的影响不同，中央银行对金融调控的重点和技术要求也有差距，因此，各国对货币层次划分的口径不统一。

(1) 国际货币基金组织对货币层次的划分。

M_0=现金

$M_1=M_0$+活期存款(私人活期存款、邮政划汇、企业活期存款)

$M_2=M_1$+储蓄存款+定期存款+政府债券

(2) 美国联邦储备银行对货币层次的划分。

M_0=流通中的现金+活期存款

$M_1=M_0$+可转让存单+自动转账的储蓄存款+信贷协会股份存款账户+
互助储蓄银行活期存款

$M_2=M_1$+商业银行隔夜回购协议+美国居民持有的即期欧洲美元存款+
货币市场互助基金账户+所有存款机构的储蓄存款和小额定期存款

$M_3=M_2$+大额定期存单(10万美元以上)+定期回购协议+
美国居民持有的定期欧洲美元存款

$L=M_3$+银行承兑票据+商业票据+储蓄债券+短期政府债券等

(3) 中国人民银行对货币层次的划分。

我国是从1994年开始划分货币层次，并按照货币层次进行货币量统计。目前，我国货币划分为三个层次，具体内容如下。

M_0=流通中的现金

M_1(货币)=M_0+商业银行的活期存款

M_2(货币+准货币)=M_1+定期存款+储蓄存款+其他存款

M_3(统计测算用)=M_2+金融债券+商业票据+大额可转让定期存单

从世界各国中央银行对货币层次划分的情况分析,总的规律是:金融市场比较发达、金融工具多样化程度较高的国家,货币划分的层次较多。金融市场化程度高,金融调控技术性要求高,货币层次划分较细;反之,亦然。

迄今为止,关于货币供应量层次的划分并无定论,但根据资产的流动性来划分货币供应量层次已被大多数国家政府接受。近年来,一些发达国家政府对货币供应量的监控重点已逐渐由 M_1 转向 M_2 或更高层次的范围。自 2016 年月 10 月 1 日起,我国人民币国内外自由兑换实现,需要考虑将 M_3 也视为货币供应量的一个更为广义的层次,逐步增强对 M_3 的关注,并适时公布其存量指标将成为必然的选择。

(二)货币的计量

在进行货币量统计和分析的时候,常常会碰到这么几个概念,即狭义货币量、广义货币量、货币存量、货币流量、货币总量与货币增量等。这几个概念分别有不同的经济含义,对它们进行统计分析的经济意义也不同。

1. 狭义货币量与广义货币量

狭义货币量通常是指货币层次中的现金与银行活期存款。狭义货币量反映了整个社会对商品和劳务服务的最直接的购买能力,它的增减变化对商品和劳务的供应会形成直接的影响,因此,狭义货币量是中央银行在制定和实施货币政策时监测和调控的主要指标。在我国,狭义货币量是指 M_1 层次的货币量。

广义货币量是指狭义货币量加准货币。准货币是指可以随时转化成货币的信用工具或金融资产。准货币的流动性小于狭义货币,它反映的是整个社会潜在的购买能力。在我国,准货币是指企业定期存款、居民储蓄存款和其他存款。广义货币量所统计的货币的范围大于狭义货币量,它不仅包括社会直接购买力,而且包括社会的潜在购买力。广义货币量指标可以更全面地反映货币流通状况。

2. 货币流量与货币存量

货币流量是指一国在某一时期内经济主体所持有的现金、存款货币的总量,它表现为一定时期内(如一年)的货币流通速度与现金、存款货币的乘积。货币存量是指一国在某一时点上各经济主体所持有的现金、存款货币的总量。

3. 货币总量与货币增量

货币总量是指货币数量的总额。货币总量可以是某一时点上的总存量,也可以是某一时期内的总流量。货币增量是指不同时点上的货币存量的差额,通常是指今年与上年相比的增加额。

狭义货币量、广义货币量、货币流量、货币存量、货币总量与货币增量是从不同的角度对货币状况进行统计和观察的指标。其中,狭义货币量与广义货币量侧重于从货币结构的角度分析货币流通状况;货币流量与货币存量关注不同时间中的货币流通状况;货币总量与货币增量则是从数量变化的角度对货币状况进行分析。把这几个指标综合起来分析,能够相对全面地反映一国的货币流通状况。

第二节 货币制度

货币制度是国家以法律形式规定的货币流通的组织形式。货币制度既是一国经济制度的重要组成部分，同时货币制度的内容也需要与经济发展的水平相适应，并随着社会经济发展相应进行调整。因此，在人类社会经济不断进步的同时，货币制度也表现出一系列的演变发展过程。

一、货币制度的含义及构成要素

货币制度，又称"币制"或"货币本位制"，是指一个国家或地区以法律形式确定的货币流通的结构、体系和组织形式。也就是说，是国家为了保障货币流通的正常进行而制定的货币和货币运动的准则和规范。

(一)货币金属与货币单位

确定用什么金属作为货币材料，是建立货币制度的首要步骤，也是建立整个货币制度的基础。历史上，一般都先以白银为货币金属，后来随着黄金的大量开采，才过渡到金银并用，并最终使黄金在币材中独占了统治地位。不同国家的法律规定用不同的金属作为币材，构成了不同的货币本位制度。这种规定虽然由国家确定，但仍受客观经济条件的制约。

货币金属的确定，客观上需要确定货币单位。货币单位是国家法定的货币计量单位。国家法定的每一货币单位所包含的货币金属重量即为价格标准。例如，英国的货币单位命名为"英镑"，1816年5月的《金币本位制案》规定，1英镑含7.97g黄金；美国的货币单位是"美元"，根据1934年1月的法令规定，1美元含金量为0.888 671g；中国的北洋政府1914年颁布的《国币条例》规定货币单位为"圆"，1圆含纯银0.648两，相当于32.4g。

(二)本位币与辅币的发行和流通程序

一个国家的通货，通常分为主币(即本位币)和辅币，它们各有不同的铸造、发行和流通程序。

1. 本位币

本位币是国家法律规定的标准货币，又称主币。在金属货币制度下，本位币是用一定货币金属按照国家规定的货币单位铸造的铸币，是一种足值的铸币，并有其独特的铸造、发行与流通程序。本位币具有以下两个方面的特点。

1) 自由铸造

在金属货币流通的条件下，本位币可以自由铸造。所谓自由铸造有两方面的含义：一方面，每个公民都有权把货币金属送到国家造币厂请求铸成本位币；另一方面，造币厂代公民铸造本位币，不收费或只收很低的造币费。

本位币的自由铸造具有十分重要的经济意义，首先，自由铸造可以使铸币的名义价值和实际价值保持一致。铸币的实际价值是指铸币本身的金属价值。由于公民可以随时把货币金属送到国家铸币厂请求铸成铸币，所以铸币的名义价值就不能高于其实际价值，否则，就必须用法律手段来规定其名义价值；由于持有铸币的人可以随时将它熔化为金属块，因此，铸币的名义价值就不能低于铸币的实际价值，否则，人们就会将铸币熔毁，退出流通领域。其次，本位币的自由铸造可以自发地调节货币流通量，使流通中的货币量与货币需要量保持一致。当流通中的货币量不足时，公民会请求造币厂把金属块铸成铸币，投入流通；当流通中的货币量过多时，公民又会自发地将铸币熔化成金属块，退出流通。

2) 无限法偿

本位币具有无限的法定支付能力，即无限法偿。在货币收付中无论每次支付的金额多大，用本位币支付时，收款人不得拒绝接受，故本位币又称为无限法偿币。本位币是法定作为价格标准的基本通货。在金属铸币流通制度下，铸币在流通中会有自然的磨损，不法之徒还有意将其削边、磨损。为了保证本位币的名义价值与实际价值相一致，从而保证本位币的无限法偿能力，各国货币制度中通常都规定有每枚铸币的实际重量低于法定重量的最大限度，即铸币的磨损公差。

2. 辅币

辅币是本位币以下的小额通货，供日常零星交易与找零之用。辅币一般用贱金属铸造，其所包含的实际价值低于其名义价值，为不足值的铸币。国家以法令形式规定在一定限额内，辅币可与本位币自由兑换，这就是辅币的有限法偿性。辅币不能自由铸造，只准国家铸造；为防止辅币充斥市场，国家除了规定辅币为有限法偿货币外，还规定用辅币向国家纳税、兑换主币不受数量限制。

随着近代经济的发展，金属货币远不能适应生产和流通扩大的需要，于是出现了信用货币价值符号的流通。在当代不兑现的信用货币制度下，国家授权中央银行集中货币(纸币)发行，并授予这类价值符号具有无限法偿的能力。

(三)货币发行准备制度

准备制度是指一国货币发行的物质基础。在实行金本位制的条件下，准备制度主要是建立国家的黄金储备，这种黄金储备保存在中央银行或国库。它的用途有以下几个：①作为国际支付的准备金；②作为扩大或缩小国内金属货币流通的准备金；③作为支付存款和兑换银行券的准备金。为了稳定货币，各国货币制度中都包含准备制度的内容。

在现代信用货币制度下，货币发行已与贵金属脱钩。黄金作为国际支付准备金的作用依然存在，形式却发生了变化，已不再是像金本位制时期那样，按货币含金量用黄金作为最后弥补国际收支逆差的手段，当一个国家出现国际收支逆差时，可以在国际市场上抛售黄金，换取自由外汇，平衡国际收支。

目前，各国中央银行发行的信用货币虽然不能再兑换黄金，但仍然保留着发行准备制度。各国准备制度不一致，但归纳起来，作为发行准备金的有黄金、国家债券、商业票据和外汇等。

【专栏 2-1】

纽约的"世界金库"

在距纽约华尔街百老汇不远的自由街，有一个世界上 80 多个国家的中央银行和国际组织存放黄金的纽约金库，金库内分别存放在一个个储藏室内的金块在不很明亮的灯光下闪着金光。储藏室正面均装着钢铁栅栏,上面挂着几把大锁。栅栏后面,一块块黄金如同墙砖那样堆放着,有的房间内的金块高达数米。贴近栅栏仔细观看,金块上面表示铸造日期等数据的各种号码清晰可见。由于铸造年代不同,金块的形状也不尽相同,有的完全像普通的砖块,有的是两头呈梯形的金锭。纽约金库内存有金块共约 10 500 000kg,分别堆放在 120 多个储藏室里。这些作为货币储藏手段的黄金按 2009 年 4 月 27 日纽约商品交易所 6 月份交货的黄金期货收盘价每盎司 908.20 美元计算,价值约 3000 多亿美元,约占世界各国官方黄金储备总量的 30%。

这么多的黄金并不属于纽约联邦储备银行和美国政府所有,属于哪个国家是保密的,纽约联邦储备银行里数千名工作人员中只有很少几个人知道它们的主人。

特别有意思的是,黄金的调动即作为货币支付手段的行使是很周密的过程。如果纽约银行收到某个国家要求向另一账户国支付价值 5000 万美元的黄金文件后,银行按规定程序确认文件密码及内容无误后,即通知金库将这笔美元所折合的黄金(4000kg 左右)从某一储藏室移至另一室内。金库人员根据指令从某个室内取出所需黄金精确过磅,再移至另一个储藏室内。这一看似简单的支付过程往往需要花费几天时间,并至少需要 5 名有关人员在场监督执行。

纽约金库的警卫力量十分强大,其警力不低于一个小城市的警察力量。纽约金库自建成 70 多年来,至今没有发生任何抢劫和盗窃金库的行动。

(资料来源:张玉智. 货币银行学[M]. 北京:中国铁道出版社,2009.)

(四)规定货币的对外关系

规定货币的对外关系即规定本国法定货币同外国货币是自由兑换货币还是不自由兑换货币(管制货币)。货币的对外关系,是由一国的政治、经济、文化和历史传统等诸多因素决定的。

二、货币制度的演变及发展

货币制度自产生以来,从其存在形态看,经历了银本位制、金银复本位制、金本位制和不兑现的信用货币制度四大类型。

(一)银本位制

银本位制是出现最早的货币制度,而且持续的时间比较长。在纪元前及纪元初期,欧洲许多国家,如英国、法国、意大利等,均曾有银币流通。16—19 世纪,银本位制在世界上许多国家盛行。

银本位制的出现是和当时的生产力发展相适应的。在银本位制盛行的时代,大多数国家实行银币本位,只有少数国家实行银两本位。例如,我国于 1910 年宣布实行银本位制,但实际上一直是银圆和银两混用,直到 1933 年,当时的国民党政府才宣布"废两改圆",实行银圆流通。

在银本位制中,白银是本位币的币材,银币具有无限法偿能力,可以自由铸造和熔化,其名义价值与实际价值相等。银本位分为银两本位与银币本位。银两本位是以白银的重量单位——两,作为价格标准,实行银块流通的货币制度。银币本位则是以一定重量和成色的白银，铸成一定形状的本位币，实行银币流通的货币制度。

资本主义的发展使得大规模的贸易增多，白银的相对价值较低，且金与银之间的比价大幅度地波动，影响了经济的稳定发展，因此，许多国家纷纷放弃了银本位制。

(二)金银复本位制

金银复本位制是指以金和银同时作为币材的货币制度。在这种制度下，金银两种铸币都是本位币，均可自由铸造，两种货币可以自由兑换，并且都是无限法偿货币。金银复本位制盛行于16—18世纪资本主义国家发展初期。这一时期，资本主义的商品生产和流通进一步扩大，交易额也不断增加。一方面，小额交易需要更多的白银；另一方面，越来越多的大额交易使黄金的需求量扩大，同时，黄金的供给量也由于人工开采的增加而增加，使金银复本位制代替银本位制成为可能。

复本位制按金银两种货币的不同关系又可分为平行本位制、双本位制和跛行本位制。

1. 平行本位制

这是金银两种货币均各按其所含金属的实际价值任意流通的货币制度。国家对金银两种货币之间的交换比例不加固定，而由市场上自发形成的金银比价自行确定金币与银币的比价。但由于市场机制形成的金银比价因各种原因而变动频繁，造成交易的混乱，因而使这种平行本位制极不稳定。

2. 双本位制

双本位制是国家以法律形式规定金银两种货币的比价，两者按法定的比例流通。双本位制试图克服平行本位制下金币和银币比率频繁变动的缺陷，但实际事与愿违，反而造成了国家官方金银比价与市场自发金银比价平行存在的局面，而国家官方比价较市场自发比价显然缺乏弹性，不能快速依照金银实际价值比进行调整。因此，当金币与银币的实际价值与名义价值相背离时，实际价值高于名义价值的货币(即良币)通常被收藏、熔化而退出流通，实际价值低于名义价值的货币(即劣币)则充斥市场，即所谓"劣币驱逐良币"，这一规律又称"格雷欣法则"。因此，在某一时期，市场上实际上只有一种货币在流通，很难有两种货币同时并行流通的情况。这也成为许多国家向金本位制转变的动因。

【专栏2-2】

格雷欣法则的盛衰

格雷欣法则是由英国托马斯·格雷欣(Thomas Gresham)在给英国伊丽莎白女王的一份铸币建议当中提出的，后来被英国经济学家麦克劳德在其著作《经济学纲要》中加以引用，并命名为"格雷欣法则"。

"劣币驱逐良币"规律曾在美国货币史上有所表现。美国于1791年建立金银复本位制，以美元作为货币单位，并规定金币和银币的比价为1∶15。当时，法国等几个实行复本位制的国家规定金银的比价为1∶15.5。也就是说，在美国，金对银的法定比价低于国际市场的比价，于是黄金很快就在美国的流通界消失了，金银复本位实际上变成了银本位制。

1834年，美国重建复本位制，金银的法定比价定为1∶16，而当时法国和其他实行复本位制的国家规定的金银比价仍然是1∶15.5，这时就出现了相反的情况。由于美国金对银的法定比价定得比国际市场的高，因此，金币充斥了美国市场，银币被驱逐出流通领域，金银复本位制实际上变成了金本位制。

第二次世界大战后，布雷顿森林体系崩溃，美元与黄金挂钩，规定黄金官价为每盎司35美元。这样，美元以黄金作后盾，开始顺利地在全球流通。但随着美元由"美元荒"转变为"美元过剩"，外国商人与美国做生意时，就渐渐愿意接受黄金而不愿意接受美元。这时，各国政府和中央银行也纷纷向美国要求以美元兑换黄金。最终，迫使美国宣布停止以官价兑换黄金，导致布雷顿森林体系的崩溃。这也是纸币形式的美元被拒收和造成各国向美国"挤兑"，从而出现格雷欣法则失效的事例。

(资料来源：MBA智库百科)

3. 跛行本位制

跛行本位制是指国家规定金币可以自由铸造而银币不允许自由铸造，并且金币与银币可以按固定的比例兑换的货币制度。实际上，银币已经降为金币的附属地位，这是因为银币的价值通过固定的比例与金币挂钩，而金币是可以自由铸造的，其价值与本身的金属价值是一致的。因此，从严格的意义上来说，跛行本位制只是银本位制向金本位制的过渡形式。

与银本位制相比，金银复本位制有其先进之处：金银并用满足了当时生产扩大对通货的需求，金币与银币的价值高低不同，可以分别适用于批发交易和小额交易。但是，金银复本位制是一种不稳定的货币制度，因为货币作为一般等价物是具有独占性和排他性的。随着黄金产量的增加和经济的发展，西方各资本主义国家先后过渡到金本位制。

(三)金本位制

金本位制是以黄金作为本位货币的一种货币制度，主要有金币本位制、金块本位制和金汇兑本位制三种形式。

1. 金币本位制

金币本位制是典型的金本位制。在这种制度下，国家法律规定以黄金作为货币金属，即以一定重量和成色的金铸币充当本位币。在金币本位制条件下，金铸币具有无限法偿能力。它具有以下三个方面的基本特征。

(1) 金币可以自由铸造和自由熔化，而其他铸币包括银铸币和铜镍币则限制铸造，从而保证了黄金在货币制度中处于主导地位。

(2) 价值符号包括辅币和银行券可以自由兑换为金币，使各种价值符号能够代表一定数量的黄金进行流通，以避免出现通货膨胀现象。

(3) 黄金可以自由地输出输入国境。由于黄金可以在各国之间自由转移，从而保证了世界市场的统一和外汇汇率的相对稳定。

最早实行金币本位制的国家是英国。18世纪末至19世纪初，英国经济迅速发展后首先过渡到金币本位制。英国政府于1816年颁布法令，正式采用金币本位制。之后，欧洲各国纷纷效仿。德国于1871—1873年实行金币本位制，丹麦、瑞典和挪威均于1873年开始实施。美国在经过巨大的努力仍无法克服金银复本位制的不稳定性后，于1900年也实施了金币本位制。

从历史上看，金币本位制对于各国商品经济的发展，以及世界市场的统一都起到了重大的推动作用，其稳定的货币自动调节机制无疑是高效率的。但随着资本主义社会固有矛盾的加深和世界市场的进一步形成，金币本位制的基础受到了严重的威胁，并最终导致了金币本位制的终结，取而代之的是金块本位制和金汇兑本位制度。

2. 金块本位制

金块本位制，又称"生金本位制"，是国内不准铸造、不准流通金币，只发行代表一定黄金量的银行券或纸币来流通的制度。金块本位制虽然没有金币流通，但在名义上仍然为金本位制，并对货币规定有含金量。例如，法国1928年的《货币法》规定，法郎的含金量为0.065g纯金，并规定有官价。在金块本位制的条件下，虽然不允许自由铸造金币，但允许黄金自由输入输出，或外汇自由交易。银行券是流通界的主要通货，但不能直接兑换金币，只能有限度地兑换金块。英国在1925年规定银行券每次至少兑换400盎司黄金(1700英镑)；法国于1928年规定至少需21.5万法郎才能兑换黄金。这么高的兑换起点，实质上等于剥夺了绝大多数人的兑换权利，从而限制了黄金的兑换范围。

实行金块本位制节省了黄金的使用，减少了对黄金的履行准备量的要求，暂时缓解了黄金短缺与商品经济发展之间的矛盾，但是并未从根本上解决问题。金块本位币实行的条件是保持国际收支平衡和拥有大量的平衡国际收支的黄金储备。一旦国际收支失衡，大量黄金外流或黄金储备不够支付时，这种虚弱的黄金本位制就难以维持。1930年以后，英国、法国、比利时、荷兰和瑞士等国在世界性经济危机袭击下，先后放弃了这一制度。

3. 金汇兑本位制

金汇兑本位制，又称"虚金本位制"。在这种货币制度下，市场上没有金币流通，货币单位规定了含金量，国内流通纸币或银行券，但它们在国内不能直接兑换到黄金，只能换取外汇，由外汇兑换黄金。实行金汇兑本位制的国家实际是使本国货币依附在一些经济实力雄厚的外国货币上，处于附庸地位，从而货币政策和经济都受这些实力强的国家左右。同时，附庸国向实力强的国家大量提取外汇准备或兑取黄金也会影响币制的稳定。

金汇兑本位制和金块本位制都是一种残缺不全的金本位制，实行的时间不长，1929—1933年由于世界性经济危机的冲击相继崩溃。从此，资本主义世界除个别国家外，大多实行不兑现的信用货币制度。

(四)不兑现的信用货币制度

不兑现的信用货币制度，又被称为"管理货币本位"或"不兑换纸币本位制"，是指以不兑现的纸币或银行券作为本位币的货币制度。这也是当前各国普遍实行的货币制度。

不兑现的信用货币制度具有以下几个方面的特征。

(1) 突破币材的限制，适应商品生产与交换，节约流通费用，法律赋予无限法偿能力。

(2) 货币的创造没有黄金等贵金属保证，易超额发行，引起通货膨胀。

(3) 货币制度是一种管理货币制度。一国的中央银行或货币管理当局通过公开市场政策、存款准备金率和贴现政策等手段，调节货币供应量，以保持货币稳定；通过公开买卖黄金、外汇，设置外汇平准基金，管理外汇市场等手段，保持汇率的稳定。

信用货币制度的特征告诉我们，它的流通量无法像金币那样通过被熔化或输出而退出流通领域。如果银行放松银根，信用货币的投入量过度，就会引起物价上涨，纸币贬值，出现通货膨胀现象；如果紧缩银根，则会出现通货紧缩，物价下跌。所以，在这种货币制度下，国家对银行信用的调节和管理尤为重要。

当代社会通行的信用货币本位制的历史很短，就其本身而言，仍有许多不完善之处，但是这种货币制度却创造了货币对经济调节的"弹性"作用，适应商品生产与交换的发展，显示了较为优越的特性，从而具有强大的生命力。

三、我国的货币制度

我国现行的货币制度较为特殊。由于我国目前实行"一国两制"的方针，1997年、1999年香港和澳门回归祖国以后，继续维持原有的货币金融体制，从而形成了"一国多币"的特殊货币制度。人民币是信用货币制度，包括现金与存款货币；港元是香港地区的法定货币，澳门元是澳门地区的法定货币，新台币是台湾地区的法定货币。各种货币分别限于本地区流通，人民币与港元、澳门元之间按以市场供求为基础决定的汇价进行兑换，澳门元与港元直接挂钩，新台币主要与美元挂钩。

(一) 人民币制度

《中华人民共和国中国人民银行法》(以下简称《中国人民银行法》)规定："中华人民共和国的法定货币是人民币。"1948年12月1日，中国人民银行成立，随着第一套人民币的发行，中国人民开始有了自己统一的货币。第一套人民币共12种面额，57种版别(又称62种色别)。半个世纪以来，我国的货币制度不断发展和完善。第二套人民币共11种面额，13种版别，于1955年3月1日发行，并按1：10 000的比例收兑了第一套人民币旧币。从20世纪50年代第二套人民币开始，发行了人民币硬币，自此新中国货币进入纸、硬币混合流通的时代。第三套人民币共7种面额，11种版别，于1962年4月20日发行。这是我国首次完全独立设计与印制的一套货币。第四套人民币共9种面额，12种版别，于1987年4月27日发行。20世纪80年代为适应经济发展和人民生活的需要，中国人民银行适时调整了货币结构，在发行第四套人民币的同时，增发了50元、100元大面额的人民币。改革开放以来，还相继发行了普通纪念币和金银纪念币，进一步丰富了我国的货币品种。第五套人民币共8种面额，于1999年10月1日起在全国陆续发行。我国一直努力抑制通货膨胀，防止通货紧缩，保持了人民币币值的稳定，保持了国际收支平衡，保持了人民币汇率的稳定。

1. 人民币制度的基本内容

人民币在我国社会主义经济建设和人民生活中发挥了重要作用。人民币制度主要包括以下基本内容。

(1) 法偿能力。人民币是我国的法定货币，以人民币支付我国境内的一切公共的和私人的债务，任何单位和个人不得拒收。人民币没有法定含金量，也不能自由兑换黄金。

(2) 货币单位。人民币的单位是"元"，元是主币，辅币的名称是"角"和"分"，1元等于10角，1角等于10分。人民币的符号为"￥"，取"元"字的汉语拼音首位字母"Y"加两横而成。

(3) 发行权限。由中国人民银行统一印制、发行。国务院每年在国民经济计划综合平衡的基础上核准货币发行指标，并授权中国人民银行发行。任何单位和个人不得印制、发售代币票券以代替人民币在市场上流通。

(4) 对人民币的出入境实行限额管理。海关规定旅客出境时每人每次携带人民币限额20 000元。

(5) 中国人民银行设立人民币发行库，在其分支机构设立分库。分库调拨人民币发行基金，应当按照上级库的调拨命令办理。任何单位和个人不得违反规定，动用发行基金。

(6) 人民币成为可兑换货币。所谓可兑换性，是指一国货币兑换其他国家货币的可能性。

中国人民币在全球贸易、投资当中的结算规模越来越大，资本账户逐步开放，人民币国内外自由使用在2016年10月1日正式生效，人民币与美元、欧元、日元和英镑一道构成SDR货币篮子。在SDR货币篮子中，人民币的权重为10.92%，位居第三。

2. 人民币的发行与管理

中国人民银行对人民币发行的管理，技术上主要是通过货币发行基金和业务库的管理来实现的。发行基金是人民银行为国家保管的待发行的货币。发行基金的来源有二：一是中国人民银行总行所属印制企业按计划印制解缴发行库的新人民币；二是开户的各金融机构和中国人民银行业务库缴存中国人民银行发行库的回笼款。保管发行基金的金库称为发行库。发行基金由设置发行库的各级人民银行保管，并由总行统一掌握。各分库、中心支库、支库所保管的发行基金，都只是总库的一部分。中国人民银行发行库的主要职能是：保管人民币发行基金；办理人民币发行基金出入库和商业银行及其他金融机构的现金存取业务；负责回笼现金的整理清点。业务库是商业银行为了办理日常现金收付业务而建立的金库，它保留的现金是商业银行业务活动中现金收付的周转金，是营运资金的组成部分，经常处于有收有付的状态。

具体的操作程序是：当商业银行基层行业务库的现金不足以支付时，可到当地中国人民银行分支机构在其存款账户余额内提取现金，于是人民币从发行库转移到业务库，意味着这部分人民币进入流通领域；而当业务库的现金收入大于其库存限额时，超出部分则由业务库送交发行库，这意味着该部分人民币退出流通。这个过程如图2-6所示。

图2-6　人民币发行程序示意图

对人民币发行与流通的管理，主要体现在发行基金计划的编制、发行基金的运送管理、反假币及票样管理和人民币出入境管理等方面。

(二)香港地区货币制度

依照《中华人民共和国香港特别行政区基本法》的规定，港元是香港特别行政区的法定货币，港元的发行权属于香港特别行政区政府。特别行政区政府在确知港币的发行基础健全和发行安排符合保持港币稳定的条件下，授权汇丰银行、标准渣打银行和中国银行发行港币。香港实行联系汇率制，1美元=7.8港元，港元的发行必须有百分之百的美元准备金。香港的外汇基金由香港特别行政区政府管理和制定，主要用于调节港元汇价。港元为自由兑换货币。在港元的发行中，纸币占90%以上。香港政府也发行硬币，硬币的铸造由政府财政司指定，铸造者均需按照政府授权的设计、面额、成分、标准重量及允许的公差进行铸造。

(三) 澳门地区货币制度

根据《中华人民共和国澳门特别行政区基本法》的规定，澳门元是澳门特别行政区的法定货币。中国人民银行不在澳门设立派出机构，而由澳门特别行政区政府及其有关机构制定和执行其货币政策。目前，大西洋银行和中国银行受澳门特别行政区政府授权代理发行澳门元。澳门货币发行必须有百分之百的准备金，也就是发行澳门元须以与发行额等值的外币为发行准备。澳门元为自由兑换货币。

(四) 中国台湾地区货币制度

按照中国台湾施行的《中央银行法》的规定，新台币为台湾地区的法定货币。新台币的实质发行权保留在中央银行，但实际发行由中央银行委托，商业银行进行。新台币的发行须有百分之百的准备金。新台币的发行受新台币发行准备监理委员会监督，如超过发行准备金发行，该委员会通知主管银行停止货币发行，并立即收回其超额发行部分。

四、跨国货币制度

迄今为止，人们对货币制度的研究，都与国家主权不可分割地结合在一起，是研究一个主权国家内的货币制度。人类社会进入 20 世纪末 21 世纪初，随着经济和金融全球一体化的发展，超国家主权的跨国货币制度开始诞生，欧元是其典型的代表。

1999 年 1 月 1 日，欧元正式启动，在过渡期内，是一种非现金交易的"货币"，仅用支票、信用卡、电子钱包、股票和债券的方式流通。当时共有 11 个国家首批参加欧元区，它们是法国、德国、意大利、西班牙、比利时、荷兰、卢森堡、葡萄牙、奥地利、芬兰和爱尔兰。2002 年 1 月 1 日，欧元的现金货币在欧元区 11 国市面上正式流通。各缔约国原有的本国货币可继续流通到 2002 年 6 月 30 日。从 2002 年 7 月 1 日起，欧元区内各国的货币完全退出流通。希腊于 2003 年 6 月申请并被批准加入欧元区。欧元由各成员国中央银行组成的超国家欧洲中央银行统一发行，制定和执行统一的货币政策和汇率政策，并依据《稳定和增长条约》对各成员国的金融管理进行监管。

欧元的正式启动结束了欧盟内部货币动荡的局面，从而创造出一个稳定的货币环境；降低了投资风险，减少了交易成本，扩大了资本市场的融资能力；同时，也促进了各成员国的财政健康稳定，带动了经济增长。但是，欧元作为人类历史上跨国货币制度的创新，在单一货币和新汇率制度下运行、跨国中央银行的运作等方面，还存在着不少困难和障碍，这都有待于在实践进程中逐步加以克服。

欧元的正式启动使欧洲货币经济合作大大向前迈进了一步，从而也对国际货币体系的发展产生了重大影响。

(1) 在国际储备货币地位方面，长期称雄世界的美元储备货币地位将受到较大挑战，多元储备货币体制会趋于完善。

(2) 在国际汇率体制方面，欧元的出现将会影响各国汇率体制的选择，同时还将增强国际汇率体制的稳定性。

(3) 在国际货币协调方面，欧元的正式启动使得加强国际货币协调的必要性大大提高，并将在推动国际货币体制改革方面继续发挥重要作用。

在欧元的启示下，世界各大洲都出现了建立跨国货币制度的动向。在美洲，秘鲁和厄瓜多尔试图实行以美元为基础的经济；被誉为"欧元之父"的罗伯特·蒙代尔(Robert A. Mundell)在 2000 年 4～5 月的巡回演讲中，大力倡导巴西、阿根廷和巴拉圭建立南美共同货币；在非洲，西非经济共同体六国领导人于 2000 年 4 月 21 日签署协议，规定在今后建立统一货币；经历 1997 年亚洲金融危机后，为了稳定亚洲的货币环境，一些国家和地区也提出了建立"亚元"的构想。但是，跨国货币制度必须建立在各国经济、政治制度接近，生产力发展水平相近，各国货币政策、经济政策和价值观念趋同的基础之上，因此，需要一个较长的发展和磨合过程。

本 章 小 结

货币是商品生产和商品交换长期发展的产物。马克思认为货币是从商品世界中分离出来的、固定充当一般等价物的商品，并能反映一定的生产关系。

货币形态的发展演变，大体上经历了实物货币(含金属货币)、代用货币和信用货币三个阶段。目前世界各国使用的货币主要处于信用货币阶段。

货币在现代经济中执行着价值尺度、流通手段、价值储藏、延期支付和世界货币五种职能。价值尺度和流通手段是货币的最基本职能，其他职能是在这两个职能的基础上衍生出来的。

货币一般可定义为："货币就是在商品或劳务的支付中或债务的偿还中被普遍接受的任何东西。"货币理论定义是指经济学家用归纳方法给货币下的定义，包括从合法性来定义货币、从货币的职能来定义货币、从普遍接受性来定义货币。从实证角度，可以把货币划分为货币与准货币两个口径，各国在此基础上又结合国情对货币层次进行了具体划分。

在进行货币量统计和分析的时候，要涉及狭义货币量、广义货币量、货币存量、货币流量、货币总量与货币增量等概念。狭义货币量与广义货币量侧重于从货币结构的角度分析货币流通状况；货币存量与货币流量关注不同时间中的货币流通状况；货币总量与货币增量则是从数量变化的角度对货币状况进行分析。把这几个指标综合起来分析，能够相对全面地反映一国的货币流通状况。

货币制度是一个国家或地区以法律形式确定的货币流通的结构、体系和组织形式。它的内容主要包括货币金属与货币单位，货币准备制度及货币的对外关系等。货币制度自产生以来，从其存在形态看，经历了银本位制、金银复本位制、金本位制和不兑现的信用货币制度。

复习思考题

一、名词解释

货币制度　信用货币　价值尺度　流通手段　货币存量　无限法偿　格雷欣法则　金汇兑本位制

二、简答题

1. 简述货币形态的类型。
2. 货币的职能有哪些?最基本的职能又有哪些?
3. 货币层次划分的依据是什么?我国划分的标准和内容如何?
4. 为什么说金银复本位制度是不稳定的货币制度?
5. 简述人民币制度的内容。

三、案例分析

南斯拉夫货币制度的选择

1987年,南斯拉夫通货膨胀率首次突破三位数,1988年达到251%。1989年12月11日,通货膨胀率达1255.5%,如与1988年12月相比,则通货膨胀率高达2665%。20世纪80年代,南斯拉夫货币第纳尔的最高面值曾为1000第纳尔,而到1989年则达500万第纳尔。1989年12月30日,1美元等于54324第纳尔,可以算得上是超级通货膨胀。与此同时,工农业生产下降,外债负担沉重。

马尔科维奇总理1989年3月16日就职后,采取了稳定宏观经济的一揽子改革方案:一是改革币制,废除旧币,发行新币。政府决定自1990年1月1日起,每1万旧第纳尔折合1新第纳尔,并与坚挺的西德马克挂钩,二者的比率为7∶1,半年不变;币制改革后,任何人都可以按官方牌价在南斯拉夫银行自由兑换马克,旧币换新币也没有限制。南斯拉夫还准备待时机成熟,就使第纳尔成为完全可兑换货币。二是改革银行体制,禁止用发钞票的办法弥补赤字,管住货币超量发行。1990年1月开始把国家的金融职能与市场的金融职能分开,中央银行发行货币,但独立于政府,向议会负责。三是降低关税,放开进口,大部分商品价格由市场供求决定。

自此,奇迹居然出现了:四位数的通货膨胀率从1990年1月以来被遏制到两位数、一位数、零甚至为负数。1990年通货膨胀率1月份为17.3%,2月份为4%,3月份为2.6%,4月份已降到零,6月份则是-0.3%,平均月通货膨胀率保持在1%左右。这是自20世纪80年代以来的10年中,南斯拉夫经济第一次出现转折。

南斯拉夫一揽子配套综合措施方案的主要目标是:遏制通货膨胀和保证南斯拉夫的货币成为可兑换货币,这两个目的在一年后都达到了。

(资料来源:金本网)

问题:
南斯拉夫货币体制改革给我们怎样的启示?

第三章

信用、利息与利率

【学习目标】

通过本章的学习，了解信用的概念及构成要素，信用对经济的积极作用和消极作用，利息、利率的概念及功能作用；重点掌握信用的五种常见形式、利息的本质和利率的决定因素；能够运用本章的基本理论，并结合现阶段的经济现状探索我国利率管理体制改革的途径和发展趋势。

金融学概论(第二版)

【本章导读】

"黑色星期二"之谜

2007年2月27日,全球股市大跌,历史将以"黑色星期二"记住这一页。2005年年底以来,美国金融市场呈现出"长短息倒挂"的罕见现象,美国联邦储备委员会前主席格林斯潘称之为"谜"。2006年7月以来,"长短息倒挂"变本加厉,短期利率的指标——美国联邦基金利率连续半年高于10年期和30年期的美国国债孳息率!诚然,"元凶"之一的不是美元利率差,而是日元利率差引发的carry trades的变动。2001年至2006年,日本中央银行实施长达6年多的零利率政策。与美国5.25%的基准利率、欧元区3.5%的基准利率相比,借几乎零利率的日元而投资于其他国家(地区)的金融资产成为首选。2006年日本中央银行扬言于7月加息,曾引起全球股市在5月至6月回落。2007年2月21日,日本中央银行宣布加息25个基点,将隔夜贷款利率(短期利率)上调至0.50%。于是,投资者纷纷抛去所持有的日元carry trades,以致"黑色星期二"期间,全球股市大跌,但是日元汇率上升。

1987年10月全球股灾,令世人知道新兴计算机程序交易(program trading)的厉害。1997年下半年亚洲金融危机,令世人知道新兴对冲基金(hedge fund)的厉害。2007年2月"黑色星期二",令世人知道套息交易(carry trades)的厉害。全球经济尤其全球金融市场真正是日新月异。

(资料来源:中国经济网综合)

问题:

(1) 简述长短期利率倒挂之谜。

(2) 请结合本章所学的知识点,试评论一下日元carry trades。

【知识拓展3-1】 走进"言而有信"的经济学

MOOC 网址:安徽省网络课程学习中心 http://www.ehuixue.cn/View.aspx?cid=495

第一节 信 用

一、信用的概念及构成要素

(一)信用的概念

在日常生活中,信用主要指"诚实守信""履行承诺",在经济学中是指一种借贷行为,是以偿还和付息为条件的价值运动的特殊方式,即商品或货币的所有者(供信人或债权人)暂时转让出其对商品或货币的使用权,承借者(受信人或债务人)因此除了要偿还本金外,还要另外支付额外的一定利息作为补偿。信用有两种常见的形式:实物信用和货币信用。实物信用的借贷对象是一定数额的商品;货币信用的借贷对象是一定数额的货币。本书讲的是货币信用。

(二)信用的构成要素

一般来说,信用关系的构成涉及以下四大基本要素。

1) 信用主体

信用活动的主体主要指参与信用活动的对象，包括债权人和债务人。

2) 信用标的

信用活动的标的是指信用关系指向的对象，包括货币形式和实物形式。

3) 信用载体

信用载体可以成为信用工具，按照形成和发展的历史过程可以分成以下三个阶段：第一个阶段是以口头承诺为主体的信用形式；第二个阶段是以正式的书面凭证为依据的信用工具，如借贷契约、债务凭证等；第三个阶段为各种信用工具可以流动化的阶段，如票据、债券可以上市流通转让。

4) 信用条件

信用条件主要是指利率与期限。利率是资金筹集的使用成本，其大小由本金、期限、风险和供求等多方面因素构成；期限是信用关系从开始到结束的时间。

二、信用的基本形式

信用的基本形式有商业信用、银行信用、国家信用、消费信用和国际信用。

(一)商业信用

1. 商业信用的含义

商业信用是指企业之间在买卖商品时，通过延期付款形式或提前付款等形式提供的信用。

2. 商业信用的必要性

商业信用构成了现代信用制度的基础。随着商品经济和社会化大生产的发展，企业之间的联系日益紧密，在生产过程中往往会出现生产时间与流通时间不一致的现象，经常造成有的企业商品积压，卖不出去；有的企业急需商品，却没有钱财。延期付款的商业信用形式改变了这一尴尬的局面，这样卖方可以向买方提供商业信用，先销货后付款，这样后者可以顺利地购买商品，卖方也可以实现商品的销售。另外，商业信用有助于节约商业资本。这是因为商业资本存在于生产与销售的中间环节，商业企业总想用尽可能少的商业资本实现从生产企业购置商品到实现销售的全过程，商业信用恰好满足了商业企业的心理，为商业资本的大力发展提供了信用的支持。

3. 商业信用的特点

商业信用的特点主要体现在以下三个方面。

(1) 商业信用的主体是厂商，是一种直接信用。

参与商业信用的债权人、债务人均是厂商，他们直接参与生产或经营。比如说，在商品赊销的行为中，债权人，信用的贷出者即是商品的卖方；而债务人，信用的借入者是商品的买方。赊销的方式、手续都是灵活简单的，是一种直接信用。

(2) 商业信用的对象是商品资本，而不是货币资本。

例如，在赊销过程中，商品的所有权发生转移，从销售方转移到购买方，但是没有支付相应的货款，并不直接贷出货币资本，这样，商品买入方成为债务人，卖出方成为债权人，商业信用就产生了。

(3) 商业信用在经济周期中保持着与产业资本相一致的步伐。

在经济繁荣时期，生产规模扩大，产业资本扩大，商品增加，商业信用增加；在经济萧条时期，生产规模缩小，产业资本紧缩，商品减少，商业信用减少。

【知识点小案例】

> 霍英东是香港知名的富商之一。第二次世界大战结束后，香港人口激增，住房严重不足，加上工商业日渐兴旺，形成对土地和楼宇的庞大需求。霍英东审时度势，认定香港房地产业势必大有发展。在1953年年初，他拿出自己的120万港元，另向银行贷款160万港元，开始经营房产业。那个年代，香港地产商都是整幢房屋出售的，一般很难购买，因而房屋不易脱手。霍英东当时是向银行贷款建楼的，要付一分多利息，如果建成了才卖，人家不买，利息承担不起，自己只好"跳楼"。有一天，一位老邻居到工地上找他，说是要买楼。霍英东抱歉地告诉他，盖好的楼已经卖完了。邻居指着工地上正在盖的楼说："就这一幢；你卖一层给我好不好？"霍英东灵机一动，说："你能不能先付定金？"邻居笑着说："行，我先付定金，事成再付全款。"两人成交了。霍英东从这个事件想到了通过房产预售的办法，只要先交付10%的定金，就可以购得即将破土动工兴建的新楼。也就是说，要买一幢价值10万港元的新楼，只要先付1万港元，就可以买到所有权，以后分期付款。这种方式显然既有利于买房者又有利于卖房者。因此，很快就有一批人变成了专门买卖楼房所有权的商人，这就是后来香港盛行的"炒楼花"。这一创举使霍英东的房地产生意顿时大大兴隆起来，一举打破了香港房地产生意的最高纪录，赚取了他人生中的第一桶金。
>
> **点评：** 霍英东先生通过研究香港房地产市场的特点，发现房屋都是整幢出售的，一般人很难购买，通过商业信用，先付定金购得所有权，以后分期付款完成余款支付，这种方式减轻了房地产交易者的压力，活跃了房地产市场。

(资料来源：http://www.sbkk8.cn/)

(二) 银行信用

1. 银行信用的含义

银行信用是指银行及其他非银行的金融机构通过吸收存款、发放贷款等形式向社会和国民经济各部门提供信用的形式。银行信用是在商业信用的基础上发展起来的更高层次的信用形式，是现代信用体系的主要形式。

2. 银行信用的特点

银行信用的特点主要体现在以下两个方面。

(1) 银行信用的对象是货币资本。银行信用的主体一方是厂商、家庭、政府和其他机构，另一方是银行和其他金融机构。一方面，部分厂商、家庭、政府和其他机构将闲散和多余的资金存放在银行和其他金融机构；另一方面，银行和其他金融机构通过贷款等方式将多余的资金提供给有资金需求的部分厂商、家庭、政府和其他机构。

(2) 银行信用是一种间接信用。在货币资金的流动过程中，银行只是货币资金使用者和货币资金所有者之间的中介，发挥桥梁和纽带作用。

(三)国家信用

1. 国家信用的含义

国家信用,即政府信用,是国家以债务人身份举债,向社会筹集资金的一种借贷行为。国家信用可以分成国内信用和国际信用两种。国内信用是一种内债,是国家以债务人的身份向国内的企事业团体、个人获得的信用;国际信用是一种外债,是国家以债务人的身份向国外政府、国际金融组织以及国外的居民和企业取得信用的一种形式。

2. 国家信用的特点

国家信用的特点主要体现在以下两个方面。

(1) 信誉高,风险小。国家信用的主体是政府,政府扮演债务人的角色,不但有国家信誉作为担保,而且有稳定的财政收入作为后盾,因此,从某种程度上讲,国家信用是一种无风险信用。

(2) 政策性强,筹资期长。国家信用往往用在经济的特殊发展时期,通过发行公债、国库券、国际债券和向国外借款的方式快速筹集大量资金,以解决财政收支赤字问题。这些资金往往期限较长,一般不允许提前兑付,只能贴现。

(四)消费信用

1. 消费信用的含义

消费信用是指商业企业和金融机构以消费品为对象,向消费者提供的信用。这种通过信贷方式预支远期消费能力,引导即期的消费需求的创新方式对刺激我国的消费需求、推动市场经济的发展有着重要的意义。但是,如果控制不当,也会产生一定的消极作用。例如,在经济繁荣的时期,人们前景预期乐观,提前消费,消费信用扩张,如果生产的扩张速度低于消费扩张的速度,就会需求大于供给,物价上涨,容易引起通货膨胀;相反,在经济萧条的时期,人们前景预期不乐观,消费信心减少,消费信用缩水,产品供给大于需求,经济发展萎缩。

2. 消费信用的形式

消费信用主要有银行消费信贷和信用卡两种形式。

1) 银行消费信贷

银行消费信贷是消费信用的主要形式,是指银行和其他金融机构通过信用贷款的方式向消费者提供贷款,帮助其购买耐用消费品、上学等信用方式。银行消费信贷产生和发展于西方发达国家,已经成为西方国家居民消费的主要方式。在美国,信誉好的个人可以很方便地通过分期付款等信用方式购买手机、电脑、家用电器、汽车和房屋消费品等。在我国,20世纪80年代初期开始试行银行消费信贷。随着改革的不断深入和市场经济的不断发展,银行消费信贷也逐渐完善,现已形成居民住房贷款、学生助学贷款、购车贷款等各种灵活多样的银行消费信贷,满足了老百姓的需求,刺激了老百姓的消费。

2) 信用卡

信用卡是商业银行向个人和单位发行的,向银行存取现金、向特约单位购物和消费,具有消费信用的卡片。信用卡正面印有发卡银行名称、有效期、号码、持卡人姓名等内容,背面有磁条、签名条，一般表现为贷记卡。通俗地说，信用卡是银行提供给用户的一种小额信贷支付工具，可以在规定时间内先消费后还款，无须支付任何利息和手续费。

【专栏 3-1】

国家助学贷款违约率居高不下

国家助学贷款作为寒门学子完成学业的重要支持，十多年来已帮助众多家庭经济困难学生解了燃眉之急。然而，国家助学贷款违约率却居高不下。以天津市南开大学、天津大学为例，某大型国有银行南开支行的数据显示，其教育助学贷款不良率为 4.01%，高出整体零售贷款不良率 4 倍多。欠贷不还的纠纷案例屡见不鲜，主要有三个原因：无力还款、对贷款政策不了解和恶意欠款。国家的助学贷款实际上就是一笔"诚信债务"，诸多原因还不起贷款可协商学校和银行延期还款，若逾期不还，只能说明学生诚信缺失。

天津一所大学学生资助管理中心负责人说："一些学生的还贷意识不强，认为晚几天还也不要紧，逾期归还顶多就交点滞纳金。"助学贷款不良率居高不下，原因有"三难"：学生毕业后"联系难"，不良贷款诉讼法律文书司法"送达难"以及诉讼判决后"执行难"。国家助学贷款诉讼案件中，大约 60%无法按照原合同反映的联系地址一次性有效送达。这些诸难使得善良的国家助学贷款陷入尴尬局面。

人无信则不立。高校要承担起诚信教育的责任，在课堂教学环节，贷款申请过程加大征信的宣传力度。金融机构应建立失信惩罚机制，让违约代价"看得见"，若助学贷款逾期没有还款，会被计入个人信用报告，包括金额和逾期时间等，并且会被长期保留，影响今后申请信用卡或办理贷款业务。若失信行为让学生在求职就业、开办公司、银行贷款、公务员报考等方面均受到阻力，品尝苦果，诚信的可贵价值将更加显著。

(资料来源：中国新闻网)

(五)国际信用

国际信用，属于国际的借贷行为，是指国际上一个国家官方(主要指政府)，同非官方，如商业银行、进出口银行和其他经济主体，向另外一个国家的政府、银行、企业或其他经济主体提供的信用。

国际信用主要包括国际商业信用、国际银行信用以及政府间信用三种形式。

1. 国际商业信用

国际商业信用是由出口商以商品形式提供的商业信用，有来料加工和补偿贸易两种常见形式。

1) 来料加工

来料加工是指出口国企业提供原材料、设备零部件或部分设备，进口国企业提供厂房、劳动力等，材料在进口国企业加工，进口国企业获得加工费收入，成品归出口国企业所有。

2) 补偿贸易

补偿贸易是国际贸易中以产品偿付进口设备、技术等费用的贸易方式，指由进口国企业向出口国企业赊购机器设备、技术力量、专利、各种人员培训等，联合出口国企业发展生产和科研项目，待项目完成或竣工投产后，将产成品或以双方商定的其他办法偿还出口国企业的投资。

2. 国际银行信用

国际银行信用是进出口双方银行所提供的信用,可分为出口信贷和进口信贷。

1) 出口信贷

出口信贷是一种国际信贷方式,是一国为了支持和鼓励本国大型机械设备、工程项目的出口,加强国际竞争力,出口方银行向本国出口商或国外进口商提供利息补贴和信贷担保的优惠贷款方式。

2) 进口信贷

进口信贷,一种通常是指进口方银行提供贷款,解决本国企业资金需要,以支持本国进口商购买所需的商品或技术等;另一种是指本国进口商向国外银行申请贷款,如果进口商是中小企业,则往往还要通过进口方银行出面取得这种贷款。

3. 政府间信用

政府间信用是一国政府向另一国政府提供的信贷,有着浓厚的政治色彩,通常建立在双方良好政治关系的基础上,其特点是期限较长、金额大、利率较低。

三、信用的经济功能

(一)信用对经济的积极作用

信用经济是现代经济的重要特征,是经济管理和经济生活的重要基础,是企业融资的重要的环境,信用在现代经济运行中发挥着以下几个方面的作用。

(1) 提高资金使用效率,促进资金社会再分配。资金在国民经济运行过程中,会出现不平衡的状况,一方面会出现货币资金的闲置和溢出,另一方面会出现货币资金的需要和不足。有借有还的信用活动很自然地成为调剂资金溢出与不足的最直接、最灵活的方式。通过信用经济可以把企业暂时闲置的资金和分散在城乡居民手中的零散资金聚集起来,贷放到资金不足的生产经营单位,变消费基金为积累基金,促进经济的更快发展。重要的是,在信用活动中,根据价值规律的作用,信誉度高、后劲足、利润高、紧缺的部门和企业往往容易得到信用的支持。在竞争机制的激励下,信用经济可提高整个经济的效率。

(2) 提高资金周转速度,节约流通费用。信用活动能够自动调节资金的盈余与不足,通过资金的运动,节约大量的流通费用,增加生产资金投入,加速整个社会资金的周转。这是因为:①信用工具取代了现金的部分作用,节约了流通环节对现金的需要;②信用经济一方面减少了社会对现金的管理成本,另一方面方便了金融机构对闲散资金的统一调控;③信用工具增加了非现金结算方式办理各种债权债务关系,节约了流通费用,缩短了流通时间。

(3) 有利于政府部门调节经济结构,平稳操纵宏观经济运行。政府部门利用信用杠杆,制定货币政策、信用制度及各种金融法规,以实现政府对国民经济运行的积极干预,调剂社会资金余缺,发挥调节经济的职能,引导金融机构扩大对国民经济发展中的瓶颈部门、短线行业和紧俏产品的资金支持,紧缩对长线部门、衰退行业和滞销产品的资金供应甚至收回资金,实现国民经济各部门的按比例协调发展。

(4) 促进了股份经济的发展。股份有限公司的存在必须以信用关系的发展为条件。股份有限公司的股票发行必须有庞大的货币资金市场和良好的公众信誉，才会成为大额货币资金和小额货币资金信任投放的对象。

(二)信用对经济的消极作用

信用对经济的消极作用主要表现为信用风险。

信用是一把双刃剑，一方面会刺激消费，扩大需求，促进国民经济发展；另一方面会产生信息不对称，引发逆向选择和道德风险问题。所谓信息不对称，是指信用主体双方所掌握的信息量不同。一般而言，卖家比买家更了解自己的经营状况、偿债能力和信誉程度；但相反的情况也可能存在，比如医疗保险，买方通常拥有更多信息。所谓逆向选择，是指由于交易双方信息不对称和市场价格下降产生的劣质品驱逐优质品，进而出现市场交易产品平均质量下降的现象。所谓道德风险，是从事经济活动的人在最大限度地增进自身效用的同时做出不利于他人的行动。从大多数国家的发展历史看，随着逆向选择和道德风险行为的加剧，信用关系将出现紊乱，信用风险长期积累就会产生信用危机这种普遍经济现象。

1) 信用风险的特征

信用风险具有以下四个特征。

(1) 客观性。客观存在的不以人们的主观意志为转移的风险。

(2) 传染性。信用主体之间密切而复杂的债务关系和财务联系很容易使信用主体一损俱损，发生"多米诺骨牌效应"。

(3) 可控性。信用主体可以发挥主观能动性，通过完善信用制度和利用高科技手段降低信用风险。

(4) 周期性。一般表现为信用扩张与收缩的有规律的交替出现。在企业的盈利水平上升、偿债能力增强、信用扩张时期，投资与信贷活动趋旺，信用风险降低；在企业的盈利水平下降、偿债能力不足、信用紧缩时期，投资与信贷活动趋弱，信用风险扩大。

2) 防范信用风险的措施

防范信用风险，抑制信用对经济的消极作用对于国民经济的发展有着重要的意义，其主要措施有以下两个。

(1) 要遵循信贷资金运动的客观规律。信贷资金运动的第一阶段，由银行向企业提供生产经营资金；第二阶段，生产经营资金发挥作用，生产过程使产品价值产生了增值；第三阶段，银行收回贷款并取得利息。防范信用风险是要注意信贷资金运动各个阶段的密切联系和各自的特征，第一阶段，选择贷款的投向和投量，确定"贷与不贷，贷多贷少，贷长贷短"；第二阶段，充分发挥信贷资金的增值作用，解决价值如何补偿、补偿多少、如何增值以及增值多少的问题，确定贷款利息与周转速度；第三阶段，利息的取得又可使信贷扩张进行再分配，信贷资金运动继续进行。这个阶段应该如数收回信贷资金和利息，否则，应当认真总结贷款的投向和投量。

(2) 加强信用风险的防范与监管，防止信用危机的扩张和蔓延。中央银行应当建立健全宏观调控监管机制，学习先进的管理方法和管理理念，运用计算机系统提高信贷决策的精确度，健全信息披露制度，完善风险预警体系，降低信息的不确定性，避免逆向选择和道德风险行为的发生，同时，要安排信用资金的风险与收益对称的产权制度和风险约束机制。

第二节 利息与利率

【知识拓展3-2】投资理财中的利息、利率的认知与计算
MOOC网址：安徽省网络课程学习中心 http://www.ehuixue.cn/View.aspx?cid=495

一、利息

(一)利息的概念

利息是资金所有者由于向资金使用者借出资金而取得的报酬，它来自于生产者使用该笔资金发挥营运职能而形成的利润的一部分。

(二)利息的本质

在西方古典经济学派的利息理论中，威廉·配第提出"利息报酬说"，认为利息是因暂时放弃货币使用权而获得的报酬。达德利·诺思(Dudley North)提出了"资本租金论"，把贷出货币所收取的利息看作地主收取的租金，第一次将资本的货币和货币的货币区别开来。约瑟夫·马西提出"利息源于利润说"，认为贷款人得到的利息直接来源于利润，并且是利润的一部分；亚当·斯密(Adam Smith)提出了"利息剩余价值说"，指出利息有双重含义：当借贷的资本用于生产时，利息来源于利润；当借贷的资本用于消费时，利息来源于地租等收入。

在近代西方学者的利息理论中，纳索·威廉西尼尔(Nassau William Senior)提出了"节欲论"，利息是借贷资本家节欲的结果，是总利润的一部分；约翰·贝茨·克拉克(John Bates Clark)提出了"边际生产力说"，当劳动生产量不变而资本相继增加时，每增加一个资本单位所带来的产量依次递减，那么最后增加一单位资本所增加的产量就是决定利息高低的资本边际生产力；约翰·梅纳德·凯恩斯(John Maynard Keynes)提出了流动性偏好说，人们的流动性偏好产生于三种动机，即交易动机、谨慎动机和投机动机。要想获得一定的货币，必须以支付一定的报酬来诱使公众让渡出一部分货币，则利息就成为人们放弃这种流动性偏好的报酬。

在马克思的利息理论中，马克思揭示了利息的本质，指出利息不是产生于货币的自身增值，而是产生于它作为资本的使用。其理由有三个：第一，货币转化货币资本是利息产生的前提；第二，利息和利润一样，都是由剩余价值转化而来；第三，利息是剩余价值，表现为职能资本家让渡给借贷资本家的那部分，深刻地揭示出私有制下，资本家全体共同剥削雇佣工人的关系。

二、利率

(一)利率的概念

利率，是指在借贷期间，利息额与所贷出的资本额(本金)的比率。它是衡量利息额高低的重要指标。

(二)利率的种类

利率的种类按照不同的划分标准可以划分为以下几种。

1. 按照计算利息的长短期限划分

按照计算利息的长短期限,可以将利率划分为年利率、月利率和日利率。年利率以年为单位计算利息;月利率以月为单位计算利息;日利率以日为单位计算利息,通常称为"拆息"。

2. 按照信用行为的期限长短划分

按照信用行为的期限长短,可以把利率划分为长期利率和短期利率。一般把借贷时间在一年以内的利率称为短期利率,一年以上的利率称为长期利率。通常情况下,期限越长,风险越大,利率也越高;期限越短,风险越小,利率也越低。

3. 按照在借贷期内利率是否调整划分

按照在借贷期内利率是否调整,可以把利率分为固定利率和浮动利率。固定利率,是指在借贷期内固定不变的利率。实行固定利率,计算比较简单,但是不适合变化莫测的市场行情,属于比较传统的计算方法,适用于短期利率。浮动利率,是指在借贷期内随着市场利率的变化而调整变化的利率。其计算多样化,手续烦琐,但是可以适应市场变化进行调节,适用于长期利率。

4. 按照是否考虑通货膨胀率来划分

按照是否考虑通货膨胀率,可以把利率分为实际利率和名义利率。

实际利率,是指物价不变,从而货币的购买力不变条件下的利率。例如,假设某年的物价没有变化,甲向乙贷款10 000元,年利息额是400元,实际利率就是4%。

名义利率,是指包括补偿通货膨胀风险的利率。其公式为

$$r=i+p$$

式中,r为名义利率,i为实际利率,p为借贷期间的物价变动率。例如,假设某一年的通货膨胀率为3%,则乙收回的10 000元本金只相当于年初的97%,那么为了保证在通货膨胀的前提下,依然要取得4%的利息,乙必须把贷款利率提高到7%,才能保证通货膨胀前后的利息和本金相当。那么,这个7%的利率就是名义利率。

5. 按在借贷期间利率是否带有优惠划分

按照在借贷期间利率是否带有优惠,可以把利率分为一般利率和优惠利率。一般利率是商业银行等金融机构在经营存贷业务中对一般客户采用的利率。银行的优惠利率一般略低于普通的贷款利率。优惠利率通常提供给业绩佳、有良好发展前景,且信誉好的借款人。在我国,优惠利率的授予同国家的产业政策紧密相关。在国际金融领域,外汇贷款利率的优惠通常以伦敦同业拆借市场的利率为衡量标准,把低于该标准的利率称为优惠利率。

(三)利率的决定因素

1. 马克思的利率决定论

马克思的利率决定理论认为,从利息的产生过程来看,利息是贷出资本家从借入资本

的资本家那里分割来的一部分剩余价值,剩余价值的本质表现为利润,利息只是利润的一部分,从这个角度可以得出结论:利息量的多少取决于利润总额,利息率取决于平均利润率。利润本身就成为利息的最高界限,利息也不可能为零,否则借贷资本家就没有任何利润空间,利息率的变化范围一般是在零与平均利润率之间。

利润率决定利息率高低的理论还认为,平均利润率伴随着技术发展有着下降的趋势,平均利息率受其影响也会呈现同方向变化。此外,还存在某些其他影响利率下降趋势的因素,例如,信用制度的发达程度、社会财富及收入相对于社会资金需求的增长程度等。每个国家都会努力做到保持平均利润率的相对稳定,平均利润率的下降趋势是一个非常缓慢的过程,相应地,平均利息率也保持相对稳定。利息率的高低在于对利润分配的态度,具有很大的偶然性和经验性。在实际生活中,人们提的较多的是市场利息率,而非平均利息率。平均利息率只是一个理论概念,在一定阶段内具有相对稳定的特点;而市场利息率则是多变的,在任一时点上都表现为一个确定的量。

2. 西方经济学关于利率决定的分析

1) 古典的利率理论

古典的利率理论,又称实物利率理论,是一种局部的均衡理论。它认为利率决定于储蓄与投资的均衡点。投资是利率的递减函数,即利率提高,投资额下降;利率降低,投资额上升。储蓄是利率的递增函数,即储蓄额与利率具有正相关关系,也就是利率提高,投资额上升;利率降低,投资额下降。所以,利率具有自动调节经济达到均衡的作用:当储蓄大于投资时,利率下降,人们可以自动减少储蓄,增加投资;当储蓄少于投资时,利率上升,人们可以自动减少投资,增加储蓄。

古典的利率理论还认为储蓄由"时间偏好"等因素决定;投资则由资本边际生产率等因素决定,利率与货币因素无关,利率不受任何货币政策的影响。在古典利率学派看来,货币政策是无效的,强调非货币的实际因素在利率决定中的作用。

2) 凯恩斯流动偏好利率理论

凯恩斯认为,利率决定于货币供给与货币需求的数量,而货币需求又取决于人们的流动性偏好。流动性偏好,是指人们持有货币以获得流动性的意愿程度。凯恩斯流动性偏好利率理论认为,人们流动性偏好的动机有三种:交易动机、预防动机和投机动机,其中,交易动机和预防动机是收入的函数,并且与收入成正比,其货币需求与利率没有直接关系;而投机动机带来的货币需求则与利率成反比,人们持有货币进行投机的机会成本也随着利率的增高而增高。

凯恩斯流动性偏好理论认为,收入和物价是导致货币需求曲线移动的主要因素,当物价不变时,个人的收入增长会引导个人购买更多的商品;反之,个人的收入降低会引导个人减少购买商品。当个人的收入不变时,物价的上涨会抑制人们购买商品的需求;反之,物价的下跌会促使人们购买商品。凯恩斯假定货币供给完全为货币当局所控制,货币供给曲线表现为一条垂线,货币供给增加,货币供给曲线就向右移动;反之,货币供给曲线向左移动。当利率降低到一定程度之后,人们预计有价证券的价格不可能继续上升,因而会持有货币,以免证券价格下跌时遭受损失。这时,人们对货币的需求趋向于无穷大,这便是凯恩斯利率理论中著名的"流动性陷阱说"。

3) 可贷资金利率理论

可贷资金利率理论是由20世纪30年代剑桥学派的罗伯逊(Robertson)和瑞典学派的俄林(Ohlin)提出来的，是在综合古典利率理论和凯恩斯流动偏好理论的基础上建立起来的。新古典的利率理论，也被称为借贷资金学说，该理论试图在利率决定问题上把货币因素和实质因素结合起来考虑。可贷资金利率理论认为，在利率决定问题上，应当同时考虑货币因素和实质因素，以完善利率决定理论，忽视货币因素是不当的，尤其在目前金融资产量相当庞大的今天。在利率决定问题上，利率是借贷资金的价格，借贷资金的价格取决于金融市场上的资金供求关系。可贷资金的需求包括：①购买实物资产的投资者的实际资金需求，它随着利率的上升而下降；②家庭和企业的货币需求量是增加的，为了增加其实际货币持有量而借款或少存款。可贷资金的供给包括：①家庭、企业的实际储蓄，它随利率的上升而上升；②实际货币供给量的增加量。

4) IS-LM 模型的利率理论

IS-LM 模型是物品与劳务总需求的一般理论，是宏观经济学的短期分析核心。这个模型中的外生变量是财政政策、货币政策和物价水平。模型中的两个内生变量是均衡利率和国民收入水平。其中 IS，即投资—储蓄，IS 曲线是产品市场均衡时收入和利率组合点的轨迹，反映了物品与劳务市场均衡时产生的利率和收入水平之间的负相关关系。LM 是流动性偏好—货币供给，LM 曲线是货币市场均衡时收入和利率组合点的轨迹，反映了货币市场均衡时利率和收入水平之间的正相关关系。

IS-LM 模型是宏观经济分析的一个重要工具，是描述产品市场和货币之间相互联系的理论结构。在产品市场上，国民收入决定于消费 C、投资 I、政府支出 G 和净出口 X-M 总合起来的总支出或者说总需求水平，而总需求尤其是投资需求要受到利率 r 的影响，利率则由货币市场供求情况决定，也就是说，货币市场要影响产品市场；同时产品市场上所决定的国民收入又会影响货币需求，从而影响利率，这又是产品市场对货币市场的影响。可见，产品市场和货币市场是相互联系、相互作用的，而收入和利率也只有在这种相互联系、相互作用中才能决定、描述和分析这两个市场相互联系的理论结构，就称为 IS-LM。

5) 预期理论

欧文·费雪(Irving Fisher)在 1896 年 9 月《美国经济学会出版物》发表的《判断与利息》文章中最早提出预期理论。其基本观点是：利率曲线的形状是由人们对未来利率的预期所决定的，因此，对未来利率的预期是决定现有利率结构的主要因素；长期利率是预期未来短期利率的函数，长期利率等于当期短期利率与预期的未来短期利率之和的平均数。

预期理论假设：持有债券和从事债券交易时没有税收和成本的影响；没有违约风险；具有完善的货币市场；所有投资者都是利润最大化的追求者，他们购入具有较高预期收益率的债券，也不持有预期收益率低于其他具有不同到期期限的债券；不同期限的债券可以完全替代，即不同期限的债券的预期回报率必须相等。

预期理论提出长期利率与短期利率之间的关系取决于现期短期利率与未来预期短期利率之间的关系。如果以 $E_t(r(s))$ 表示时刻 t 对未来时刻的即期利率的预期，那么预期理论的到期收益可以表达为

$$R(t,T) = \frac{1}{T-t}\int_t^T E_t(r(s))\mathrm{d}s$$

该理论表明：①长期利率是由未来短期利率的市场预期所决定的。利率期限结构形式

的变化反映了未来短期利率的市场预期的变动。②不同到期期限证券的即期利率趋向于共同变动。这是因为长期利率仅仅是短期利率的几何平均，在其他条件相同的情况下，短期利率上升(或下降)将提高(或降低)人们对未来短期利率的预期，从而提高或降低长期利率。

6) 市场分割理论

1957年，J.M.卡伯特森(J.M.Culbertcon)首先提出了市场分割理论，后经由莫迪利亚尼(F.Modiglian)等归纳整理发展。市场分割理论摈弃了预期理论假定长期和短期资金市场是统一的，资金可在长短期资金市场上自由移动，从而长期证券和短期证券能够顺利地相互替代转换的观点，首先假设不同类型的投资者具有与投资到期期限相关的偏好，这些偏好与他们的债务结构、风险厌恶有关，或者是两者兼有。它改变了传统的观念，认为债券市场可按照长短期限的不同划分为互不相关的长期和短期市场，这些市场有各自独立的市场均衡，长期借贷活动决定了长期债券利率，短期交易决定了短期利率。根据这种理论，长短期的市场是独立的，不同市场的均衡利率决定了不同利率的期限结构。

例如，不同的风险投资者对承担风险的需要和能力有着不同的要求。保险公司的保单往往具有长期性，愿意在一个较长时期内提供给投资者稳定收益率的证券；商业银行往往拥有短期负债，愿意提供给投资者短期贷款和流动证券。

市场分割理论虽然考虑到某些投资者或借贷者偏好长期证券投资的事实，因而在一定程度上补充了预期理论的不足，但其最大缺陷是忽略了长、短期证券市场之间的重要联系，认为这些债券市场是互不相关的。这是因为它无法解释不同期限债券的利率所体现的同步波动现象，也无法解释长期债券市场的利率随着短期债券市场利率波动呈现的明显有规律性的变化。

3. 影响利率的其他因素

影响利率的其他因素，主要有以下几个方面。

1) 借贷资金的供求关系

实际上，利率水平高低是由资金市场上的借贷资金供求双方按市场供求状况来协商确定的，当借贷资金供大于求时，利率水平就会下降；当借贷资金供小于求时，利率水平就会提高，甚至高于平均利润率。

2) 预期通货膨胀率

在信用货币流通条件下，特别是在纸币制度下，物价经常会出现波动。通货膨胀，是指物价上涨，货币的实际购买力下降，会给借贷资金所有者带来损失。为了弥补这种损失，债权人往往会在一定的预期通货膨胀率基础上来确定利率，弥补通货膨胀的损失，以保证其本金和实际利息额不受损失。

3) 中央银行货币政策

中央银行干预经济最常用的货币政策手段之一就是调整利率。用紧缩性货币政策时，往往会提高再贴现率、再贷款利率或其基准利率(如美国的联邦基金利率)；当中央银行实行扩张性货币政策时，又会降低再贴现率、再贷款利率或其他基准利率，从而引导借贷资金市场利率作相应调整，并进而影响整个市场利率水平。

4) 国际收支状况

国际收支状况对该国的利率水平也有重要的决定作用。当一国国际收支平衡时，一般不会变动利率；当一国国际收支出现持续大量逆差时，为了利率，为了控制逆差，防止本国汇率下跌，金融管理当局就可能会提高利率，吸引外资涌入，稳定国内资本。当一国国际收支出现持续大量顺差时，为了控制顺差，减少通货膨胀的压力，金融管理当局就可能会降低利率，减少资本项目的外汇流入。这当然也会使本国的借贷资金利率水平发生变化。

除了上述因素之外，国际利率水平高低、借贷风险大小、借贷期限长短、一国经济开放程度、银行经营管理水平、银行成本等，都会对一国国内利率产生重要影响。因此，一定时期利率水平的变动，必须综合分析各种因素，才能找出利率水平变动的主要原因。

【专栏 3-2】

> **专家：央行已 9 个月没降息了 应保持利率适度低水平**
>
> 经济进入新常态以来，经济增长速度和经济结构存在暂时的弱平衡格局。首先，经济增速平稳，不同部门相互平衡。2016 年一季度经济增长 6.7%，预计二季度仍可保持 6.7% 左右。工业生产基本平稳；金融服务业增速下降，房地产业增速有较大回升；民间固定资产投资下降，房地产投资和基建投资增速回升。不同产业和部门内部的此消彼长保证了经济增速基本平稳。
>
> 其次是金融与实体部门出现弱平衡格局。一是当前股价仍处于过去一年来的低点，平稳运行；二是房价在大量资金推动下快速上涨，房地产投资回升使部分资金流入实体经济；三是英国脱欧之前人民币汇率基本稳定，外汇储备损耗放缓；四是货币政策操作中，中国趋向结构性工具，自 2015 年 9 月人民银行降低利率以来，已有 9 个月没有降息，存款准备金率也从 2016 年 3 月调整之后一直保持稳定。
>
> 目前，因为房地产价格上升过快，部分城市推出新的房地产限购措施，由房地产市场带动的实体经济回暖正面临回落的风险；企业债违约增加，从而导致累计新增社会融资出现回落。在下半年经济有下行压力的背景下，上半年形成的弱平衡格局可能被打破，英国脱欧公投之后，美元升值对人民币形成新的贬值压力，需要在一段时间内寻找新的平衡点。人民币贬值对资本流出、国内资产价格、外汇储备、进口商品价格和国内物价等宏观变量将产生一系列联动反应。
>
> (资料来源：中国证券报-中证网)

(四) 利率的功能及作用

1. 利率的功能

利率的功能主要体现在以下三个方面。

(1) 从数量上描述，利率就是利息量和带来这个利息量的资本量之间的比率。

作为理性的经纪人，货币所有者和货币使用者都关心经济效益，利率就是很好的一个调节杠杆。利息是剩余价值的转化形式，直接来源于利润，即 $G=G_1+G_2$；利率的高与低，决定了货币所有者与货币使用者在利润上的分配比例。

(2) 利率可以发挥调节功能。

利率联系着国家、企业和个人，沟通着金融市场与实物市场，既发挥着对宏观经济活动的调节作用，主要是调节需求和供给比例，调节消费和投资比例；又发挥着对微观经济活动的调节作用，主要是调节企业和个人的经济活动，顺应国家经济发展的需要。

(3) 利率可以发挥分配功能。

利率在国民收入分配和再分配中可以发挥调节作用：一方面，通过具体的利息与资本金的比率，完成了收入在资金借贷者之间的初次分配；另一方面，通过调整消费与储蓄的比例，完成国民收入的再分配，使资金从盈余部门流向赤字部门。

2. 利率在经济中的作用

1) 利率在宏观经济活动中的作用

利率在宏观经济活动中的作用，主要表现在以下几个方面。

(1) 吸引社会闲散资金。资金短缺一直是商品经济社会中制约经济发展的关键，有了有偿利率利息的资本回报，就可以吸引社会的闲散资金，满足经济生产和社会发展的需要。

(2) 可以调节经济结构。通过差别利率和优惠利率，实现资源的倾斜配置，采取低利率政策支持国家亟须发展的产业项目，同时采取高利率的政策抑制国家限制产业项目的过快发展。

(3) 利率可以发挥信用规模的作用。通过再贴现率和贷款利率调节中央银行对商业银行和其他金融机构的信用规模。当中央银行降低贷款利率和再贴现率，同时商业银行降低贷款利率和再贴现率时，有利于扩大信用规模；当中央银行提高贷款利率和再贴现率，同时商业银行提高贷款利率和再贴现率时，有利于缩小信用规模。

(4) 利率可以发挥调节国际收支平衡的作用。当国际收支严重逆差时，通过提高本国利率吸引国际资本的流入，抑制本国资本的流出；当国际收支严重顺差时，通过降低本国利率可以抑制国际资本的流入，鼓励本国资本的流出。在长期的国际收支调节中，除了调节利率水平之外，还应调节利率的结构。例如，当国内经济衰退与国际收支逆差并存，可以降低长期利率，鼓励投资，鼓励生产，鼓励消费，刺激经济复苏；同时，提高短期利率，吸引外资，抑制本国资金流出，使得国内发展与国际收支相互协调。

2) 利率在微观经济活动中的作用

利率在微观经济活动中的作用，主要表现在以下两个方面。

(1) 有助于企业改善经营管理，提高生产经营与投资的效率。由利率形成的利息是企业使用资金的成本，它必须通过偿还才能消失，从一定程度上理解是抵减利润的，所以企业应当谨慎地选择投资项目，妥善经营，才能很好地发挥利息的财务杠杆作用，降低财务风险的影响。

(2) 有助于吸引社会闲散资本，改变个人的投资与消费的倾向。金融产品的安全性、收益性和流动性是投资理财的关注点，这些因素与利率都有着不可分割的联系。例如，在金融产品安全性和流动性一定的情况下，利率不同会产生产品收益的差别，影响人们不同的投资选择。

本 章 小 结

信用在经济学中是指一种借贷行为，商品或货币的所有者(供信人/债权人)暂时转让出其对商品或货币的使用权，因此承借者(受信人/债务人)除了要偿还本金外，还要另外支付额外的一定利息作为补偿。信用主体、信用标的、信用载体和信用条件构成信用的四大基本要素。信用的基本形式有商业信用、银行信用、国家信用、消费信用和国际信用等几种。商业信用构成了现代信用制度的基础，对象是商品资本，而不是货币资本，是一种直接信用；银行信用的对象是货币资本，与商业信用相比，体现间接性，发挥桥梁和纽带作用，是一种间接信用；国家信用可以分成国内信用和国际信用两种，其信誉高、风险小、筹资时期长，带有政策导向性；银行消费信贷是消费信用的主要形式，信用卡是银行提供给用户的一种小额信贷支付工具，可以先消费后还款；国际信用包括国际商业信用、国际银行信用和政府间信用，国际商业信用有来料加工和补偿贸易两种常见形式，国际银行信用可分为出口信贷和进口信贷，政府间信用强调浓厚的政治色彩。信用可以提高资金使用效率，促进资金社会再分配，提高资金周转速度，节约流通费用，有利于政府部门调节经济结构，平稳操纵宏观经济运行，促进了股份经济的发展；信用也可以产生信用危机，对经济发展产生消极作用，所以要正确认识信用的"双刃剑"作用，发挥其积极因素，抑制消极因素。

利息是因暂时放弃货币使用权而获得的报酬，和利润一样，都是由剩余价值转化的。利率是衡量利息额高低的重要指标。马克思的利率决定论认为利息率的变化范围一般是在零与平均利润率之间；古典的利率理论认为利率决定于储蓄与投资的均衡点，投资是利率的递减函数，储蓄是利率的递增函数。凯恩斯流动偏好利率理论认为利率决定于货币供给与货币需求的数量，而货币需求又取决于人们的流动性偏好。可贷资金理论认为在利率决定问题上，应当同时考虑货币因素和实质因素，以完善利率决定理论，在利率决定问题上利率是借贷资金的价格，借贷资金的价格取决于金融市场上的资金供求关系。IS-LM 模型是物品与劳务总需求的一般理论，IS 曲线是产品市场均衡时收入和利率组合点的轨迹，是描述产品市场和货币之间相互联系的理论结构，LM 曲线指的是流动性偏好—货币供给，是货币市场均衡时收入和利率组合点的轨迹。预期理论其基本观点是，利率曲线的形状是由人们对未来利率的预期所决定的，因此，对未来利率的预期是决定现有利率结构的主要因素。市场分割理论摒弃了预期理论假定长期和短期资金市场是统一的，资金可在长短期资金市场上自由移动，从而长期证券和短期证券能够顺利地相互替代转换的观点，首先假设不同类型的投资者具有与投资到期期限相关的偏好。另外，借贷资金的供求关系、预期通货膨胀率、中央银行货币政策和国际收支状况等也会影响利率的高低。利率可以发挥调节和分配功能。利润在经济中的作用包括：吸引社会闲散资金；发挥信用规模的作用；调节经济结构；有助于吸引社会闲散资本，改变个人的投资与消费的倾向；有助于企业改善经营管理，提高生产经营与投资的效率。

复习思考题

一、名词解释

信用　信用关系　信用的基本形式　利率的决定因素理论　实际利率

二、简答题

1. 简述利息的来源与本质。
2. 简述利率的决定与影响因素。
3. 简述利率在经济中的作用。
4. 试述名义利率和实际利率对经济的影响。
5. 结合利率的功能和作用，论述我国为什么要进行利率市场化改革。

6. 简述商业信用与银行信用的区别。
7. 简述消费信用的积极作用与消极作用。
8. 从各种信用形式的特点出发，论述我国应怎样运用这些信用形式。

三、案例分析

信用卡不守信用

2016 年 3 月 22 日，日照市金融消费权益保护协会接到了王先生的信用卡不守信用的投诉，据王先生告知，近日他的一张银行信用卡无端被降额，且该卡上积累的 50 余万积分全都被清除。王先生认为银行不守信用，遂至协会投诉，要求该银行做出合理解释。

日照市金融消费权益保护协会受理投诉后及时与该银行联系并了解了情况。经协会调查，根据该银行相关规定，若客户有不良刷卡记录，银行有权停卡和积分清零。经查实，该银行信用卡中心监测到该持卡人多次规律性地在某固定的 POS 机刷卡消费，银行怀疑持卡人有套现行为，遂对该信用卡进行了降额处理。协会及时将调查核实情况向投诉人王先生进行了回复，并建议王先生保持良好的用卡习惯，王先生未再提出异议，并对协会的工作表示满意。可见，信用卡是守信用的。

我国相关法律对于信用卡的守信行为提供了法律保障。

《商业银行信用卡业务监督管理办法》第五条规定："商业银行经营信用卡业务，应当充分向持卡人披露相关信息，揭示业务风险，建立健全相应的投诉处理机制。"本案中，银行有向王先生告知其存在业务风险及停卡降额理由的义务。《商业银行信用卡业务监督管理办法》第五十条规定："发卡银行应当建立信用卡授信管理制度，根据持卡人资信状况、用卡情况和风险信息对信用卡授信额度进行动态管理，并及时按照约定方式通知持卡人，必要时可以要求持卡人落实第二还款来源或要求其提供担保。"第五十二条规定："发卡银行应当建立信用卡业务风险管理制度。发卡银行从公安机关、司法机关、持卡人本人、亲属、交易监测或其他渠道获悉持卡人出现身份证件被盗用、家庭财务状况恶化、还款能力下降、预留联系方式失效、资信状况恶化和有非正常用卡行为等风险信息时，应当立即停止上调额度、超授信额度用卡服务授权、分期业务授权等可能扩大信用风险的操作，并视情况采取提高交易监测力度、调减授信额度、止付、冻结或落实第二还款来源等风险管理措施。"

本案中，银行监测发现持卡人王先生有非正常用卡行为的风险信息，有权基于广泛的风险因素考虑，对持卡人的信用额度进行动态管理，并采取调减授信额度和信用积分清零的风险管理措施，确保信用卡守信使用。

(资料来源：中国人民银行日照市中心支行办公室)

问题：
(1) 本案例中，信用卡守信了吗？
(2) 本案例中，信用卡是如何做到守信的？

第四章

金融市场

【学习目标】

通过本章的学习,了解金融市场的概念及分类,货币市场、资本市场和其他金融市场的概念、特点、结构及内容。

【本章导读】

金融市场与次贷危机

金融危机与问题诸多的金融市场有着千丝万缕的联系。2007 年,美国爆发次贷危机。这场危机迅速向其他地区蔓延,并演化成为全球金融市场信贷紧缩,对世界经济产生一定的负面影响。次贷危机的根源可以从金融市场不可调和的矛盾窥知一二。

(1) 降低房贷初期偿债负担,可提供轻松的抵押贷款。2003 年以来,美国金融机构采取一些减轻借款前期负担的新举措来招徕次贷客户。比较典型的是可调利率抵押贷款(ARM),占美国次级抵押贷款约 90%。

(2) 放宽或实际上取消放款标准,可提供便捷的抵押贷款,大量信用记录较差的低收入家庭进入房贷市场。

(3) 金融创新带来大量衍生产品,特别是抵押债务证券化使次贷市场风险丛生。这些金融衍生产品在创新过程中债务链条过长,导致市场风险向信用风险及流动性风险转化。

(4) 金融全球化步伐加快,使各国相互依存加深,市场联动性的增强导致美国次贷危机通过"蝴蝶效应"殃及全球。金融衍生品的发展虽使单个金融机构面临的风险分散和有所减轻,但也使全球金融机构形成环环相扣的"风险链",如果其中任何一个环节出现问题,就会引发全球市场多米诺骨牌式连锁反应。

(5) 美国货币政策和与此相关的美国房地产行情变化也是重要因素。"9·11"事件后,美联储连续 12 次降息,使联邦基金利率降到 20 世纪 60 年代以来的最低水平。超低利率刺激了美国房地产的繁荣,又导致房贷机构放松对购房者借贷信用和资格的审核,利率上升和房价下降使美国次贷市场迅速恶化,许多借债过度的购房者既无力偿付房贷到期本息,又无法再融资,违约拖欠债务事件大增。

(资料来源:甄炳禧. 环球视野. 2008 年第 2 期. http://www.globalview.cn/readnews.asp?newsid=15461)

问题:
(1) 简述美国的次贷金融危机是怎么蔓延开的。
(2) 谈谈我国的金融市场应当如何吸取美国这次次贷危机的教训。

第一节 金融市场概述

一、金融市场的概念

【知识拓展1-1】金融市场构成及关系
MOOC 网址:http://www.ehuixue.cn/View.aspx?cid=495

金融市场,通常是指以金融工具为交易工具,以金融资产为交易对象而形成的资金供求关系及其机制的总和。在金融市场上,资金的需求方,也是资金的借入方(即债务方)发行金融工具;资金的供应者,也是资金的供给方(即债权人)购买金融工具,实现将资金转移给需求者的资金流动过程。资金融通有直接融资和间接融资两种形式。直接融资是指资金的盈余方直接将资金借给资金的短缺方,中间不存在任何金融中介机构的融资方式,如债券或者股票。间接融资是指金融机构扮演金融中介的角色,发挥着吸收资金和配置资金的功能,将资金从盈余单位存放到资金短缺单位中的融资方式,金融机构是融资风险的直接承担者。广义的金融市场是指一切进行资金交易的市场,既包括资金供求者之间的直接融资,也包括以金融机构作为中介的间接融资;狭义的金融市场仅指资金供求者之间的直接融资,包括资本借贷及有价证券买卖这两个主要部分。

金融市场的形成与完善是政治与经济综合作用的结果,其有效运行依赖于一些不可缺少的条件:①发达的市场经济可以为金融市场提供自由流动的要素,自由竞争的价格,是金融市场正常和有效运作的前提与基础;②丰富、灵活和创新的金融工具产品为金融市场复杂、多样、多变的金融交易提供了基本的载体,方便金融交易进行、资本流动实现;③完善的金融机构和大量的国际金融人才是金融市场交易的主体,是金融市场活跃繁荣的创新者和推动者;④成熟的金融法规和效率的监管体系规范着金融市场秩序,控制着金融市场行为,监管着金融市场运行;⑤便利的交通枢纽,发达的通信设施,丰富的人才体系等,都是金融市场成熟的不可缺少的诸多条件。

金融市场对社会经济的发展有着重要的作用,主要包括:可以为资本盈余部门和资本短缺部门提供重要的融资中介,一方面解决资金短缺的燃眉之急,另一方面为投资者和储蓄者的富余资金的使用提供多种出路;可以为投资者提供资产保值增值的多种金融工具(如股票、债券、票据等),多种可供选择的期限(如短期、中期和长期等);可以方便国家推行中央货币政策,公开市场业务,买卖有价证券,调整商业银行财务,改变货币供给数量,达到宏观调节市场的目的。

二、金融市场的分类

(一)货币市场和资本市场

根据金融市场上交易的金融资产的期限长短,可以分为货币市场和资本市场。

1. 货币市场

货币市场,一般是指 1 年以下期限的资金借贷及有价证券的交易市场,属于短期资金市场,如银行短期贷款(包括同业拆借)市场及国库券、商业票据、银行承兑票据等。

2. 资本市场

资本市场,一般是指 1 年以上期限的长期金融工具的交易市场,属于中长期资金市场,如银行中长期贷款市场、公司债券和股票等。

(二)一级市场和二级市场

根据有价证券在证券市场流通的先后顺序,可以分为一级市场和二级市场。

1. 一级市场

一级市场,也称发行市场,是指公司或政府机构向最初购买者出售新发行的债券或股票等有价证券进行筹资的金融市场。其销售方式是代销或包销。

2. 二级市场

二级市场,也称流通市场,是指再出售已经发行的证券的金融市场。例如,纽约股票交易所、伦敦股票交易所就是著名的股票二级市场。证券经纪人和证券交易商对于一个运行良好的二级市场来说非常重要,证券经纪人为投资者提供证券买卖代理服务,而证券交易商按照公布的价格买卖证券,方便买卖双方自由交易。

(三)现货市场和期货市场

根据金融交易的交易期限,可以分为现货市场和期货市场。

1. 现货市场

现货市场,是指金融资产现货的交易市场。通常情况下,现货交易是在成交后1～3日内立即付款交割。

2. 期货市场

期货市场,是指专门的、有组织的买卖金融资产期货的市场。交割是在成交日之后合约所规定的日期如几周、几月之后进行,由于期货交易成交与交割的时间间隔较长,而在这段时间中市场行情或有涨跌,买方、卖方很可能获利或损失。因此,期货市场交易比现货市场交易具有较强的投机性。

(四)国内金融市场和国际金融市场

根据金融交易是否在国内交易,可以分为国内金融市场和国际金融市场。

1. 国内金融市场

国内金融市场,是指在一国范围内,金融资产交易的市场和体系,包括全国性、地方性和区域性的市场。在国内金融市场上,交易主体限于本国居民;交易活动受本国法规约束,而不涉及国与国之间资金移动,因而,一般不会对本国的国际收支产生影响。

2. 国际金融市场

国际金融市场,是指活动范围往往超越国界,所涉及的往往是多个国家,由国际性的资金借贷、证券交易、黄金和外汇买卖等活动所形成的市场。国际金融市场的主体包括居民和非居民,市场活动少受或不受市场所在国金融当局的控制;交易的直接后果一般会引起国际的资本流动。例如,石油美元市场、亚洲货币市场都属于国际金融市场。

(五)交易所和场外交易

根据金融二级交易市场组织形态的不同,可以分为交易所和场外交易。

1. 交易所

交易所是一个固定场所,证券的买卖双方可以约定在交易所的一个中心地点见面并进行交易。

2. 场外交易

场外交易(OTC),无固定场所,交易商通过计算机、电话、传真等通信手段与其他买卖证券的顾客联系、报价和交易。

第二节 货币市场

一、货币市场的概念和特征

货币市场，是指期限在 1 年以下的短期金融市场。这个金融市场的主要功能是保持金融资产的流动性，可以随时转换成现实的货币。同资本市场比较而言，货币市场的特征主要体现为：交易工具具有较强的流动性，可以根据需要在交易市场上随时将交易工具兑换成货币资金；交易期限短，实现临时性的交易资金从资金盈余者流向资金需求者，解决短期资金余缺不平衡的矛盾；风险性较低，一般来说，流动性较强的资产风险性都比较低，收益也有限。

二、货币市场的资金供求者

货币市场的资金供求者主要包括以下几个方面。

(一)政府

政府财政收支有时间差和季节差，国库收入高峰时，资金有余；国库收入低谷时，资金不足。当资金不足时，政府就要发行国债，需要向货币市场筹措短期资金；在财政收入低谷时，国家的中长期政府债务可能会有一部分到期，为了偿还这种债务，政府往往需要发行短期政府债券。

(二)企业

按照生产经营中的不同地位，企业可以扮演资金供给商和资金需求者两个不同的角色。

1. 资金供给

企业在生产经营过程中，经常会出现部分闲置资金，如未分配股息红利以及各种待用资金。企业以这些暂时闲置资金买入其他企业的商业票据，实际上是对流动资金不足的企业融通了资金，从货币市场上看，成为短期资金的供给者。

2. 资金需求

企业向货币市场筹措资金主要是因为企业在生产经营过程中，时常会出现流动资金困难，为了弥补生产经营周转中流动资金的不足，企业向银行等机构贷款，或是在货币市场上发行商业票据等工具筹资。对于发展中的企业来说，企业对金融市场需求的资金数量要远远大于对金融市场供给的资金。

(三)商业银行

一般来说，商业银行是短期资金市场主要的资金供给者。它在货币市场的交易量最大，而且利用多种工具融资。

(四)其他金融机构

在多数情况下,银行以外的金融机构,其资金主要用于长期放款和投资,但也投资于若干比例的短期证券,成为货币市场上资金的供给者。

(五)证券商

证券商包括证券经纪人、自营商与综合券商三大类。从发展趋势看,各国证券商都在向涵盖经纪、自营两类业务的综合券商方向发展。证券商在代客户买卖证券过程中,有些情况下需要对买入证券而又资金不足的客户予以融资(垫款)。另外,证券商也要购存一部分证券,以适应购买者即客户的需要。为应付这些需要,他们需要筹措一部分短期资金,通常的做法是从商业银行取得一部分抵押贷款。

(六)金融市场

一般而言,居民家庭或个人是金融市场的纯贷出者,而且他们的融资活动动机单一,即保值获利,限于其所拥有的暂时闲置的货币资金。长期的货币积累及结余则通过资本市场进行投资。有些国家金融当局对货币市场交易额有最低规模的限制,这在一定程度上阻碍了居民家庭及个人资金在货币市场上的活动。为克服这一问题,这些国家个人投资者组成"货币市场互助基金",集合若干小额货币资金投入货币市场。

(七)中央银行

在货币市场上,中央银行既是资金供给者,又是资金需求者。它通过有价证券的买进和卖出,控制信用规模和信用成本(利率水平)。中央银行在这里的活动称为公开市场业务,其活动不以营利为目的,而是一种重要的宏观金融政策手段。

【专栏4-1】

上海票据交易所正式开业

2016年12月8日,上海票据交易所正式开业。这一全国统一票据交易平台的成立,标志着我国票据市场进入发展新阶段。周小川在贺信中指出,上海票据交易所作为具备票据交易、登记托管、清算结算、信息服务等多功能的全国统一票据交易平台,将大幅提高票据市场透明度和交易效率,激发市场活力,更好地防范票据业务风险。同时,也有助于完善中央银行金融调控,优化货币政策传导机制,增强金融服务实体经济的能力。近年来,我国票据市场规模持续增长,已成为金融市场体系的重要组成部分。数据显示,2016年9月月末,全国未到期商业汇票余额9.5万亿元,是同期公司信用类债券市场余额的55%,占社会融资规模的比例规模急速扩大之下,票据市场的风险和问题也逐渐暴露出来。票据市场在快速发展过程中也存在市场透明度低、交易效率不高、基础设施发展滞后、部分金融机构内控薄弱以及票据中介风险累积等问题。强化金融机构票据业务的内控管理,提高票据业务的电子化水平,增强市场透明度,完善票据市场制度建设,规范票据中介行为,成为中国票据市场规范发展的重点内容。在此背景下,根据中央的决策部署,人民银行加强了票据市场的顶层设计,建设全国统一的票据交易平台。央行副行长潘功胜指出,"这将有利于增强市场透明度、提高市场效率、防范票据市场风险，也将在完善中央银行金融调控、改进货币政策传导机制、防范化解系统性金融风险、更好服务实体经济等方面发挥重要作用。"12月8日上午，中国工商银行票据营业部和中国农业银行票据营业部共同完成了票据交易所的第一笔交易。这标志着我国票据市场正式进入票交所交易时代。

(资料来源：上海证券报，2016-12-09)

三、货币市场的结构及其内容

【知识拓展4-2】 市场利率指南针——细说同业拆借市场

MOOC网址：安徽省网络课程学习中心 http://www.ehuixue.cn/View.aspx?cid=495

货币市场主要由同业拆借市场、票据市场、国库券市场和大额存单市场构成。

(一)同业拆借市场

同业拆借市场，是银行等金融机构之间为解决短期资金的余缺而相互调剂融通的短期信贷市场。这种融资活动，在资金贷出者看来是拆放，而在资金借入者看来则是拆借，又称同业拆放市场。拆借有两种情况：一是商业银行之间的相互拆借；二是商业银行对证券经纪人的拆借，大致程序是：由拆入资金的银行向拆出资金的银行开出本票；拆出资金的银行向拆入资金的银行开出中央银行存款支票。这样，拆出行在中央银行的超额准备金便转入拆入行使用，到期从拆入行账户转入拆出行账户。

同业拆借市场与证券市场不同，它的组织形式比较松散，既可按一定的市场程序由中介机构媒介交易，也可不通过中介机构，由买卖双方通过电话或其他通信手段分散交易。目前，世界上多数国家的同业拆借是通过一些大的商业银行媒介的。这些大商业银行在自己拆借的同时，也代理其他银行传递信息，为拆借者牵线搭桥。此外，有部分国家的同业拆借是通过专门的拆借经纪公司来媒介交易的，如日本、东南亚的一些国家或地区。这些拆借中介机构往往被政府或中央银行赋予特殊使命和权利，使其成为中央银行实施货币政策操作的渠道。

美国联邦基金市场是美国的拆借市场。根据美国银行法，商业银行除在中央银行即联邦储备银行保持法定准备金外，还必须在联邦储备银行保持一些供非现金结算之用的"超额准备金"，即联邦基金。联邦储备银行对这部分存款要支付利息，商业银行也可按日自由拆出拆入。这便是"联邦基金市场"，在这个市场上的资金称为"今日货币"。联邦基金拆放利率称联邦拆息率，它接近联邦银行贴现率，是纽约货币市场反映银根松紧最为敏感的一种利率。伦敦市场上各个银行之间的资金拆借，绝大部分是1天到3个月期限，3个月至1年期者约占1/5，利率较高。在英国，英格兰银行不能通过同业拆借市场来控制市场银根。德国的同业拆借有当日归还者，也有隔日归还者，还有1~3个月归还者。日本长期缺乏票据市场，拆放市场构成日本短期资金市场的主要部分，各金融机构主要通过拆借市场融通短期资金，所以，拆借市场反映资金松紧状况最敏感。

(二)票据市场

票据市场，是指单纯融资性的商业票据市场和票据贴现市场。在我国，票据市场主要指贴现市场。

商业票据的承兑是一种付款承诺行为。承兑主要有两种情况：商业承兑和银行承兑。其中，银行承兑汇票是货币市场上的重要交易工具。商业票据的贴现是一种票据买卖行为，是指商业票据的持票人在需要资金时，将没有到期的商业票据转让给银行，银行从票面金额中扣除贴现息后将余款支付给持票人的行为。从表面上看，票据贴现是一种票据转让的行为，但其实质是银行买入没有到期的票据，实际又转化为银行信用。经银行承兑后的汇票可以在货币市场上以贴现方式获得现款，如果金融机构自身急需资金，也可将贴现的未到期票据向其他金融机构转贴现、抵押，或向中央银行申请再贴现。贴现时扣除的利息称贴现息或贴现费。其计算公式为

$$贴现息 = 贴现票据面额 \times 贴现率 \times 贴现日至票据到期日间隔期$$

第二次世界大战后，特别是 20 世纪 60 年代以来，西方票据市场出现了银行承兑商业汇票之外的另一类重要的短期融资工具——商业票据。这类票据在美国尤为普遍，它实际上是由资信良好的企业发行的短期债券，或者说是由优良企业发行的、承诺在指定日期按票据面额向持票人付现的一种无抵押担保期票。这种商业票据面额通常在 10 万美元以上，期限在 360 天以内，以贴现方式出售给银行、公司、个人等投资者。

英国的票据贴现市场是比较重要且具有一定特色的市场。英国的贴现公司是独立的业务机构，并不附设在任何银行和其他金融机构内。它的业务是向商业银行拆借短期资金，用以买入票据，赚取利差。贴现公司以英格兰银行作后盾，银根紧缩时，贴现公司就向英格兰银行借款，英格兰银行视市场情况制定贷款利率，通过这个途径影响整个金融体系的银根及利率水平，这是英国金融制度的特点。

(三)国库券市场

国库券市场，是指国库券的发行、转让、贴现及偿还等所形成的市场。一般来说，每周每月国库券都有发行，它期限短、安全性好，深受投资者欢迎。计算公式为

$$发行价格 = 票面金额 \times (1 - 贴现率 \times 国库券期限/360)$$

例如：我国发行新的国库券，面值为 100 元，票面利率为 6%，期限为 90 天，则其发行价格为

$$100 \times (1 - 6\% \times 90/360) = 98.5(元)$$

英国是世界上最早发行国库券的国家。1877 年，英国政府就发行国库券来筹措短期财政资金。美国在 1929 年 11 月正式发行国库券。目前，在世界大多数国家，国库券已成为货币市场上最重要的金融工具。中央银行的公开市场业务，一般也以国库券作为主要的操作对象，实施金融宏观调控，商业银行也往往青睐期限短和安全度高的国库券，既可以获益，又可以随时调整资产负债结构。

我国于 1981 年正式发行"国库券"，1985 年后开始出现国库券贴现活动。1994 年以前，我国发行的国库券不是规范意义上的国库券，只是中长期国债。1994 年以后，采用无纸化方式发行了两期国库券，从 1998 年我国又开始建立国库券二级市场，目前已基本形成了交易所交易和柜台交易两种交易体系。交易所主要面向机构投资者，交易数量大；柜台交易主要面向个人，可以在银行交易也可以在证券交易所交易。

(四)大额存单市场

大额存单市场的全称是银行大面额可转让定期存款单市场,是指大额存单的发行、转让等所形成的市场,即 CD 市场。可转让大额定期存单,简称 CD 或 NCDs,是 20 世纪 60 年代美、英的一些商业银行为竞争大额定期存款而发行的一种新的金融工具。CD 的持有人到期可向银行提取本息;未到期时,如需现金,可以转让。美国于 1961 年开始发行,英国于 1968 年开始发行。CD 成为货币市场的重要交易对象之一。这种存款单与普通银行存款单的不同体现在以下几个方面。一是不记名;二是存单上金额固定且面额大。在美国,面额通常在 10~100 美元;在英国,面额最低为 5 万英镑,通常为 50 万英镑。三是可以流通和转让,但不能提前提现。存款单期限较短,到期日不能少于 14 天,一般都在 1 年以下,3~6 个月的居多。四是相对同期普通存款利息较高。CD 市场上 CD 的发行方式大致有两类:一是直接发行,即零售式发行,也就是发行人直接在银行门市零售或通信销售;二是间接发行,即发行机构把准备发行的总额、利率、发行日期、到期日和每张存款单的面额等预先公布,委托承销商发行存单,发行人需要支付承销佣金、法律费用、文件及存单印制费用。存单的发行价格有两种:一种是按票面价格出售,到期支付本金及利息;另一种是贴现发行,即低于面值出售,到期照面额兑付。另外,在发行市场上购买存单的投资者,如果急需资金,可在二级市场上卖掉。

大额存单市场对于繁荣货币市场有着重要的作用,主要表现在以下两个方面。①有利于投资者充分利用闲散资金。大额存单市场由银行账号发行,信誉良好,风险性小,利率高于活期存款,可随时转换成现款,既具有活期存款的流动性,又可取得较高的利息收入,具有定期存款的收益性,可以满足投资者急需现款及转换投资的需要,也可以取得较活期存款高的利息收益,兼顾赢利性、安全性与流动性。②有利于商业银行的资产负债管理。可转让大额存单是一种金融创新,商业银行想取得资金可以通过主动发行存单增加负债,不一定非靠减少贷款和出售证券,而且发行手续简便,要求书面文件资料简单,费用也低,而且吸收的资金数额大、期限稳定,是一个很有效的筹资手段。于是,存单市场也就成为商业银行特别是大银行调整流动性的有效手段。

第三节 资本市场

一、资本市场的概念和特征

资本市场是长期资金市场。长期资金市场,是指期限在 1 年以上各种资金借贷和证券交易的场所。资本市场包括两大部分:一是银行中长期存贷款市场;二是证券市场。由于证券构成了当今融资活动的主要特征和主要方式,所以资本市场侧重研究证券市场。资本市场的特征主要体现在:融资期限长,至少在 1 年以上,也可以长达几十年,甚至无到期日;流动性和变现性相对较差,筹资主要用于解决中长期融资需求,风险大且收益高,筹资期限长且发生重大变故的可能性也大,风险高的同时要求收益也颇丰。

二、证券发行

证券发行,是指政府、工商企业和金融机构等为了募集资金向投资者出售代表一定权利的有价证券的活动。证券发行是伴随生产社会化和企业股份化而产生的,同时也是信用制度高度发展的结果,公开、公平和公正原则不仅指导证券发行,而且贯穿于整个证券市场的始终。

(一)证券发行的过程

1. 前期准备阶段

证券发行前,发行人必须对有关证券发行的一些主要问题作出决策,主要包括:是公募发行还是私募发行;是单利计息还是复利计息,是分期付息还是期末还本付息等;确定证券发行数量及其发行价格;准备招募书等。

2. 选择、确定证券承销机构

承销机构一般是通过竞争性的投标或磋商来选定,有推销、助销和包销三种具体的承销方式。包销是目前世界证券承销的主要方式。承销机构要选择有利时机销售证券,要从市场利率水平和市场资金存量状况两个方面去考虑:当市场利率低时发行有利,当市场利率高时则发行不利;当市场资金充裕时发行有利,当市场资金不充裕时发行不利。

(二)证券交易所交易系统和非交易所交易系统

证券发行市场即一级市场,承销机构和证券商可以通过批发和零售两种方式进行证券销售,批发销售,即把证券的全部或一部分以批发形式出售给证券商,然后由其向市场销售;零售,即把新证券直接销售给最终投资人。证券通过一级市场发售后进入二级市场,即证券的转让交易市场。二级市场证券交易系统主要由以下两部分组成。

一是证券交易所交易系统。证券交易所是集中进行证券交易的场所。世界上最早出现证券交易所是荷兰阿姆斯特丹证券交易所于1609年在荷兰阿姆斯特丹诞生,成为世界上第一个股票交易所。现在,世界许多国家都设立了规范证券交易所,许多证券交易所正在向国际化方向发展。

证券交易所的主要功能包括:①提供有关证券交易物质上的方便;②负责上市公司证券的资格审查,不是任何公司的有价证券都可以到任意的证券交易所买卖,尤其是一流的证券交易所,对上市公司证券的资格审查非常严格,目的是减少阻碍证券正常交易的因素;③负责管理交易所成员的交易行为。实际的交易则由具备交易所会员或成员资格的证券商进行。

二是非交易所交易系统。非交易所交易系统亦即场外市场、店头市场、柜台市场或电话市场,其交易的主要对象是未在证券交易所上市的证券,也有一部分是上市证券。非交易所交易系统的交易活动一般没有固定场所。证券的交易价格是证券商之间或证券商与客户间通过直接竞争、协商而成的,通常有两种:一种是售给证券商的批发价;另一种是售给客户的零售价。这两种价格中间存在一个差价。场外市场一般采用净价交易,即证券商自营买卖,从中赚取差价,客户不必为证券买卖支付佣金。在美国,场外交易市场建立了全国证券商协会自动报价系统即纳斯达克市场,目前这个市场正在向全球化方向发展。

三、有价证券

有价证券,是指那些能够为其持有者定期带来收益,并能转让流通的资本所有权或债权证书。通常所说的有价证券是指期限在 1 年以上的债券及股票,它是资本市场金融工具的基本形式。有价证券包括股票、债券、证券投资基金等。

(一)股票

股票是股份有限公司筹集资本时所发行的一种法律认可的代表股份资本的所有权证书。股票根据不同划分标准可以分为以下几种。

1. 按权益特征划分

按照权益特征,股票可以分为普通股票和优先股股票。依据《中华人民共和国公司法》(以下简称《公司法》)的规定,普通股股东主要拥有以下权利:①亲自出席或者委托代理人出席股东大会,并且参与公司管理,行使表决权;②在符合我国《公司法》、其他法规和公司章程规定的条件和程序的情况下,股东持有的股份可以自由转让;③拥有股利分配的请求权;④拥有对公司账目和股东大会决议的审查权和对公司事务的质询权;⑤拥有剩余财产的分配权;⑥公司章程规定的其他程序。相对于普通股而言,优先股是指股东拥有优先于普通股分配股利和优先于普通股的剩余财产求偿权。但是优先股的股息无论公司经营状况的好与坏,往往是固定的。另外,优先股没有选举权和被选举权,对公司的重大经营事件没有投票权。可以说优先股享受优先权的同时,它的风险、收益和管理权都是有限的。

2. 按记名与否划分

股票按记名与否,可以分为记名股票和无记名股票。记名股票在股份公司的股东名册上记有股东的姓名、住址,或在股票上也记有股东的姓名。记名股票的买卖必须办理过户手续,以保证股东的权益。无记名股票则在公司股东名册及股票上不记载股东姓名,股票买卖也无须过户。

3. 按有无票面额划分

股票按有无票面额,可以分为有票面金额股票和无票面金额股票。有票面金额股票即在票面上标明金额,表示投资者投入股份公司的资本额,并作为获得股息红利的基础。无票面金额股票则无票面金额,称为份额股,代表着股份公司财产价值的一定比例。

4. 按投资主体划分

股票按投资主体的不同,可以分为国家股、法人股和公众股(中国)。国家股是指有权代表国家投资部门或机构以国有资产向公司投资而形成的股份。法人股是指企业法人依法用其可以支配的财产向公司投资而形成的股份。个人股是社会个人或公司职员以个人合法财产投入公司而形成的股份。

5. 按发行对象和上市地区划分

股票按发行对象和上市地区的不同,可以分为 A 股、B 股、H 股和 N 股。A 股是提供给我国大陆地区个人或法人买卖的,用人民币标明票面金额并以人民币认购和交易的股票。

B股、H股和N股是专供外国和我国港澳台地区投资者买卖的，以人民币标明票面金额但以外币认购和交易的股票。B股在深圳、上海上市，H股在中国香港上市，N股在纽约上市。

(二)债券

债券是投资者凭以定期获得利息、到期取还本金的有价证券。

1. 债券的分类

1) 按照债券是否记载持券人的姓名或名称划分

按照债券是否记载持券人的姓名或名称，可以分为记名债券和无记名债券。无记名债券的持有人就是所有人，而记名债券的转让有严格的法律手续与程序。

2) 按照债券发行的渠道不同划分

按照债券发行的渠道不同，可以分为直接发行和间接发行。直接发行，是指债券发行者不委托专门的证券发行机构，而直接向投资者推销债券。直接发行有助于节约发行费用，降低成本，发行数量少，适合小额发行。间接发行，是指发行者通过中介机构发行债券。这种发行方式成本较高，但可以扩大证券的发行量。间接发行又可以分为包销和代销两种方式。包销是指将公司债券的发行全部交给证券商承销，无论是否发行完毕，证券承销商都应当向公司付清全部价款；代销是指公司将债券的发行委托给证券商承销，代销商只对售出的债券收取代销手续费，不对未出售的债券承担责任。

3) 按照有无特定的财产担保划分

按照债券有无特定的财产担保，可以分为抵押债券和信用债券。公司以特定的财产作为抵押品的债券为抵押债券，其抵押品可以是公司的不动产、设备、公司持有的证券等。公司没有特定的财产作为抵押，仅凭信用发行的证券为信用债券。

4) 按照发行债券的对象不同划分

按照发行债券的对象不同，可以分为公募发行和私募发行。公募发行是没有特定的发行对象，而向社会大众公开推销债券的集资方式，又称公开发行。私募发行是指债券发行者只对特定对象发行债券的集资方式，可以是个人投资者，也可以是单位投资者，又称私下发行。

5) 按照能否流通转让划分

按照债券能否流通转让，可以分为上市债券和不上市债券。上市债券能够在有组织的市场上随时买卖，因此，具有较高的流动性及变现力，这一特性增加了该类资产对资金供给者的吸引力。不上市债券不能在市场上流通转让，故对金融机构没有吸引力，但却受到部分个人长期投资者的欢迎，这是因为这类债券一般利率较高，而且也不受价格变动的影响。

2. 债券的特征

债券作为一种债权证书，所体现的关系具有以下两个重要特征。其一，债券体现的是一种借贷信用关系。债券发行人为债务人，债券持有人为债权人。其二，债券体现的信贷关系是一种直接信贷关系。这种关系可描述为：债券发行人——银行等中介机构(包销、代销、委托发行等)——债券持有人。这里真正的债权债务双方是债券发行人与债券持有人，银行等机构的中介地位与银行信贷中的性质是不同的，一旦债券发行结束，银行等机构的中介作用也就消失了。债券所体现的信贷关系与银行信贷关系不同，银行信贷关系是一种间接的信贷关系,银行与存款人是一层债务债权关系,银行与贷款人又是一层债权债务关系,通过银行中介,存款人与贷款人发生间接的信贷关系。

3. 债券的发行价格

债券的发行价格,是指债券发行时使用的价格,是债券的面值和要支付的年利息按发行当时的市场利率折现所得到的现值,也是原始投资者购入债券时应支付的市场价格。债券的发行价格与债券的面值可能一致也可能不一致。理论上,债券的发行方式包括等价、溢价和折价三种发行方式。当债券票面利率等于市场利率时,债券发行价格等于面值,即等价发行;当债券票面利率高于市场利率时,债券的发行价格高于债券面额的价格,即溢价发行;当债券票面利率低于市场利率时,债券的发行价格低于债券面额的价格,即折价发行。

债券发行价格的高低由下列基本因素构成。①债券面额。债券面额即债券票面上标注的金额。②票面利率。票面利率按照利率是否固定可分为固定利率和浮动利率两种。一般地,企业应根据自身资信情况、公司承受能力、利率变化趋势、债券期限的长短等决定选择何种利率形式与利率的高低。③市场利率。市场利率是决定债券价格按面值发行、溢价发行或折价发行的决定因素。④债券期限。期限越长,债权人的风险越大,其所要求的利息报酬就越高,其发行价格就可能较低;反之,其发行价格可能较高。债券发行价格的计算公式为

$$债券售价=债券面值/(1+市场利率) + \sum 债券面值 \times 债券利率/(1+市场利率)$$

在实务中,根据上述公式计算的发行价格一般是确定实际发行价格的基础,还要结合发行公司自身的信誉情况。

4. 债券的信用评级

债券的信用评级,是指按照一定的指标体系作为标准,对准备发行债券的还本付息的可靠程度作出公正客观的评定,是对一个发债机构能否于债券等发行债务工具到期日前按时偿还的能力和意愿作出的意见。债券的信用评级对于债券的发行有着重要的作用,其表现如下:债券信用评级帮助投资者进行债券投资决策,专业机构对准备发行债券的还本付息可靠程度进行客观、公正和权威的评定,以便投资者决策,如果发行者到期不能偿还本息,投资者就会蒙受损失。一般来说,债券的资信等级越高,越容易得到投资者的信任,可以以较低的利率出售;而债券的资信等级越低,风险越大,只能以较高的利率发行。

标准普尔公司(Standard & Poor's)、穆迪投资者服务公司(Moody's)和惠誉国际(Fitch Rating)信用评级公司并称为世界三大评级机构,业务范围包括对国家、银行、证券公司、基金、债券及上市公司进行信用评级。

标准普尔长期债券信用等级,共设 10 个等级,分别为 AAA、AA、A、BBB、BB、B、CCC、CC、C 和 D,其中,长期信用等级的 AA 至 CCC 级可用"+"和"-"号进行微调。

穆迪投资服务有限公司长期债务评级,一共有 21 个级别,评级级别由最高的 Aaa 级到最低的 C 级,分别为 Aaa 级、Aa 级(Aa1,Aa2,Aa3)、A 级(A1,A2,A3)、Baa 级(Baa1,Baa2,Baa3)、Ba 级(Ba1,Ba2,Ba3)、B 级(B1,B2,B3)、Caa 级(Caa1,Caa2,Caa3)、Ca 级、C 级。评级级别分为两个部分,包括投资等级和投机等级,Aaa 级、Aa 级、A 级、Baa 级债券信誉高,履约风险小,是"投资级债券";Ba 级、B 级、Caa 级、Ca 级、C 级债券信誉低,是"投机级债券"。

惠誉国际长期债务评级，评级级别分别为 AAA、AA+、AA、AA-、A+、A、A-、BBB+、BBB、BBB-、BB+、BB、BB-、B+、B、B-、CCC+、CCC、CCC-、CC、C。

(三)投资基金

1. 投资基金的概念及特征

1) 投资基金的概念

投资基金，是通过发行基金股份或收益凭证，由专业管理人员将投资者分散的资金集中起来，分散投资于股票、债券或其他金融资产，并分配给基金持有者投资收益的一种融资活动。

2) 投资基金的特征

投资基金具有以下几个方面的特征。

(1) 经营成本低。投资基金将小额资金汇集起来，其经营具有规模优势，可以降低交易成本，对于筹资方来说，也可降低其发行费用。

(2) 分散投资降低了投资风险。投资基金可以将资金分散到多种证券或资产上，通过有效组合最大限度地降低非系统风险。

(3) 专家管理增加了投资收益机会。投资基金由具有专业化知识的人员进行管理，特别是精通投资业务的投资银行的参与，能够更好地利用各种金融工具，抓住各个市场的投资机会，创造更好的效益。

(4) 服务专业化。投资基金从发行、收益分配、交易、赎回都有专门的机构负责，特别是可以将收益自动转化为再投资，使整个投资过程轻松、简便。

(5) 投资者按投资比例享受投资收益。

2. 投资基金的种类

1) 按组织形式和法律地位划分

按组织形式和法律地位，可将投资基金分为契约型基金和公司型基金两大类。

(1) 契约型基金。契约型基金是一种代理投资行为，它依据信托契约原理而组织起来，由委托者、受益者和受托者三方组成。委托者是投资基金的设定人，创设发行和管理操作；受益者是受益凭证的持有人，凭受益凭证享有投资成果；受托者一般为银行或信托公司，具体办理证券和现金的管理及其他有关的代理业务和会计核算业务。在日本、英国、新加坡、中国台湾和中国香港地区，契约型基金在基金市场上占主导地位。

(2) 公司型基金。公司型基金依据《公司法》成立，通过发行基金股份将集中起来的资金投资于各种有价证券。公司型基金在组织形式上与股份有限公司类似，公司资产为投资者即股东所有，由股东选举董事会，由董事会选举公司的总经理，由总经理负责管理基金公司的业务。其特点是投资基金是委托证券公司发行股票筹集资金，投资者即为公司股东，当基金成立后，基金投资管理一般由公司自己的领导班子来承担，有时也聘请其他管理公司来操作，基金财产则委托某个金融机构保管和处理。公司型基金称霸美国基金市场。

2) 按基金的受益凭证是否可赎回分

按基金的受益凭证是否可赎回，可把投资基金分为开放型基金和封闭型基金两大类。

(1) 开放型基金。开放型基金是指基金管理公司在设立基金时，基金总额不封顶，可视经营策略和实际需要连续发行。购买或赎回基金单位的价格以基金的净资产值为基础计算。投资者可随时购买基金单位，也可以随时转卖给基金管理公司。

(2) 封闭型基金。封闭型基金是指基金管理公司在设立基金时，限定了基金的发行数额，并进行封闭，在一定时期内不再追加发行新的基金单位。基金的流通采取柜台交易或在交易所上市的办法。投资者必须经过证券商在二级市场进行竞价交易买卖基金单位。

3) 按基金投资对象划分

投资基金按基金投资对象的不同，可分为股票基金、债券基金、货币基金、衍生基金和杠杆基金、对冲基金与套利基金、伞型基金及基金中的基金等。

(1) 股票基金。股票基金是指投资基金中以股票为投资对象，可进一步划分为优先股基金和普通股基金。优先股基金是一种可获取收益和风险较小的股票基金，其投资对象以各公司发行的优先股为主，收益分配主要是股利。普通股基金以追求资本利得和长期资本增值为投资目标。基金大部分投资于普通股，小部分投资于短期政府债券或商业票据。

(2) 债券基金。债券基金是指投资基金中以债权为投资对象，定期分红派息。其特点是收益较低、较稳定。在基金市场上的规模仅次于股票基金，大部分的债权都属于高级别的债券，适合于追求稳定收益的投资者。

(3) 货币基金。货币基金是货币市场上从事短期有价证券投资的一种投资基金，投资对象是国库券、可转让大额存单、商业票据、公司短期债券等。其最大作用在于汇集众多投资者的零散资金，获取较为优惠的利息收入，兼顾本金保值和长期收入两大主要优点。货币基金，又称停泊基金，属于低风险的安全基金，具有避风港的作用。

(4) 衍生基金和杠杆基金。衍生基金和杠杆基金是投资于衍生金融工具，包括期货、期权、互换等并利用其杠杆比率进行交易的基金。

(5) 对冲基金与套利基金。对冲基金是指利用现货市场和衍生工具市场对冲的基金，在市场上进行套期保值交易，能够最大限度地避免和降低风险，因而也称避险基金。套利基金是在不同金融市场上利用其价格差异低买高卖进行套利的基金，属于低风险稳回报基金。

(6) 伞型基金及基金中的基金。为了方便和吸引投资者自由选择和低成本转换基金，在一组"母基金"之下再组成若干个"子基金"，即为伞型基金。

4) 按投资目的划分

投资基金按投资目的的不同，可以分为成长型基金、收入型基金和平衡型基金三种。

(1) 成长型基金。成长型基金的目的在于从股市获得长期的高额收益，寻求的是资本效益最大化，风险较大。除了普通股基金，成长型基金还包括房地产基金和介于股票和债券之间的均衡基金。

(2) 收入型利息。定期股息、债券利息是收入型基金收益的主要来源。尽管收入型基金可能比成长型基金的收益低一些，但因其市场波动小、易于预测以及收益率较平稳等优点，在货币基金市场备受欢迎。收入型基金又可以分为投资于债券、抵押品和投资于优先股两种基金。

(3) 平衡型基金。平衡型基金是既要保证净资产的稳定和可观的收入，又要保证适度的成长目标。其特点是具有双重投资目标，达到收入和成长的平衡，其风险与潜力均适中。

5) 按投资计划所编定的证券资产内容可否变更划分

按投资计划所编定的证券资产内容可否变更划分为固定型基金、融通型基金和半固定型基金三种。

(1) 固定型基金。固定型基金是指无论其价格如何变化，基金管理人都不得通过出卖、转让等方式任意改变已入编的证券资产。其优点是投资者便于了解基金投资有价证券的情况；缺点是基金资产的管理与运用缺乏弹性，当有价证券的股价跌落时，基金管理人无力通过改变投资方向来避免其受益凭证价格的同时滑落。

(2) 融通型基金。融通型基金是指基金管理人可以根据市场证券的波动情况，选择证券投资的对象，出售并变更基金所编入的证券资产的内容和结构，抵御证券凭证价格的跌落。

(3) 半固定型基金。半固定型基金是指投资基金投资的证券资产编定后，其管理人在一定的条件和范围内，可变更基金的资产内容。半固定型基金介于固定型与融通型基金之间。

另外，按照投资基金的风险高低划分，可分为高风险基金、中等风险基金和低风险基金；按照是否需要投资者支付手续费，可分为收费基金和不收费基金；按资金来源渠道的不同，可分为海外基金和国内基金等。

3. 投资基金市场运作

1) 投资基金设立的步骤

(1) 物色基金发起人。基金发起人根据国家的经济政策、金融市场、投资状况以及大众的投资心理和各种效益的预期确定基金的性质和种类，基金发起人之间一般要签订"合作发起设立投资基金协议书"，配合默契，为其以后的基金运营打下良好的基础。

(2) 制定基金文件。基金文件是指构成基金组建计划的主要文件，如契约型基金的信托契约、公司型基金的公司章程和所有重大协议。基金发起人要根据投资基金的要求，选择确定投资基金的管理人、托管人以及注册会计师、律师及投资顾问等，并与之签订各种委托协议，向主管机关申报批准。

(3) 发布基金招募说明书。为了使投资者明确基金的性质、内容和政策等情况，在向投资者募集、销售基金券时，必须向投资者提供基金招募说明书，在银行开设专户，对外发行基金券、募集资金。在一定的期限内，一旦招募的资金达到有关部门规定的百分比，基金便宣告成立；否则，基金发起失败。

2) 投资基金的交易

投资基金的交易方式有两种：对于封闭型基金，基金管理人申请基金单位在证券交易所上市交易或在指定证券商处进行柜台交易；对于开放型基金，基金管理人在每一个交易日都有责任以每一基金单位资产净值的价格赎回投资者出卖的基金交易。

(1) 封闭型基金的转让。封闭型基金一般是在其正式成立后 3 个月内才允许按一定的交易规则上市交易。按国际惯例，封闭型基金的投资者不能向基金管理人申请赎回基金证券，但可以到证券市场上自由买卖。投资者可以通过证券商在二级市场上随行就市转让封闭型基金证券。

(2) 开放型基金的赎回。开放型基金发行规定期限后，投资者才能要求赎回。申请赎回的投资者可以在任何营业日，到其指定赎回申请收件地点内，带基金证券、赎回申请书亲自向基金管理人提出赎回申请。基金证券每一基金单位的赎回价格，一般以赎回日的基金单位净资产价值为基础计算。基金管理人或其指定的赎回申请收件人收到赎回申请时，应交付投资者或其代理人保管单，在保管单内载明领取赎回价款的日期。

3) 投资基金的变更和终止

一般情况下，主管机关核准基金发生的变更行为，基金期限届满则视基金终止，基金终止后，管理人和托管人必须聘请会计师事务机构和公正法律机构进行基金的清产核资，并按照投资者的出资比例进行公正合理的分配，在特殊的情况下，经主管机关批准，基金可以提前终止。

第四章 金融市场

【专栏 4-2】

重庆市产业引导股权投资基金

2014年5月13日，经重庆市政府批准，重庆产业引导股权投资基金有限责任公司正式注册成立，受托管理重庆市产业引导股权投资基金，引导和促进社会资本投入工业、农业、现代服务业、科技、文化、旅游等六大产业和其中有良好市场前景的新兴领域，或者传统产业中有规模、有效益的领域。资金来源于政府出资和社会募集，自2014年起，重庆市政府计划每年安排25亿元财政引导资金，连续安排5年，吸引社会资金来源主要包括金融系资金、国家部委专项资金、全国性资产管理机构资金、央企资金、跨境人民币资金，等等。产业引导基金总体上以市场化"母基金"方式运作，通过公开招募优秀基金管理公司合作组建专项基金进行项目投资，产业引导基金原则上不直接投资具体项目。在基金管理中，重庆政府只负责"两端"把控，即前端负责审定引导基金的总体投资方案，后端负责把控各专项基金的投资方向，政府不干预产业引导基金的运行管理。投资决策市场化，具体投资项目的筛选、尽调由专项基金管理人负责。专项基金投资于重庆市企业的资金原则上应不低于子基金投资总额的80%。专项基金投资一般在3~5年退出，由合作基金管理公司根据市场实际决定退出时机、退出方式、退出价格等，产业引导基金公司全程参与投资退出决策。子基金投资项目的存续期限原则上不超过5年，确需超过5年的，经引导基金公司批准，可适当延长，总存续期限不得超过7年。

(资料来源：每经网)

【知识拓展 4-3】 理财投资热点关注——资本市场下股票、债券与证券投资基金异同

MOOC网址：安徽省网络课程学习中心 http://www.ehuixue.cn/View.aspx?cid=495

第四节 其他金融市场

一、外汇市场

外汇市场，是指一个从事外汇买卖、外汇交易和外汇投机活动的市场。狭义的外汇市场是指银行间的外汇交易，又被称为批发外汇市场。广义的外汇市场是指由各国中央银行、外汇银行、外汇经纪人及客户组成的外汇活动的总和，既包括批发外汇市场又包括银行同企业、个人间外汇买卖的零售市场。外汇市场的基础是国家间因商贸、投资、旅游等经济往来所引发的国际货币收支关系，外汇市场不仅决定远期汇率和即期汇率的水平，奠定了汇率理论的宏观和微观基础，同时为投资者和投机者提供了规避汇率风险和赚取汇差的机会。

外汇市场的主要功能包括：①外汇买卖和货币兑换业务转移各国间债权债务关系和国际的资本，实现购买力的国际转移；②通过对国家贸易中进出口商的借贷融资，调剂各国政府、企业、公司等单位的闲置资金，弥补国际资金余缺，加速国际资金周转；③发达的通信设施及手段形成了世界级的外汇交易网络，缩短了世界各国各地间的货币收付时间，提高了资金效率；④远期外汇买卖业务可以有效地避免或减少因汇率变动带来的风险，促

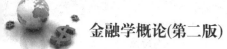

进国际贸易的发展;⑤外汇市场可以快速准确地反映各种外汇资金的供求信息及其价格动态,正确地进行有关决策。

(一)外汇市场的分类

1. 根据市场形态划分

根据市场形态划分,外汇市场可以分为有形市场和无形市场。有形市场是指在规定的时间,参加交易的各方在固定的交易场所进行交易,如巴黎、法兰克福、阿姆斯特丹、米兰等外汇市场。无形市场是指通过电话、电报、电传、计算机网络等在非固定的交易场所进行交易,例如伦敦、纽约、苏黎世等外汇市场。

2. 根据市场交易主体及业务活动方式划分

根据市场交易主体及业务活动方式划分,外汇市场分为国内外汇市场和国际外汇市场。国内外汇市场的主体主要是本国居民,而国际外汇市场的市场主体包括居民与非居民,伦敦、纽约、洛杉矶、苏黎世、法兰克福、巴黎、东京、新加坡、中国香港等都是重要的外汇市场。其中,伦敦外汇市场形成于19世纪,是历史最悠久的,也是目前世界上最大的外汇市场,占世界外汇交易额的1/3;第二次世界大战后,纽约外汇市场发展迅速,现为世界上第二大外汇市场,没有固定的交易场所;苏黎世金融中心现为世界第三大外汇市场,不通过外汇经纪人,所有的市场交易都是在银行之间进行的;法兰克福外汇市场是世界第四大外汇市场,大多是通过电报、电传等进行外汇业务活动。

(二)外汇市场的主体

外汇市场的主体,是指外汇市场的参加者,包括外汇银行、外汇经纪人、外汇交易商、进出口商及其他外汇供求客户等。外汇银行是根据外汇管理法由各国的中央银行指定经营外汇业务的银行。外汇经纪人是专门的外汇买卖交易双方的中间人,可以自己的资金参与外汇中介买卖,并承担外汇买卖风险,也可以收取佣金为目的,代客买卖外汇,本身不承担任何风险。外汇交易商是经营外汇买卖业务的机构,可以通过先买后卖、先抛后补或同时进出等办法进行外汇交易,赚取外汇差价利润。进出口商实际上是外汇市场上最初的外汇供应者和最后需求者。此外,外债本息偿还者、国际旅游者、出国留学者等非贸易外汇供求者,也会成为外汇市场参与者。在上述的外汇市场的参加者中,外汇银行是其中最重要的主体机构。

(三)外汇市场的交易方式

外汇市场的交易方式主要有以下几种。

1. 即期外汇交易

即期外汇交易,即现货交易,是指外汇交易在外汇买卖成交后当日或第二个营业日内进行清偿交割。即期外汇交易又可分为电汇、票汇和信汇。

2. 远期外汇交易

远期外汇交易,是指外汇交易在外汇买卖成交一段时间后,往往1个月、2个月、3个月、6 个月或 1 年，最常见的是 3 个月，按双方预先约定交易的货币、数额和汇价进行清算交割。远期外汇交易的主要目的在于防止因为汇价变动而遭受的损失。

3. 掉期外汇交易

掉期外汇交易，是指外汇交易者在买进或卖出即期或者近期(相对于远期而言)外汇的同时，卖出或买进数额基本相同的远期外汇。它是买卖方向相反的即期和远期或者两笔期限不同、买卖方向相反的远期交易的结合。例如，美国的中央银行同德国的中央银行签订一笔 1 亿美元为期 3 个月的掉期合同，即美国中央银行向德国中央银行(假定按市场汇率 1 美元等于 2 马克)在卖出 1 亿美元买入 2 亿马克现汇的同时，按议定的远期汇率买回 3 个月后交割的期汇 1 亿美元。这样，在 3 个月内，美国中央银行将拥有一笔马克资金，同时，德国中央银行将拥有一笔美元资金。掉期外汇交易可以稳定外汇市场汇价，避免汇率风险。

4. 套汇交易

套汇交易，是指利用不同的外汇市场汇率中某些货币的汇率差别，贱买贵卖，在汇率低的市场买进，同时在汇率高的市场卖出，获取地区间外汇差价收益的交易活动。随着电子通信手段的发展，各外汇市场汇价趋于一致，套汇交易日渐减少。

5. 套利交易

套利交易，是指外汇交易者利用国家间存在的利率差异，将资金由利率低的国家转移到利率高的国家以赚取两国短期的利息差额的外汇交易。套利活动主要有两种形式：一是"不抛补套利"，二是"抛补套利"。

6. 外汇期权交易

外汇期权交易，是指交易双方签订一种买卖选择权合同，该合同规定在规定的期限内按协定的价格买进或卖出一定数量外汇的权利，而不是一种履行实际交割的义务。外汇期权交易的基本形式有两种：一称买方期权，也称看涨期权；一称卖方期权，也称看跌期权。外汇期权出售者一般为外汇银行，购买者一般为企业。购买者需支付的费用为期权价格，也称期权费或保险费。与远期外汇交易相比，外汇期权交易作为一种规避汇率风险的手段，具有更大的灵活性。它既可使购买者避免由于汇率波动带来的损失，又可保留汇率波动带来的益处。

(四)汇率变动的影响因素

外汇市场的交易主要依赖汇率的变动，而影响汇率变动的因素是多方面的，主要有以下几个方面。

1. 国际收支

国际收支状况能否影响到汇率，主要看国际收支顺差和逆差的性质。一般来说，短期的、临时的、小规模的国际收支差额容易被国际资金的流动、相对利率和通货膨胀、政府干预等因素抵消，而长期巨额的国际收支逆差，很可能导致本国货币汇率的下降。

2. 相对通货膨胀率

考虑通货膨胀对汇率的影响时，不仅要考虑本国的通货膨胀率，还要考察他国的通货膨胀率。一般来说，相对通货膨胀率持续较高的国家，表明其货币的国内价值持续下降速度相对较快，也会导致汇率下降。

3. 相对利率

当利率较高时，本国货币的使用成本上升，则外汇市场上本国货币的供应量减少；同时，本国货币资金的收益也上升，外资内流，外汇市场上的外币供应量相对增加，所以利率的上升将推动本国货币汇率的上升。反之，利率的下降将推动本国货币汇率的下降。除此之外，我们还要考虑到相对利率，即如果本国利率上升，但是上升的幅度不如外国利率上升的幅度大，则不能推动本国货币汇率的上升。

4. 心理预期

心理预期有多种，包括对国际收支状况、相对利率、相对物价水平或相对资产收益以及汇率的预期等。

5. 财政赤字

一个国家出现了财政赤字，往往会导致该国货币供应的增加和货币需求的增加，在其他因素不变的条件下，将导致本国货币汇率的下降。

6. 国际储备

拥有丰厚的国际储备可以说明政府干预外汇市场、稳定货币汇率的能力较强，可以增强外汇市场对本国货币的信心，提高本国货币的价格；反之，国际储备下降则易引起货币汇率的下降。

【知识点小案例】

索罗斯狙击泰铢 亚洲金融危机爆发

1997年5月8日，索罗斯狙击泰铢，亚洲金融危机爆发。20世纪90代中期，连续几年的国际贸易收支逆差迫使泰国政府抛出大量外汇，泰铢明显出现高估，"金融大鳄"们预测泰铢会贬值，便将其当成了猎物。1997年2月初，国际投资机构(索罗斯为主)大量抛售泰铢，向泰国银行借入高达150亿美元的数月期限的远期泰铢合约，而后于现汇市场大规模抛售，泰铢汇率大幅度变动，引发金融市场动荡。5月7日，货币投机者通过经营离岸业务的外国银行，建立即期和远期外汇交易头寸。从5月8日起，从泰国本地银行借入泰铢，在即期和远期市场大量卖泰铢的方式，沽空泰铢，造成泰铢即期汇价的急剧下跌，沽空行为持续到7月份。结果泰国金融市场一片混乱，金融危机爆发。索罗斯于5月份出手约60亿美元攻击泰铢。泰铢沦陷，百亿入账，可以说他是这次金融危机的最大获益者。然而，在击破泰铢城池之后，索罗斯并不以此为满足，他断定，如果泰铢大贬，其他货币也会随之崩溃，因此下令继续扩大战果，全军席卷整个东南亚。这股飓风瞬间席卷了印尼、菲律宾、缅甸、马来西亚等国家。然而，与泰国类似的是，这些地区央行的救援再度陷入"弹尽粮绝"的境地。泰铢大幅贬值后，国际投资机构再以美元低价购回泰铢，用来归还泰铢借款和利息。索罗斯估空使得他狂赚数十亿美元。泰铢贬值引发了金融危机，阻碍了泰国经济发展，成为亚洲金融危机的导火索。

点评：外汇市场是指一个从事外汇买卖、外汇交易和外汇投机活动的市场。相对通货膨胀率、相对利率、心理预期等都会影响汇率的变动。金融市场之间又是相通的，泰铢大幅贬值后，通过多种方式的外汇交易可以牵一发而动全身，泰铢贬值引发了金融危机。

(资料来源：历史上的今天官网，2016年11月24日)

二、黄金市场

黄金市场是专门集中进行黄金交易的市场。黄金市场历史悠久，在国际金本位币时期，金币的国际流通和交易就形成了黄金市场，也是早期的国际金融市场。第二次世界大战结束后，布雷顿森林体系确立了黄金—美元兑换制度，1973年布雷顿森林体系瓦解，黄金退出货币流通领域，但仍然是各国储备资产的组成部分和国际支付的最后手段。现在，国际上大约有40多个黄金市场，其中，交易量大、对世界黄金价格有直接影响的有伦敦、纽约、苏黎世、芝加哥和中国香港五大国际黄金市场。

(一)黄金的供给、需求和交易价格的变动

1. 黄金的供给和需求

黄金的生产即金矿的开采是世界黄金供给的主要来源，另外，各国官方和国际货币基金组织推出拍卖的黄金储备是黄金市场中黄金供给的另一重要来源。黄金的需求主要表现在三个方面：①黄金仍然是各国储备的构成，是货币信心的象征；②一些工业企业，例如首饰、钟表、电子、医疗机械等行业生产以黄金为原料的产品是黄金的需求者；③黄金自古被认为是公众财富的象征，易折现和不易变质的特点让其成为广泛接受的投资工具。国际黄金商是黄金市场的重要参加者，是黄金的需求者。

2. 影响黄金价格变动的因素

影响黄金价格变动的因素主要有以下几个方面。

(1) 世界政治形势。黄金被公认为是没有国界的货币，当政局动荡时，往往会发生黄金抢购，引起黄金价格上扬。

(2) 经济和金融体系。每当世界经济前景不乐观、国际金融体系不稳定时，人们就会抛售货币购买黄金，黄金需求的上涨会引起黄金价格的上涨；反之，当世界经济景气，国际金融体系恢复稳定时，黄金价格就会相应回落。

(3) 通货膨胀趋势。黄金是通货膨胀的保值工具，当世界通货膨胀整体趋势上升时，金价相应上升；当通货膨胀整体趋势下降时，金价相应下跌。

(二)黄金市场的分类

1. 根据对国际黄金市场的影响程度划分

根据对国际黄金市场的影响程度，可分为国际性黄金市场与区域性黄金市场。国际性黄金市场是主导性市场，其市场价格的形成及其交易变化对其他市场具有主导作用，如伦

敦、苏黎世、纽约、芝加哥和中国香港市场。区域性黄金市场是指交易规模有限且多集中在本地区、对其他市场影响不大的市场，如巴黎、法兰克福、卢森堡、布鲁塞尔、东京、新加坡和贝鲁特等市场，这类市场数量很大。

2. 根据交易结算的期限划分

根据交易结算的期限不同，可分为黄金现货交易市场(如伦敦-苏黎世市场)和黄金期货交易市场(如纽约、芝加哥-香港市场)。所谓黄金现货交易市场，是指供交易双方成交后两个营业日内交割的交易市场；所谓黄金期货交易市场是指交易双方按签订的合约在未来的某一时间交割的交易市场。

3. 根据管理程度划分

根据管理程度的不同，可分为自由黄金交易市场与限制性黄金交易市场。自由黄金交易市场是指黄金输出、输入不受限制，居民和非居民均可自由买卖黄金的市场。限制性黄金交易市场是指黄金输出、输入受管制，黄金不准自由买卖的市场。

(三)黄金市场的交易方式

1. 按其交割期限的特点划分

按其交割期限的特点，黄金市场的交易方式可分为现货交易与期货交易。黄金现货交易一般是在交易双方成交后两个营业日内交割的业务，这是主要的黄金交易，交易的价格决定方式有定价和报价两种。黄金期货交易则是交易双方先签订合同，并交付押金，在预约的时间内交割。期货交易价格以现货价格为基础，可以用于保值，减轻金价波动的风险。

2. 根据交易对象划分

根据交易对象的不同，黄金市场的交易方式可分为以下几个。

1) 账面划拨

账面划拨是黄金交易的基本形式，一般是通过存放单划拨，把存放在某个国家或集团的黄金改变所有者的交易方式，既节省了运输费用，又可避免运送风险，特别适合于国际金融机构、国家及大型垄断机构间的黄金买卖。

2) 实物交易

实物交易一般用于黄金市场上私人或企业集团对新开采出的黄金的买卖，有金块(锭)、金条和金币三种交易形式，容易转移，也更容易保值增值。

3) 黄金券交易

黄金券是银行发行的黄金凭证，对投资者来说，持有黄金券比持有黄金实物更加安全可靠，非常受中小投资者的信赖。

本 章 小 结

金融市场通常是指以金融工具为交易工具，以金融资产为交易对象而形成的资金供求关系及其机制的总和。金融市场的形成与完善是政治与经济综合作用的结果。它对社会经济的发展有着重要的作用：可以为资本盈余部门和资本短缺部门提供重要的融资中介，是货币政策发挥效率的舞台，提高了投资者资本的运作效率。

货币市场由同业拆借市场、票据市场、国库券市场和大额存单市场构成。同业拆借市场是银行等金融机构之间为解决短期资金的余缺而相互调剂融通的短期信贷市场，组织形式比较松散，既可按一定的市场程序由中介机构来媒介交易，也可不通过中介机构，由买卖双方通过电话或其他通信手段分散交易。票据市场是指单纯融资性的商业票据市场和票据贴现市场。国库券市场是指国库券的发行、转让、贴现及偿还等所形成的市场，拍卖是其发行的典型方式。大额存单市场的全称是银行大面额可转让定期存款单市场，是指大额存单的发行、转让等所形成的市场，即CD市场。大额存单市场对于繁荣货币市场有着重要的作用：有利于投资者充分利用闲散资金，有利于商业银行的资产负债管理。

资本市场由银行中长期存贷款市场和证券市场构成。股票市场是股票发行和进行流通、转让和买卖的市场，包括股票发行市场和流通市场。债券市场是债券发行和买卖交易的场所。债券的发行人有中央政府、地方政府、政府机构、金融机构、公司和企业。债券交易市场交易的对象是债券。债券因有固定的票面利率和期限，其市场价格相对于股票价格而言比较稳定。基金市场是基金证券发行和流通的市场。封闭式基金、在证券交易所挂牌交易，开放式基金是通过投资者向基金管理公司申购和赎回实现流通的。

其他金融市场包括外汇市场和黄金市场。外汇市场是指一个从事外汇买卖、外汇交易和外汇投机活动的市场。黄金市场是专门集中进行黄金交易的市场，对世界黄金价格有直接影响的有伦敦、纽约、苏黎世、芝加哥和中国香港五大国际黄金市场。

复习思考题

一、名词解释

金融市场　货币市场　资本市场　外汇市场

二、简答题

1. 简述金融市场的基本功能。
2. 简述金融工具的基本特征。
3. 简述优先股与普通股的主要区别。

三、案例分析

纽约国际金融中心

纽约是世界最重要的国际金融中心之一。第二次世界大战以后，纽约金融市场在国际金融领域中的地位进一步加强。美国建立了以美元为中心的资本主义货币体系，使美元成为世界最主要的储备货币和国际清算货币。纽约联邦储备银行作为贯彻执行美国货币政策及外汇政策的主要机构，在金融市场的活动直接影响到市场利率和汇率的变化。世界各地的美元买卖，包括欧洲美元、亚洲美元市场的交易，都必须在美国，特别是在纽约的商业银行账户上办理收付、清算和划拨，因此，纽约成为世界美元交易的清算中心。此外，美国外汇管制较松，资金调动比较自由。在纽约，不仅有许多大银行，而且商业银行、储蓄银行、投资银行、证券交易所及保险公司等金融机构云集，许多外国银行也在纽约设有分支机构，1983年世界最大的100家银行在纽约设有分支机构的就有95家。这些都为纽约金融市场的进一步发展创造了条件，加强了它在国际金融领域中的地位。

纽约金融市场按交易对象划分，主要包括外汇市场、货币市场和资本市场。

纽约外汇市场是世界上最主要的外汇市场之一。纽约外汇市场并无固定的交易场所，所有的外汇交易都是通过电话、电报和电传等通信设备，在纽约的商业银行与外汇市场经纪人之间进行。这种联络就组成了纽约银行间的外汇市场。此外，各大商业银行都有自己的通信系统，与该行在世界各地的分行外汇部门保持联系，又构成了世界性的外汇市场。由于世界各地时差关系，各外汇市场开市时间不同，纽约大银行与世界各地外汇市场可以昼夜24小时保持联系。因此，它在国际的套汇活动几乎可以立即完成。

纽约货币市场是资本主义世界主要货币市场中交易量最大的一个。除纽约市金融机构、工商业和私人在这里进行交易外，每天还有大量短期资金从美国和世界各地涌入流出。和外汇市场一样，纽约货币市场也没有一个固定的场所，交易都是供求双方直接或通过经纪人进行的。在纽约货币市场的交易，按交易对象可分为联邦基金市场、政府库券市场、银行可转让定期存单市场、银行承兑汇票市场和商业票据市场等。

纽约资本市场是世界上最大的中、长期借贷资金的资本市场，可分为债券市场和股票市场。纽约债券市场交易的主要对象是政府债券、公司债券、外国债券。纽约股票市场是纽约资本市场的一个组成部分。在美国，有10多家证券交易所按证券交易法注册，被列为全国性的交易所。其中，纽约证券交易所、NASDAQ和美国证券交易所最大，均设在纽约。

(资料来源：国际金融，2013(9))

问题：
(1) 一个成熟的金融市场需要哪些必备的条件？
(2) 将上海打造成像纽约一样的国际金融市场，还要做哪些努力？

第五章

金融机构体系

【学习目标】

通过本章的学习,了解金融机构的概念、构成,非银行金融机构体系的构成和国际金融机构体系的构成等基础知识;重点掌握我国金融机构的构成体系、中央银行和商业银行的业务和职能、专业银行和政策银行的特征和内容;能够运用本章的基本理论理解、分析现阶段国内与国际的金融机构体系的特征,并且能够对比分析我国与国际先进金融体系的差别,以及我国金融机构体系未来的发展方向。

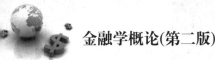

【本章导读】

中国"选择性收紧"货币政策，货币市场悄然加息抑制资产泡沫

2016年入秋后，中国央行在货币市场悄然完成了一轮"加息"。

中国的基准利率——一年期银行人民币存贷款利率，已经超过一年没有调整，这并不意味着中国央行在货币政策的松与紧之间无为而治。2016年8月下旬以来，央行先后重启14天和28天期逆回购，推动货币市场资金成本走高：10月银行7天期回购加权利率升至2.70%，高出8月近23个基点。中共中央政治局在会议中提出货币政策"在保持流动性合理充裕的同时，注重抑制资产泡沫和防范经济金融风险"，并且罕见地没有同时提到"稳增长"。随着中国GDP增速连续3个季度站稳6.7%，PMI创出2014年7月以来新高，人民币贬值压力则在美国加息窗口前加大，货币政策重心正发生微妙变化：短期利率上升有助于抑制影子银行加杠杆投机，同时为人民汇率提供支撑。

"央行已开始选择性收紧，"澳新银行驻中国香港的大中华区首席经济学家杨宇霆表示，"央行不希望调整基准利率影响经济整体的资金成本，而是有选择地进行紧缩，以防止泡沫，比如在流动性过多的货币市场和债券市场。"他在报告中表示，增长达标已不成问题，政府将更多着眼于去产能和去杠杆。

"既有来自汇率的压力，又有去杠杆的要求，"中信证券固定收益研究主管明明在谈到货币政策近期变化时说。曾经任职中国央行货币政策司的明明表示，一方面人民币汇率未来一段时间存在压力，另一方面在去杠杆的大背景下，货币政策显然是不能过松的。"央行的态度是十分明确，8月份以来每当长短利率有明显下行的时候，央行都会出手把它推回去。"央行通过市场化方式的价格管控，对资产价格高估起到纠偏作用，"市场对资本利得的过度追逐需要回归理性。"

(资料来源：起点财经，2016-11-04)

问题：
(1) 简述一下我国"选择性收紧"货币政策。
(2) 结合本章知识谈谈中央银行的作用。

第一节 金融机构

一、金融机构的概念

金融机构是指经营货币信用业务，从事各种金融活动的组织机构。一个国家每天日常的经济活动由许多经济单位组成，这些经济单位常常会出现收支不平衡的情况：有的单位是盈余单位，收入大于支出；有的单位为赤字单位，支出大于收入。这样就会产生资金从盈余单位流动到赤字单位，使盈余单位的多余资金盈利，而赤字单位弥补资金的赤字缺口的情况。但是，在实际的经济生活中，由于信息不对称，想妥善解决一对一的借贷关系很难。而当金融机构充当信用中介人时，一方面金融机构可以通过自身的信用吸引分散、小额的货币资金，积少成多，汇聚成一个巨大的资金量，满足不同数量和不同期限的借款需要；另一方面，金融机构还可以满足资金融资和运作的效益和效率，降低成本和提高安全性。从成本的角度考虑，由于金融机构是一个高度社会化的服务机构，广泛的信息资源、金融各地的营业机构、齐备的金融产品、经营规模大等特点，使银行的单位筹资成本比其他企业和部门更低。从安全的角度讲，金融机构信誉良好、资金雄厚、分散投资、稳定性强等优势可以降低风险。因此，金融机构可以轻松地满足经济主体之间资金融通的需要，并且可以适应经济发展创新多种金融产品，提供金融服务，在社会经济生活中发挥着诸多的作用。

二、金融机构体系的一般构成

金融机构体系由以下几部分组成。

(一)中央银行

1. 中央银行的职能

中央银行是国家的金融管理机构，是在商业银行的基础上发展形成的，具有特殊的地位和功能，是现代各国金融系统的核心。商业银行是经营货币的银行，是以获取利润为目的；而中央银行不以营利为目的，它是一个国家金融体系的核心和最高管理机关，享有发行货币的权利和其他种种特权，负责制定和执行国家货币政策。中央银行最基本的三项职能包括：中央银行是货币发行的银行、是银行的银行和政府的银行。

1) 货币发行的银行

中央银行不同于商业银行及其他金融机构的独特之处，是指中央银行独占货币发行权，是中央银行发挥其职能作用的基础，通过掌握货币发行权，直接影响整个社会的信贷规模和货币供给总量。当商业银行现金不足时，到人民银行存款账户提取现金；当人民银行账户现金超过规定的限额时，超额的部分必须送交人民银行的发行库，退出流通领域。

2) 银行的银行

中央银行只与商业银行和其他金融机构直接发生业务关系，而不同个人与工商企业来往。中央银行规定商业银行吸收存款必须按照一定比例向中央银行交足存款准备金，从而控制商业银行现金准备数量，控制全国货币供应量。中央银行是商业银行的"最后贷款者"，可以通过贷款、贴现和发行货币等方式，对商业银行提供信用。中央银行还可以办理商业银行之间的清算业务，通过直接划拨中央银行的存款款项，清算彼此间的债权债务关系，在减少清算费用的同时，也便于中央银行及时监督整个银行体系。

3) 政府的银行

中央银行保管国库的存款，充当国库的出纳，代理收缴税款，办理政府公债的发行，融通政府资金，提供短期贷款，解决政府临时性资金需求的义务。中央银行是管理金融机构和金融市场的最高当局，负责管理和监督各类金融机构和金融市场的义务活动，并且代表政府管理全国金融的机构，是全国唯一具有立法权的机构，代表政府参加国际金融会议，促进国际金融领域里的合作与发展。

2. 中央银行的产生和发展

中央银行制度是商品信用经济发展到一定历史阶段的产物，是在商业银行的基础上发展而来的。中央银行制度产生于 1668 年的瑞典国家银行和 1694 年的英格兰银行。这两家银行最初并不具备现代中央银行的职能，只负责统一货币发行，但仍然是一家商业银行。19 世纪中叶，在英国政府的大力号召下，英格兰银行发展成为中央银行的先驱。到了 19 世纪末，法国(1800 年)、荷兰(1814 年)、奥地利(1817 年)、挪威(1817 年)、丹麦(1818 年)等几乎所有欧洲国家以及日本、埃及等国均设立了中央银行。这是中央银行发展的第一个阶段，这一时期中央银行的特点是尚未完全垄断货币发行权。

从 1844 年至 20 世纪 30 年代，中央银行逐步进入发展完善的第二个阶段。英国国会规定英格兰银行作为唯一的货币发行银行，将英格兰银行分成发行部和银行部两个部分，银行业务不干预货币发行。从 1854 年起，英格兰银行成为银行业的票据交换中心，并且对一般银行提供贷款，充当"最后贷款人"的角色。这时，英格兰银行逐步确立了中央银行的地位。美国的联邦储备体系成立较晚，1791 年，成立第一国民银行，是美国中央银行的雏形；1816 年，成立第二国民银行，是一家私立银行，发行银行券。这两家都未能持久，最终停业。1863 年制定的《国民银行法》，是美国银行历史上的转折点。1913 年年底美国国会通过了《联邦储备条例》的改革方案，正式成立了联邦储备体系，美国历史上第一次创立了中央银行制度。1921—1939 年，世界性经济危机爆发，西方各国强调中央银行作为"最后贷款者"的职能，这一期间成立的中央银行就有 31 家之多。

第二次世界大战以后是中央银行的第三个发展阶段，世界各国都认识到，中央银行的建立是统一发行银行券的需要，在银行业发展的初期，许多银行因经营不善而无力竞争，尤其在经济危机时期，银行的破产倒闭使银行券的信誉大大受损，既损害了持有人的利益，也给社会经济的发展带来了混乱，这些原因客观上要求由国家出面将货币的发行权集中到中央银行。中央银行的建立是统一票据交换和清算的需要，银行票据清算原是由各银行自行轧差当日清算的方式来分散进行的，不利于同城结算和异地结算，客观上要求建立一个全国统一的，有权威性的、公正的清算机构主持公道。中央银行的建立是金融业监督管理的需要，随着生产的发展和交换的扩大，信用国民在不断扩大，各种风险和不确定性在增加，客观上需要有中央银行加强监管。因此，可以说，中央银行在现代信用制度下的大力发展有其客观必然性。

3. 中央银行的业务

中央银行的业务包括负债业务、资产业务和中间业务三大类。

1) 负债业务

中央银行的负债业务是形成其资金来源的业务，也是它运用经济手段对金融实施宏观调控的基础。中央银行的负债业务主要包括以下几个方面。

(1) 货币发行业务。货币发行是中央银行的主要负债业务。中央银行通过发行货币，再贴现、贷款、购买证券、收购金银与外汇等将货币投入市场，在向社会提供流通手段和支付手段的同时可以筹集到资金，满足了中央银行履行各项职能的需要。

(2) 存款业务。存款业务是中央银行重要的负债业务，通过资产运用来创造货币，创造资金来源。中央银行的存款业务分为：政府和公共机构存款、商业银行等金融机构存款两大类。

(3) 代理国库业务。由于财政支出一般总要集中到一定的数量再由中央银行拨付使用，而且一般使用单位也是逐渐使用的，因此，常常收支之间会存在一定的时间差，中央银行

第五章 金融机构体系

收大于支的数量总和形成了一个可观的余额。

(4) 其他负债业务。如对国际金融机构的负债或向国外政府的借款等。

2) 资产业务

中央银行的资产业务，是指中央银行运用其负债资金来源的业务活动，主要包括以下几个方面。

(1) 政府贷款。政府贷款分为正常贷款、财政透支、直接购买政府债券和间接购买政府债券等四种形式。

(2) 商业银行贷款。商业银行贷款是指中央银行在商业银行等金融机构资金周转发生困难时，对其提供的资金融通，其主要形式有再贴现和再贷款两种。

(3) 金银和外汇储备。中央银行需要掌握和管理一定数量的金银和外汇储备，调节国际收支平衡、稳定币值和汇率。

(4) 有价证券买卖。中央银行在公开市场上买卖政府发行的长期或短期债券，包括国库券和公债券(以国库券为主)，其目的不在于盈利，而是调节宏观经济的一种手段。

3) 中间业务

中央银行的中间业务，是指中央银行为商业银行和其他金融机构办理资金划拨清算和资金转移等业务，一般包括清算业务、代理业务和审批业务。

(二)商业银行

1. 商业银行的职能

商业银行是直接面向社会企业、单位和个人，以利润最大化为其主要经营目标，以经营存放款和汇兑为主要业务的信用机构。随着金融自由化和金融创新的发展，商业银行经营的业务和提供的服务范围越来越广泛，现代商业银行正在向着"万能银行"和"金融百货公司"的方向发展。

商业银行具有以下几个方面的职能。

1) 信用中介职能

信用中介职能是商业银行最基本的职能，也是最能反映其经营活动特点的职能。商业银行一方面动员、集中社会各种暂时闲置的货币资金，使其成为银行最重要的资金来源；另一方面将动员、集中起来的货币资金，再贷放出去投向需要资金的企业。银行实际上成了货币资金贷出者与借入者之间的中介人，使资金积少成多，续短为长，使资本得以最充分有效地运用，从而大大提高全社会对资本的使用效率，促进生产的发展。

2) 支付中介职能

支付中介是指商业银行利用活期存款账户，为客户办理各种货币结算、货币收付、货币兑换和转移存款等业务活动。支付中介职能是商业银行的传统功能，借助于这一功能，商业银行成了工商企业、政府、居民的货币保管者、出纳人和支付代理人，这使商业银行成为社会经济活动的出纳中心和支付中心，并成为整个社会信用链的枢纽。

3) 信用创造职能

信用创造是商业银行的一个特殊职能。信用创造是指商业银行利用其可以吸收活期存款的有利条件，通过发放贷款，从事投资业务，而衍生出更多存款，从而扩大社会货币供给量。当然这种货币不是现金货币，而是存款货币，它只是一种账面上的流通工具和支付手段。

4) 金融服务职能

商业银行运用电子计算机等先进手段和工具,为客户提供各种各样的金融服务。这些服务主要有代理收付、信息咨询、财务咨询、计算机服务等。通过提供这些服务,商业银行一方面扩大了社会联系面和市场份额,另一方面也可以为银行取得不少费用收入,同时也加快了信息传播,提高了信息技术的利用价值,促进了信息技术的发展。

2. 商业银行的产生和发展

古代,在商品货币关系的推动作用下,货币兑换商和银钱业也获得了大力的发展,这一时期的作用主要集中在铸币及货币金属块的鉴定和兑换、保管和汇兑。随着货币关系的推进,银行产生了。银行一词来源于意大利。中世纪的威尼斯是著名的世界贸易中心,为了便于商品的交换,商人们需要把各自携带的各地货币兑换成当地货币,于是由专门的货币兑换商从事兑换活动的货币兑换业产生了。随着商品交换的扩大,商人为了避免长途携带和保管货币的风险,就把货币暂时交给兑换商保管,并委托他们办理支付、结算和汇款。货币兑换业逐步发展成为货币经营业,主要从事货币的兑换、保管、收付、结算和汇兑等货币流通的技术性业务,但不经营货币兑换业务。

随着商品经济地不断发展,货币经营业者手中聚集的货币越来越多,而且货币余额相当稳定,货币经营业者就利用这些货币余额办理放款业务,通过支付存款利息,广泛吸收社会上暂时闲置的资金,经营起信贷业务。货币经营业就发展成为集存、贷款和汇兑支付、结算业务于一身的早期银行了。在这一背景下,1580 年,最早的近代银行——意大利的威尼斯银行产生了。英国的早期银行是由金匠业发展而来的。17 世纪中叶,美洲大陆的发现使大量金银流入英国,金匠铺经常代为保管人们闲置的金银铸币,赚取部分手续费;后来,发现保管的金银有一部分相当稳定的余额,可以贷款,赚取高利,这就使金匠铺演变成了早期银行,具有了信用中介功能。

随着资本主义生产关系的确立和资本主义商品经济的发展,这些具有高利贷性质的早期银行已不能适应资本扩张的需要,而且严重地阻碍了资本主义经济的发展,现代银行才应运而生。1694 年在英国政府的支持下由私人创办的英格兰银行是最早出现的股份制银行,它的正式贴现率规定在 4.5%~6%,大大低于早期银行的贷款利率。英格兰银行的成立,标志着现代银行制度的建立,宣告着高利贷的垄断地位被打破。与早期银行相比,现代银行表现出信用创造功能的本质特征。18 世纪末到 19 世纪初,各国资本主义国家纷纷建立起规模巨大的股份制银行。

3. 商业银行的业务

商业银行的业务包括负债业务、资产业务和中间业务三大类。

1) 负债业务

负债业务是商业银行最主要的资金来源,其规模大体上决定了商业银行开展资产业务获取利润的能力,是最基本、最主要的业务。商业银行的负债包括存款和其他业务。存款业务包括支票存款、储蓄存款和定期存款。面对不断变化的金融市场,商业银行为了不断地吸收存款,创新出一些新的存款方式:可转让定期存单,定期存款开放账户,消费者存单和货币市场存单。另外,还通过大量的非存款性负债业务来扩大客户的业务量,比如:银行同业拆借,向中央银行借款,回购协议,发行金融债券,向国际金融市场借款等。

2) 资产业务

资产业务是商业银行的主要利润来源，是指如何运用资金的业务，主要包括库存现金、证券投资和贷款三项。现金项目成为银行的"一线准备"，流动性很强，但是营利性很低。证券投资，也称"二线准备"，可以很好地兼顾资产的营利性和流动性，是银行的重要资产项目之一。贷款是商业银行从诞生之日起最为重要的资产业务，商业银行总收入的一半以上是由贷款利息构成的，而且，商业银行还可以通过向不同的客户发放贷款，建立和加强与顾客的关系，拓展商业银行的其他业务。

3) 中间业务

中间业务，是指利用银行设置的机构网点、信息网络和技术手段，不需要动用自己的资金，代理客户承办收付和委托项目，通过收取手续费的方式获取收益的业务。商业银行的中间业务主要包括汇款、托收和信用证三种形式的结算业务，代收业务，租赁，信托和信息咨询业务等。

(三) 专业银行

专业银行是指提供专门性金融服务和有特定经营范围的银行。伴随着金融领域社会分工的发展，要求银行必须具有某一专业领域的知识和服务技能，从而推动了各式各样专业银行的产生。专业银行的特点主要表现在以下三个方面：①行政性。往往表现为政府的银行或政府代理银行，具有一定的官方背景。②专门性。专门针对某一特定部门或领域的顾客服务的银行。③政策性。按照政策的需要而设置的银行，体现了一国政府支持和鼓励某一地区、某一部门或某一领域发展的方针政策。

专业银行按贷款用途设立的有投资银行、抵押银行和贴现银行等；按服务对象设立的有农业银行、进出口银行和储蓄银行等。其中，主要的专业银行有以下几个。

1. 投资银行

投资银行是证券和股份公司制度发展到特定阶段的产物，是发达证券市场和成熟金融体系的重要主体，是资本市场上的金融中介，主要从事证券发行、承销、交易、投资分析、风险投资、项目融资等业务的非银行金融机构。

投资银行区别于其他相关行业的显著特点是：其一，它属于金融服务业，不是普通的咨询和服务中介；其二，它的主要对象是资本市场；其三，它属于智力密集型行业。美国和欧洲大陆称投资银行，英国称商人银行，日本称证券公司。投资银行的工作主要有承销证券的发行，代理客户进行证券交易，自营业务，银行业务的收费项目，也兼营中长期贷款、黄金、外汇买卖及租赁业务等。在现代社会发展中，投资银行发挥着沟通资金供求、构造证券市场、推动企业并购、促进产业集中和规模经济形成、优化资源配置等重要作用。

2. 抵押银行

抵押银行，也称不动产抵押银行，是指以土地、房屋和其他不动产为抵押从事办理长期贷款业务的银行，如美国的联邦住房放贷银行、法国的房地产信贷银行、德国的私人和公营抵押银行。抵押银行主要是发行不动产抵押证券来募集抵押资金。商业银行和不少抵押银行也涉足不动产抵押贷款业务，混业经营呈加强趋势。其长期贷款业务可分为两类：一类是贷款的对象主要是土地所有者或农场主，抵押银行以土地为抵押品的长期贷款；另一类是贷款的对象主要是房屋所有者或经营建筑的资本家，以城市不动产为抵押品的贷款。

3. 储蓄银行

储蓄银行是指专门办理居民储蓄，资金来源主要以储蓄存款为主的专业银行，如国民储蓄银行、信托储蓄银行、互助储蓄银行、储蓄放款协会、信贷协会等。储蓄存款的存款期限比较长，流动性较小，金额零星分散，但是余额较为稳定，在一些长期信贷投资中，如公司债券、抵押贷款、政府债券以及股票等都主要采取储蓄存款。历史上，储蓄银行的业务活动受到诸多限制，例如，不能经营一般工商贷款、不能经营支票存款等。随着金融管制的放松、金融活动的扩大化，储蓄银行的业务也在不断地拓展。

(四) 政策性银行

政策性银行是指由政府发起、出资成立，为贯彻和配合政府特定经济政策和意图而进行融资和信用活动的机构。我国的政策性银行有：国家开发银行、中国进出口银行和中国农业发展银行。这三家银行的分工是：国家开发银行主要为国家重点项目、重点产品和基础产业提供金融支持；中国进出口银行主要为扩大我国机电产品和成套设备出口提供政策性金融服务；中国农业发展银行主要为农业基本建设、农副产品、农业发展等提供资金支持。

1. 政策性银行的特点

政策性银行是由政府和政府机构设立的，不以营利为目的，而以贯彻国家产业政策和区域发展政策为目的，在特定的业务领域内从事政策性的融资活动。与商业银行相比，政策性银行又有自身的特点，主要体现为以下几个方面。

(1) 政府直接控制。政策性银行一般都由国家直接出资创立，完全归政府所有或者由政府参股或保证。从组织形态上看，世界各国的政策性银行基本上均处于政府的控制之下。

(2) 经营非盈利化。政策性银行的目标是为了贯彻国家产业和社会发展政策，并不是一般商业银行的利润最大化，所以政策性银行会从事一些具有较高风险的融资活动，实现国家赋予的政策使命。

(3) 资金方向区别商业银行。政策性银行的资金来源可以通过国家拨款、发行债券、借款和吸收长期存款获得，资金运用的方向主要是国家产业政策、社会发展计划中重点扶持的项目，这些贷款期限长、利率低，不适合商业银行从事，所以，政策性银行往往不与商业银行竞争。

(4) 信用创造区别商业银行。与商业银行不同，政策性银行通常不具有派生存款和增加货币供给的功能，一般不办理活期存款业务，不实行存款准备金制度，其资产一般为专款专用。

2. 政策性银行的种类

政策性银行主要包括以下几类。

1) 开发银行

开发银行，是指专门为满足经济建设长期投资需要而提供投资性贷款的专业银行，具有投资量大、投资时间长、投资见效慢和投资风险大等特点。开发银行一般由国家或政府所创办，不以营利为目的。例如，新经济区的基础设施、新产品开发、全国性公共设施的建设等都属于见效慢、投资多、周期长的工程，这些工程具有很强的社会效益，却难以预计营利性，所以，一般的商业银行不可能承担这样的项目，往往由国家开办的开发银行来承担。

按照区域范围，可以把开发银行分为国际性开发银行、区域性开发银行和本国性开发银行三种。国际性开发银行，由若干国家共同设立，主要为成员国提供长期贷款，如国际复兴开发银行(也称世界银行)。区域性开发银行，由所在地区的成员国共同出资设立，主要为某一区域的会员国提供贷款服务，例如，亚洲开发银行，专门为亚洲地区参加该组织的会员国提供服务。本国性开发银行，由国家在国内设立，为国内经济的开发和发展服务，主要对本国内的企业提供长期贷款，资金来源主要是在国内发行的债券。

2008年12月16日，国家开发银行有限公司挂牌成立，我国国家开发银行首次引入商业化运行模式，改制成以市场为导向的股份制商业银行。

【知识点小案例】

国家开发银行4亿元应急贷款驰援盐城灾区

针对2016年6月23日发生的江苏省盐城市龙卷风冰雹特别重大灾害，国家开发银行2016年6月24日紧急向盐城市发放了4亿元应急贷款。

据悉，灾害发生后，国家开发银行党委高度重视，党委书记、董事长胡怀邦立即要求总分行联动，迅速启动应急响应机制，主动对接地方政府，开通贷款绿色通道，及时满足灾区应急贷款资金需求，全力协助地方政府做好应急救助和灾后重建各项金融服务工作。国家开发银行总分行按照行党委部署，第一时间启动应急预案，连夜联系江苏省和盐城市政府，了解灾情损失和救灾资金需求。国家开发银行根据盐城市政府提出应急贷款资金需求，连夜完成评审并完成合同签订和贷款发放。

国家开发银行有关人士表示，该行下一步将继续与当地政府保持联系，密切关注盐城灾区救援进展，为地方政府抢险救灾提供持续有力的应急金融服务，全力配合各项抢险救灾工作。

点评：国家开发银行是政策性银行，不以营利为目的，是为国内经济的开发和发展服务，专门为满足经济建设长期投资需要而提供投资性贷款的专业银行。江苏省盐城市遭遇龙卷风冰雹特别重大灾害，应急救助和灾后重建各项金融服务工作完全符合国家开发银行的服务范畴。

2) 农业银行

农业银行，是指专门经营农业信贷的专业银行。农业是很特殊的行业，农户分散，易受自然条件的影响，利息负担能力有限，抵押品集中管理困难，对资金需求数额小、期限长，只凭个人信誉贷款，故农业信贷风险大、期限长、收益低。这种特性只能设置特殊的专业银行，支持和促进农业的发展，满足政策性融资需要。政府拨款、吸收存款、发行股票和债券都是农业银行的主要资金来源，其贷款方向几乎包括农业生产过程中的一切资金需要。例如，美国的联邦土地银行、法国的农业信贷银行、德国的农业抵押银行、日本的农林渔业金融公库、中国农业银行等都是农业银行。

3) 进出口银行

进出口银行，是专门经营对外贸易信用，提供各种出口信贷的专门银行。进出口银行提供的信贷通常有两种方式：一种是出口商所在地银行对出口商提供的信贷，即卖方信贷；

另一种是出口商所在地银行给国外进口商或进口商银行提供贷款,以购买本国设备,即买方信贷。

一个国家国际贸易的发展常常与进出口银行的支持分不开,因而进出口银行本质上是一种政策性银行。例如,日本的输出入银行、美国的进出口银行、法国的对外贸易银行、中国进出口银行等都是进出口银行。

第二节 非银行金融机构

非银行金融机构,是指除商业银行和专业银行以外的所有金融机构,主要包括公募基金、私募基金、信托、证券、保险、融资租赁等机构以及财务公司等。非银行金融机构与银行金融机构的典型区别在于二者的信用业务形式和业务活动范围不同。非银行金融机构的作用主要表现为:从事中介活动,从最终借款人那里买进初级债券,并为最终贷款人持有资产而发行间接债券。这种中介活动可以降低投资成本,调整期限结构,降低投资风险。非银行金融机构拥有传统金融机构无法比拟的市场灵活性和适应性,可以有优惠的贷款条件,可以有优厚红利,可以有利息等多种支付方式,可以从事大规模的借贷活动等。

我国非银行金融机构的形式主要有保险公司、证券公司、信托投资公司、资产管理公司、财务公司、融资租赁公司和信用合作社。

一、保险公司

1. 保险公司的概念

保险公司是销售保险合约、提供风险保障的非银行金融机构。它主要依靠投保人缴纳保费和发行人寿保单的方式筹集资金,根据风险损失概率计算分摊金额,用于补偿因自然灾害或意外事故所造成的经济损失,是一种信用补偿方式。

2. 保险公司的种类

保险公司按照保险标的不同,可分为财产保险公司、人寿保险公司和再保险公司。财产保险公司主要经营财产保险业务,包括财产损失保险、责任保险和信用保险等业务;人寿保险公司主要经营人身保险业务,包括人寿保险、健康保险和意外伤害保险等业务;保险公司为了分散风险,把一些大的承保单位再分保给另一保险公司,这家接受保单的公司就是再保险公司,再保险公司在财产保险业务中比较多。

3. 我国保险公司的发展阶段

西方国家的保险业十分发达,几乎是无人不保险、无物不保险、无事不保险,各类保险公司是各国最重要的非银行金融机构。这对我国保险业的发展具有很好的启示作用。

我国保险业自 1980 至今,经历了恢复阶段、平稳发展阶段和快速发展阶段。

1) 保险业的恢复阶段

1980—1985 年,形成了以中国人民保险公司为统领,下设中国人寿保险股份有限公司、中国保险有限公司、太平保险有限公司以及中国再保险有限公司的高度垄断的保险机构体系。中国人民保险公司在保险市场,险种单一,财寿险高度集中。

2) 保险业的平稳发展阶段

1986—1991 年，除了新疆兵团保险公司外，还成立了中国太平洋保险公司，中国保险业新的竞争主体出现，打破了中国人民保险公司的完全垄断地位。

3) 保险业的快速发展阶段

1992 年至今，中国保险业呈现出百花齐放、百家争鸣的繁荣发展的局面：既有内资保险公司，也有外资保险公司；既有独资保险公司，也有合资保险公司；既有国有保险公司，也有股份制保险公司，保费每年平均以百亿元人民币以上的规模增长，并逐渐与国际接轨。这一阶段，中国保险业监督管理委员会的设立及其运作，更使得我国保险业监管步入法制化轨道。

二、证券公司

1. 证券公司的概念

我国的证券公司是指依照《中华人民共和国公司法》(以下简称《公司法》)和《中华人民共和国证券法》(以下简称《证券法》)的规定设立的并经国务院证券监督管理机构审查批准而成立的专门从事有价证券买卖，具有独立法人地位的有限责任公司或者股份有限公司，可以划分为证券经营公司和证券登记公司。

2. 证券公司的设立要求

证券公司的设立有着严格的要求。在我国，经营证券经纪、证券投资咨询业务和担任与证券交易、证券投资活动有关的财务顾问，要求证券公司的注册资本最低限额为 5000 万元；经营证券承销与保荐，证券自营，证券资产管理和其他证券业务之一的，要求证券公司的注册资本最低限额为 1 亿元；经营证券承销与保荐，证券自营，证券资产管理和其他证券业务中任意两项的，要求证券公司的注册资本最低限额为 5 亿元。证券登记结算机构的注册资本的最低限额为 1 亿元。证券交易服务机构的注册资本的最低限额为 100 万元。

3. 证券公司的种类

证券公司按照经营公司的不同功能，可以分为证券经纪商、证券自营商和证券承销商。

1) 证券经纪商

证券经纪商接受投资人委托，代理买卖证券，收取一定手续费作为佣金，又称为证券经纪公司。

2) 证券自营商

证券自营商既可以通过证券交易所自由进行证券买卖，又可以代理投资人买卖证券，收取一定的佣金，又称综合性证券公司。

3) 证券承销商

证券承销商，是以包销或者代销的方式帮助发行人销售证券。

许多证券公司都兼营这三类业务，以扩大自身的业务量，提高利润额。

三、信托投资公司

1. 信托投资公司的概念及特点

信托投资公司，是指根据委托者的意愿，以受托人的身份管理和运用资金及其他财产

的金融机构。信托投资公司、银行信贷和保险称为现代金融业的三大支柱。信托投资公司与其他金融机构无论是在其营业范围、经营手段、功能作用等各个方面都有着诸多的联系,同时也存在明显的差异。与银行业务相比较,银行业务反映的是同存款人或贷款人之间发生的双边信用关系,通过融通资金从事吸收存款和发放贷款为主的银行业务,自主承担存贷资金运营风险,通过利息计算收益,收益归银行本身所有,是一种信用中介,发挥间接金融的作用;而信托体现的是委托人、受托人和受益人之间的多边关系,集"融资"与"融物"于一体,参与财产事务管理,业务广泛,根据受托人经营的实际结果来计算实际收益结果,收益归信托受益人所有,发挥直接金融的作用。

2. 信托投资公司的业务活动范围

信托投资公司的业务活动范围相当广泛,几乎涉足所有金融领域的业务,表现出来的突出特征在于其投资性,具体包括:受托经营资金信托业务;受托经营动产、不动产及其他财产的信托业务;受托经营法律、行政法规允许从事的投资基金业务;受托经营国务院有关部门批准的债券;代理财产的管理、运用和处分;以固有财产为他人提供担保;代保管业务;信用见证、资信调查及经济咨询业务及中国人民银行批准的其他业务等。

3. 现代信托业务的产生和发展

现代信托业务起源于英国,但最早办理信托业务的经营机构产生于美国。在西方国家中,美、英、日、加等国信托业比较发达,除专营信托公司外,各商业银行的信托部也经营着大量的信托业务。

我国最早的信托投资公司是1921年在上海成立的上海通商信托公司,随后,天津、广州、北京、武汉、昆明等地也先后成立过信托投资机构。1980年以前,信托投资机构与高度集中的计划经济管理体制相适应,1980年以后,市场经济体制的改革迅速加快,与新的经济体制相适应的信托投资机构得到迅速发展。1994年以后,随着金融体制改革和完善,信托投资公司成为独立经营的市场主体。2007年,中国银监会制定新的《信托公司管理办法》时,将原来的"信托投资公司"统一改称为"信托公司"。

四、资产管理公司

资产管理公司是对从金融机构中剥离出来的不良资产实施公司化经营而设立的专业金融机构,从事的是一种"受人之托,代人理财"的信托业务,凡是主要从事此类业务的机构或组织都可以称为资产管理公司。金融资产管理公司的业务范围包括:①追偿债务;②租赁、转让或重组对所收购的不良贷款形成的资产;③债权转股权;④推荐上市及承销债券和股票;⑤发行金融债券;⑥财务及法律咨询,资产及项目评估;⑦其他业务活动。

我国的金融资产管理公司,是经国务院决定设立的专门收购国有银行不良贷款,管理和处置因收购国有银行不良贷款形成的资产的国有独资非银行金融机构。1999年4月20日,我国第一家经营商业银行不良资产的公司——中国信达资产管理公司在北京宣告成立。同年8月,华融、长城、东方等三家资产管理公司同时宣告成立。组建金融资产管理公司是我国金融体制改革的一项重要举措,对于防范和化解金融风险,依法处置国有商业银行的不良资产,加强对国有商业银行的管理,促进我国金融业的健康发展具有重要意义。2010年"国新资产管理公司"获得国务院的正式批复成立,同时,随着国务院对原有四家金融资产管理公司的改革方案批复,银纪资产管理公司应运而生。

五、财务公司

(一)财务公司的概念

财务公司,又称"财务有限公司""金融公司",是为企业技术改造、新产品开发及产品销售提供中长期金融业务为主的非银行机构,是大型产业集团内部的融资机构。它不以投资为目的,主要是为本集团内部各企业融通资金,但多数是商业银行的附属机构,主要吸收存款。我国的财务公司隶属于大型集团的非银行金融机构,不是商业银行的附属机构。

(二)财务公司的资金来源和业务

财务公司的资金来源主要包括:向银行借款,出售商业票据,推销企业股票、债券和发行本公司债券,多数财务公司还接受定期存款。

财务公司的业务主要有人民币业务,包括企业存款、贷款,集团内转账结算,职工储蓄,信托存款、贷款和投资,融资性租赁,房地产开发等;外汇业务,包括外汇存款、贷款与投资,国际融资租赁,外汇信托存款等;向金融机构借款,再转贷给成员单位,进行同业拆借,解决临时性资金困难。

(三)财务公司的起源与发展

财务公司起源于 18 世纪的法国,后来英、美等国相继出现。英国的财务公司可分为工业财务公司和租购公司,工业财务公司主要为工业企业提供资金,协助企业实现发展计划;租购公司则专门经营租购、赊销和租赁业务。美国的财务公司包括销售财务公司、消费者财务公司和工商财务公司。销售财务公司向消费者发放贷款,以使其消费特定的零售商或制造商的货物,如福特汽车信贷公司为购买福特汽车发放贷款。消费者财务公司向消费者提供贷款或帮助他们偿付小额负债,便于他们购买诸如家具、房内设施之类的物件。工商财务公司通过贴现方式购买应收账款,称为代理收款;另外,从事设备租赁业务。我国目前的财务公司基本上是由企业集团投资兴办的,专门从事企业集团内部资金融通业务的金融机构。自 1987 年 5 月我国第一家企业集团财务公司成立以来,截至 2011 年年末,全国能源电力、航天航空、石油化工、钢铁冶金、机械制造等关系国计民生的基础产业和各个重要领域的大型企业集团几乎都拥有了自己的财务公司。例如,中国东风汽车工业公司财务公司、中国有色金属工业总公司财务公司等。这些财务公司的服务对象限于企业集团内部的成员单位,业务范围尚窄,是实行独立核算、自负盈亏的独立企业法人,但是其业务活动则必须接受金融监管部门管理。

六、融资租赁公司

融资租赁公司,是指经中国银行业监管管理委员会批准,以经营融资租赁业务为主的非银行融资机构。融资租赁与经营租赁是形式相似——都有出租人、承租人和租赁物,但其本质完全不同的租赁形式。经营租赁的租期短,租金低,所有权属于出租者;而融资租赁是出租人按照承租人的要求出资购买租赁物,并在租赁物的使用期中租赁给某个承租人使用,承租人负责设备使用中的维修和折旧,租赁期结束后,承租人一般对设备有留购、续租和退租三种选择,由于留购的价格很优惠,大多数承租人会选择设备留购,所以,从实质重于形式的角度判断，融资租赁属于承租人的资产。

融资租赁和传统租赁的本质区别在于：传统租赁以承租人租赁使用物件的时间计算租金，而融资租赁以承租人占用融资成本的时间计算租金。20 世纪 50 年代产生于美国，20 世纪 60 年代后，英、日等国家都先后设立了专门化的融资租赁公司，融资租赁业务迅速在全世界发展起来，已成为企业更新设备的主要融资手段之一，被誉为"朝阳产业"。1981 年 4 月，我国第一家租赁公司——东方租赁有限公司成立。该公司为中国国际信托投资公司、北京市机电设备和日本东方租赁有限公司合资创办。1981 年 8 月，我国第一家国营现代租赁公司——中国租赁有限公司正式成立，投资者为中国国际信托投资公司、中国农业银行、国家物资总局、中国人民保险公司、中国工商银行、水电部和轻工部等。截至 2015 年年底，全国融资租赁企业总数为 4508 家，其中，金融资租赁企业 49 家，非金融租赁企业 4459 家。

中国融资租赁机构的业务经营方式可以分成：自营租赁、代理租赁和合办租赁。自营租赁，根据承租人的要求，租赁公司以出租人身份，自行出资购买承租人选定的设备，然后出租给承租人使用；代理租赁，租赁公司接受出租人的委托，为其租赁物联系和寻找承租人，租金归出租人所有，租赁公司获取佣金；合办租赁，租赁公司与物资、生产部门合办租赁业务，租赁公司同物资、生产部门联合以出租人身份根据承租人的需要向承租人出租设备，一般是租赁公司负责提供资金，物资、生产部门负责提供设备，租金按各方出资比例分成。

七、信用合作社

信用合作社，是由社员自愿集资结合而成的互助合作性金融机构。信用合作社的宗旨是鼓励社员储蓄，并以简便的手续和较低的利率向社员提供优惠贷款。信用合作社的准则是入社与退社自愿，每个社员都应提供一定限额的股金并承担相应的责任，实行民主管理，权利平等，一人一票；股票不上市；盈利主要用于增进社员福利。其资金来源主要是社员交纳的股金，其次是存款、公积金及借入资金，在资金运用方面，主要为社员提供短期生产贷款尤其是消费信贷。

1849 年，德国莱茵河畔出现了世界上第一个农村信用合作社，此后，信用合作社经历了自由发展、国家干预、调整变革等三个阶段。目前，信用合作社是西方国家普遍存在的一种互助合作性金融组织，规模不大，但数量众多，种类多样，分布广泛，包括农村信用合作社、农业生产信用合作社、土地信用合作社、渔林牧业生产信用合作社、住宅信用合作社、小工商业者信用合作社、储蓄信用合作社、城市信用合作社、劳动者信用合作社等。在世界主要国家中，日本的信用合作社尤其发达，美国的信用合作社虽规模最小但发展最快。

第三节　国际金融机构体系

一、国际金融机构体系概述

(一)国际金融机构的概念及构成

国际金融机构体系是指协调国际金融关系、从事国际金融业务、维护国际货币、信用体系正常运作的超国家机构。广义的国际金融机构体系包括政府间国际金融机构、多国银行集团、跨国银行等。狭义的国际金融机构体系主要是指由联合国或由各国政府建立的国际金融机构组织，主要由全球性和区域性国际金融机构组成。

国家金融机构主要由管理性机构、商业经营性金融机构和政策性金融机构构成。管理性机构是一个国家或地区具有金融管理和金融监督职能的机构，主要包括四种类型：一是负责管理存款货币并监管银行业的中央银行或金融管理局；二是按分业设立的监管机构，如银监会、证监会、保监会；三是金融同业自律组织，如行业协会；四是社会性公律组织，如会计师事务所、评估机构等中央银行或金融管理局，通常在一个国家或地区的金融监管组织机构中居于核心位置。商业经营性金融机构是指以利润为其主要经营目标，主要负责证券交易与发行，经营工商业存放款、资金管理等业务的金融机构。政策性金融机构是指为了更好地发挥宏观经济调控的作用，从事各种政策性金融活动的金融机构。

(二)国际金融机构的产生和发展

第一次世界大战爆发后，世界政治经济发展的不平衡加剧，战争、通货膨胀及国际收支恶化等诸多矛盾交织在一起，导致世界各国间的矛盾尖锐化，如何利用国际经济组织控制或影响他国成为多数工业国家的共同愿望。国际性金融机构就是在这种情况下应运而生了。1930年5月，在瑞士的巴塞尔成立国际清算银行，它的主要任务是处理战后德国赔款的支付及协约国之间债务清算问题，并且为日后促进各国中央银行合作、推动各国银行监管合作方面，发挥着越来越重要的作用。

第二次世界大战爆发后，世界各国之间的联系越来越紧密，国际经济之间的交流与合作得到空前发展，客观上要求国际金融机构也要迅速扩大规模。1944年7月，在美国新罕布什尔州召开布雷顿森林会议，努力重建一个开放的世界经济及稳定的汇率制度，并积极提供资金援助，确定建立国际货币基金组织和世界银行(即世界国际复兴开发银行)。1956年成立的国际金融公司致力于扩大对发展中国家的国际贷款。1959年10月在美国财政部的建议下，成立世界银行的附属机构——国际开发协会，提供给更贫穷的发展中国家更为优惠的贷款。从此，全球最大的国际金融机构——世界银行集团正式出现，大量的区域开发合作性国际金融机构也迅速发展起来。

(三)国际金融机构的分类与作用

1. 国际金融机构的分类

国际金融机构可分为全球性金融机构和区域性金融机构两种类型。全球性金融机构以国际货币基金组织和世界银行集团为代表。区域性金融机构，包括联合国附属的区域性金融机构——准全球性金融机构和真正的地区性金融机构。1957年到20世纪70年代，部分欧洲、亚洲、非洲、拉丁美洲国家为发展本地区经济的需要，通过互助合作方式，先后建立起区域性的国际金融机构，如亚洲开发银行、非洲开发银行等。

2. 国际金融机构的作用

国际金融机构在世界经济发展中的主要作用包括可以提供短期发展资金，缓解国际支付危机；可以提供中长期发展资金，促进发展中国家的经济发展；可以保持汇率稳定，促进国际贸易的发展；可以进行金融创新，解决发展中国家国际结算手段匮乏的矛盾。总之，国际金融机构在稳定国际金融秩序、促进国际经济合作以及发展世界经济方面起到了重要的作用。

【知识拓展 5-1】人民币加入 SDR 的重要里程碑——经济全球化进程中的国际货币基金组织

MOOC 网址：安徽省网络课程学习中心 http://www.ehuixue.cn/View.aspx?cid=495

二、国际货币基金组织

国际货币基金组织(IMF)于 1945 年 12 月在华盛顿成立，是为协调国际的货币政策和金融矛盾，加强货币合作而建立的国际性金融机构。1947 年，国际货币基金组织成为联合国的一个专门机构。国际货币基金组织的宗旨是：为会员国提供一个常设的国际货币机构，促进国际货币合作；促进国际贸易的扩大和平衡发展，发展各国的生产能力；促进汇率的稳定和维持各国有秩序的外汇安排，避免竞争性的货币贬值；协助建立各国间经常性交易的多边支付制度，消除妨碍世界贸易增长的外汇管制；协助会员国克服国际收支困难，努力缩短和减轻国际收支不平衡的持续时间及程度。

我国是国际货币基金组织的创始会员国之一，后来由于历史的原因，关系中断多年，1980 年 4 月 17 日国际货币基金组织正式恢复了我国的合法席位。中国人民银行行长和国家外汇管理局副局长兼中国银行副行长出任国际货币基金组织的正副理事，接着，我国政府第一次派代表担任基金组织的执行董事，提高了我国在国际货币基金组织中的主动地位。

2014 年 10 月 10—12 日，国际货币基金组织和世界银行年会系列会议在美国华盛顿召开。中国人民银行行长周小川率中国政府代表团出席，并在第 30 届国际货币与金融委员会(IMFC)部长级会议上就中国经济形势作了发言。2015 年 10 月 1 日，中国首次开始向国际货币基金组织申报其外汇储备，这是中国向外界披露一项重要经济数据的里程碑式事件。2015 年 11 月 30 日，国际货币基金组织执行董事会批准人民币加入特别提款权(SDR)货币篮子，新的货币篮子于 2016 年 10 月 1 日正式生效，IMF 在其"官方外汇储备货币构成"(COFER)的季度调查中单独列出人民币以反映 IMF 成员人民币计价储备的持有情况，人民币成为 SDR 五大货币之一，这一变化将在 2017 年 3 月底公布的 2016 年第四季度 COFER 调查中得到体现。2016 年 1 月 27 日，国际货币基金组织(IMF)宣布 IMF2010 年份额和治理改革方案已正式生效，这意味着中国正式成为 IMF 第三大股东。

(一)国际货币基金组织的主要活动

国际货币基金组织的主要活动包括以下几个方面。

1. 汇率监督

国际货币基金组织为了维护布雷顿森林体系的正常运行，保障有秩序的固定汇率安排，实行了汇率监督的业务活动。布雷顿森林体系解体后，各国普遍实行浮动汇率制度，大大削弱了基金组织对汇率的直接管理，但是为了继续保持国际汇率体系的稳定，扩大国际货币基金组织对汇率的监督活动，客观要求各国间必须进行密切合作，而不是相互对抗。国际货币基金组织的汇率监督包括个别监督和多边监督两个方面。个别监督是基金组织对个别会员国的汇率政策和其他经济政策进行的监督，主要内容是检查会员国的汇率政策是否与《国际货币基金协定》所规定的义务相一致。多边监督是以权威资料《世界经济展望》为依据，调整着对国内国外的中期方法，强调对国际货币金融领域的合作及加强经济财政政策的协调。

2. 磋商与协调

国际货币基金组织设置一个常设机构，便于国际货币问题的商讨和协作。除了会议外，基金组织每年与各会员国进行一次磋商，使基金组织能够履行监督会员国汇率政策的责任，另外，有助于基金组织同步地了解会员国的经济发展和政策措施，从而使基金组织能够迅速处理会员国申请贷款的要求。

3. 国际储备创造

1969 年，国际货币基金组织年会上正式通过实施特别提款权这一方案，特别提款权按照基金组织会员国所缴纳份额的同一百分比进行分配。当会员国发生国际收支逆差时，可动用特别提款权，偿付逆差和偿还基金组织的贷款。特别提款权按四种主要货币，即美元、欧元、日元及英镑加权平均定值，定值篮子中的货币名单及其定量，每五年进行一次调整，保持价值相对稳定。

4. 金融贷款

国际货币基金组织的一个主要业务活动是融通资金，缓解被援助国家的资金压力。其基本内容包括：私人企业、组织概不贷款，发放贷款的对象仅以会员国政府为限，解决因经常项目收支逆差而引发的国际收支暂时性失衡，期限一般为 5～10 年；贷款规模重点与会员国所缴份额一致，因此，会员国之间相差悬殊；由会员国用本国货币向基金组织申请购买外汇方式贷款，还款时则以外汇购回本国货币；贷款和利息均通过特别提款权计值。

(二)国际货币基金组织的资金来源与运用

1. 国际货币基金组织的资金来源

国际货币基金组织的资金主要是会员国缴纳的份额，份额的性质有点类似于股份公司的股份。会员国交纳后，会员国缴纳的份额即成为基金组织的资产，份额起着国际储备的作用，用以解决会员国国际收支不平衡的短期资金需要。1976 年牙买加会议后，会员国份额的 25% 以特别提款权或外汇缴纳，其余 75% 以本国货币缴纳，并可用来对会员国在世界经济中所处的相关地位进行广泛的衡量。国际货币基金组织的一切活动都与会员国的份额相关，份额也决定了会员国的借款权和投票权。会员国的份额越大，表决权也越大，得到的贷款也越多。因此，重大的国际金融事务如果美国不同意就难以在基金组织通过。国际货币基金组织的另一项资金来源是从会员国借入资金，资金运用利息收入以及某些会员国的捐款等。

2. 国际货币基金组织的基金运用

国际货币基金组织的资金运用中的贷款所涉及的种类包括：①普通贷款。普通贷款一般用于解决会员国的国际收支问题，是基金组织最早和最基本的一种贷款。会员国认缴份额的 25%～125% 的贷款称为信用部分贷款，由四个部分组成；会员国认缴份额的 25% 以内的贷款称为储备部分贷款；会员国所缴份额约 125% 的贷款为基本贷款的最高贷款额。②中期贷款。中期贷款是基金组织设立的用于解决会员国较长期的国际收支逆差的专项贷款，当会员国的储备部分贷款和四个信用部分贷款都满足不了会员国的需要时，一般运用该中期贷款。中期贷款的最高借款额可达会员国份额的140%，但是在使用中必须履行严格的规则。③补充贷款。当普通贷款和中期贷款都不足以帮助会员国解决持续的巨额国际收支逆差问题时，会员国还可以运用补充贷款解决燃眉之急。④出口波动补偿贷款。该贷款金额相当于会员国份额的75%～100%，期限为3～5年。当初级产品出口国因市场跌价、自然灾害等原因造成出口收入下降，引发国际收支困境时，出口波动补偿贷款可以在原有普通贷款申请的基础上进行补充申请。⑤缓冲库存贷款。缓冲库存贷款主要用于帮助初级产品出口国稳定出口商品的国际市场价格。⑥信托基金贷款。信托基金贷款是基金组织通过优惠的条件向较贫穷的发展中国家提供的"信托基金"贷款，帮助这些国家解决国际收支困难。此外，基金组织还陆续设立其他一些临时贷款，如结构调整贷款、补偿和应急贷款等，以帮助广大发展中国家解决收支逆差的困难局面。

【专栏5-1】

人民币国际化为欧洲带来机遇

2016年10月，人民币正式加入国际货币基金组织特别提款权货币篮子，人民币国际化进程迎来了里程碑式的发展。目前，已有101个国家将人民币作为其贸易货币之一。欧洲是亚洲之外最重要的离岸人民币市场，在包括伦敦、卢森堡和法兰克福等在内的离岸中心，人民币存款已具备相当规模。"人民币入篮只是第一阶段，目前正在开始第二阶段。人民币将不仅在贸易上作为储备货币出现，还将更多地作为投资货币使用。"浙江大学互联网金融研究院院长贲圣林在第十九届欧元金融周"中国日"论坛上如是说。2016年5月，中国财政部在伦敦发行30亿元人民币计价债券，这是我国首次在中国香港以外地区发售离岸国债，逾两倍超额认购，58%的债券被欧洲、非洲地区的投资者认购。除了人民币债券投资热，人民币国际化对中国乃至欧洲的金融产业改革都有着促进作用。贲圣林表示，人民币国际化征程走了已有近10年，其间还有效推动了人民币市场化的改革。而且，"人民币国际化可以有效补充国际金融、货币体系的不足之处，进一步推动全球经济治理、金融治理的优化。"贲圣林表示："欧洲在新金融领域，例如互联网金融和金融科技领域发展比较晚，与欧洲各国自身的监管体制相对比较僵化有一定关系。全球前十大互联网公司中有4家是中国公司，其他基本为美国公司。可以看出，在信息经济、互联网金融以及电子商务领域，中国和美国呈现出全球领先的趋势。从这个意义上讲，加强和中国的合作，对欧洲培育新兴产业能带来非常大的机会。"德国联邦银行执行董事卡尔—路德维希·蒂勒指出，德国联邦银行一直在为人民币国际化提供支持，未来会进一步加大力度。

(资料来源：人民日报，2016-11-22)

三、世界银行

世界银行是世界银行集团的简称，由国际复兴开发银行、国际开发协会、国际金融公司、多边投资担保机构和解决投资争端国际中心五个成员机构组成，成立于1945年，1946年6月开始营业。凡是参加世界银行的国家必须首先是国际货币基金组织的会员国。世界银行总部设在美国首都华盛顿，有员工10 000多人，分布在全世界120多个办事处。狭义的"世界银行"仅指国际复兴开发银行和国际开发协会。

按照《国际复兴开发银行协定条款》的规定,世界银行的宗旨包括以下几个方面。

(1) 通过对生产事业的投资,协助成员国经济的复兴与建设,鼓励不发达国家对资源的开发。

(2) 通过担保或参加私人贷款及其他私人投资的方式,促进私人对外投资。当成员国不能在合理条件下获得私人资本时,可运用该行自有资本或筹集的资金来补充私人投资的不足。

(3) 鼓励国际投资,协助成员国提高生产能力,促进成员国国际贸易的平衡发展和国际收支状况的改善。

(4) 在提供贷款保证时,应与其他方面的国际贷款配合。

世界银行与国际货币基金组织是不同的行政权力机构,它们的组织形式和业务活动有着各自的特点,从某种程度上也可以实现优劣的互补。世界银行侧重于帮助会员国制订经济发展计划和一定的贷款支持;国际货币基金组织侧重在稳定汇率、调节国际收支以及在支持和帮助制订与执行会员国经济稳定发展计划等方面发挥作用。但是两个机构也有着共同的原则与责任,它们的业务有着不同程度的交叉与渗透,这种合作伴随着全球一体化进程的加速将进一步加强。

(一)国际复兴开发银行

国际复兴开发银行,通称"世界银行",成立于1945年12月27日,总部设在华盛顿,是一个国际组织,开始的使命是帮助在第二次世界大战中被破坏国家的重建,现在的任务是资助国家克服穷困,在减轻贫困和提高生活水平的使命中发挥独特的作用。国际复兴开发银行的资金来源由四个部分组成:①会员国缴纳的股金;②在国际资本市场上发行的债券;③出让债权收入;④利润收入。国际复兴开发银行的宗旨包括:①对用于生产目的的投资提供便利,以协助会员国的复兴与开发,鼓励不发达国家的生产及其资源的开发;②保证或参与私人贷款和私人投资,促进私人对外投资;③鼓励国际投资以开发会员国生产资源,促进国际贸易的长期平衡发展,维持国际收支的平衡;④在提供贷款保证时,应同其他方面的国际贷款配合。国际复兴开发银行的业务活动主要是通过提供和组织长期贷款和投资,解决会员国战后恢复和发展经济的资金需要。所以,在其成立初期,贷款主要集中于欧洲国家,用于帮助其战后经济复兴,总贷款额约5亿美元。1948年以后,欧洲战后复兴主要依赖美国"马歇尔计划"的援助,于是世界银行贷款转向亚、非、拉发展中国家。国际复兴开发银行的贷款对象一般是债信高,清偿能力强的国家,主要贷给各国政府,如果借款者是非政府单位,则须由所在国政府提供担保。贷款从经济因素角度分析,会考虑借款国人均国民生产总值及利用该行资金的有效性作出贷款决定,根据会员国的援助策略和计划,制定银行的总贷款规划,且贷款仅限于生产性目的。

(二)国际开发协会

国际开发协会成立于1960年,总都设在华盛顿,是世界银行集团的成员,有"第二世界银行"之称,它与世界银行的区别在于国际开发协会侧重于为更为贫穷的发展中国家提供长期优惠贷款,也是世界银行的无息贷款和赠款窗口。国际开发协会作为世界银行贷款的补充,通过向生产性项目提供贷款,促进第三世界国家的经济社会发展。国际开发协会及其官员不得干涉任何会员国的政治事务;国际开发协会的决定不应受会员国任何政治因素的影响。国际开发协会的资金来源包括:①会员国认缴的股本;②会员国认缴的补充资金;③世界银行拨款;④国际开发协会的经营利润。国际开发协会的信贷是"软贷款",区别于世界银行的"硬贷款",只给予政府,不收利息,但计收 0.75%的手续费。贷款期限长达 50 年,可以部分或全部用本国货币偿还。

(三)国际金融公司

国际金融公司于 1956 年 7 月 24 日正式成立,是世界银行的下属机构之一,但是具有独立的法人地位,其会员只有世界银行的会员国才有资格担任。国际金融公司的最高权力机构是理事会,下设执行董事会,主持日常事务。国际金融公司的正副理事、正副执行董事由世界银行的正副理事和正副执行董事兼任,公司经理也由世界银行行长兼任。

国际金融公司的主要资金来源是会员国缴纳的股本、从世界银行和其他来源借入的资金和自身的经营净收入。国际金融公司的主要资金活动是对会员国私人企业贷款。这是国际金融公司贷款与世界银行贷款的显著不同,世界银行贷款是以会员国政府为对象,私人企业贷款也必须由政府机构担保,可以说国际金融公司贷款弥补世界银行贷款对象的有限性,国际金融公司专门对会员国私人企业的新建、改建和扩建等项目提供资金,致力于促进发展中国家私营部门的可持续发展,是世界上为发展中国家提供股本金和贷款最多的多边金融机构,不参与项目的管理,但是共同承担风险。

(四)多边投资担保机构

多边投资担保机构成立于 1988 年。多边投资担保机构的宗旨是向外国私人投资者提供政治风险担保,包括征收风险、货币转移限制、违约、战争和内乱风险担保,并向成员国政府提供投资促进服务,加强成员国吸引外资的能力,从而推动外商直接投资流入发展中国家。作为担保业务的一部分,多边投资担保机构也帮助投资者和政府解决可能对其担保的投资项目造成不利影响的争端,防止潜在索赔要求升级,使项目得以继续。多边投资担保机构还帮助各国制定和实施吸引和保持外国直接投资的战略,并以在线服务的形式免费提供有关投资商机、商业运营环境和政治风险担保的信息。

(五)解决投资争端国际中心

解决投资争端国际中心是根据 1966 年 10 月正式生效的《关于解决国家和其他国家国民投资争端公约》成立的国际组织,作为解决缔约国与其他缔约国国民投资争议的常设机构,具有独立的国际法人地位,但仍然保持着与世界银行的密切关系。解决投资争端国际中心的作用是增加发达国家投资者向发展中国家进行投资的信心,并通过仲裁和调解方式来解决投资争议。它要求争议的双方须为公约的成员国,争议主体为国家或国家机构或代理机构,其解决的争议性质必须为直接由投资引起的法律争议。

四、区域性国际金融机构

【知识拓展 5-2】 扬帆起航的中国亚投行——区域性国际金融机构新发展
MOOC 网址:安徽省网络课程学习中心 http://www.ehuixue.cn/View.aspx?cid=495

区域性国际金融机构主要有亚洲开发银行、非洲开发银行、泛美开发银行、欧洲投资银行、国际清算银行和亚洲基础设施投资银行。

(一)亚洲开发银行

亚洲开发银行，简称"亚行"，不是联合国下属机构，是其赞助建立的机构，同联合国及其区域和专门机构有密切的联系。亚洲开发银行是亚洲和太平洋地区的区域性金融机构，一家仅次于世界银行的第二大开发性国际金融机构，也是亚太地区最大的政府间金融机构。亚洲开发银行创建于1966年11月24日，总部位于菲律宾首都马尼拉。截至2013年12月底，亚洲开发银行有67个成员，其中48个来自亚太地区，19个来自其他地区。我国于1986年3月10日加入亚行。按各国认股份额，中国居第三位(6.44%)，日本和美国并列第一(15.60%)。按各国投票权，中国也是第三位(5.45%)，日本和美国并列第一(12.78%)，在这个组织中都是第一大出资国，拥有一票否决权。

亚洲开发银行的宗旨是促进亚洲和太平洋地区的经济增长与合作，并协助本地区的发展中成员国集体和单独地加速经济发展的进程。为了实现其宗旨，亚洲开发银行的主要任务包括：①促进公、私营资本对亚太地区各会员国投资；②筹集资金，促进亚太地区会员国成员的经济发展；③帮助本地区成员国拟定发展政策和计划，并提供技术援助；④帮助亚太地区各会员国或地区成员协调经济发展政策，保持区域发展的协调与可持续；⑤搭建会员国同联合国及其附属机构，向亚太地区发展基金投资的国际公益组织，以及其他国际机构、各国公营和私营实体之间的桥梁，展示投资与援助的机会，促进合作；⑥发展符合亚洲开发银行宗旨的其他活动与服务。

亚洲开发银行的最高权力机构是理事会，一般由各成员国的财政部部长或中央银行行长担任，代表本国政府行使投票权。亚洲开发银行理事会每年召开一次会议，通称年会。理事会的主要职责是：接纳新会员；改变注册资本；选举董事或行长；修改章程。董事会由12个董事和12个副董事组成。67个成员中，日本、美国和中国三大股东国是单独选取区，各自派出自己的董事和副董事。亚洲开发银行设行长一名，负责主持董事会，管理其日常工作。行长是该行的合法代表，由理事会选举产生，任期5年，可连任。另外，亚洲开发银行还在阿拉木图、科伦坡、达卡、河内、伊斯兰堡、雅加达、东京、华盛顿等设立代表处，协助总部工作。

亚洲开发银行的资金来源包括普通资金、开发基金、技术援助特别基金、日本特别基金、联合融资和日本扶贫基金。日本和美国是亚洲开发银行最大的出资国，共同主导亚洲开发银行。无论是世界银行还是亚洲开发银行，要获得贷款，都要在政府透明度、意识形态等方面通过考核，还有环保、雇佣、招投标等方面的多种要求。各种考核动辄需要一两年，不但耗费大量人力、物力、财力，更有可能延误时机。除了条件苛刻、效率不高之外，更大的问题还是这些金融机构根本无法满足需求。

我国于1986年加入亚洲开发银行，从1994年起，我国成为最大的年度借款国，亚洲开发银行给予我国贷款全部为硬贷款。1998年，亚洲开发银行第一次向我国提供纯技术援助，用于黑龙江、吉林的水灾后重建工作，还提供770万美元，用于帮助中国制定咨询行业政策和法规框架。2000年6月16日，亚洲开发银行驻中国代表处在北京成立。2008年8月，亚洲开发银行董事会任命中国进出口银行副行长赵晓宇为亚洲开发银行副行长。我国利用亚洲开发银行贷款实施的项目中，主要包括：京九铁路、上海苏州河治理、北京环保，黄河防洪治理、大湄公河次区域经济合作、中国参与的中亚区域经济合作以及与蒙古共和国的经济合作、中国的西部大开发(包括西部重要的交通枢纽建设、节能减排项目开发)和开展有关解决土地退化问题的项目等。2015年12月11日亚洲开发银行已批准向我国提供一笔总额为3亿美元的政策性贷款(PBL),帮助我国解决长期困扰首都北京及周边地区的空气污染问题,这是亚洲开发银行首次向我国提供政策性贷款。

(二)非洲开发银行

非洲开发银行是非洲国家政府创办的,也是非洲最大的区域性国际金融机构,成立于1964年9月,1966年7月正式营业,总行设在科特迪瓦的经济中心阿比让。非洲开发银行的成立宗旨是为成员国提供资金进行各种开发性贷款和技术援助,促进非洲的社会及经济发展,截至目前,非洲开发银行有77个成员国,非洲53个国家全部为成员,此外,还有包括中国在内的区外成员24个。

非洲开发银行的最高决策机构为理事会,由各成员国委派理事和副理事各一名,其人选一般为成员国的财政和经济部长充任,通常每年举行一次会议,讨论制定银行的业务方针和政策,处理银行的日常业务。董事会由理事会选举产生,是银行的执行机构,负责制定非洲开发银行各项业务政策。理事会年会负责选举行长和秘书长。

非洲开发银行的资金主要来自成员国的认缴,分为普通资金和特别资金。普通资金来源有资本认缴额、自筹资金、还款资金、经营收入和其他收入。特别资金来源有捐赠和受托管理资金、专款筹措资金,成员国货币贷款和其他资金来源。非洲开发银行的资金运用主要是提供普通贷款和特别贷款,帮助成员国发展农业、工业、公用事业以及交通运输项目。普通贷款业务包括用该行普通资本基金提供的贷款和担保贷款业务;特别贷款业务是用该行的"特别基金"开展的专项的贷款业务,无利息,期限最长可达50年,主要用于大型工程项目建设。

我国于1985年5月加入非洲开发银行,截至2006年年底,我国在非洲开发银行持股24 230股,占总股份的1.117%,积极参与非洲开发银行业务活动与决策,扩大了我国在非洲地区的政治与经济影响。1996年,我国与非洲开发银行签订了200万美元的双边技术合作协定。2003年10月,中国人民银行与非洲开发银行联合在北京举办了中非"经济改革与发展战略高级研讨会"。2006年5月,非洲开发银行理事会年会正式通过于2007年5月16~17日在上海举办2007年年会的决议。2014年,中国人民银行与非洲开发银行签署了20亿美元的"非洲共同增长基金"融资合作协议,由中方出资,面向全非洲提供融资,由非洲开发银行推荐基础设施建设项目。2016年3月29日上午国务院副总理马凯在中南海紫光阁会见非洲开发银行行长阿德西纳,双方就深化双边合作等问题交换了意见。

(三)泛美开发银行

泛美开发银行主要由美洲国家组成,向拉丁美洲国家提供信贷资金的区域性国际金融机构。1960年正式营业,总行设在华盛顿。其宗旨是筹集美洲内外资金,为拉美成员国的经济和社会发展提供项目贷款和技术援助,促进拉美经济的发展和"泛美体制"的实现。

泛美开发银行的最高权力机构是理事会,人选一般由成员国财政部长或中央银行行长充任,董事会讨论银行的重大方针政策问题,每年开会一次。执行理事会是执行机构,负责领导银行的日常业务工作。银行行长也是执行理事会主席,任期5年。银行董事会和执行理事会的投票权分为两种：一是基本投票权，各成员国平均分配；二是按认缴资本额分配。美国认缴资本最多，投票权也最多，其次是阿根廷和巴西。

泛美开发银行的资金来源主要是成员国认缴的股本和借款，另外，还包括该行的净收入以及特别业务基金。泛行的资金主要应用于成员国的项目贷款，贷款期限一般为10～25年。特别业务基金主要用于成员国长期、低息的项目贷款，贷款期限一般为20～40年，利率较低。

(四) 欧洲投资银行

欧洲投资银行是欧洲经济共同体成员国合资经营的金融机构，成立于1958年，总行设在卢森堡。该行的宗旨是利用国际资本市场和共同体内部资金，促进共同体的平衡和稳定发展。欧洲投资银行是股份制的企业性质的金融机构，最高权力机构是董事会，由成员国财政部长组成，董事长由各成员国轮流担任，负责制定银行日常业务的经营方针，理事会负责主要业务的决策工作，管理委员会负责主持银行日常业务，审查委员会负责审查该行的业务情况。

欧洲投资银行的资金来源主要由成员国分摊认缴的股本金，通过发行债券在国际金融市场上筹资的资金，还有成员国提供的特别贷款。资金运用主要是向成员国不发达地区的经济开发项目提供贷款资金援助，还有运用法定资本和借入资金办理的普通贷款，主要是向共同体成员国的私人企业发放，以及向共同体以外的国家和地区提供的低利息或零利息特别贷款。

(五) 国际清算银行

国际清算银行是根据1930年1月20日在荷兰海牙签订的海牙国际协定，由英、法、德、意、比、日六国的中央银行与代表美国银行界利益的摩根银行、纽约和芝加哥的花旗银行组成的三大银团共同联合创立，总部设在瑞士巴塞尔。股东大会是最高权力机构，董事会处理该行的日常业务，董事会下设银行部、货币经济部、秘书处和法律处。

国际清算银行成立之初的宗旨是，处理第一次世界大战后德国赔款的支付和解决对德国的国际清算问题。此后，国际清算银行作为国际货币基金组织和世界银行的附属机构，其宗旨也转变为充当国际清算的代理人或受托人，促进各国中央银行间的合作，为国际金融业务提供方便。

国际清算银行成立的资金来源主要是会员国缴纳的股金和向各中央银行的借款以及客户的存款。国际清算银行成立的业务活动主要体现在办理国际结算业务，各种银行业务，买卖黄金、外汇和债券，办理黄金存款，对国际货币金融方面的重要问题发表建议。

中国人民银行于1984年同国际清算银行建立业务关系，每年派代表团参加该行年会。中国人民银行于1996年11月正式加入国际清算银行，中国人民银行是该行亚洲顾问委员会的成员，周小川行长担任该委员会主席。我国认缴了3000股的股本，实缴金额为3879万美元。2005年6月1日，经追加购买，我国共有该行4285股的股本。2006年7月，中国人民银行周小川行长出任国际清算银行董事。

(六) 亚洲基础设施投资银行

亚洲基础设施投资银行简称亚投行，总部设在北京，法定资本1000亿美元，是一个政府间性质的亚洲区域多边开发机构，重点支持基础设施建设。2013年10月2日，中华人民共和国主席习近平在雅加达同印度尼西亚总统苏西洛举行会谈，习近平倡议筹建亚洲基础设施投资银行，促进本地区互联互通建设和经济一体化进程，向包括东盟国家在内的本地区发展中国家基础设施建设提供资金支持。新的亚洲基础设施投资银行将同域外现有多边开发银行合作，相互补充，共同促进亚洲经济持续稳定发展。苏西洛对中方倡议筹建亚洲基础设施投资银行作出了积极回应。同月，中华人民共和国国务院总理李克强出访东南亚时，紧接着再向东南亚国家提出筹建亚洲基础设施投资银行的倡议。

亚洲基础设施投资银行的宗旨是援助亚太地区国家的基础设施建设，为亚洲各国的基础设施项目提供融资支持，包括贷款、股权投资以及提供担保等，以振兴包括交通、能源、电信、农业和城市发展在内的各个行业投资。亚洲基础设施投资银行成立后的第一个目标就是投入"丝绸之路经济带"的建设。

我国是亚洲基础设施投资银行第一大股东，这标志着全球迎来首个由中国倡议设立的多边金融机构，在国际经济治理体系改革进程中具有里程碑意义。截至2015年4月15日，亚洲基础设施投资银行意向创始成员国包括中国、印度、新加坡等在内的57个国家。亚洲基础设施投资银行的投票权实际上分为两个部分：一部分是亚洲区域内国家和地区所占有的75%，另一部分是区域外非亚洲国家和地区占有的25%。亚洲区域内国家和地区的投票权将通过GDP、人口等一系列指标来决定。这与世界银行、亚洲开发银行根据出资占股比例决定投票权截然不同。

亚洲基础设施投资银行的成立为我国"一带一路"建设提供金融服务，亚洲基础设施投资银行的成立争取了很多外部融资，除政府的资金、商业银行，还有其他金融机构融资，如世界银行、亚洲开发银行、欧洲投资银行等，众人拾柴火焰高，多渠道的项目融资在亚太地区互联互通，助推人民币国际化，加快促进了"一带一路"的建设步伐，同时推动亚洲基础设施投资银行在国际融资体系当中的国际地位。

第四节　我国的金融机构体系

一、我国金融机构体系的发展历史

(一)1979年以前"大一统"模式的金融机构体系

1953年，我国开始实施第一个五年计划，全国都采用计划经济管理模式，开始对金融体制进行改革，中国人民银行体系是一个高度集中的、以行政管理办法为主的单一国家银行体系，简称"大一统"的银行体系。全国只有中国人民银行一家银行，它既拥有货币发行权，又负责管理全国金融事务，集工商信贷、储蓄存款、农村金融、转账结算和现金出纳等具体业务为一体。在当时的计划经济发展体制下发挥了一定的积极作用，加强中央对地方宏观控制，但是不利于调动地方各级银行的积极性。

(二)1979年以来变革与发展中的金融机构体系

1979年中国银行作为外汇专业银行，从中国人民银行中分列出来，负责管理外汇资金并经营对外金融业务；1979年中国农业银行从中国人民银行中分列出来，负责管理和经营农业资金；1980年中国人民建设银行从财政部分设出来，最初专门负责管理基本建设资金，1983年开始经营一般银行业务，1996年3月26日更名为中国建设银行。我国的金融机构体系形成了四大银行并存的局面，它们各有分工：中国人民银行主要承办城市工商企业存贷结算业务，中国农业银行主要承办农村存贷结算业务，中国银行主要承办外汇存贷结算业务，中国建设银行主要承办基本建设存贷结算业务。

1983年9月，中国工商银行承办中国人民银行的工商信贷和储蓄业务。1987年成立了交通银行——我国的第一家商业银行，以后又建立了10多家商业银行。20世纪90年代初，又建立了多家政策性银行，非银行金融机构也发展迅猛。1984年起，我国形成了中央银行和专业银行的二元银行体制。上海和深圳两个证券交易所成立。证券委和中国证监会成立，负责原人民银行的证券业监管职能，保险监督管理委员会成立，负责原人民银行的保险业监管职能。2003年，银监会成立，从此，形成了银监会、证监会和保监会的金融分工监管体制。自1979年第一家外资银行机构——日本输出入银行在北京开设办事机构以来，境外金融机构从特区向沿海大中城市和内地大中城市扩散，同时，我国金融机构在境外设立的分支机构数量也不断增加。

(三)1990年之后的互联网金融

互联网金融(ITFIN)就是互联网技术和金融功能的有机结合，依托大数据和云计算在开放的互联网平台上形成的功能化金融业态及其服务体系，包括基于网络平台的金融市场体系、金融服务体系、金融组织体系、金融产品体系以及互联网金融监管体系等，并具有普惠金融、平台金融、信息金融和碎片金融等相异于传统金融的金融模式，呈现出成本低、效率高、覆盖广、发展快、管理弱和风险大的特征。

我国互联网金融发展历程要远短于美欧等发达经济体。我国互联网金融大致可以分为三个发展阶段：第一个阶段是1990—2005年的传统金融行业互联网化阶段；第二个阶段是2005—2011年前后的第三方支付蓬勃发展阶段；而第三个阶段是2011年以来至今的互联网实质性金融业务发展阶段。在互联网金融发展的过程中，国内互联网金融呈现出多种多样的业务模式和运行机制。

当前的互联网+金融格局由传统金融机构和非金融机构组成。传统金融机构主要为传统金融业务的互联网创新以及电商化创新、APP软件等；非金融机构则主要是指利用互联网技术进行金融运作的电商企业、(P2P)模式的网络借贷平台、众筹模式的网络投资平台、挖财类(模式)的手机理财APP(理财宝类)以及第三方支付平台等。

互联网金融的发展模式主要表现为众筹、P2P网贷、第三方支付、数字货币和大数据金融等。

众筹大意为大众筹资或群众筹资，是指用团购预购的形式，向网友募集项目资金的模式。众筹的本意是利用互联网和SNS传播的特性，让创业企业、艺术家或个人对公众展示他们的创意及项目，争取大家的关注和支持，进而获得所需要的资金援助。众筹平台的运作模式大同小异——需要资金的个人或团队将项目策划交给众筹平台，经过相关审核后，便可以在平台的网站上建立属于自己的页面，用来向公众介绍项目情况。

P2P(Peer-to-Peer lending)，即点对点信贷。P2P网贷是指通过第三方互联网平台进行资金借、贷双方的匹配，需要借贷的人群可以通过网站平台寻找到有出借能力并且愿意基于一定条件出借的人群，帮助贷款人通过和其他贷款人一起分担一笔借款额度来分散风险，也帮助借款人在充分比较的信息中选择有吸引力的利率条件。

第三方支付是指具备一定实力和信誉保障的独立机构，采用与各大银行签约的方式，提供与银行支付结算系统接口的交易支持平台的网络支付模式。在第三方支付模式，买方选购商品后，使用第三方平台提供的账户进行货款支付(支付给第三方)，并由第三方通知卖家货款到账、要求发货；买方收到货物，检验货物，并且进行确认后，再通知第三方付款；第三方再将款项转至卖家账户。第三方支付已不仅仅局限于最初的互联网支付，而是更为丰富的综合支付工具。

以比特币等数字货币为代表的互联网货币爆发，从某种意义上来说，比其他任何互联网金融形式都更具颠覆性。在2013年8月19日，德国政府正式承认比特币的合法"货币"地位，比特币可用于缴税和其他合法用途，德国也成为全球首个认可比特币的国家。这意味着比特币开始逐渐"洗白"，从极客的玩物走入大众的视线。也许，它能够催生出真正的互联网金融帝国。

大数据金融是指集合海量非结构化数据，信息处理往往以云计算为基础，通过对其进行实时分析，可以为互联网金融机构提供客户全方位信息，通过分析和挖掘客户的交易和消费信息掌握客户的消费习惯，并准确地预测客户行为，使金融机构和金融服务平台在营销和风险控制方面做到有的放矢。

二、我国现行的金融机构体系

【知识拓展5-3】我国的金融机构体系
MOOC网址：http://www.ehuixue.cn/View.aspx?cid=495

我国现行的金融机构体系是由中国人民银行、中国证券监督管理委员会、中国银行保险监督管理委员会作为最高金融管理机构，对各类金融机构在金融业分业经营的条件下实行分业监管，具体构成是：各类商业银行；政策性银行；保险公司；证券公司；信用合作机构；信托投资公司；金融租赁公司等。

(一)金融监督管理机构

1. 中国人民银行

中国人民银行是我国的中央银行，是专门制定和实施货币政策、统一管理金融活动并代表政府协调对外金融关系的金融管理机构。在现代金融体系中，中央银行处于核心地位，是一国最重要的金融管理当局和宏观经济调控部门。中央银行是特殊的银行，在一国的经济和金融运行中发挥着"发行的银行""银行的银行"和"国家的银行"职能。

2. 中国证券监督管理委员会

1992年10月，国务院证券委员会和中国证券监督管理委员会成立。1998年4月，根据国务院机构改革方案，决定将国务院证券委员会与中国证监会合并组成国务院直属正部级事业单位。中国证监会是我国证券业的监管机构，根据国务院授权，中国证监会依法对证券、期货业实施监督管理。

3. 中国银行保险监督管理委员会

中国银行保险监督管理委员会，简称中国银保监会或银保监会，成立于2018年，是国务院直属事业单位，其主要职责是依照法律法规统一监督管理银行业和保险业，维护银行业和保险业合法、稳健运行，防范和化解金融风险，保护金融消费者合法权益，维护金融稳定。

(二)商业银行体系

在我国的金融机构体系中，银行业一直占据着主要地位，商业银行业是我国金融业的主体，以银行信贷为主的间接融资在社会总融资中占主导地位，因此，建设一个稳健而富有活力的商业银行体系对于我国具有重要的意义。

1. 国有控股大型商业银行

国有控股大型商业银行包括中国工商银行、中国银行、中国建设银行、中国农业银行和交通银行。其中，前四家银行是由原来的国家专业银行转化而来，1995年《中华人民共和国商业银行法》颁布实施后称为国有独资商业银行，2003年起陆续进行了股份制改造，借助资本市场的力量，通过财务重组和增资扩股改善财务状况，建立并陆续完善了公司治理结构。目前，这五家国有商业银行均经营全面的银行业务，均进入世界500家大银行的前100位。

2. 股份制商业银行

目前，我国股份制商业银行有12家，即中信银行、光大银行、华夏银行、广东发展银行、深圳发展银行、招商银行、上海浦东发展银行、兴业银行、民生银行、恒丰银行、浙商银行和渤海银行。这些银行成立之初就采取了股份制的企业组织形式，股本金来源除了国家投资外，还包括境内外企业法人投资和社会公众投资。

3. 城市商业银行

城市商业银行是中国银行业的重要组成和特殊群体，其前身是20世纪80年代设立的城市信用社，当时的业务定位是：为中小企业提供金融支持，为地方经济搭桥铺路。从20世纪80年代初到20世纪90年代，全国各地的城市信用社发展到了5000多家。然而，随着中国金融事业的发展，城市信用社在发展过程中逐渐暴露出许多风险管理方面的问题。截至2012年11月，全国共有城市商业银行138家。

4. 农村商业银行和村镇银行

随着农村金融体制改革的不断深化和农村经济发展的需要，经中国人民银行批准，2001年11月，在农村信用社基础上改制组建的首批股份制农村商业银行在江苏省的张家港、常熟、江阴成立，之后陆续在全国推广，到2011年年底，全国共有212家农村商业银行。2006年，为增加农村金融供给，我国又开始在农村地区设立主要为当地农民、农业和农村经济发展提供金融服务的村镇银行，目前全国共有892家。

5. 外资商业银行

改革开放以后，我国允许外资银行有限制地进入，从1981年我国引进第一家外资银行，截至 2012 年年底，有 249 个国家和地区的银行在华设立了 42 家外资法人机构、95 家外国银行分行和 197 家代表处；外资银行在我国多个省(市、区)的城市设立了机构，初步形成具有一定覆盖面和市场深度的总分、支行服务网络。

(三)政策性银行体系

政策性银行是指由政府发起或出资建立，按照国家宏观政策要求在限定的业务领域从事银行业务的政策性金融机构。政策性银行的业务经营目标是配合并服务于政府的产业政策和经济社会发展规划，不以营利为目标，不与商业银行争利。目前，银监会在统计口径中将中国进出口银行、中国农业发展银行列入政策性银行，将国家开发银行与政策性银行并列统计。

(四)信用合作机构

信用合作机构是一种群众性合作制金融组织，典型的组织形式是城市信用合作社和农村信用合作社。城市信用合作社是在城市中按一定社区范围，由城市居民和法人集资入股建立的合作金融组织；农村信用社是由农民或农村的其他个人集资联合组成，以互助为主要宗旨的合作金融组织。信用合作社的本质特征是：由社员入股组成，实行民主管理(即各级合作社的方针和重大事项由社员参与决定，实行"一人一票"制)，主要为社员提供信用服务。

(五)金融资产管理公司

金融资产管理公司是在特定时期，政府为解决银行业不良资产，由政府出资专门收购和集中处置银行业不良资产的机构。金融资产管理公司以最大限度保全被剥离资产、尽可能减少资产处置过程中的损失为主要经营目标。

1999 年，我国成立了四家金融资产管理公司，即中国华融资产管理公司、中国长城资产管理公司、中国东方资产管理公司和中国信达资产管理公司，分别接收从中国工商银行、中国农业银行、中国银行、中国建设银行剥离出来的不良资产。

(六)信托投资公司

"受人之托，代人理财"是信托的基本特征。信托以信任为基础，在此基础上，委托人将其财产权委托给受托人，受托人按委托人的意愿，为受益人的利益或者特定目的对信托财产进行管理或者处分，因此，信托的实质是一种财产管理制度。信托投资公司是以受托人身份专门从事信托业务的金融机构，其基本职能是接受客户委托，代客户管理、经营、处置财产。

(七)财务公司

我国的财务公司是由大型企业集团成员单位出资组建，以加强企业集团资金集中管理和提高企业集团资金使用效率为目的，为企业集团成员单位提供财务管理服务的非银行金融机构。

(八)金融租赁公司

金融租赁公司是以经营融资租赁业务为其主要业务的非银行金融机构。所谓融资租赁业务，是指出租人根据承租人对租赁物和供货人的选择或认可，将其从供货人处取得的租赁物按合同约定出租给承租人占有、使用，向承租人收取租金的交易活动。适用于融资租赁交易的租赁物为固定资产。

(九)汽车金融公司

汽车金融公司是在我国加入世界贸易组织后，为履行开放汽车消费信贷的承诺而新设立的一类非银行金融机构。也就是说，汽车金融公司的主要职能是提供汽车消费信贷及其他与汽车相关的金融服务。

(十)证券机构

在一国的资本市场中，活跃着许多种为证券投资活动服务的金融机构，如证券交易所、证券登记结算公司、证券公司、证券投资咨询公司、投资基金管理公司等。不同的机构在证券投资活动中扮演着不同的角色，从事着不同的业务，发挥着不同的作用。

(十一)保险公司

保险公司是收取保费并承担风险补偿责任，拥有专业化风险管理技术的金融机构组织。保险公司是金融机构的一个重要组成部分。当今在西方发达国家中，几乎是无人不保险、无物不保险、无事不保险。因此，各式各样的保险机构应运而生，如财产保险公司、人寿保险公司、火灾及事故保险公司、老年和伤残保险公司、信贷保险公司、存款保险公司等，保险机构十分健全。

本 章 小 结

金融机构是指经营货币信用业务，从事各种金融活动的组织机构，它充当信用中介人，可以通过自身的信用吸引分散、小额的货币资金，还可以满足资金融资和运作的效益和效率，降低成本和提高安全性。金融机构体系一般由中央银行、商业银行、专业银行和政策性银行四种类型银行构成。中央银行是国家的金融管理机构，是一个国家金融体系的核心和最高管理机关，是现代各国金融系统的核心，它不以营利为目的，享有发行货币的权利和其他种种特权，负责制定和执行国家货币政策。中央银行是货币发行的银行、银行的银行和政府的银行。它独占货币发行权，直接影响着整个社会的信贷规模和货币供给总量；只与商业银行和其他金融机构直接发生业务关系，而不同个人与工商企业来往，是商业银行的"最后贷款者"；是管理金融机构和金融市场的最高机构。

非银行金融机构与银行金融机构的典型区别在于：非银行金融机构的信用业务形式和业务活动范围不同。保险公司是销售保险合约、提供风险保障的非银行金融机构，保费收入除了扣除赔偿和业务开支外，剩余的款项形成一笔巨额资金可以进行长期投资，主要经营有价证券，保险公司的经营是"盈利"性的，当发生保险事故时，保险公司按照约定的赔款金额支付给对方。一部分保险客户因为保险事故而获取的保险赔款足以弥补他所缴纳的保险费,但是其他的,甚至更多的保险客户可能因为整个保险期间都没有发生保险事故而根本没有获得赔款。收入与支出之间的差额就成为保险公司的"承保赢利"。证券公司可以划分为证券经营公司和证券登记公司,其设立有严格的要求。信托投资公司,是根据委托者的意愿,以受托人的身份管理和运用资金及其他财产的金融机构,信托投资公司的业务活动范围相当广泛,几乎涉足所有金融领域的业务,表现出来的突出特征在于其投资性。信托投资公司、银行信贷和保险称为现代金融业的三大支柱。资产管理公司从事的是一种"受人之托,代人理财"的信托业务。财务公司是为企业技术改造、新产品开发及产品销售提供中长期金融业务为主的非银行机构,是大型产业集团内部的融资机构。融资租赁公司是指经批准以经营融资租赁业务为主的非银行融资机构。融资租赁与经营租赁有着本质的区别。信用合作社,是由社员自愿集资结合而成的互助合作性金融机构,规模一般不大,资金来源于合作社成员缴纳的股金和吸收的存款。

复习思考题

一、名词解释

金融机构　中央银行　商业银行　专业银行　政策性银行　国际货币基金组织　国际开发协会

二、简答题

1. 简述中央银行的具体职能。
2. 简述一国金融机构体系的构成。
3. 简述保险公司的具体业务范围。
4. 试论述如何完善我国的金融机构体系。

三、案例分析

一带一路

2013年9月和10月,中国国家主席习近平在出访中亚和东南亚国家期间,先后提出共建"丝绸之路经济带"和"21世纪海上丝绸之路"的重大倡议,得到国际社会高度关注。

丝绸之路经济带战略与21世纪海上丝绸之路经济带战略两者合称"一带一路"战略。丝绸之路经济带圈定:新疆、重庆、陕西、甘肃、宁夏、青海、内蒙古、黑龙江、吉林、辽宁、广西、云南、西藏13省(区、直辖市);21世纪海上丝绸之路圈定:上海、福建、广东、浙江、海南5省(直辖市)。

"一带一路"贯穿亚欧非大陆,一头是活跃的东亚经济圈,一头是发达的欧洲经济圈,中间广大腹地国家经济发展潜力巨大。丝绸之路经济带重点畅通中国经中亚、俄罗斯至欧洲(波罗的海);中国经中亚、西亚至波斯湾、地中海;中国至东南亚、南亚、印度洋。21世纪海上丝绸之路重点方向是从中国沿海港口过南海到印度洋,延伸至欧洲;从中国沿海港口过南海到南太平洋。"一带一路"沿线各国资源禀赋各异,经济互补性较强,彼此合作的潜力和空间很大。

政策沟通是重要保障，积极构建多层次政府间宏观政策沟通交流机制，深化利益融合，促进政治互信，达成合作新共识；基础设施互联互通是优先领域，沿线国家宜加强基础设施建设规划、技术标准体系的对接，共同推进国际骨干通道建设；投资贸易合作是重点内容，消除投资和贸易壁垒，构建营商环境，拓宽贸易领域，优化贸易结构；资金融通是重要支撑，推进亚洲货币稳定体系、投融资体系和信用体系建设，共同推进亚洲基础设施投资银行、金砖国家开发银行筹建，加强金融监管合作；民心相通是社会根基，传承和弘扬丝绸之路友好合作精神，广泛开展文化交流、学术往来、旅游合作、人才交流合作、媒体合作、青年和妇女交往、志愿者服务等。

经济区开放后，承包工程项目突破3000个。2015年，我国企业共对"一带一路"相关的49个国家进行了直接投资，投资额同比增长18.2%。2015年，我国承接"一带一路"相关国家服务外包合同金额178.3亿美元，执行金额121.5亿美元，同比分别增长42.6%和23.45%。

"一带一路"战略影响意义深远广阔。目标是要建立一个政治互信、经济融合、文化包容的利益共同体、命运共同体和责任共同体。"一带一路"是我国与丝路沿途国家分享优质产能，共商项目投资、共建基础设施、共享合作成果，探寻经济增长之道，实现全球化再平衡，开创地区新型合作。"丝绸之路经济带"，各国都是平等的参与者，本着自愿参与，协同推进的原则，发扬古丝绸之路兼容并包的精神。

问题：

(1) 简述"一带一路"战略会影响哪些金融机构。

(2) "一带一路"战略对这些金融机构会产生怎样的影响？

第六章

商业银行

【学习目标】

通过本章的学习,应重点理解现代商业银行的概念、性质、组织制度和发展趋势,主要业务种类;掌握商业银行的经营原则、商业银行经营管理理论的演变过程和商业银行经营管理的重点;熟悉商业银行信用创造的含义、前提、过程和主要影响因素。

【本章导读】

风险持续积累——商业银行难以承受之重

2016年年初,商业银行又成经济界的关注焦点,经济学家和市场人士普遍担心商业银行或将成为经济危机引爆点。2014年,地方政府债务被看成中国经济的最大威胁,本届政府就任伊始即开始清查地方债务,在清查完地方政府债务后,中央政府提出的解决方案是债务置换,即由商业银行购买地方政府债券定向置换之前的地方政府倒债券。

不仅是政府,市场机构也有依赖商业银行的思想。我国的金融产品,包括信托、债券和理财产品等几乎没有实质性违约,背后往往是银行注入了资金,承担本该由其他金融机构和投资者共同承担的损失,被广为诟病的刚性兑付,总能见到商业银行的影子。

商业银行是我国金融系统的薄弱环节,原因在于全社会把商业银行当作了风险缓解工具,从中央政府到地方政府,再到市场机构,整个社会都把银行当作经济风险的最后买单人。各领域一旦出现风险事件,首先想到的就是请商业银行出资缓解,最终经济风险积累于商业银行。

习总书记曾说:"改革开放只有进行时没有完成时。"这句话完全适用商业银行体系改革。本世纪初的商业银行股份制改革,核心逻辑在于把商业银行建成自主经营的市场主体。这一轮改革取得了巨大成效,但历史惯性是巨大的。商业银行改革必须继续下去,市场化导向必须继续下去,否则,我国经济还得付出高昂的代价。

(资料来源:新浪财经,http://finance.sina.com.cn/roll/2016-01-26/doc-ifxnurxn9976475.shtml)

问题: 结合商业银行的业务,分析商业银行在经营过程中存在哪些风险?

第一节 商业银行概述

一、商业银行的概念

关于商业银行的定义,长期以来经济学家及学者们对其有不同的解释。美国著名经济学家、诺贝尔奖获得者保罗·萨缪尔森(Paul Samuelson)认为,"商业银行是一种和其他企业非常相似的企业","是唯一能够提供银行货币的组织"。

中国台湾学者解宏实认为:"商业银行是以获得利润为目的,一方面收受存款负担债务,一方面实行贴放取得债权,是一种信用授受的金融机构。"

中国大陆学者认为:"商业银行是以经营工商业存放款为主要业务,并以利润为其主要经营目标的银行。"

我国《商业银行法》把商业银行定义为:"依法设立的吸收公众存款、发放贷款、办理结算业务的企业法人。"

概括地说,商业银行可定义为:是以获取利润为目的,以经营金融资产和负债业务为对象,综合性、多功能的金融中介机构。

商业银行是唯一能吸收活期存款,具有派生存款创造能力的特殊的金融企业。商业银行在传导中央银行调控指标方面发挥着重要作用,是金融机构体系的主体。

二、商业银行的性质、职能与组织制度

(一)商业银行的性质

1. 商业银行是企业

与一般企业一样，商业银行也以利润最大化作为自己的经营目标，利润最大化是其经营与发展的基本前提和内在动力。

2. 商业银行是一种特殊的企业

商业银行与一般企业相比，其特殊性表现在以下两个方面。第一，经营内容与一般企业不同。一般企业从事的是一般商品的生产和流通，而商业银行是以金融资产和金融负债为经营对象，从事包括货币支付、借贷以及各种与货币有关的金融服务。第二，资金来源与一般企业不同，从而导致商业银行对社会的影响，并进而导致国家对商业银行的管理也与一般企业不同。商业银行的自有资本很少，主要依靠存款等借入资金从事经营，所以，一般企业经营的好坏只影响到这个企业的股东和相关的当事人，而商业银行经营的好坏可能会影响到整个社会的稳定。因此，国家对商业银行的管理比对一般企业的管理要严格得多，管理的范围也要广泛得多。

3. 商业银行是一种特殊的金融企业

商业银行是一种特殊的金融企业，其特殊性表现在以下两个方面。第一，营利。与中央银行相比，商业银行面向工商企业、公众、政府以及其他金融机构，从事金融业务的主要目的是营利。而中央银行作为只向政府和金融机构提供服务的具有银行特征的政府机关，具有创造基础货币的功能，从事金融业务的目的不是为了营利。第二，"金融百货公司"。与其他金融机构相比，商业银行的业务范围要广泛得多，可以提供所有的金融服务，并因此素有"金融百货公司"之称。而政策性银行、保险公司、证券公司、信托公司等都只提供一个方面或几个方面的金融服务。

(二)商业银行的职能

商业银行的职能是由它的性质所决定的。商业银行作为金融企业，具有以下几个方面的特定职能。

1. 信用中介职能

信用中介职能的实质是商业银行通过负债业务，在借贷之间充当中间人的角色，即商业银行运用信用方式将社会上各种闲散的资金集中起来，然后依据一定的原则，运用信用方式将这些资金再投向国民经济的各个部门和企业单位，满足经济发展对资金的各种需求。这是商业银行最基本，也是最能反映其经营活动特征的职能。

2. 支付中介

支付中介是指商业银行在办理负债业务的基础上，通过代理客户支付贷款和费用、兑付现金等，逐渐成为工商企业、社会团体和个人的货币保管人、出纳人和支付代理人。从商业银行的生产过程可知，支付中介职能在逻辑上先于信用中介职能，因而也是商业银行

最基本的职能之一。

3. 信用创造

在信用中介和支付中介职能的基础上，客观上又使商业银行具备了信用创造的职能。当一家商业银行吸引到一笔存款，按规定缴纳存款准备金后，可以把剩余的资金作为贷款贷给客户。客户收到贷款后，可能没有完全取走，在此情况下，它会成为银行新的资金来源，银行又可据此发放贷款。如果客户以转账形式支取，它又会成为另一家银行的资金来源，另一家银行扣除存款准备金后，再把剩余款项重新贷给客户。如此继续下去，最后在整个银行体系中就会形成数倍于原始存款的派生存款。在不断地创造派生存款的过程中，商业银行发挥着信用创造的能力。

4. 提供金融服务

各商业银行之间越来越激烈的业务竞争压力，促使商业银行不断地开拓服务领域。同时，随着工商企业业务经营环境的日益复杂化，企业也有这方面的需求。商业银行由于其联系面广、信息灵通，特别是电子计算机在银行业务中的广泛应用，使其具备了为客户提供多种金融服务的条件。商业银行为客户提供的金融服务种类繁多，且不断创新。

(三)商业银行的组织制度

商业银行的组织制度，是指商业银行在社会经济活动中的存在形式，它是银行制度的重要组成部分。随着经济的发展和竞争的需要，现代商业银行已逐渐形成几种具有代表性的银行组织制度。目前，各国商业银行的组织制度主要有单一银行制、分支行制、银行控股公司制、连锁银行制以及跨国银行制。

1. 单一银行制

单一银行制，也称独家银行制，是指仅设立总行，不设立分支机构，其业务完全由总行经营的银行组织制度。这种制度在美国非常普遍。但随着经济的发展和地区经济联系的加强，以及金融业竞争的加剧，美国许多州对银行设立分支机构的限制正在逐步放宽。

单一银行制的优点主要表现为：①限制银行业的吞并垄断，有利于自由竞争；②银行的独立自主性强，其主要经营较为灵活；③有利于银行与政府协调，适合本地区需要，集中全力为本地区服务；④管理层次少，易于内部各部门间的协调，提高工作效率。

单一银行制的缺点则主要表现为：①银行不设立分支机构，与现代经济的横向发展和商品交换范围的不断扩大存在着矛盾。②一定程度上限制银行的发展。银行规模较小，不易取得规模经济效益，采用最新技术的单位成本较高，从而不利于银行采用最新的管理手段和工具，使业务发展和创新活动受到限制。③风险较高。资金来源较窄，银行业务多集中于某一地区、某一行业，容易受到经济波动的影响，风险集中。而单一银行又恰恰资金实力较弱，难以有效地抵抗风险。所以，整体风险较高。

【专栏 6-1】

美国的单一制银行

单一银行制度的典型代表是 20 世纪末以前的美国。美国的商业银行包括在联邦当局注册的国民银行和在州政府注册的州银行。国民银行的数量为美国商业银行总数的1/3，而其资产则占商业银行总资产的60%，其分支机构为商业银行机构的53%。美国联邦银行与州银行制度的二重性银行制度，反映了美国政治结构中的制衡与分权的特征，也反映了各州政府在经济管理活动中的作用。1994年以前，美国各州政府具有自行决定在本州注册的银行能否设置分支机构的权力。很多州政府为保护本地信贷资源、防止资金外流、支持本地经济建设，都禁止大都市的商业银行在其境内设分支机构。其结果使其单一银行制的经营规模远低于全美国银行业的平均水平，经营成本明显高于分支银行。单一银行在金融产业的竞争中处于劣势，倒闭的比例远高于分支银行。第二次世界大战以后，美国对商业银行设立跨州分支机构的限制有一个逐渐放松的过程。到1993年年底，共有39个州及哥伦比亚特区允许商业银行无条件地在其境内开设分行，1994年美国国会通过立法，允许商业银行跨州建立分支机构，从而结束了对银行经营的地域限制。1997年5月21日，美国财政部长鲁宾代表代表克林顿政府向国会提出取消银行、证券和保险混业经营限制金融体制改革的建议。1999年11月4日，美国参议院通过了《金融服务现代化法案》，分业经营限制的突破不仅把美国的金融业带进了一个新时代，而且为分支银行的发展带来了机遇。

(资料来源：新京报)

2. 分支行制

分支行制，又称总分行制，是指在大都市设立总行的同时，在全国各地甚至世界各地普遍设立分支行的银行组织制度。目前，世界上大多数国家都实行分支行制，我国也是如此。

实行分支行制的优点主要表现为：①分支机构多、分布广、业务分散，有利于银行取得规模经营效益，降低单位成本，进而易于采取现代化管理手段和设备，提供方便快捷的金融服务，提高服务质量，加速资金周转；也有利于银行通过调剂资金转移、分散和降低风险，提高银行的安全性。②总行数量少，便于金融当局的宏观调控和管理。③分支行受总行统一领导，业务经营受地方政府行政干预小。

当然，分支行制也存在一些缺点主要表现为：①容易造成大银行对小银行的吞并，形成垄断局面，妨碍公平竞争，进而可能导致经营效率下降；②由于规模大，内部层次、机构多，会增加银行自身的管理难度。

3. 银行控股公司制

银行控股公司制，又称集团银行制，是由一个集团成立控股公司，再由该公司收购控制两家以上的独立银行。在法律上，被控股银行之间是相互独立的，但其业务与经营政策归同一家股权公司控制。银行控股公司制有非银行性持股公司和银行性持股公司两种类型。前者是通过企业集团控制某一银行的主要股份组织起来的；而后者是由大银行直接购买若干小银行的股份，组成大的银行集团，控股公司对银行的有效控制权表现在拥有该银行25%及以上的股票权。

银行控股公司制的优点表现为：①使银行能更便利地从资本市场筹集资金，并通过关联交易获得税收上的好处，能够有效地扩大资本总量，增加银行实力，提高抵御风险和参与市场竞争的能力；②银行的资金使用、新技术采用及信息资源利用都由母公司在全球范围内统一掌握、统一管理，可以更高效地配置资源，降低成本。

实行银行控股公司制的缺点是容易形成银行业的集中和垄断，不利于银行之间开展竞争，并在一定程度上限制了银行经营的自主性，不利于银行创新活动的广泛开展。

4．连锁银行制

连锁银行制不需要成立股份公司，而是由某一个人或集团购买若干家独立银行的多数股份，控制这些银行的经营决策。由于受个人或某一集团控制，不易获得银行所需的大量资本，因此，许多连锁制银行经营相继转为银行分支机构或组成控股公司。

5．跨国银行制

跨国银行制，又称国际财团制，是指由不同国家的大型商业银行合资组建银行财团的一种商业银行组织形式。跨国银行制的商业银行经营国际资金存贷业务，开展大规模投资活动。目前，在经济金融全球化和跨国公司大发展的背景下，跨国银行制这种组织形式也日益增多。

三、商业银行的发展趋势

随着经济全球化浪潮的到来，以及以信息技术为核心的现代高科技的迅猛发展，现代商业银行的发展呈现出以下趋势。

1．求大——资本集中化的趋势，经济美学理念的改变，从"小即是美"到"大即是美"

在现代市场上，公司、企业和机构只有大到一定规模才有发言权、才有更好的经济效益。对于经济主体而言，"大"是求胜的基本条件，也是能够生存下去的基本要求。商业银行作为一类商业性机构和企业，也是如此。因此，在商业银行的发展进程中，不断呈现出资本集中化的趋势，主要表现为国际银行业并购的个案层出不穷，从美国、瑞士、日本到世界各地，都出现了大量的银行并购案。

2．求全——银行全能化、业务全能化，无所不能为、无所不去为，金融业的界限模糊，你中有我、我中有你

从20世纪70年代开始，由于金融竞争十分激烈，金融工具不断创新，金融管理制度逐渐放宽，商业银行逐渐突破了与其他商业银行分工的界限，逐步全方位、全能化地发展银行业务。

现如今的商业银行是名副其实的"金融百货公司"，不仅可以从事传统的存款、贷款、结算和货币兑换等商业银行业务，还可以进行各种各样的创新业务，扩大市场份额，降低金融风险；从事证券包销、证券经济、资产管理、财务顾问、企业并购策划等经典的投资银行业务；经营各种基金、信托、保险代理等各种非银行的金融业务；还可以为普通工商企业提供各种类似采购、销售甚至是计算机系统建设服务之类的经济业务；从事一些诸如社会保障、助残等社会工作。

3．求广——全球化与国际化，商业银行活动地域的扩张

商业银行的全球化与国际化趋势既是世界经济一体化的直接结果，也是世界经济一体化的直接推动力。据统计，目前全球共有4万多家跨国公司，其海外子公司多达17万家，这些跨国公司的生产占全球国民生产总值的1/3，其贸易量占全球贸易量的2/3，全球70%

的投资都掌握在他们的手中。经济的全球化必然导致国际资本流动的全球化,银行的全球化和国际化也就成为必然趋势。

4. 求新——金融创新的不断发展

随着西方国家经济形势、金融形势的不断变化,导致了西方国家的金融业普遍进行了金融工具、金融业务、金融市场、金融银行以及金融管制方面的结构性变革,一般将这种活动称为"金融创新"。

5. 求快——商业银行电子化、网络化,"新经济"在银行领域的典型表现

顺应网络和通信技术的迅猛发展,金融电子化潮流在短短十几年间席卷全球,网络银行正日益成为全球金融市场一种崭新的银行经营交易方式,引导着银行业迈上崭新的制度变迁之路。银行的组织结构、经营理念、运作模式、服务方式、企业文化以及业务流程都在发生重大变革,银行电子化、综合化、全能化、虚拟化的趋势逐步加强。

【专栏 6-2】

网络银行的优势

网络银行,又称网上银行或在线银行,是指一种以信息技术和互联网技术为依托,通过互联网平台向用户开展和提供开户、销户、查询、对账、行内转账、跨行转账、信贷、网上证券、投资理财等各种金融服务的新型银行机构与服务形式,是客户可以足不出户就能够安全、便捷地管理活期和定期存款、支票、信用卡以及个人投资等业务。可以说,网上银行是在互联网上的虚拟银行柜台。网络银行有两种形式:一是传统的商业银行开办网络银行业务;二是新出现了一批纯粹的网络银行。

与传统银行业相比,网络银行业务有许多优势,具体表现在以下几个方面:一是大大降低了银行的经营成本,有效提高了银行的盈利能力。二是无时空限制,有利于扩大客户群体。网络银行业务打破了传统银行业务的地域、时间限制,具有3A特点,即能够在任何时候(anytime)、任何地方(anywhere)以及任何方式(anyhow)为客户提供金融服务,这既有利于吸引和保留优质客户,又能主动扩大客户群,开辟新的利润来源。三是有利于服务创新,向客户提供多种类、个性化服务。利用互联网技术和银行支付系统,容易满足客户咨询、购买和交易多种金融产品的需要,客户除办理银行业务外,还可以很方便地进行网上买卖股票债券等,网上银行能够为客户提供更加合适的个性化金融服务。

(资料来源:南方企业新闻)

第二节 商业银行的负债业务和资产业务

【知识拓展 6-1】走进商业银行的业务空间
MOOC 网址:安徽省网络课程学习中心 http://www.ehuixue.cn/View.aspx?cid=495

一、商业银行的负债业务

商业银行的负债业务是形成商业银行资金来源的业务。该业务的开展,不仅决定着商

业银行资产业务以及中间业务的开展,而且决定着商业银行与社会公众之间的密切联系。因此,负债业务是商业银行最基础、最主要的业务。从广义的角度看,商业银行的负债业务包括资本金、存款和借款三项业务。三项业务的大概份额如图 6-1 所示。

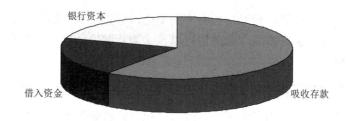

图 6-1 商业银行资金来源

(一)商业银行资本金

1. 商业银行资本金的概念

商业银行是经营货币信用业务的特殊企业,与其他企业一样,需要一定数量的资本金作为商业银行业务经营与管理的基础。国际上通常把银行资本金定义为银行股东为赚取利润而投入银行的货币和保留在银行中的收益。资本金代表投资者对商业银行的所有权,商业银行设立和开展业务的先决条件是银行承担经营风险,是客户存款免受偶然损失的保障。

2. 商业银行资本金的构成

为了保证银行的安全与国际银行业的公平竞争,1988 年 7 月,巴塞尔委员会通过了《关于统一国际银行的资本计算和资本标准的协议》,简称《巴塞尔协议》。《巴塞尔协议》明确规定资本分为核心资本和附属资本。

1) 核心资本

核心资本,也叫作一级资本,主要由永久性股东产权组成,具体包括股本和公开储备两种。

(1) 股本。股本包括普通股和非累积优先股。普通股是银行股金资本的基本形式,它是一种主权。永久性非累积优先股具有债券和普通股的双重性质,一方面,它像债券一样,通常只支付优先股固定股息;另一方面,像普通股一样,没有固定支付股息和到期偿还本金的义务。

(2) 公开储备。公开储备是指通过保留盈余或其他盈余的方式在资产负债上反映的储备,如股票发行的溢价、未分配利润和公积金等。

2) 附属资本

附属资本,也叫作二级资本,按照《巴塞尔协议》的规定,附属资本占资本总额的比例不得高于 50%。附属资本具体包括以下五项。

(1) 未公开储备。未公开储备,又叫作隐蔽储备。各国标准不同,《巴塞尔协议》中的标准是:在该项目中,只包括虽未公开但已反映在损益账上并为银行监管机构所接受的储备。

(2) 重估储备。一些国家按本国的监管和会计条例允许对某些资产进行重估,以便反映它们的市值或使其相对于历史成本更接近市值。

(3) 普通资本金。为防备未来可能出现的一切损失而设立的。因为它可被用来弥补未来的不确定的任何损失，符合资本的基本特征，可被包括在附属资本中。但不包括那些已经被确认的损失或为某项资产价值的明显下降而设立的准备金。

(4) 混合资本金。它是指一些带有一定股本性质又有一定债务性质的资本工具，例如，英国的永久性债务工具，美国的强制性可转换债务工具。

(5) 长期附属债务。长期附属债务是资本债券与信用债券的合称。

3. 商业银行资本充足度的测定

按照《巴塞尔协议》的规定，银行的资本充足率(即银行的资本余额/加权风险资产余额)不低于 8%，其中，核心资本充足率(核心资本余额/加权风险余额)不低于 4%，附属资本总额不得超过核心资本总额的 100%。

【专栏 6-3】

我国关于商业银行资本构成的规定

我国商业银行的资本，过去主要来源于财政拨付的信贷资金。目前，国有商业银行资金来源主要有信贷资金、银行积累和未分配利润。股份制商业银行的资本金包括股本、资本盈余和利润等部分。1993 年开始，我国正式建立银行资本金制度。根据《巴塞尔协议》要求，2004 年 2 月 23 日，银监会公布了《商业银行资本金充足率管理办法》，宣布从 2004 年 3 月 1 日起，开始在我国商业银行实行新的资本构成定义。该管理办法要求商业银行资本包括核心资本和附属资本，其中核心资本包括实收资本、资本公积、盈余公积、未分配利润和少量股权；附属资本包括重估储备、一般储备、优先股、可转换债券和长期次级债券。该管理办法还要求附属资本不得超过核心资本的 100%，计入附属资本的长期次级债务不得超过核心资本的 50%。

(资料来源：经济参考报)

(二)商业银行存款业务

存款业务是银行接受客户存入的货币，存款人可以随时或按约定时间取款的信用业务。吸收存款是商业银行负债业务中最主要的资金来源，一般占负债总额的 70%左右。存款业务决定银行的负债规模，甚至影响银行的生存和发展。商业银行的存款种类很多，存款种类的划分，各国有所不同，我国商业银行对存款的划分主要有以下几种。

1. 按期限和稳定性划分

按期限和稳定性的不同，可以分为定期存款、活期存款和定活两便存款。

1) 定期存款

定期存款是指客户与银行预先约定存款期限的存款。存款期限通常为 3 个月、6 个月和 1 年不等，期限最长的可达 5 年或 10 年。存款利率根据期限的长短不同而存在差异，但都要高于活期存款。定期存款的存单可以作为抵押品取得银行贷款。

2) 活期存款

活期存款主要是指可以由存款户随时存取和转让的存款，它没有确切的期限规定，银行也无权要求客户取款时做事先的书面通知。持有活期存款账户的存款者可以用各种方式提取存款，如开出支票、本票、汇票、电话转账、使用自动柜员机或其他各种方式。由于各种经济交易包括信用卡商业零售等都是通过活期存款账户进行的，所以在国外又把活期存款称为交易账户。在各种取款方式中，最传统的是支票取款，因此活期存款也称支票存款。

3) 定活两便存款

定活两便存款是指不确定存款期限，可以随时续存和提取，其利率随存期长短的变化而变化的存款。这种存款的流动性介于定期存款和活期存款之间，具有活期之便、定期之利的特点。

2. 按存款性质划分

按存款性质的不同，可以分为原始存款和派生存款。

1) 原始存款

原始存款，又称基础货币，是指商业银行接受的客户现金和中央银行对商业银行的再贷款，是商业银行从事资产业务的基础。

2) 派生存款

派生存款是相对于原始存款而言的概念，是指由商业银行发放贷款办理贴现或投资等业务活动衍生出来的存款，所以又称衍生存款。派生存款产生的过程，就是商业银行吸收存款、发放贷款继而形成新的存款，并不断在各银行存款账户之间转移，最终使银行体系的货币供应量增加的过程。因此，银行创造派生存款的实质是以非现金形式为社会提供货币供应量。

3. 按经济性质划分

按经济性质的不同，可以分为经济组织存款、储蓄存款和财政性存款。

1) 经济组织存款

经济组织存款是指企业在生产和流通过程中的支付准备金和一部分扩大再生产积累资金存入银行形成的存款，其主要来源是企业的主营业务收入。经济组织存款，包括工业企业存款、商业企业存款、乡镇企业存款、个体私营企业存款和农村信用社转存款等，因此又称为企业存款、对公存款。

2) 储蓄存款

储蓄存款主要是指个人为了积蓄货币和取得一定的利息收入而开立的存款。储蓄存款也可以分为活期储蓄存款和定期储蓄存款。储蓄存款具有两个基本的特点：一是储蓄存款多数是个人为了积蓄购买力而进行的存款；二是金融监管当局对经营储蓄业务的商业银行有严格的规定。这是因为储蓄存款多数属于个人，分散于社会上的各家各户，为了保障储户的利益，各国对经营储蓄存款业务的商业银行有严格的管理规定，并要求银行对储蓄存款负无限的清偿责任。储蓄存款方面的创新品种主要有电话转账服务账户、自动转账账户、股金汇票账户及个人退休金账户等。

3) 财政性存款

财政性存款是国家财政集中起来的待分配使用的国民收入，其来源于积累基金 M 的一部分，主要包括财政金库存款和基本建设存款等。财政金库存款是指通过税收集中起来的财政收入，在未来分配前先集中到财政金库存款账户上的存款；基建建设存款是指财政通过再分配，按预算对计划内基本建设单位的投资拨款形成的存款。

4. 按存款的币种划分

按存款的币种的不同，可以分为本币存款和外币存款。

1) 本币存款

本币存款是指银行吸收的以人民币为记账单位的存款。

2) 外币存款

外币存款是指银行吸收的以外国货币为记账单位的存款。目前，我国银行挂牌办理外币存款的币种主要是美元、日元、英镑、法郎、欧元和港币等。

(三)商业银行借款业务

商业银行的负债除了存款负债外，还有通过各种其他负债方式借入的资金。借款方式可分为短期借款和长期借款。借款业务主要有向中央银行借款、同业借款、发行金融债券和境外借款等。

1. 向中央银行借款

商业银行资金不足，必要时可以向中央银行借款。一般来说，其主要的、最直接的目的在于缓解本身资金暂时不足的境况，而非用来营利。借款主要有两种形式：①再贷款，即商业银行从中央银行取得的直接贷款；②再贴现，即把自己办理贴现业务所买进的未到期票据，如商业票据、短期国库券等再转卖给中央银行。

商业银行向中央银行借款的主要目的如上所述。中央银行则将此项业务作为货币政策的工具，通过是否给予商业银行借款及以什么样的利率条件提供借款，来影响商业银行的信贷规模，从而发挥其在金融宏观调控上的作用。

我国中央银行的再贷款形式包括年度性贷款、季节性贷款以及日拆性贷款。年度性贷款主要用于解决商业银行因经济合理增长而引起的年度性资金不足，期限为1~2年。季节性贷款主要解决商业银行因信贷资金先支后收或存款季节性下降等原因引起的暂时资金不足，期限为2~4个月。日拆性贷款的期限为10天，最长不超过20天，是商业银行筹措头寸的手段，主要用于汇划款项未达及票据清算等临时性资金的短缺。随着我国社会主义市场经济体制的建立和完善，票据和贴现市场的发展，作为金融间接调控手段之一的再贴现方式得到越来越多的运用。

2. 同业借款

同业借款是商业银行的一项传统业务，是指商业银行相互之间的资金融通。同业借款一般包括同业拆借、转贴现、转抵押和回购协议。

(1) 同业拆借。同业拆借是银行同业之间发生的短期资金融通行为。拆借的资金主要用于解决日常临时资金周转需要，拆期短，最短的是隔夜拆借，不需要抵押品。由于同业拆借一般是通过商业银行在中央银行的存款账户进行，因此，实际上是商业银行之间超额准备金调剂的借款行为。

(2) 转贴现。转贴现是商业银行临时支付准备金不足时，将已贴现的尚未到期的商业票据在二级市场上转售给其他商业银行的借款行为。

(3) 转抵押。转抵押是商业银行在准备金头寸不足时，将发放抵押贷款获得的抵押品再次向其他银行申请抵押贷款，以获得资金融通的借款行为。

(4) 回购协议。回购协议是商业银行将持有的有价证券暂时出售给其他金融机构，并约定在今后某一日期，以约定的价格再购回其所出售的有价证券的一种协议。回购协议实际是银行以有价证券作抵押而获得的一种借款。

3. 发行金融债券

发行债券也是商业银行的负债业务。以发行债券的方式借入资金，对商业银行有很多好处。一是发行债券无须像吸收存款那样提取法定存款准备金，因而发行债券得到的实际可用资金大于同等数额的存款；二是债券融资属于主动型负债，相对于存款这种被动型负债，更能有效地组织资金来源；三是银行与债券购买人之间是一种金融商品的买卖关系，不像银行与存户之间是一种建立在业务往来基础上的契约关系。因而，银行除了到期必须还本付息外，对债券购买人不承担任何其他责任和义务。当然，发行金融债券也有一定的局限性。例如，金融债券发行的数量、期限等都要受到管理机构有关规定的严格限制；金融债券除利率较高以外，还要承担一定的发行费用；债券的流通性受到市场发达程度的制约等。

4. 境外借款

境外借款主要是指有条件的商业银行从国际金融市场筹集资金以弥补自身资金的不足。境外借款的形式主要有固定利率的定期存单、固定利率的欧洲美元存单、浮动利率的欧洲美元存单以及本票等。与境内借款相比，境外借款一方面在借款用途、利率及法定存款准备金等方面不受国内金融管理机构及规定的约束，借款时比较灵活自由；但另一方面，商业银行也可能面临比境内融资更大的风险，需要有更丰富的经验。同时，商业银行本身必须有雄厚的实力和上佳的资信，才有资格进入国际金融市场借款。

(四) 商业银行其他负债业务

除了存款负债和借款负债以外，商业银行开展业务时还会形成结算中负债。结算中负债主要产生于以下情况。

(1) 银行在为客户办理有关业务时占用一部分资金。例如，在汇兑业务中，从客户把款项交给汇出银行起，到汇入银行把该款项付给指定的收款人为止，中间总会有一定的时间间隔，在这段时间内，该款项的汇款人和收款人均不能支配这笔资金，这笔资金也就为银行所占用了。

(2) 银行在相互间的业务往来过程中，也会产生资金的相互占用。当一家银行与其他银行资金往来中发生应收账款小于应付账款时，那么也就意味着这家银行占用了其他银行的资金。商业银行资金占用的数量和时间取决于银行办理相关业务手续所需的时间和凭证传递的速度。

二、商业银行的资产业务

商业银行的资产业务，是指将自己通过负债业务所聚集的货币资金加以运用的业务，是其取得收益的主要途径。对于所聚集的资金，除了必须保留一定部分的现金和在中央银行的存款以应付客户提存外，其余部分主要是以贴现、贷款和证券投资等方式加以运用。一般而言，商业银行的资产业务主要包括现金资产、贷款以及投资等方面，如图6-2所示。

第六章 商业银行

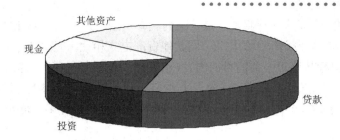

图 6-2 商业银行资产业务构成

(一)现金资产

现金资产是商业银行最具流动性的部分，被视为商业的一线准备金。这部分资产数额由法律严格规定，数额一般不大，基本上不给银行带来收入，但为银行经营所必需。现金资产一般包括库存现金、法定存款准备金、存放同业存款和托收未达款等。

1. 库存现金

库存现金即商业银行业务库中的现钞和硬币，为应付客户日常小额提款、提取大额现金和银行本身的日常开支所设置。这部分现金一般都保持在最低限度，以减少非营利性资产，增加营利性资产的规模如放款等，从而减少不必要的风险和费用，以增加银行收入。

2. 法定存款准备金

法定存款准备金是商业银行按中央银行规定的比率，在吸收的有关款项总额中应缴存中央银行的存款。这既是为保护存款人利益和银行安全所必需，也是中央银行的货币政策工具之一。商业银行使用的准备金种类很多，如呆账(坏账)准备金、第一准备金、第二准备金等。呆账准备金是商业银行为应付货款收不回来而预提的准备金；第一准备金包括现金、存放中央银行的存款、同业存款及托收未达款等，是银行应付客户提款的第一道防线；第二准备金包括短期贴现、短期投资和同业拆放，这些资产可以随时或在短期内变现，构成第二道防线。第一准备金与第二准备金组成商业银行的总准备金，即实际准备金。从实际准备金中扣除法定存款准备金，即是该商业银行的超额准备金。超额准备金减去从中央银行借款即为银行的自由准备金，它是商业银行自由运用的资金。

3. 存放同业存款

存放同业存款是指某商业银行存放在其他商业银行的存款。这部分资金为商业银行之间业务往来关系所必需，例如，为商业银行之间的货币汇兑、兑换、借贷、代理业务等所必需。

4. 托收未达款

托收未达款是指商业银行通过同业银行向外地付款单位或个人收取的票据。其在收妥前是被占用的资金，一旦被收妥即成为同业存款，随时可以变现。

(二)贷款业务

【知识拓展 6-2】 警钟长鸣——商业银行贷款业务

MOOC 网址：安徽省网络课程学习中心 http://www.ehuixue.cn/View.aspx?cid=495

贷款又称放款,是商业银行将资金按一定的利率贷给客户并约期归还贷款的业务,它在商业银行的资产业务中占据很大的比重。同其他资产方式相比,贷款风险虽然较大,但其利率较高,收益大,银行从追求收益的目的出发,将其作为首要资产业务,加之银行有促进社会经济发展的职责,通过贷款的收放,可密切与经济主体的联系并取得支持,有利于稳定地吸收存款,拓宽业务领域。贷款的种类很多,按不同的标准可以进行多种分类,具体分为以下五种。

1. 按贷款期限划分

按贷款期限的不同,可分为活期贷款、定期贷款和透支贷款。

1) 活期贷款

活期贷款是一种偿还期限不固定的贷款,一般用于企业的各种临时性、季节性的营运资金需求,有流动性强、周转快的特点。

2) 定期贷款

定期贷款即规定偿还期限的贷款。根据偿还期限的长短,又可分为短期贷款、中期贷款和长期贷款。

3) 透支贷款

透支贷款是指商业银行向支票存款者提供的信用,即商业银行允许存款人提取超过存款余额的资金权利,即当支票存款客户账上的资金用完时,商业银行同意在规定的额度内,客户可以继续签发支票,向银行暂时借用资金。透支实质上是一种临时融通资金的贷款,但它不同于一般贷款,这表现在办理贷款程序、手续、归还贷款以及贷款利息计算等方面。

2. 按贷款的保障条件划分

按贷款的保障条件不同,可分为信用放款、担保放款和票据贴现放款。

1) 信用放款

信用放款是银行只凭借款人或第三者的资信度无须提供抵押品而发放的贷款。商业银行在从事信用放款时,要对借款人的品德和经济状况作出准确的判断,并根据借款人的信用程度的高低来确定贷款的价格。由于信用贷款的风险较大,因此,在商业银行的贷款总额中,其数量占比有越来越低的趋势。

2) 担保放款

担保放款是指商业银行以客户特定的抵押品或有还款能力的第三者作为还款担保所进行的放款,包括抵押贷款、质押贷款和保证贷款。

3) 票据贴现放款

票据贴现放款是指持票人所持票据未到期而又临时资金短缺时持票人可持票到银行办理贴现的贷款业务。

3. 按贷款对象划分

按贷款对象的不同,可分为工商业贷款、农业贷款和消费者贷款。

1) 工商业贷款

工商业贷款主要用于工业企业固定资金投放和购入流动资产的资金需要、商业企业商品流转的资金需要。

2) 农业贷款

在农业贷款中,长期贷款主要用于购买土地、农业机械、土壤改良和保持水土等,短期贷款则主要用于购买种子、肥料、农药等。

3) 消费者贷款

消费者贷款多用于对个人购买耐用消费品,如汽车、住房时发放的采取分期付款偿还方式的贷款。消费贷款的清偿主要依靠借款人可靠的收入。

4. 按贷款的偿还方式划分

按贷款的偿还方式的不同,可分为一次性偿还贷款和分期偿还贷款。

1) 一次性偿还贷款

一次性偿还贷款是指借款人到期日一次性还清贷款,其利息可以分期支付,也可以在归还本金时一次性付清。

2) 分期偿还贷款

分期偿还贷款是指借款人按规定的期限分次偿还本金和支付利息的贷款。

5. 按贷款质量划分

按贷款质量的不同,可分为正常贷款、关注贷款、次级贷款、可疑贷款和损失贷款等。

1) 正常贷款

正常贷款是指借款人能够履行借款合同,有充分把握按时足额偿还贷款本息的贷款。

2) 关注贷款

关注贷款是指借款人目前有能力偿还本金,但是发生了一些不利于贷款偿还的因素,影响借款人的还款能力,因此,需要对其进行关注或进行监控。

3) 次级贷款

次级贷款是指借款人的还款能力出现了明显问题,依靠其正常收入已无法保证偿还贷款本息的贷款。

4) 可疑贷款

可疑贷款是指借款人无法足额偿还贷款本息,即使执行抵押或担保也肯定要造成一部分损失的贷款。这类贷款比次级贷款的程度更加严重。

5) 损失贷款

损失贷款是指在采取所有可能的措施和一切必要的法律程序后,本息仍然无法收回或只能收回极少部分的贷款。这类贷款已经丧失作为银行资产的价值,因此,已没有意义将其继续保留在资产账面上,应当在履行必要的内部程序之后将其冲销。总之,对于任何一笔贷款,都必须遵循以下基本程序,即贷款的申请、贷款的调查、对贷款借款人的信用评估、贷款的审批、借款合同的签订和担保、贷款发放、贷款检查和贷款收回。

(三) 投资业务

商业银行的投资业务通常是指银行购买有价证券的活动。投资是商业银行一项重要的资产业务,是银行收入的主要来源之一。商业银行从事投资不仅是为了获取收益,同时也是增强银行资产的流动性,分散和降低资产风险性,提高安全性的重要手段。商业银行的证券投资一般受到各国法律不同程度的限制,一般来说,商业银行不得对产权和股票投资。

关于商业银行证券投资的范围和对象,因各国金融管理制度的差异而有所不同。一般来说，国外商业银行的投资品种主要有政府公债、公司债券和股票三种类型。目前，我国商业银行的投资品种主要是债券类，分为以下三种。

1. 政府债券

我国政府债券的发行主体包括中央和地方政府及政府有关机构，主要品种有：国债，这是国家为解决财政资金短缺而发行的一种政府债券；重点建设债券，主要用于保证能源、交通、原材料等建设项目的资金需要；财政债券，这是财政部为了筹集国家建设资金，弥补财政赤字而发行的债券；基本建设债券，用于基础设施建设；其他品种还有地方政府债券或市政债券、特种国债、保值公债等。从债券形式来看，还有凭证式国债、记账式国债，但目前多为电子式国债。

2. 金融债券

金融债券的发行主体为各银行和保险公司等非银行金融机构。金融债券是各银行和非银行金融机构为筹集中长期资金以满足发放特种贷款的需要而发行的。我国的金融债券的固定利率和期限大多与政府债券一样，到期一次还本付息，也有一些是贴息金融债券和累进利率金融债券。

3. 企业债券或公司债券

企业债券或公司债券的发行主体为实体性公司、工商企业和企业集团。它是由筹资企业向投资者出具的承诺在规定期限内还本付息的债务凭证。我国的企业债券大多为没有抵押担保的信用债券，期限较短，通常为1~3年。目前有少量的企业债券已可在二级市场流通。

第三节 商业银行的中间业务

一、中间业务的概念

【知识拓展6-3】商业银行中间业务和表外业务
MOOC网址：http://www.ehuixue.cn/View.aspx?cid=495

广义的中间业务是指商业银行在资产业务和负债业务的基础上，利用技术、信息、机构网络、资金和信誉方面的优势，不运用或较少运用自己的资金，以中间人的身份代客户办理收付、咨询、代理、担保、租赁和其他委托事项，提供各类金融服务并收取一定费用的业务。狭义的中间业务是指作为一种资产负债之外的银行业务和占用银行资金较少的业务，中间业务在商业银行的资产负债表上一般不直接反映出来。

二、中间业务的特点

商业银行的中间业务具有以下四个方面的特征。

(一)不运用或较少运用自己的资金

商业银行在办理中间业务时，通常不运用或不直接运用自己的资金。例如，结算业务，银行的结算原则里有一条是"银行不垫款",这就是说,商业银行办理结算这一中间业务时不运用自己的资金。如果银行在结算中垫了款,那就不再是中间业务,而成为资产业务了。

但在许多时候,商业银行在办理中间业务时虽然不直接运用自己的资金,却要间接地运用自己的资金。例如,贷款承诺,当银行向客户作出了贷款承诺后,虽然不需要马上垫款,但为了能够随时满足客户的贷款需求,银行必须保持更多的流动资产。也就是说,商业银行必须因作出的贷款承诺而间接地将自己的一部分资金运用于流动性较强的资产上。

(二)以接受客户委托的方式开展业务

商业银行办理中间业务,通常是以接受客户委托的方式开展业务的,尤其是在办理代理、担保、承兑、承诺、委托买卖等中间业务时。也就是说,在相当多的情况下,中间业务是一种委托业务,而不是一种自营业务。在委托买卖中,银行不作为信用活动的一方,而是处于中间人或代理人的位置,不需要运用自己的资金,也不承担相应的风险。而在自营买卖中情况就完全不同,银行运用自己的资金并承担相应的风险。

(三)风险较小

商业银行的中间业务主要是接受客户的委托,以中介人或代理人身份开展业务,其风险主要由委托人来承担,银行通常不承担责任,但在办理某些中间业务时也承担了一定的风险,如办理各类担保、承诺等时提供银行信用。

(四)收益较高

商业银行在办理中间业务时,通常以收取手续费的方式获得收益,这也是中间业务的一个显著特征。中间业务的发展,为银行带来了大量的手续费收入和佣金收入,但不增加银行的资产,因而银行的报酬率大为提高。

三、中间业务的种类

从广义的角度,商业银行中间业务可分为以下九大类。

(一)支付结算类中间业务

支付结算类中间业务是指由商业银行为客户办理因债权债务关系引起的与货币支付、资金划拨有关的收费业务。

1. 按结算工具划分

按结算工具分,包括银行汇票、商业汇票、银行本票和支票。
1) 银行汇票
银行汇票是由出票银行签发的、由其在见票时按照实际结算金额无条件支付给收款人或者持票人的票据。
2) 商业汇票
商业汇票是由出票人签发的、委托付款人在指定日期无条件支付确定的金额给收款人或持票人的票据。商业汇票分为银行承兑汇票和商业承兑汇票。

3) 银行本票

银行本票是由银行签发的、承诺自己在见票时无条件支付确定的金额给收款人或者持票人的票据。

4) 支票

支票是由出票人签发的、委托办理支票存款业务的银行在见票时无条件支付确定的金额给收款人或持票人的票据。

2. 按结算方式分

按结算方式分,包括汇款业务、托收业务和信用证业务。

1) 汇款业务

汇款业务是由付款人委托银行将款项汇给外地某收款人的一种结算业务。汇款结算分为电汇、信汇和票汇三种形式。

2) 托收业务

托收业务是由债权人或售货人为向外地债务人或购货人收取款项而向其开出汇票,并委托银行代为收取的一种结算方式。

3) 信用证业务

信用证业务是由银行根据申请人的要求和指示,向收益人开立的载有一定金额,在一定期限内凭规定的单据在指定地点付款的书面保证文件。

(二)银行卡业务

银行卡是由经授权的金融机构(主要指商业银行)向社会发行的具有消费信用、转账结算、存取现金等全部或部分功能的信用支付工具。银行卡的分类方式一般包括以下几类。

(1) 依据清偿方式的不同,银行卡可分为贷记卡、准贷记卡和借记卡。借记卡可进一步分为转账卡、专用卡和储值卡。

(2) 依据结算的币种不同,银行卡可分为人民币卡和外币卡。

(3) 依据使用对象不同,银行卡可以分为单位卡和个人卡。

(4) 依据载体材料的不同,银行卡可以分为磁性卡和智能卡(IC 卡)。

(5) 依据使用对象的信誉等级不同,银行卡可分为金卡和普通卡。

(6) 依据流通范围不同,银行卡还可分为国际卡和地区卡。

(三)代理类中间业务

代理类中间业务,是指商业银行接受客户委托、代为办理客户指定的经济事务、提供金融服务并收取一定费用的业务,包括代理政策性银行业务、代理中国人民银行业务、代理商业银行业务、代收代付业务、代理证券业务、代理保险业务以及其他代理业务。

(1) 代理政策性银行业务,是指商业银行接受政策性银行委托,代为办理政策性银行因服务功能和网点设置等方面的限制而无法办理的业务,包括代理贷款项目管理等。

(2) 代理中国人民银行业务,是指根据政策、法规应由中央银行承担,但由于机构设置、专业优势等方面的原因,由中央银行指定或委托商业银行承担的业务,主要包括财政性存款代理业务、国库代理业务、发行库代理业务和金银代理业务。

(3) 代理商业银行业务,是指商业银行之间相互代理的业务,例如为委托行办理支票托收等业务。

(4) 代收代付业务，是指商业银行利用自身的结算便利，接受客户的委托代为办理指定款项的收付事宜的业务，例如，代理各项公用事业收费、代理行政事业性收费和财政性收费、代发工资以及代扣住房按揭消费贷款还款等。

(5) 代理证券业务，是指银行接受委托办理的代理发行、兑付、买卖各类有价证券的业务，还包括接受委托代办债券还本付息、代发股票红利、代理证券资金清算等业务。此处的有价证券主要包括国债、公司债券、金融债券和股票等。

(6) 代理保险业务，是指商业银行接受保险公司委托代其办理保险业务的业务。商业银行代理保险业务，可以受托代个人或法人投保各险种的保险事宜，也可以作为保险公司的代表，与保险公司签订代理协议，代保险公司承接有关的保险业务。代理保险业务一般包括代售保单业务和代付保险金业务。

(7) 其他代理业务，包括代理财政委托业务、代理其他银行银行卡收单业务等。

(四)担保类中间业务

担保类中间业务，是指商业银行为客户债务清偿能力提供担保，承担客户违约风险的业务，主要包括银行承兑汇票、备用信用证和各类保函等。

(1) 银行承兑汇票。银行承兑汇票是由收款人或付款人(或承兑申请人)签发，并由承兑申请人向开户银行申请，经银行审查同意承兑的商业汇票。

(2) 备用信用证。备用信用证是开证行应借款人要求，以放款人作为信用证的收益人而开具的一种特殊信用证，以保证在借款人破产或不能及时履行义务的情况下，由开证行向收益人及时支付本利。

(3) 各类保函。各类保函包括投标保函、承包保函、还款担保函和借款保函等。

(五)承诺类中间业务

承诺类中间业务，是指商业银行在未来某一日期按照事前约定的条件向客户提供约定信用的业务，主要指贷款承诺，包括可撤销承诺和不可撤销承诺两种。

(1) 可撤销承诺附有客户在取得贷款前必须履行的特定条款，在银行承诺期内，客户如没有履行条款，则银行可撤销该项承诺。可撤销承诺包括透支额度等。

(2) 不可撤销承诺是银行不经客户允许不得随意取消的贷款承诺，具有法律约束力，包括备用信用额度、回购协议、票据发行便利等。

(六)交易类中间业务

交易类中间业务，是指商业银行为满足客户保值或自身风险管理等方面的需要，利用各种金融工具进行的资金交易活动，这类业务主要有远期合约、金融期货、互换和期权等。

(1) 远期合约，是指交易双方约定在未来某个特定时间以约定价格买卖约定数量的资产，包括远期利率合约和远期外汇合约。

(2) 金融期货，是指以金融工具或金融指标为标的的期货合约。

(3) 互换，是指交易双方基于自己的比较利益，对各自的现金流量进行交换，一般分为利率互换和货币互换。

(4) 期权，是指期权的买方支付给卖方一笔权利金，获得一种权利，可于期权的存续期内或到期日当天，以执行价格与期权卖方进行约定数量的特定标的的交易。按交易标的分，期权可分为股票指数期权、外汇期权、利率期权、期货期权和债券期权等。

(七)基金托管业务

基金托管业务，是指有托管资格的商业银行接受基金管理公司委托，安全保管所托管的基金的全部资产，为所托管的基金办理基金资金清算款项划拨、会计核算、基金估值、监督管理及投资运作。基金托管业务包括封闭式证券投资基金托管业务、开放式证券投资基金托管业务和其他基金的托管业务。

(八)咨询顾问类业务

咨询顾问类业务，是指商业银行依靠自身在信息、人才、信誉等方面的优势，收集和整理有关信息，并通过对这些信息以及银行和客户资金运动的记录和分析，形成系统的资料和方案，提供给客户，以满足其业务经营管理或发展的需要的服务活动，主要包括：企业信息咨询业务、资产管理顾问业务、财务顾问业务和现金管理业务。

(1) 企业信息咨询业务，包括项目评估、企业信用等级评估、验证企业注册资金、资信证明和企业管理咨询等。

(2) 资产管理顾问业务，是指为机构投资者或个人投资者提供全面的资产管理服务，包括投资组合建议、投资分析、税务服务、信息提供和风险控制等。

(3) 财务顾问业务，包括大型建设项目财务顾问业务和企业并购顾问业务。大型建设项目财务顾问业务是指商业银行为大型建设项目的融资结构、融资安排提出专业性方案。企业并购顾问业务是指商业银行为企业的兼并和收购双方提供的财务顾问业务，银行不仅参与企业兼并与收购的过程，而且作为企业的持续发展顾问，参与公司结构调整、资本充实和重新核定、破产和困境公司的重组等策划和操作过程。

(4) 现金管理业务，是指商业银行协助企业，科学、合理地管理现金账户头寸及活期存款余额，以达到提高资金流动性和使用效益的目的。

(九)其他类中间业务

其他类中间业务包括保管箱业务以及其他不能归入以上八类业务的业务。

【专栏6-4】

非利息收入的增长在商业银行转型中的意义

2011年一季度报表显示，16家上市银行的手续费及佣金净收入同比增长41%。在五大银行中，中国农业银行的手续费及佣金净收入增幅最快，达63.48%。中小上市银行的手续费收入增长更是惊人，北京银行实现手续费及佣金净收入4.27亿元，同比增长90.87%。浦发银行、华夏银行、招商银行、兴业银行和南京银行的增幅也都超过60%。虽然增长的中间业务收入很多来自结算业务、银行卡收入等银行服务项目的收费，但是目前银行信贷资源紧俏的情况下，中间业务跟收入增长的绝大部分来源于利差转化。有内部人士指出，为了加大中间业务收入，银行可谓不遗余力。银行现在对一些大客户提出要一并包揽债券承销、财务、顾问、结算、账户管理等业务，并收取一定费用，特别是财务顾问费这一项，企业可以放在待摊费用里，分几年提取，但是商业银行一半都要求企业一次性付清。对一些中小企业，银行凭借其较强的议价能力，贷款利率上浮甚至打50%。银行一般会和授信企业约定在做账时按6.31%的基准利率的利息收入计入，而将上浮部分利息收入作为"财务顾问费"，以此完成银行对业务员中间业务收入的考核。大多数银行会选择议价能力较弱的中小企业客户"下手"。甚至已经拥有部分银行开始收取贷款承诺费，要求借款人就银行承诺提供资金而支付相应的费用。正是这种思维的指导下，近几年银行中间业务收入以超过40%的速度增长跳跃式增长。

(资料来源：中国黄金网)

第四节　商业银行的信用创造

商业银行的信用创造是货币供给的重要组成部分。商业银行是西方国家对存款货币银行的传统称谓。国际货币基金组织将在金融体系中能够创造存款货币的金融中介机构定义为存款货币银行。19世纪末20世纪初，在发达的工业化国家，银行券的发行权集中于中央银行，因此，现代商业银行只能创造存款货币，而这也是商业银行的主要功能之一。

一、商业银行信用创造的相关概念

(一)原始存款与派生存款

1. 原始存款

原始存款是客户以现金形式存入银行形成的存款，或者说，是能直接增加商业银行存款准备金的存款。原始存款的来源途径包括：①中央银行发行的银行券存入商业银行而形成的原始存款；②商业银行从中央银行的借款而形成的原始存款。

2. 派生存款

派生存款，又称衍生存款，是商业银行在存款准备金的基础上(原始存款)，通过资产业务(如贷款、贴现)用转账方式创造的存款。在信用制度发达的国家，大部分存款都属于派生存款。

这种创造可以在原有资本的基础上，通过对超额准备金或剩余准备金而派生存款；也可以在一定条件下，超过原有的资产规模而创造派生存款。但不管以何种方式创造派生存款，商业银行为社会提供了存款货币。商业银行创造派生存款的实质，就是通过非现金的形式增加货币供应量。

(二)法定存款准备金与超额存款准备金

商业银行为保证兑付及清算的需要，必须保留存款准备金。商业银行的存款准备金包括法定存款准备金和超额存款准备金。

1. 法定存款准备金

法定存款准备金是各国以法律形式规定商业银行必须保留的最低数额的准备金，这部分准备金商业银行是不能用于放款营利的。在现代中央银行制度下，商业银行吸收的存款都要按规定的比率留足法定存款准备金，没有留足的商业银行要受到中央银行的处罚。法定存款准备金与法定存款准备金率在存款货币的创造过程中十分重要，它直接影响商业银行创造存款货币的能力。

2. 超额存额准备金

商业银行的实际准备金超过法定准备金的部分为超额准备金。对于超额准备金商业银行是可以用来放款和投资的，是商业银行创造存款货币的操作基础。

二、商业银行创造派生存款的条件

商业银行在原始存款的基础上创造派生存款，必须具备以下两个条件，即部分存款准备金制度和转账结算制度。

(一)部分存款准备金制度

部分存款准备金制度，又称法定存款准备金制度。这种制度的建立，为银行信用创造奠定了基础。对于一定数量的存款来说，准备比例越大，银行可用于贷款的资金越少；准备比例越小，银行用于贷款的资金越多。因此，部分准备金制度是商业银行创造信用的基本条件。如果实行全部存款准备金制度，银行就不能利用存款发放贷款，也就不能创造派生存款。

(二)转账结算制度

转账结算制度，又称非现金结算制度，是指客户通过开出支票由银行代为办理转账结算支付货款，不提取现金的制度。在这种制度下，银行用客户的存款去发放贷款，贷款以转账的方式变为存款，从而实现货币的创造。

总之，正是因为有部分准备金制度和转账结算制度，银行才可以利用扣除法定存款准备金以外的存款进行贷款或证券投资，这为派生存款的创造提供了可能和根本保障条件。

三、商业银行派生存款的创造过程

(一)派生存款的创造过程

下面我们利用简化的资产负债表——T 式账户，来分析银行存款的扩张与紧缩过程。为了便于阐释，我们作以下假设：①银行体系由中央银行及至少两家以上的商业银行所构成；②法定准备金率为 10%，超额准备金率为 0；③银行客户将其一切来源的收入均存入银行体系，不持有任何现金，且全部交易都使用非现金结算。

假设一家商业银行 A 吸收了 10 000 元现金存款，法定准备金率为 10%，则它按照规定提取存款准备金 1 000 元，以应付客户提现的需要，其余 9 000 元全部贷给客户甲，此时商业银行 A 的资产负债表变动状况如图 6-1 所示。

表 6-1　商业银行 A 的资产负债表

单位：元

资　产		负　债	
存款准备金	+1 000	现金存款	+10 000
贷款	+9 000		

这是因为在现实经济生活中，银行体系内有多家商业银行，所以当商业银行A把9 000元贷给客户甲后，甲又把这笔资金存入商业银行B，B银行按照规定提取900元存款准备金后，再将其余8 100元全部贷给客户乙，此时商业银行B的资产负债表如表6-2所示。

表 6-2　商业银行 B 的资产负债表

单位：元

资　产		负　债	
存款准备金	+900	支票存款	+9 000
贷款	+8 100		

客户乙再把这笔资金存入商业银行C，商业银行C按照规定提取810元存款准备金后，再将其余7 290元全部贷给客户丙，此时，商业银行C的资产负债表如表6-3所示。

表 6-3　商业银行 C 的资产负债表

单位：元

资　产		负　债	
存款准备金	+810	支票存款	+8 100
贷款	+7 290		

此时，银行存款已经由最初商业银行 A 的 10 000 元现金存款，变为加上商业银行 B 的 9 000 元支票存款，再加上商业银行 C 的 8 100 元支票存款，达到了 27 100 元，但银行存款的增加还按照此原理继续向下发展，直到 100 000 元为止，如表 6-4 所示。

表 6-4　商业银行存款派生表

单位：元

商业银行	存款增加	派生存款增加	贷款增加	准备金增加
A	10 000.00	0.00	9 000.00	1 000.00
B	9 000.00	9 000.00	8 100.00	900.00
C	8 100.00	8 100.00	7 290.00	810.00
D	7 290.00	7 290.00	6 561.00	729.00
E	6 561.00	6 561.00	5 904.90	656.10
…	…	…	…	…
所有银行	100 000.00	90 000.00	90 000.00	
合计				10 000.00

在表 6-1 中，存款的增加额构成一个无穷递减等比数列，即 10 000，10 000×(1-10%)，10 000×(1-10%)^2，…，根据无穷递减等比数列的求和公式，可得出整个银行系统的存款增加额为

$$10\ 000+10\ 000\times(1-10\%)+10\ 000\times(1-10\%)^2+\cdots$$

$$= 10\,000 \times \frac{1}{1-(1-10\%)} = 100\,000$$

派生存款为

$$100\,000 - 10\,000 = 90\,000(元)$$

如果以 R 表示原始存款；D 表示存款增加总额；C 表示派生存款；r 表示法定准备金率，则派生存款的计算公式为

$$D = R/r$$
$$C = D - R = R/r - R$$

(二) 存款货币创造乘数

商业银行存款货币创造机制所决定的存款总额，其最大扩张倍数称为存款派生倍数，也称为派生乘数。从上文的例子推导，派生乘数是法定准备金率的倒数，通常用 K 表示，则 $K=1/r$。按照上面的例子，存款的扩张倍数 K 是 10 倍(1/10%)。假若 r 降为 5%，则 K 为 20 倍；若 r 升为 20%，则 K 为 5 倍。因此，法定准备金率 r 越低，存款的扩张倍数 K 越大，反之，亦然。

四、商业银行派生存款的影响因素

在上文提到存款货币创造扩张过程时，我们曾作假设，然而，在现实生活中，现代银行体系的商业银行规模是庞大的，出于应付意外之需的考虑，商业银行实际总是持有部分超额准备金，超额准备金率为 0 的假设很难存在；客户不持有现金，即现金漏损率为 0，也是不存在的。由此可见，现实中的存款货币创造过程受诸多因素的影响，与上文推导相比要复杂得多。具体分析如下。

除了存款准备金率这个最主要的基础因素外，影响商业银行创造存款能力的还有以下几个方面的因素。

1. 超额准备金率

商业银行持有的超额准备金无论多寡，都会相应地减弱存款货币创造的能力。商业银行持有超额准备金，同时也就放弃了发放贷款或投资证券可能获得的收益，形成持有超额准备金的机会成本。但是，商业银行持有超额准备金会规避流动性不足造成损失的风险。

决定商业银行超额准备金率高低的因素包括：①出现流动性不足的可能性；②出现流动性不足时从其他渠道获得流动性的难易程度。因此，研究导致流动性不足的因素就十分必要。银行补充流动性的渠道有：①在银行同业拆借市场借入资金；②向中央银行申请贴现贷款；③同大企业签订证券回购协议；④出售有价证券；⑤催还贷款，或将未收回的贷款销售给其他银行。

2. 现金漏损率

现金漏损率，又称提现率，是指存款人从商业银行提取的现金占银行存款总额之比。当出现现金漏损时，银行系统的存款就会减少，从而相应地减少了银行的原始存款，使银行系统的存款创造能力受到抑制。

3. 定、活期存款占存款总额的比例

中央银行一般对这两种存款分别规定不同的准备金比率。通常情况下，定期存款的准备金比率比活期存款的要低，因而定期存款占存款总额的比例越高，商业银行能用于发放贷款的资金就越多，创造的派生存款就越多；反之，则相反。

4. 商业银行的贷款规模

商业银行的贷款规模与派生存款的创造规模正相关。

第五节　商业银行的经营与管理

一、商业银行的经营原则

(一)安全性原则

安全性原则，就是要求商业银行在其业务活动中确保其资产、收入、信誉以及所有生存发展的条件免遭损失，在整个经营过程中采取各种有效措施，使经营风险降到最低限度。银行业是一个高风险的行业，如果管理者对此重视不够、处理不善，轻者造成巨大损失，重者会导致银行破产倒闭。而坚持安全性原则无论是对商业银行本身的生存与发展，还是对整个社会经济的稳定，都具有十分重要的意义。

(二)流动性原则

流动性原则，就是要求商业银行在经营过程中，能够随时应付客户提取存款的需求，满足客户合理的贷款需求。商业银行的流动性包括资产的流动性和负债的流动性两个方面。资产的流动性是指资产在价值不受损失的条件下具有迅速变现的能力；负债的流动性是指银行以较低的成本随时获取资金的能力。有资料显示，世界上大多数破产的商业银行，其破产的原因不是亏损，而是不能应付"挤兑"，可见，流动性对商业银行的重要性。

(三)营利性原则

营利性原则是指商业银行要以实现利润最大化为经营目标。商业银行的一切经营活动，包括设立分支机构、开发新的金融产品、提供何种金融服务、建立什么样的资产组合等均要服从这一目标。商业银行坚持营利性原则，不仅对于其自身经营管理，而且对于整个社会的经济生活，都具有很重要的意义。

然而，这三个原则之间却存在着一定的矛盾。协调矛盾的方法是：在对资金来源和资产规模以及各种资产的风险、收益、流动性进行全面预测和权衡的基础上，首先考虑安全性，在保证安全的前提下，争取最大的利润。实现安全性和营利性统一的最好选择就是提高银行经营的流动性。因此，商业银行必须从资产和负债两个方面加以管理。

二、资产负债管理理论及方法

商业银行自产生以来，其经营管理理论随着经济、金融环境的变化而不断演变，大致经历了资产管理理论、负债管理理论、资产负债综合管理理论以及表内表外业务统一管理理论四个阶段。

(一)资产管理理论

资产管理理论在 20 世纪 60 年代以前一直盛行。该理论认为商业银行的利润主要来源于资产业务,银行能够主动加以管理的也是资产业务,而负债主要反映客户的意愿,银行处于被动地位,并且在当时以商业银行为信用中介的间接融资占主导地位的环境下,商业银行的资金来源较为稳定。因此,银行经营管理的重点是资产业务,要致力于通过资产结构的合理安排,求得安全性、流动性和营利性的协调统一。资产管理理论依其提出的顺序先后又有商业性贷款理论、资产可转化理论和预期收入理论三种。

(二)负债管理理论

20 世纪 60 年代,金融市场迅速发展,负债管理理论开始兴起,商业银行资产负债管理的重心由资产管理转向负债管理为主。该理论认为,银行对于负债并非完全被动、无能为力,而是完全能够也应该采取主动,可以主动到市场支取资金、扩大负债,进而扩大资产和营利。

(三)资产负债综合管理理论

自 20 世纪 70 年代中期起,由于市场利率大幅度上升以及计算机技术的发展,更高层次的系统管理理论——资产负债综合管理理论随之产生,并在今天的银行业中占据了支配地位。资产负债综合管理所追求的目标是财富极大化,即预期净值极大化,而银行的净值是其资产与负债的差额,所以,资产负债综合管理就不能像资产管理或负债管理那样,将经营管理的重点放在资产方或负债方,而是必须兼顾银行的资产与负债结构,强调资产与负债两者之间的整体规划与搭配协调,通过资产结构与负债结构的共同调整和资产、负债两方面的统一协调管理,保持资金的高度流动性,从而在市场利率波动的情况下,实现利润最大化的经营目标。

(四)表内表外业务统一管理理论

表内表外业务统一管理理论产生于 20 世纪 80 年代末,其标志是《巴塞尔协议》的通过。1987 年 12 月,巴塞尔委员会通过了《统一资本计量与资本标准的国际协议》,即著名的《巴塞尔协议》。《巴塞尔协议》的目的:一是通过协调统一各国对银行资本、风险评估及资本充足率标准的界定,促使世界金融稳定;二是将银行的资本要求同其活动的风险,包括表外业务的风险系统地联系起来。《巴塞尔协议》的通过是商业银行资产负债管理理论和风险管理理论完善与统一的标志。

【知识点小案例】

海南发展银行的破产

海南发展银行(以下简称"海发行")于 1995 年 8 月 18 日开业,注册资本 16.77 亿元人民币(其中外币折合人民币 3000 万元)。海发行起初经营情况不错,收息率为 90%,没有呆

第六章 商业银行

滞贷款,与中华人民共和国境外 36 家银行及共 403 家分支行建立了代理关系,外汇资产规模达 1.7 亿美元。

海发行兼并信用社后,其中一件事就是宣布只保证给付原信用社储户本金及合法的利息。因此,许多在原信用社可以收取 20%以上利息的储户在兼并后只能收取 7%的利息。1998 年春节过后,情况开始急转直下。不少定期存款到期的客户开始将本金及利息取出,转存其他银行,随后,未到期的储户也开始提前取走存款,并且同时出现了多种多样的都市传奇,海发行各营业网点前开始排队取钱,发生了大规模的挤兑。1998 年 6 月 21 日,中国人民银行发出公告:由于海发行不能及时清偿到期债务,中国人民银行决定关闭海发行,停止其一切业务活动,由中国人民银行依法组织成立清算组。

(资料来源:百度百科)

点评:
通过海发行的倒闭,可以得到的风险启示主要有以下两个。

一是,不良资产比例过大是目前我国银行业的主要风险;长官意志使海发行一起步就背上了沉重的不良资产包袱,而由于它不是国有商业银行,没有国家信用保证,因此,一有风吹草动,就会发生挤兑,引发支付危机而难以为继。

二是,合规合法经营是商业银行稳健运行的基本要求;海发行违背《中华人民共和国商业银行法》规定,贷款不问用途,贷款不搞抵押,通过贷款的方式抽逃资本金,前门拿进,后门拿出,拿来多少,带走多少,如此违法乱纪经营,岂有不垮之理。

本 章 小 结

商业银行是以追求利润为目的,以经营资产和负债业务为主营对象,为客户提供多样化金融服务,多功能、综合性的金融业务。

商业银行的业务主要有负债业务、资产业务和中间业务三大类。负债业务是指形成商业银行资金来源的业务,是商业银行资产业务的前提和条件,主要包括存款和借款两部分。资产业务是商业银行运用资金获得营利的业务,主要包括贷款和投资。中间业务也包括表外业务,是商业银行不用或少用自己的资金,以中间人的身份代客户办理收付和其他委托事项,提供各类金融服务并收取手续费的业务,主要包括结算业务、代理业务、信用卡业务和信息咨询业务等。

商业银行通过贷款和贴现等业务创造存款货币,即派生存款。其实质是以非现金形式增加社会货币供应量。信用创造的前提条件是部分准备金制度和银行转账结算业务。存款货币创造是在银行体系内完成的,在创造存款过程中,要受到原始存款、法定存款准备金率、现金漏损率、超额存款准备金率和定期存款占活期存款总额的比例制约和影响。

商业银行的基本原则是安全性、流动性和营利性。这三条原则既对立又统一,商业银行经营管理的核心或着力点就是协调处理这三者之间的关系,使安全性、流动性和营利性达到最佳组合。商业银行经营管理理论从单纯注重资产管理和负债管理的理论,发展到资产负债并重的管理理论。

复习思考题

一、名词解释

商业银行　负债业务　资产业务　中间业务　表外业务　原始存款　派生存款　货币乘数　法定存款准备金

二、简答题

1. 简述商业银行的主要职能。
2. 简述商业银行的经营原则。
3. 比较单一制与分支行制的优缺点。
4. 试述商业银行的基本业务。

三、案例分析

第三方支付对商业银行的影响和挑战

第三方支付平台借助互联网、移动通信等技术广泛地参与各类支付服务,以多样化、个性化的产品满足了银行现有资源难以覆盖的客户群体的支付需求,并且成为现代支付体系中活跃的、颇具发展潜力的重要组成部分。随着电子支付市场的快速发展,第三方支付平台与商业银行的关系也在不断发生着变化,二者由最初的完全合作逐步转向了日益激烈的竞争关系,主要表现如下。

首先,第三方支付平台使商业银行中间业务收入受到挤压。第三方支付平台直接以较低的价格提供与银行相同或相近的服务,已然对银行的结算、代理收付等中间业务以及电子银行产生的中间业务形成了明显的挤占效应;同时,第三方支付机构在基金代销支付市场中的力量日益增强,挤占了商业银行的代理收入。

其次,第三方支付平台使商业银行潜在客户减少和现有客户流失。可以说,原本商业银行可以直接获得客户资源和信息的局面,转变成了由第三方支付平台连接客户与商业银行,第三方支付平台公司瓜分了商业银行的客户资源。在线交易的增加,必然会降低银行卡交易量,导致客户的流失。

最后,第三方支付使客户行为模式产生了新的变化。由于习惯了第三方支付企业的方便、快捷和人性化的服务,客户对商业银行服务质量会有更高要求,这对于经营风险为主,用户体验方面努力往往存在"先天不足"的银行业来说,无疑是一个巨大挑战。

(资料来源:新浪财经)

问题:面对第三方支付平台的挑战,商业银行应采取怎样的应对措施?

第七章

中央银行

【学习目标】

通过本章的学习,了解中央银行产生的经济原因和中央银行的发展过程;掌握中央银行的性质、职能和地位;熟悉中央银行制度的基本类型与组织结构。

金融学概论(第二版)

【本章导读】

"冤死"的雷曼对银行监管的启示

2008年9月15日，拥有158年悠久历史的美国第四大投资银行——雷曼兄弟(Lehman Brothers)公司依据《美国联邦破产法》第11章规定申请以重建为前提的破产，即所谓"破产保护"。雷曼兄弟公司，曾经作为——华尔街第四大投行的金融界巨人，在此次爆发的金融危机中无奈而宣告破产。

雷曼兄弟公司成立于1850年，成立初期公司主要从事利润比较丰厚的棉花等商品的贸易，公司性质为家族企业，而且规模相对较小，其主营的目标自然是利润最大化。雷曼兄弟公司从经营干洗、兼营寄存的小店逐渐转型为金融投资公司的同时，公司的性质也从一个家族企业逐步发展成为美国乃至全球名声显赫的上市公司。在利润最大化的主营目标下，雷曼兄弟公司开始转型经营美国当时最有利可图的大宗商品期货交易，随后，公司开始涉足股票承销、证券交易、金融投资等业务。为了使公司的股票在一个比较高的价位上运行，雷曼兄弟公司自2000年始连续7年将公司税后利润的92%用于购买自己的股票，此举虽然对抬高公司的股价有所帮助，但同时也减少了公司的现金持有量，降低了其应对风险的能力。上市之后的雷曼兄弟公司，实现了14年盈利的显著经营业绩，10年间股东回报率高达1103%。

此外，雷曼兄弟公司将税后利润的92%全部用于购买自己公司而不是其他公司的股票，无疑是选择了"把鸡蛋放在同一个篮子里"的投资决策，不利于分散公司的投资风险。因为股东财富最大化，过多关注股价、忽视了其他债权者的利益，致使公司偏离了经营重心是雷曼兄弟公司破产的原因之一，接踵而至，雷曼兄弟公司内部各利益主体的矛盾冲突频繁爆发，过度的金融创新和乏力的金融监管更成为其破产的推进剂。

(资料来源：刘胜强，卢凯，程惠峰. 雷曼兄弟破产对企业财务管理目标选择的启示. 万方，2010.4)

问题：
(1) 结合我国国情，谈谈雷曼兄弟公司的破产对我国银行性的金融机构有何启示。
(2) 作为现代金融体系核心的中央银行将如何运用政策和制度来维护金融稳定？

第一节　中央银行概述

一、中央银行的产生和发展

中央银行是现代金融体系的核心，是管理一国金融体系、控制货币供给、执行货币政策、实施金融监管的最高金融机构。它作为一国的最高金融机构负责对整个金融体系进行管理，维护金融稳定，促进经济发展。

(一)中央银行产生的原因

中央银行是在商业银行的基础上，经过长期发展逐步形成的。在18至19世纪，随着资本主义经济的发展，各国都先后建立了银行。银行数量的增加，虽然扩大了商品生产和商品流通，促进了资本主义的经济繁荣，但也带来了一系列问题。

1. 银行券的发行需要

在银行业发展的初期，没有专门发行银行券的银行，许多商业银行除了办理存、放款和汇兑业务以外，都有权发行银行券。但许多小银行资金实力薄弱，发行的银行券往往不能兑现，造成了货币流通的混乱；同时，小银行的经营范围有限，其发行的银行券只能在小范围内流通，给生产和流通造成了很多困难。因此，客观上要求在全国范围内有享有较高信誉的大银行来集中发行货币，以克服分散发行造成的混乱局面。

2. 票据交换和清算需要

随着银行的发展，银行业务不断扩大，银行每天收受的票据数量也逐渐增多，各银行之间的债权和债务关系复杂化了，由各个银行自行轧差进行当日结清已经发生困难。这样，不仅异地结算矛盾很大，即便是同城结算也有问题。这就在客观上要求建立一个全国统一而有权威的、公正的清算中心为之服务。

3. 最后贷款人需要

随着资本主义的发展和流通的扩大，对贷款的要求不仅数量多，而且期限延长。商业银行如果仅有自己吸收的存款来提供放款，就远远不能满足社会经济发展的需要，如将吸收的存款过多地提供贷款，又会削弱银行的清算能力，使银行发生挤兑和破产的可能。于是就有必要适当集中各家商业银行的一部分现金准备，在有的商业银行发生支付困难时，给予必要的支持。这在客观上要求有一个银行的最后贷款者能够在商业银行发生困难时，给予贷款支持。中央银行正是为了保证其他银行的支付能力，充当"最后贷款人"，作为"银行的银行"而出现的。

4. 金融监管需要

商业银行是以盈利为目的的金融企业，它经营的是特殊的货币资金，与社会上千家万户有着密切的关系，如果商业银行在竞争中破产、倒闭就会引起社会经济的动荡。因此，客观上需要一个代表政府意志的专门机构从事对金融业的监督和管理，以保证金融业的健康发展。

中央银行正是为了解决上述几个方面的客观要求而产生的，但上述几个方面的客观要求并非同时提出的，中央银行的形成也有一个发展的过程。

(二)中央银行的发展历程

1. 第一阶段：瑞典银行

17世纪中叶至1843年，是中央银行的初创时期。虽然历史上最早设立的中央银行是瑞典银行，但事实上瑞典银行直到1897年才独享货币发行权而成为真正意义上的中央银行。因此，人们认为成立于1694年的英格兰银行是最早的真正意义上的中央银行，其成立之初是为政府筹资，并因此获得发行政府授予的银行券的权利。由于英格兰银行资金实力和信誉高于其他银行，1833年国会通过法律规定英格兰银行发行的纸币具有无限法偿能力，并于1844年颁布《英格兰银行条例》(亦即《皮尔条例》)确立其货币发行银行的地位。此后，法国、荷兰、丹麦、挪威等国家也纷纷设立中央银行。

2. 第二阶段：英格兰银行

1844 年至 20 世纪 30 年代，是中央银行制度的发展完善时期。1844 年以后，英国历史上先后爆发了三次金融危机，英格兰银行依托其强大的资金实力，对陷于危机的金融机构采取票据贴现融资的挽救方式，很好地发挥了"最后贷款人"的作用，避免了整个金融体系的崩溃，彰显了其在保障银行清偿能力、调节社会信用方面不可替代的功能。这样，英格兰银行就逐步演变成英国的中央银行。到 19 世纪后期，英格兰银行已成为中央银行的典范，为他国纷纷仿效。1946 年英国议会通过《英格兰银行法案》，使得该行正式成为国有银行。

3. 第三阶段：美国联邦储备体系

美国联邦储备体系是美国的中央银行。1907 年美国爆发的金融危机暴露出美国银行制度的一个重大缺陷——货币供给缺乏弹性。为此，美国政府设立国家货币委员会，建议成立联邦式的中央银行。美国国会于 1913 年通过联邦储备法案，联邦储备体系于 1914 年成立。根据美国联邦储备法案的规定，除在首都设立联邦储备体系理事会外，将全国分成 12 个联邦储备区，每个区一家联邦储备银行，可以独立行使中央银行的职能。1945 年，国际货币基金组织和世界银行成立，旨在加强国际中央银行的合作，确保各国银行体系稳健运行和国际金融秩序稳定。1974 年，巴塞尔银行监督委员会成立，实施银行业务国际联合监督。这些对于中央银行职能的完善和中央银行的国际合作均起到了重要的推动作用。

(三)我国中央银行的产生与发展

我国的中央银行萌芽于 20 世纪初。在清政府和北洋政府时期，户部银行(1905 年开业，1908 年改组为大清银行，1912 年再次改组为中国银行)和交通银行都曾经起过中央银行的某种职能。1928 年 11 月，国民党政府在上海成立了中央银行，名义上是中央银行，实际上发钞权控制在中央银行、中国银行、交通银行和中国农业银行四大银行手中，直到 1942 年 7 月 1 日"四联总处"对这四家银行的业务重新划分，中央银行统一货币发行、统一代理国库、统一外汇管理，至此我国的中央银行制度才初步形成。

新中国的中央银行是中国人民银行，它是在 1948 年 12 月 1 日合并原华北银行、北海银行和西北农业银行的基础上组建的，同时开始发行统一的人民币。1949 年 2 月总行迁至北京，总部大楼如图 7-1 所示。

图 7-1　中国人民银行

第七章　中央银行

中国人民银行从成立到 1983 年 9 月，履行双重职能，实行"大一统"的中央银行体制，既是行使货币发行和金融监管的国家机关，又是从事信贷、结算、现金出纳和外汇业务的金融企业，这种集中调配资金的格局，既适应了当时高度集中的经济管理体制的要求，也有利于抑制建国初期的通货膨胀。随着改革开放的深入，新的金融机构、金融业务、金融工具不断涌现，金融管理日趋复杂，这种政企不分的体制就逐渐暴露出弊端，客观上要求中国人民银行摆脱繁杂的商业银行业务，专事中央银行职能。1983 年 9 月 17 日，国务院作出《关于中国人民银行专门行使中央银行职能的决定》，对中国人民银行的基本职能、组织机构、资金来源及其与金融机构的关系等作出了比较系统的规定。1984 年 1 月 1 日，中国工商银行成立，中国人民银行承担的工商信贷、城镇储蓄等业务划归工商银行，中国人民银行从双重职能转变为专门行使中央银行职能。这标志着我国的单一式中央银行制度的确立。

但是，初期的中央银行制度还很不完善，如中央银行制度没有法制化，在日常工作中以条例和决定来代替法律法规；中央银行与政府的关系还没有理顺；中央银行宏观调控的货币政策工具尚未建立健全等。总之，这时的中央银行制度还相当不规范。

1995 年 3 月 18 日，中华人民共和国第八届全国人民代表大会第三次会议通过了《中华人民共和国中国人民银行法》(以下简称《中国人民银行法》)，这是新中国建立以来制定的第一部金融大法，填补了我国金融立法的空白，为把中国人民银行建立成真正的、规范的中央银行提供了有力的法律保障，开创了我国中央银行制度的新纪元。随后，我国中央银行制度进行了一系列的改革，例如，1998 年 11 月，对中国人民银行管理体制实行改革，撤销省级分行，按经济区域设置九家分行等。2016 年 7 月，中国人民银行决定调整存款准备金考核制度，继续推进汇率和利率市场化建设，有序实现人民币资本项目可兑换；规范发展互联网金融，建立大数据标准体系和管理规范，不断完善适应市场经济要求的金融宏观调控和金融监管体制。

二、中央银行的制度类型

中央银行制度的形式在不同国家是不同的，它是由各国的社会制度、历史习惯等因素决定的。一般可将中央银行的制度形式划分为：单一中央银行制、联邦中央银行制、跨国中央银行制和准中央银行制四种类型。

(一)单一中央银行制

单一的中央银行制，是指在一个国家内只设立一家中央银行，其机构设置一般采取总分行制，全面行使中央银行职能并领导全国金融事业。其特点是：权力集中，职能齐全，分支机构较多，总行通常设在首都或该国的经济金融中心城市。目前，世界上大多数国家实行这种中央银行制度，如英国、日本及中国等。

(二)联邦中央银行制

联邦中央银行制，是指在全国设立中央一级的中央银行机构和相对独立的地方一级的中央银行机构，按规定分别行使金融管理权，中央级与地方级的中央银行机构共同构成一个体系，中央级机构是高权力或管理机构，地方机构也有其独立的权利，各自行使中央银行职能。其特点是：地方区域性中央银行不是隶属于总行的分支机构，它们有自己的权力机构，除执行统一的货币政策外，在业务经营中具有较大的独立性。采取联邦中央银行制的国家主要有美国、德国等。在美国，中央银行称为联邦储备系统，在联邦一级，设立联邦储备委员会，作为联邦储备系统的最高决策机构；在地方一级，美国将50个州和一个直属区(哥伦比亚特区)划分为12个联邦储备区，每一个储备区设立一家联邦储备银行，并在其下设立为数不多的几家分行。美国联邦储备委员会总部大楼，如图7-2所示。

图7-2 美国联邦储备委员会

(三)跨国中央银行制

跨国中央银行制，是指参加某一货币联盟的所在成员国联合设立的机构，在成员国内部统一行使中央银行职能。其特点是：发行货币、为成员国政府服务，执行其共同的货币政策及有关成员国政府一致决定授权的事项。实质上是各成员国把他们制定货币政策的主权交给了跨国中央银行，其优势是可以节约开支，防止本国政府实行过分的通货膨胀政策。例如，西非的贝宁、科特迪瓦、尼日尔、塞内加尔、多哥和上沃尔特等六个国家组成了西非货币联盟，并在联盟内设立了共同的中央银行——西非国家中央银行。1998年，欧洲联盟建立了统一的中央银行——欧洲中央银行。欧洲中央银行是一个典型的跨国中央银行，总部设在德国的法兰克福(总部大楼如图7-3所示)，其基本职责是制定和实施欧洲货币联盟内统一的货币政策。从1999年1月1日起，欧洲中央银行开始正式运作，是一家独立的、超国家的金融机构，主要为欧元区内所有国家制定统一的货币政策，然后交由各成员国中央银行去实施。各国中央银行失去其独立性，事实上成为欧洲中央银行的分行。

图 7-3 欧洲中央银行

(四) 准中央银行制

准中央银行制度，也称类似中央银行制度，是指某些国家或地区不设中央银行机构，只是由政府授权一家或几家商业银行，行使部分中央银行职能的制度。其特点是：这类机构一般只有货币发行权，实行准中央银行制度的国家和地区有新加坡、中国香港、斐济、伯利兹、巴尔代夫、利比里亚、莱索托等。例如，新加坡是金融业较发达的国家、亚洲著名的离岸金融市场和国际金融中心。然而，新加坡却没有中央银行，中央银行的职能由金融管理局和货币委员会两家机构来承担。我国香港地区现行的中央银行职能由以下机构来承担：成立于 1993 年 4 月的金融管理局，集中行使货币政策、金融监管和支付体系管理等中央银行基本职能；香港银行公会参与协调货币和信贷政策；港币发行由汇丰银行、渣打银行和中国银行负责；辅币则由港府自己发行；票据交换所由汇丰银行管理。

三、中央银行的机构设置

中央银行的机构设置包括最高权力机构的设置、总行内部的职能机构设置和分支机构的设置等内容。各国中央银行根据各自的国情、历史传统习惯、社会政治经济制度以及经济发展状况的不同，建立了各自的中央银行组织机构。

1. 中央银行最高权力机构的设置

中央银行的最高权力一般可分为决策权、执行权和监督权。就世界多数国家而言，中央银行最高权力机构的设置基本可分为以下两种类型。

(1) 决策权、执行权、监督权合一型。这是将决策、执行、监督权集于一身的中央银行，其最高权力机构一般是理事会，属于这一类型的国家有英国、美国、马来西亚、菲律宾等。比如，美联储的最高权力机构是联邦储备委员会，联邦储备委员会负责制定并执行金融政策，对联邦储备银行和会员商业银行的活动进行管理和监督。

(2) 决策、执行、监督权分开型。日本、德国等属于这种类型。比如，日本银行的最高决策机构是政策委员会，该委员会负责制定日本银行的重大政策措施，如货币政策的制定、政策工具的选择等；日本银行的执行机构是日本银行理事会，负责日本银行的日常工作；而监事会负责监督、检查日本银行的业务和政策执行情况。

2. 中央银行总行内部的职能机构设置

中央银行内部组织机构是中央银行职责的具体执行单位。为了适应中央银行所担负的任务、职能、业务经营和金融管理的需要，各国中央银行内部都设置一些具体职能机构。

尽管这些职能机构的名称、分工等各不相同，但概括起来大致分为以下几类：①行政办公机构，主要负责中央银行的日常行政管理、秘书、人事、后勤等方面的工作；②业务机构，主要负责办理货币发行、再贴现、再贷款、收受存款准备金、集中清算等业务操作；③金融管理机构，主要负责对金融机构、金融市场的管理，对金融业务活动的监督等；④经济金融调研机构，主要负责对有关经济金融资料和情报的收集、整理、统计、分析，对经济和社会发展情况进行研究，向金融决策部门提出建议。

3. 中央银行分支机构的设置

中央银行的分支机构是总行的派出机构，具体工作是在所辖区域内贯彻总行制定的方针和政策，完成总行交办的任务。在中央银行分支机构的设置上各国因政治、经济等方面的差异，存在着诸多不同，但大体上有以下三种情况。

(1) 按经济区域设置分支机构。世界上大多数国家的中央银行分支机构是按经济区域设置的，如美联储。

(2) 注意经济区域的同时，兼顾行政区划。德国和日本的中央银行即是如此。

(3) 按行政区划设置分支机构。只有极少数国家是这种情况。

我国中央银行制度自 1984 年确立以后，直至 1998 年 10 月以前一直是按行政区划设置分支机构的，即在省、自治区、直辖市、计划单列市设立一级分行，在地区、地级市设二级分行，在县和县级市设支行。1998 年 11 月，中国人民银行管理体制实行了重大改革，撤销省级分行，按经济区域设置了九家分行，分别在天津、上海、南京、济南、武汉、广州、成都、西安，形成了目前中央银行分支机构的格局。

第二节 中央银行的性质及职能

【知识拓展 7-1】市场经济的气象站——中央银行的性质与作用
MOOC 网址：安徽省网络课程式学习中心 http://www.ehuixue.cn/View.aspx?cid=495

一、中央银行的性质

中央银行的性质是中央银行自身所具有的特有属性，是由其业务活动的特点和所能发挥的作用决定的。从总的方面来看，中央银行是一种特殊的金融机构，是具有银行特征的国家机关，由国家授权制定和执行货币政策、管理金融活动、维护金融稳定的特殊金融机构。因此，中央银行的性质就表现为在整个金融体系中地位的特殊性、职责管理的特殊性和业务经营的特殊性上。

(一)地位的特殊性

中央银行的性质首先体现在其地位的特殊性上。中央银行处于一国金融体系的核心，是管理一国金融运行的中心；中央银行通过调节利率水平等方式，控制一国的货币供应总量，把握经济发展的冷热程度；中央银行通过颁布各种规章制度对各种金融机构的经营活动进行监管和规范，以贯彻国家政策意图；中央银行还通过与其他国家金融管理机构，以及国际金融组织的往来与合作，参与金融全球化发展中金融问题的解决，在强化一国金融主权的基础上，促进本国经济与金融的发展。

可见，中央银行的地位不同于其他金融机构的地位，作为国家金融政策的体现者和国家干预经济的重要机构，没有了中央银行，一国的宏观经济就难以实现货币稳定、经济增长、充分就业和国际收支平衡的基本目标。

(二)职责管理的特殊性

中央银行的性质还体现在作为一个国家授权的金融管理机构，其管理具有不同于其他行政管理部门(如财政部)的特殊性。

首先，中央银行管理的对象是特殊的商品——货币，以及以货币及其他金融工具为经营对象的各种金融机构。因此，中央银行是以"银行"的身份从事货币的发行管理、为政府代理国库业务、向商业银行提供再贷款等金融服务，这些都是其他的行政管理机构无法做到的。

其次，中央银行管理的方式不仅仅是使用行政手段，更多的是综合使用行政、法律和市场手段。中央银行通过这一综合的管理方式对金融机构进行监管和引导，从而实现其管理目标。

最后，中央银行管理的影响也超过了其他的行政机构，涉及社会经济的各个层面。比如，中央银行宣布调高利率，往往导致企业因资金成本的上升而缩减投资，居民因个人可支配收入的减少而调减消费，从而起到抑制经济增长过热的作用，具有牵一发而动全身的影响效果。

(三)业务经营的特殊性

中央银行的性质还体现在作为一个特殊的金融机构，其业务经营具有不同于一般商业银行的特殊性。一方面，尽管中央银行的业务对象也包括货币这一特殊商品，但它原则上并不涉及普通的货币与信用业务的经营，即不会面向企业、单位和个人办理存贷款或结算业务，而是只与政府和商业银行进行资金往来；也不以获得利润为其业务经营的最终目的，而是通过综合的管理方式吞吐货币供应量，监管各类金融机构，为实现国家的宏观经济目标服务。另一方面，中央银行垄断了一国的货币发行权，因而，与此相关的中央银行的业务经营，也就具有其他金融机构不具有的专门性和独立性。

二、中央银行的职能

中央银行的职能是中央银行性质的具体体现，是中央银行本身所具有的功能，对中央银行职能的归纳与表述有多种方法。"中央银行是发行的银行、银行的银行和政府的银行"是对早期中央银行职能的典型概括；此外，还有的把中央银行职能归纳为政策功能、银行功能、监督功能、开发功能和研究功能五类；有的归纳为服务职能、调节职能和管理职能三类；还有的归纳为独立货币发行、为政府服务、保存准备金、最后融通者、管制作用、集中保管黄金和外汇、主持全国银行清算、检查与监管各金融机构的业务活动等八大类。本书按照中央银行的性质、宗旨和主要业务活动等方面来概括中央银行职能，可归纳为以下几类。

(一)管理监督职能

管理监督职能，是指中央银行作为一个国家的金融管理当局，为维护金融组织体系的健全和稳定，防止金融紊乱给社会经济发展带来的动荡，对国内经营的所有金融机构(包括本国和外国在内)负有管理和监督职责。具体包括：对金融机构的设置、业务活动及经营情况进行审批、检查和监督，对金融市场实施控制和引导以及对违法金融机构的制裁等。

(二)政策调节职能

中央银行作为一国的最高金融机构，其最重要的任务是执行国家的货币政策，实行稳定币值、保障高度就业以及促进经济增长等政策工具，对社会的货币流通和信用活动进行调节和控制，从而达到调节宏观经济、实现政策目标的目的。具体内容如下。

(1) 调节控制货币供应量。货币政策是中央银行对宏观经济调节和管理的重要工具，而对货币供应量的调控又是中央银行货币政策的核心所在。

(2) 调整存款准备金率与再贴现率。这两项是中央银行的货币政策工具。根据经济与金融的实际情况，中央银行调整存款准备金率和再贴现率，有效地调节和控制全国的货币供应量与信用规模，对稳定货币与金融有重要作用。

(3) 利用公开市场业务。这是中央银行根据货币政策的要求，在公开市场上买卖有价证券和外汇，并通过这一活动来达到调节金融和平衡国际收支的目标。

(三)服务职能

根据客户的不同，中央银行提供的金融服务主要由两方面的内容构成：一是对政府提供金融服务，如代理国库、充当政府的出纳、为政府融通资金、在国际金融事务中中央银行代表政府与外国金融当局和国际金融组织建立业务联系或者进行有关事项的谈判和交涉。二是为商业银行等金融机构提供金融服务。例如，为商业银行等金融机构融通资金，集中保管金融机构的现金准备，提供全国性的中央票据交换和清算服务以及信息咨询等。

(四)国际合作职能

中央银行的国际合作活动最早可以追溯到1920年的布鲁塞尔国际金融会议和1922年的日内瓦国际金融会议。其后，随着国际清算、国际货币基金组织和世界银行的建立，使国际金融合作更为紧密。中央银行一般都是代表政府参加国际金融合作，其主要活动是：协调货币金融政策，开展国际的监督管理合作和国际金融服务合作，特别是国际的监督管理合作，日益加强。1974 年开始到 1988 年最后完成的由 12 国中央银行共同通过的《关于统一国际银行资本计算和资本标准的协议》(简称巴塞尔协议)，就是国际统一银行监督管理合作的标志。

三、中国人民银行的职责

《中国人民银行法》规定，中国人民银行是我国的中央银行，在国务院的领导下，制定和执行货币政策，防范和化解金融风险，维护金融稳定。中国人民银行作为我国的中央银行履行的职责包括：①发布与履行与其职责有关的命令和规章；②依法制定和执行货币政策；③发行人民币，管理人民币流通；④监督管理银行间同业拆借市场和银行间债券市场；⑤实施外汇管理，监督、管理银行间外汇市场；⑥监督、管理黄金市场；⑦持有、管理、经营国家外汇储备、黄金储备；⑧经理国库；⑨维护支付、清算系统的正常进行；⑩指导、部署金融业反洗钱工作，负责反洗钱的资金监测；⑪负责金融业的统计、调查、分析和预测；⑫作为国家的中央银行，从事有关的国际金融活动；⑬国务院规定的其他职责。

职责是职能的具体化。中国人民银行的上述职责表明，中国人民银行与世界各国中央银行的职能基本相同，是发行的银行、银行的银行和国家的银行。上述职责也表明，中国人民银行作为我国最重要的经济管理机关之一，主要活动都是围绕着宏观调控和金融管理而进行的。

第三节　中央银行的相对独立性

一、中央银行保持相对独立性的含义及原因

(一)中央银行相对独立性的含义

中央银行的相对独立性问题，实际上是中央银行与政府的关系问题。所谓相对独立是指中央银行享有"政府范围内的独立"，而不能完全凌驾于政府之上。

(二)中央银行保持相对独立性的原因

中央银行为什么要保持相对独立性呢？究其原因，主要有以下三个方面。

(1) 从货币政策的有效性和适应性看，中央银行的货币政策并不总是有效的，在对经济增长的作用和不同经济周期的适应性上存在"盲区"，客观上要求货币政策和财政政策搭配使用，亦即中央银行与政府协调操作。

(2) 从金融与经济的关系看，金融是经济系统的一个子系统，作为金融系统的核心和金融管理者——中央银行，必须服从这个系统的运转，服务于国家的根本利益。

(3) 从个人理性与集体理性的关系看，个人的理性行为往往导致集体非理性，出现"囚徒困境"局面。例如，发生通货膨胀时，理性的个人不会主动削减开支以降低通货膨胀率，

其结果导致通货膨胀率下降的集体理性丧失。这时就需要借助于"引导之手"或适当的制度安排实现中央银行货币政策的理性结果。

二、中央银行相对独立性的表现

中央银行的相对独立性主要表现在以下几个方面。

(1) 从法律赋予中央银行的职责看，多数国家从法律角度赋予中央银行以法定职责，明确规定在制定和执行货币政策上享有相对独立性。但是，中央银行在制定货币政策，承担稳定货币金融，实现政府经济目标和社会职责的同时，不能脱离国家经济发展的总政策和总目标。

(2) 从中央银行领导人的任命和任期看，政府作为中央银行唯一的或主要的股东，或者甚至在私人全部持有中央银行股票的情况下，政府一般都拥有任命央行的理事和总裁的权力。这说明政府在人事上对中央银行有一定的控制权，可以通过人事的任免来影响中央银行的活动，至于中央银行理事会中是否拥有政府的代表以及代表的权限有多大，各国有较大差别。一般有两种情况：一是中央银行理事会中没有政府代表，对中央银行政策的制定不过问，如英国、美国、荷兰等；二是在中央银行决策机构中有政府代表，但政府代表的发言权、投票权、否决权以及暂缓执行权各有不同，如在德国，政府内阁成员可以参加中央银行理事会会议，但只有发言权而没有表决权，政府只有权要求央行理事会推迟两星期作出决议，但无权要求央行理事会改变其决议。

(3) 从中央银行与财政部的关系来看，很多国家严格限制中央银行直接向政府提供长期贷款，以防止中央银行用货币发行来弥补财政赤字。但又要通过某些方法，在一定限度内对政府融资予以支持，这表现在以下两点：一是在财政部筹资遇到困难时，可为财政提供短期贷款；二是为财政筹资创造有利条件，例如，通过各种信用调节措施为政府公债的发行创造条件。但为了防止中央银行对政府过度融资引起通货膨胀，许多国家对融资方式、额度和期限都从法律上严加限制，禁止财政部向中央银行透支。

(4) 从中央银行的利润分配和资金来源来看，中央银行不是企业，不以营利为目标。但它有盈利，且盈利很高。中央银行不需财政拨款，这是中央银行不同于其他政府机构的地方。中央银行不以营利为目标，它的收入扣除必需的支付与积累外，全部上交政府，这又是它作为政府部门性质的体现。

(5) 从中央银行的资本所有权来看，它的发展趋势是归政府所有。目前，许多西方国家的中央银行的资本归国家所有，如英国、法国、德国、加拿大、澳大利亚、挪威、荷兰等；有些国家的中央银行的股本是公私合有的，如比利时、墨西哥、奥地利等；另外，有一些国家的中央银行虽归政府管辖，但资本仍归个人所有，如美国和意大利等。凡允许私人持有中央银行股份的国家，一般都对私人股权作了一些限制，以防止私人利益在中央银行占有特殊地位，如美联储系统在争取私营银行合作的同时，又对私营银行的权力加以限制，不受私营银行的操纵。

三、中央银行相对独立性的不同模式

一国中央银行的相对独立性的强弱主要取决于以下几方面的制度安排：中央银行的隶属关系、法律赋予中央银行的权力、中央银行领导人的任命和任期、中央银行决策层中是否有政府代表、中央银行与财政部的资金关系等。中央银行的独立性大致可以分为以下三种模式。

1. 独立性较强的模式

这种模式的主要特点是：中央银行直接对国会负责，政府无权对其发布指令；法律赋予中央银行较大的权力并明确其独立性地位，中央银行领导人的任期长于政府总统的任期或者有任期错开的安排；中央银行决策层中没有政府代表或政府代表没有表决权；政府向中央银行融资有严格限制，并且央行无须财政拨款。例如，美国、德国等国的中央银行是这种模式的典型代表。

2. 表面上独立性较弱，但实际上独立性较强的模式

这种模式是指中央银行名义上隶属于政府，或法律当中有限制中央银行独立性的条款，但实际上中央银行仍可保持较强的独立性。例如，英国、日本等国的中央银行均属于这种情况。

3. 独立性较弱的模式

这种类型的中央银行不论在名义上还是实际上都受制于政府的指令，其货币政策的制定和执行通常要经过政府批准，中央银行决策层中的政府代表有权否决或推迟中央银行决议的执行。例如，意大利、法国等国的中央银行都属于这种类型。

中央银行独立性程度不同，宏观经济的运行效果就不同。根据劳伦斯·萨默斯(Lawrence Summers)等人的研究，中央银行的独立性程度越高，该国的通货膨胀率就越低。在1973—1988年通货膨胀率最低的国家联邦德国和瑞士(平均通胀率在4%以下)，其中央银行独立性也较高；相反，西班牙、新西兰、意大利等这些中央银行独立性较弱的国家，其平均通胀率在同一时期均在12%以上。同时，具有独立中央银行制度国家的失业率或产出波动并不比中央银行不独立的国家大。这从一个侧面支持了中央银行独立的观点。

《中国人民银行法》规定："中国人民银行在国务院领导下，制定和实施货币政策，防范和化解金融风险，维护金融稳定。"同时，"中国人民银行就年度货币供应量、利率、汇率和国务院规定的其他重要事项作出的决定，报国务院批准后执行"。这表明，我国中央银行隶属于国务院，而且货币政策中的一些重要内容，尤其是货币发行量的决定权在国务院，中央银行独立性较弱。但相对于地方政府和各级政府部门而言，中央银行的独立性则更强一些。《中国人民银行法》也规定："中国人民银行在国务院领导下依法独立执行货币政策，履行职责，开展业务，不受地方政府、各级政府部门、社会团体和个人的干涉。"此外，我国的中国人民银行虽然在法律上不隶属于财政部，看似有较高的独立性，但由于国务院在法律上对中国人民银行有很大的干预权，在实践中其他主体又有很多非法律手段干扰中国人民银行独立实施货币政策和开展其他业务，因此，我国中央银行的独立性实际上仍属较低之列，因而需增强其独立性。

第四节 中央银行的主要业务

【知识拓展7-2】解读中央银行的主要业务
MOOC网址：http://www.ehuixue.cn/View.aspx?cid=495

金融学概论(第二版)

中央银行的各项职责主要是通过各种业务活动来履行的,中央银行的业务活动与商业银行有明显的不同,即不以营利为目的,不与一般金融机构争利,最大限度地保持其资产的流动性。中央银行的特殊性质与职能都体现在其具体的业务活动中,而中央银行的主要业务也无非是资产、负债和中间业务。通过其资产负债表来了解中央银行的基本业务构成。

中央银行的资产负债表一般格式和包括的主要科目由三部分组成:负债、资本和资产,如表7-1所示。

表7-1　中央银行的资产负债表

资　产	负　债
再贴现及放款	现金发行
政府债券及财政借款	准备金存款
黄金外汇储备	财政和公共机构存款
其他资产	其他负债
	资本账户
合计	合计

一、中央银行的负债业务

中央银行的负债业务是形成其资金来源的业务,主要包括货币发行、集中存款准备金、经理国库和资本等业务。

(一)货币发行

货币发行是中央银行最重要的负债业务,流通中的现金构成了最大的资金来源。流通中的现金是通过中央银行的资产业务,如再贴现、贷款、购买证券、收购金银外汇等途径投入到流通中,来满足经济发展对纸币的需求。

在现代不兑现纸币流通的制度下,纸币的发行在客观上要受国民经济发展水平的制约。为了保证纸币的发行数量不超过经济发展的客观需要,许多国家建立了货币发行准备金制度,诸如以金银、外汇、证券等作为发行准备金。中央银行的纸币发行必须建立在可靠的准备金基础上,而决不能因外界影响或政治压力滥发纸币,甚至肆意发行。

中央银行的货币发行必须遵循以下三个原则:第一,要坚持垄断发行;第二,要有可行的信用保证,即发行要有一定的黄金或证券保证,建立一定的发行准备制度,如弹性比例制、保证准备制和现金准备发行制等,该原则在西方被称为"消极原则";第三,要具有一定的弹性,就是说货币发行要具有高度的伸缩性和灵活性,不断适应社会经济状况变化的需要,既要防止通货不足,又要避免通货过量,这在西方被称为"积极原则"。

【知识拓展7-3】央行政策实施"一剂猛药"——宏观调控中的存款准备金制度
MOOC网址:安徽省网络课程学习中心 http://www.ehuixue.cn/View.aspx?cid=495

(二)集中存款准备金

为了满足商业银行流动性及清偿能力的要求,同时为了调节信贷规模及货币供应量,中央银行要集中商业银行吸收存款的一部分作为存款准备金。存款准备金可分为两部分:

一部分是法定存款准备金,另一部分是超额准备金。前者是由法定存款准备金率及商业银行存款总额来决定的,这部分准备金必须存在中央银行存款准备金账户;后者是商业银行存在中央银行准备金账户上的、超过法定存款准备金的那部分存款,这部分数额是由商业银行自愿存在中央银行账户上的。

中央银行集中的存款准备金不仅形成中央银行稳定的资金来源,而且是低成本甚至是无成本的资金来源,因为中央银行对商业银行和存款机构收缴的存款准备金通常是不付利息的。

【专栏7-1】

我国的存款准备金制度

存款准备金制度,是指把缴纳准备金的对象、范围、比例、法则等以法律或条例的形式,作出若干规定,使其成为银行共同执行的准则。

我国的存款准备金制度是在1984年中国人民银行专门行使中央银行职能后建立起来的。1984年中国人民银行按存款种类规定了法定存款准备金率,企业存款为20%,农村存款为25%,储蓄存款为40%,这个法定存款准备金率比较高。1985年开始将法定存款准备金统一调整为10%。1998年将存款准备金率由13%下调到8%。2003年9月提高存款准备金率1个百分点,即存款准备金率由6%调高到7%。1998年以来,随着货币政策由直接调控向间接调控转化,我国存款准备金制度不断得到完善。目前,我国执行的是以2015年10月中国人民银行调整的法定存款准备金率,大型金融机构为17%,中小型金融机构为13.5%,同时下调金融租赁公司和汽车金融公司准备金率3个百分点。

中国人民银行在2007年1月至2008年1月期间曾11次上调存款类金融机构人民币存款准备金率,分别由9%调至15%是为了落实从紧的货币政策要求,加强银行体系流动性管理,引导货币信贷合理增长。2010年1月18日起,我国央行上调存款类金融机构人民币存款准备金率0.5个百分点,上调后对资本市场和实体经济各个领域产生转折性的影响。此次央行上调存款准备金率的意图非常明显,是基于对资产泡沫的警惕,这是近年收紧财政货币政策的一个明确信号。2016年3月1日起,中国人民银行普遍下调金融机构人民币存款准备金率0.5个百分点,以保持金融体系流动性合理充裕,引导货币信贷平稳适度增长,为供给侧改革营造适宜的货币金融环境。同年的7月15日起中国人民银行人民币存款准备金的考核基数由考核期末一般存款时点数调整为考核期内一般存款日终余额的算术平均值。同时,按季交纳存款准备金的境外人民币业务参加行存放境内代理行人民币存款,其交存基数也调整为上季度境外参加行人民币存放日终余额的算术平均值。平均法考核方式给予金融机构流动性管理上更多的便利性,但也对中央银行流动性管理提出更高要求,这是进一步完善平均法考核存款准备金,增强金融机构流动性管理的灵活性,平滑货币市场波动的货币政策举措。

(资料来源:百度文库)

(三)经理国库

中央银行经办政府的财政收支,执行国库的出纳职能,在执行这一职能过程中,中央银行可以吸收大量的财政金库存款,形成中央银行的重要资金来源。其具体过程是,财政部作为国库的管理者首先在中央银行开设专门账户。当财政部征缴税款和发行政府债券时,其应收款项都记在财政部的存款账户上,以支票的方式从有关吸收存款机构的账户转入中央银行账户。当财政部拨付政府各项经费和资金给指定部门时,就直接从财政部存款户汇兑到有关单位存款户,这时便借记"财政部存款",贷记"收款部门开户行的存款"。财政收支相抵而形成的差额,如果是正的,就是财政结余存款;如果是负的,则属于财政透支。一般各国都以一定形式禁止中央银行对财政透支。

中央银行经理国库业务,可以沟通财政与金融之间的联系,使国家的财源与金融机构的资金来源相连接,充分发挥货币资金的作用,并为政府资金的融通提供了一个有力的调节机制。

(四)资本

中央银行必须保留一定的资本金,保证业务的正常开展。世界各国中央银行按资本所有权不同可划分为以下三种主要类型。

(1) 政府出资。即中央银行的全部资本由政府出资,目前绝大多数国家都是如此。

(2) 混合持股。即中央银行的资本,一部分由政府掌握,其股份一般都在一半或以上;另一部分由其他部门或个人所持有,但是私人股东一般都只有每年收取固定股息的权利而没有股东投票权、经营管理权等实质性权利。

(3) 银行持股。即中央银行的资本,是由该国的商业银行按一定资本量认购其股票。采取这种方式的国家有美国和意大利。例如,美联储的资本是由几千家商业银行按其资本的一定比例认购股份,股东只享受每年固定6%的股息,无权参与管理,股份也不准转卖。

需要指出的是,由于中央银行拥有特殊的地位和法律特权,其资本金的使用实际上比一般金融机构要小得多,有的国家中央银行甚至没有资本金。

二、中央银行的资产业务

中央银行资产业务,是指其资金运用业务,即对政府、商业银行等金融机构提供特殊金融服务,实现宏观调控的业务,主要包括再贴现、贷款、证券买卖和黄金外汇储备等其他资产业务。

(一)再贴现业务

在商业票据流通盛行、贴现市场发达的国家,这是中央银行向商业银行融通资金的重要方式。

所谓再贴现,是商业银行将通过贴现业务所持有的尚未到期的商业票据向中央银行申请转让,中央银行据此以贴现方式向商业银行融通资金的业务。这项业务之所以称为"再贴现",是为了区别于企业或公司向商业银行申请的"贴现"和商业银行与商业银行之间的"转贴现"。再贴现利率是中央银行购进其资产——票据的"价格",换句话说,就是商业银行获得资金的成本。这样,中央银行通过对再贴现率的调节,来影响商业银行借入资金的成本,刺激或抑制资金需求,实现对货币供应量的控制。

(二)贷款业务

中央银行贷款是向社会提供基础货币的重要渠道,是主要资产业务之一。中央银行的贷款主要有以下几类:一是对商业银行的贷款。这种贷款一般是短期,而且多是以政府债券或商业票据作为担保的抵押贷款,这是中央银行贷款中最主要的部分;二是对财政部的抵押贷款,主要包括对财政部的正常借款和透支;三是其他放款,其中包括中央银行对外国银行和国际性金融机构的贷款以及对国内工商企业少量的直接贷款等。中央银行在贷款时,要注意以下几点:第一,中央银行发放贷款不能以盈利为目的,而只能以实现货币政策为目的;第二,中央银行应尽量避免直接对个人或工商企业发放贷款,而应集中精力发挥其最后贷款人的职能;第三,中央银行放款应坚持以短期为主,一般不得经营长期性放款业务,以防中央银行资产的高度流动性受到影响,从而妨碍其有效而灵活地调节和控制货币供应量;第四,中央银行应控制对财政的放款,以保证其相对独立性。

(三)证券买卖业务

在证券市场比较发达的国家,证券买卖业务是中央银行最重要的资产业务。买卖证券的种类主要有政府公债、国库券以及其他市场性很高的有价证券。中央银行在金融市场上公开买卖有价证券,一是可以调节和控制货币供应量,进而对整个宏观经济产生积极的影响;二是可以与准备金政策和再贴现政策进行配合运用,并抵消或避免后两种效果对经济金融的强烈震荡和影响。

中央银行在金融市场上公开买卖有价证券时,一般应注意以下几点:第一,中央银行买卖证券只能在二级市场上进行,这是保持中央银行相对独立性的需要;第二,中央银行只能购买市场属性好、流动性强的证券,以保证其资产的高度流动性;第三,中央银行一般不能购买外国的有价证券。

(四)黄金外汇储备业务

中央银行作为政府的银行,替政府保管黄金外汇储备是其基本职责之一,也是中央银行主要资产业务。中央银行在保管黄金外汇储备时,必须从安全性、收益性和可兑现性三方面考虑其构成比例问题。中央银行保管黄金外汇储备,可以起到稳定币值和汇率,调节国际收支的作用。

三、中央银行的中间业务

中央银行的中间业务主要是资金清算业务,在中央银行的职能业务活动中占有重要地位。中间银行的中间业务具体有三项,即资金清算业务、代理政府债券以及会计和调查统计。

(一)资金清算业务

中央银行是金融机构的清算中心,即为各商业银行办理转账结算,了结其债权债务关系。在信用制度高度发达的今天,企业间因经济往来发生的债权债务关系一般通过商业银行办理转账结算,这种企业间的债权债务关系就转变成了银行间的债权债务关系。不同银行间的债权债务关系又需要通过一个中枢机构办理转账结算,这个中枢机构即为中央银行,中央银行因此成为全国资金清算中心。中央银行的此项业务实现了银行之间债权债务的非现金结算,免除了现款支付的麻烦,便利了异地间的资金转移,加速了商品流通。支付清算业务包括同城票据交换和办理异地资金转移。

1. 集中办理票据交换

这项业务是通过票据交换所进行的。票据交换所是同一城市内诸银行间清算各自应收应付票据款项的场所。票据交换所一般每天交换两次或一次,根据实际需要而定。所有银行间的应收应付款项,都可相互轧抵后而收付其差额。各行交换后的应收应付差额,即可通过其在中央银行开设的往来存款账户进行转账收付,不必收付现金。

2. 办理异地资金转移

异地银行间远距离资金的划拨,各国均由中央银行统一办理。办理异地资金转移的具体做法根据各国使用的票据和银行组织方式的差异而有所不同,概括起来一般有两种类型:一是先由各金融机构内部自成联行系统,最后各金融机构的总管理处通过中央银行总行办理转账结算;二是将异地票据统一集中传送到中央银行总行办理轧差转账。

3. 结清交换差额

各清算银行即参加票据交换所交换票据的银行或金融机构,均在中央银行开设活期存款账户,存有一定数额的备付金,票据交换出现的应收或应付的差额,通过在中央银行的存款账户间的划转即可完成,方便又安全。

(二)代理政府债券

此项业务具体体现在两个方面:一方面,中央银行一般都是政府债券的代理机构,可为政府代办政府债券的发行、还本付息等业务;另一方面,中央银行可通过购买政府债券的方式为政府融通资金。融通资金时,包括中央银行从一级市场和二级市场分别购买政府债券两种做法。前者是中央银行直接为政府融通资金,其实质与透支并无多少差别;后者即从二级市场购买政府债券的做法比较可取,这项业务是中央银行间接地为政府提供资金。

(三)会计和调查统计

中央银行的会计、统计业务是中央银行汇集经济、金融信息,强化宏观调控的重要基础业务。

(1) 会计业务反映中央银行履行其职能和业务活动的情况。首先,中央银行按照会计的基本原则制定核算形式和核算方法,对其自身业务活动进行会计核算、会计分析和会计检查。其次,中央银行对商业银行等金融机构的会计核算进行指导和监管。

(2) 调查统计业务是指中央银行坚持客观性、科学性、统一性、及时性和保密性的原则,对金融和经济状况进行统计调查,有助于中央银行把握国民经济各部门资金和经济运行状况,更好地进行宏观调控。其中,金融调查统计处于核心地位,具体包括货币供应量和货币流量统计、信贷收支和现金收支统计、金融市场统计等内容。

本 章 小 结

中央银行是现代金融体系的核心,是管理一国金融体系、控制货币供给、执行货币政策、实施金融监管的最高金融机构。

第七章 中央银行

中央银行的制度形式划分为四种类型：单一中央银行制、联邦中央银行制、跨国中央银行制和准中央银行制。中央银行的机构设置包括最高权力机构的设置、总行内部的职能机构设置和分支机构的设置等内容。各国中央银行根据各自的国情、历史传统习惯、社会政治经济制度以及经济发展状况的不同，建立了各自的中央银行组织机构。

中央银行的性质表现为在金融体系中的地位特殊性、职责管理的特殊性、业务经营的特殊性。中央银行通过其管理监督、政策调节、服务、国际合作等职能来影响货币供应量、利率等指标，从而实现宏观调控。

中央银行的相对独立性是中央银行制度中较有争议的问题之一。中央银行既应与政府间保持一定的独立性，又不能完全脱离政府。按中央银行的独立性程度不同，可分为较强、居中、较弱三种模式。

中央银行的业务包括负债业务、资产业务和中间业务。负债业务是形成其资金来源的业务，主要包括货币发行、集中存款准备金、代理国库、资本等业务。资产业务是指其资金运用业务，即对政府、商业银行等金融机构提供特殊金融服务，实现宏观调控的业务，主要包括再贴现及贷款、有价证券买卖业务、黄金外汇储备等其他资产。中央银行还开展提供资金清算业务、代理政府债券及会计和调查统计等业务。

复习思考题

一、名词解释

中央银行　单一中央银行制　跨国中央银行制　准中央银行制

二、简答题

1. 简述中央银行产生的原因。
2. 简述中央银行的性质。
3. 如何理解中央银行的相对独立性，表现在哪些方面？
4. 简述中央银行的业务。

三、案例分析

"美国老太"破产了，"中国老太"怎么办？

人这辈子该怎么花钱？有个老笑话很经典，讲的是一位美国老太和一位中国老太在天堂相遇，美国老太很释然地说："进天堂前终于为那套住了几十年的大房子还清了贷款。"而中国老太则怅然地说："辛辛苦苦攒了几十年钱，进天堂前总算买了套大房子，可又没住上两天。"不过，如今这个故事的结局发生了改变：美国老太在还清贷款之前自杀了！

这可不是杜撰。据美国媒体报道，一位居住在俄亥俄州的90岁高龄的美国老太，前不久企图开枪自杀，原因是：断供导致丧失房屋赎回权之后，她面临着无家可归的窘境。老笑话教育我们，该花钱时且花钱，进天堂时钱还没花完无论如何也是一种郁闷的表现；不过从新故事来看，要是人还没进天堂呢？钱已经没的花了、还不上了，那就更麻烦了。这是美国次贷危机的一个缩影。可以想象，正是一个个没有还月供能力的美国老太，引爆了一次震惊世界的次贷危机。

那么，美国人为什么敢于过这种超前消费、高债务消费模式的生活呢？

这与美国的消费文化和美国金融机构对超前消费、高债消费模式的鼓励和纵容有关。2000年网络泡沫破灭和2001年"9·11"后，当时的美联储主席格林斯潘通过一连串的减息措施为美国经济的发展创造了宽松环境。

房地产业对拉动经济作用明显，在此背景下，房价开始持续上涨。为了业绩，开发商拼命鼓励人们买房。为了让穷人也敢买房，华尔街的金融天才们设计出所谓次级贷款，也就是向信用分数低、收入证明缺失、负债较重的人提供的住房贷款。

这下好了，付不起10%的首付？没关系，贷款公司给你们垫着，两年后再还。电影演员、西部牛仔都能当总统，两年后你没准就发财了，或者房子涨价了，总之，你是不会亏的。于是，大批的穷人买了房子。有关统计显示，2001年，全美25%次级抵押贷款发放给了那些像美国老太一样收入证明缺失的借款人，2006年，这个比例已升至45%。于是次贷危机的种子开始萌芽了。

现在，美国老太的故事像肥皂泡一样破灭了，不仅如此，这场金融危机还波及其他一些国家。因此，包括中国在内的许多国家的消费者，恐怕再不想听这个故事了，因为从某种程度上说，这不过是资本市场的一个消费陷阱罢了。

据有关资料显示，我国进出口总值超过了GDP的60%，属于偏外向型的经济模式。换言之，以前美国人的借钱消费在一定程度上促进了"中国制造"的繁荣，现在美国借钱过日子的人大幅减少，"中国制造"势必会受到影响。因此，我国经济下一步该如何发展，是我们现在必须考虑的问题。或许有人会重提重点拉动内需，以弥补外需的疲软，但笔者认为，拉动内需首先要涵养民间财富，再者，需要以减税、减费等措施，来维护私营企业的健康发展，并以此来促进就业、增加劳动收入，并最终稳定内需。

前车之覆，后车之诫。现在我们应该重塑符合中国国情的消费观念。

(资料来源：张玉智. 货币银行学[M]. 北京：中国铁道出版社，2009.)

问题：
(1) 结合我国国情，谈谈美国金融危机给予我们怎样的启示。
(2) 我国为什么要对金融业实施监管？如何加强和完善我国的金融监管？

第八章

国际金融概述

【学习目标】

通过本章的学习，应理解外汇的含义、特征、构成，汇率的标价方法、种类；理解外汇市场的含义、外汇交易方式；了解国际收支的含义、国际收支平衡表的构成以及国际收支失衡的原因、影响和调节措施。

【本章导读】

离岸汇率一跌再跌　人民币汇率会不会"失控"

2016年5月30日,人民币兑美元中间价大幅下调294点,至2011年2月来最低,报6.5784元。5月25日,人民币兑美元中间价报出6.5693,市场皆惊,不仅是因其创自2011年3月五年来最低水平,还因它轻松突破1月7日创出的年内前期低位6.5646。而那个交易日,人民币对美元即期汇率最低触及6.5956,是"8·11"汇改之后的最低价位。

从2015年8月11日人民币贬值开始,人民币经过了两波比较大幅度的贬值,一次是"8·11"之后,一次是今年年初,此后人民币开始对美元保持稳定,并有轻微的升值,但是就在这段时间,人民币对一篮子货币却出现了贬值。人民币指数从2015年12月初的102.5,到2016年的5月3日最低跌到96.53,下降了5.8%。

有人担心人民币汇率会存在"失控"的风险,但是,有中国央行厉兵秣马,市场有充分的理由相信,驾驭人民币汇率的缰绳并不会"失控"。

中国外汇储备在经历了去年5127亿美元的净流出之后,终于在2016年3月和4月实现了净流入,并增至近3.22万亿美元。1月以来,为提振人民币汇率,中国央行亦加强了市场预期管理和干预操作,并采取各种措施限制资金外流,鼓励外资流入。

(资料来源:中证网,http://www.cs.com.cn/xwzx/jr/201605/t20160530_4980521.html)

问题: 人民币贬值会给日常生活带来什么影响?哪些人的利益将受损呢?

【知识拓展8-1】拨云望月——初始外汇、汇率

MOOC网址:安徽省网络课程学习中心 http://www.ehuixue.cn/View.aspx?cid=495

第一节　外　　汇

一、外汇的概念

在经济全球化的今天,国家之间、企业之间以及居民之间实现各种交往不可避免地会涉及外汇这一概念,但是外汇的确切含义却往往不被人们所熟悉。"外汇"有动词和名词两种词性,因此,外汇这一概念有动态和静态两层含义。

(一)动态的外汇含义

从动态的外汇含义来看,外汇是一种活动或过程,是把一种货币兑换为另一种货币用于清偿国际债权债务的一种活动,这种活动又叫作国际汇兑。国际汇兑的特点是:通过银行体系进行转账、非现金结算、借助信用工具进行资金转移。这种活动的目的是清偿国际由贸易、非贸易往来产生的债权债务。

(二)静态的外汇含义

静态外汇的概念可以从广义和狭义两个方面去把握。

1. 广义的外汇概念

广义的外汇泛指一切以外币表示的用于国际清偿的支付手段或资产。国际货币基金组织和各国外汇管制法令所称的外汇都是指广义的外汇。2008年8月1日我国新修订的《中华人民共和国外汇管理条例》中规定：外汇是指下列以外币表示的可以用作国际清偿的支付手段和资产，具体包括：

(1) 外币现钞，包括纸币、铸币；
(2) 外币支付凭证或者支付工具，包括票据、银行存款凭证、银行卡等；
(3) 外币有价证券，包括债券、股票等；
(4) 特别提款权；
(5) 其他外汇资产。

2. 狭义的外汇概念

狭义的外汇即通常人们所说的外汇，是指以外币表示的用于国际结算的支付手段。因为用于国际结算的支付手段必须具备普遍接受性，而且现在的国际结算大多是非现金结算的方式，因此，狭义的外汇仅指在国外的银行存款及对这些存款有索取权的各种票据，即支票、本票和汇票。

3. 理解外汇概念时必须注意的事项

(1) 外汇必须是以外币表示的国外资产，即要具备国际性。
(2) 必须是能够在国外得到偿付的货币债权，因此，在国外不能得到偿付的空头支票不能算作外汇，即要求具备可偿性。
(3) 必须是可以兑换成其他支付手段的外币资产，即要具有可兑换性。

二、外汇的分类

(一)按照能否自由兑换分类

按照能否自由兑换，外汇可分为自由外汇和记账外汇。

1. 自由外汇

自由外汇是指不受任何限制就可兑换为任何一种货币的外汇，或可向第三国进行支付的外汇，其根本特征是可兑换的货币。目前，世界上有50多种货币可自由兑换，能在国际结算中普遍使用的自由外汇有美元、欧元、英镑、瑞士法郎及日元等主要工业国家的货币。

2. 记账外汇

记账外汇，又称双边外汇、清算外汇和协定外汇，它是根据两国政府贸易清算(或支付)协定进行国际结算时，用作计价单位的货币。记账外汇可使用交易双方任何一方的货币，也可使用第三国货币或某种货币篮子。这种外汇不能兑换成其他货币，也不能支付给第三国，只能用于支付协定当中规定的两国间贸易货款及从属费用。

(二)按外币的形态分类

按外币的形态,可以分为外币现钞和现汇。

1. 外币现钞

外币现钞是指外国钞票、铸币,现钞主要由境外携入。外币现汇是指在货币发行国本土银行的存款账户中的自由外汇。

2. 现汇

现汇主要是由国外汇入,或由境外携入、寄入的外币票据,经银行托收,收妥后存入。各种外汇的标的物,一般只有转化为货币发行国本土银行的存款账户中的存款,即现汇后,才能进行实际上的对外国际结算。

(三)根据资金偿付时间分类

根据资金偿付的时间,可以分为即期外汇和远期外汇。

1. 即期外汇

即期外汇也称现汇,是指外汇交易达成后,交易在两个营业日之内就可完成资金收付的外汇。各外汇市场对外汇交割事件的具体规定大同小异。

2. 远期外汇

远期外汇也称期汇,是指外汇交易达成后,交易者只能在合同规定的日期才能实际办理资金收付的外汇。远期外汇交割期限可以是1周,在多数情况下是1~6个月,也可长达1年以上。

三、外汇市场与外汇交易

(一)外汇市场

1. 外汇市场的含义

广义的外汇市场泛指一切进行外汇交易的场所,包括个人外汇买卖交易场所、外币期货交易场所等;狭义的外汇市场是指以外汇专业银行、外汇经纪商、中央银行等为交易主体,通过电话、电传、交易机等现代化通信手段实现交易的无形的交易市场。

目前,世界主要的外汇市场包括欧洲的伦敦、法兰克福、巴黎、苏黎世外汇市场,北美的纽约,亚洲的东京、中国香港、新加坡外汇市场,澳洲的悉尼、惠灵顿市场,这些市场时间上相互延续,共同构成了全球不间断的外汇市场。其中以伦敦外汇市场的交易量为最大,因此,欧洲市场也是流动性较强的一个市场;而纽约外汇市场波动幅度经常较大,主要是由于美国众多的投资基金的运作以及纽约市场上经常会发生一些对外汇影响较大的事件,如美联储利率决定,公布美国重要经济数据等。

2. 外汇市场的构成

外汇市场的参与者主要包括外汇银行、中央银行、外汇投机者、外汇经纪公司、大型投资基金和实际外汇供求者等。了解外汇市场参与者的资金动向对于预测走势也有很大帮助。例如,日本财务年度的资金汇回日本会造成日元的升值压力,英国公司对于德国公司的大型收购案会构成欧元/英镑交叉盘的上升,日本央行通过抛售日元干预外汇市场会造成日元的贬值,日本投资者在澳洲发行澳元计价的债券会造成澳元/日元交叉盘的上升等。只要善于分析交易主体的动向和特点,都会从一些蛛丝马迹中发现汇率的动向。

国际主要交易货币名称和标准代码如表 8-1 所示。

表 8-1 国际主要交易货币名称和标准代码

货币名称		习惯写法	ISO 国际标准代码
中　文	英　文		
美元	US Dollar	$/US$	USD
人民币	Chinese Yuan	¥	CNY
欧元	EURO	€	EUR
英镑	Pound, Sterling	£	GBP
日元	Japanese Yen	JP¥	JPY
瑞士法郎	Swiss Franc	SF	CHF
瑞典克朗	Swedish Krona	S.Kr.	SEK
挪威克朗	Norwegian Krona	N.Kr.	NOK
加拿大元	Canadian Dollar	Can$	CAD
澳大利亚元	Australian Dollar	A$.	AUD
新加坡元	Singapore Dollar	S$	SGD
香港元	Hong Kong Dollar	HK$	HKD
澳门元	Macao Pataca	PAT/P.	MOP
马来西亚林吉特	Malaysian Ringgit	M$	MYR
泰国铢	Thai Baht	B	THP
韩国元	Korean Won	W	KPW

(二)外汇交易

1. 外汇交易的含义

所谓的外汇交易是指不同的货币之间按照一定的汇率所进行的交换。它是商品经济和国际贸易发展的必然结果,也是现代国际经济得以顺利进行的必要条件。

2. 外汇交易的方式

外汇交易主要有以下几种方式。

1) 即期外汇交易

即期外汇交易,又称现汇交易或现货交易,即买卖双方按照外汇市场上的即时价格成交后,在两个交易日内办理交割的交易。理解即期交易方式,首先要知道什么是交割。交割其实就是双方把买卖的货币进行清算的过程,交割结束的标志是买卖双方交易货币存款数额的增减。如果双方买卖的是现钞，交割则是指双方分别向对方付出卖出的货币现钞。

2) 远期外汇交易

远期外汇交易是指外汇买卖成交后，于两个工作日以外的预约时间再办理交割的外汇业务。这种外汇交易的实现需要两个步骤：一是买卖双方签订远期外汇合约，合约规定交易外币的种类、金额，约定的远期汇率、交割时间及地点等交易内容；二是到约定的时间进行交割。进行远期外汇交易的优点之一是现在就可以确定将来自己支付或收入的外汇的买卖价格。

远期外汇交易与即期外汇交易的区别就在于远期外汇交易从成交日到交割日至少相隔两天，最短的远期外汇交易期限为成交日后的第3天，最长的远期期限可达10年。远期外汇合约的合同期有1个月、2个月、3个月、6个月、9个月和1年等，最常用的是3个月的远期外汇交易，因为国际贸易付款往往是在3个月之后。另外，有些客户需要特殊期限的远期交易，比如52天、97天等，这些客户可以同银行签订特殊日期的远期外汇合约，进行零星交易。

远期外汇交易报价往往采用掉期率报价法。掉期率是指某一时点远期汇率与即期汇率的差价。这种报价方法使银行可以不用根据即期汇率频繁地调整远期汇率。但是，远期汇率需要客户自己根据即期汇率与掉期率算出。其原则是如果掉期率前小后大，就加到即期汇率上；如果掉期率前大后小，就从即期汇率上减去。

【专栏 8-1】

人民币远期外汇交易

1997年4月1日中国人民银行允许中国银行首家试点办理远期结售汇业务，当时仅有美元1个币种，最长期限为4个月。2005年8月，银行对客户的远期结售汇业务的从业范围扩大至具有即期结售汇业务和衍生品交易义务资格的所有银行。

截至2015年底，国内银行远期结售汇报价币种包括美元、欧元、港元、日元、瑞士法郎、加元、澳大利亚元和英镑八种，期限涵盖1周、20天、1个月、2个月、3个月、4个月、5个月、6个月、7个月、8个月、9个月、10个月、11个月和1年。另外，有择期的交易方式，即不固定具体的交割日，在限定的时间内的任一工作日都可以交割。

(资料来源：中国外汇交易中心网)

3) 掉期交易

掉期交易是指在买进或卖出一定期限的某种货币的同时，卖出或买进期限不同、金额相同的同种货币。例如，某银行在5月6日买进即期英镑100万，同时，卖出1个月远期英镑100万，该银行所做的就是一笔掉期交易。掉期交易具有如下性质：买卖同时进行，即一笔掉期交易必须包括买进一笔外汇以及卖出一笔外汇，并且买卖活动在时间上几乎同时进行；买卖外汇的数额相同、币种相同、交割的期限不同，即买卖外汇交割日期是错开的，如上例买英镑的交易交割是在5月8日(如果是标准交割日，且不是双方的营业日)，远期卖出1个月英镑的交割日应该在6月8日。凡符合上述几个条件的外汇交易组合均属于掉期交易。

4) 套汇

套汇是指套汇者利用两个或两个以上外汇市场某一时刻某些外汇汇率存在的差异，通过贱买贵卖，对该种外汇在不同的市场进行买卖，从而获得差价收入的交易活动。这种交易活动具有强烈的投机性。套汇交易方式主要包括两种：一是直接套汇；二是间接套汇。

(1) 直接套汇。直接套汇也称两地套汇或两角套汇，是指利用两地之间的汇率差异，同时在两地低买高卖，赚取汇率差额的一种套汇业务。例如：

香港市场　USD—HKD 7.780 4/14

纽约市场　USD—HKD 7.782 4/34

可以很明显地看出，在香港市场美元便宜，在纽约市场美元贵，则香港的金融机构就可以在本地用港元买美元，从而实现贱买的过程，同时在纽约外汇市场抛美元买港元，实现贵卖的过程。

(2) 间接套汇。间接套汇是指套汇者利用三个或三个以上外汇市场的汇率差异，在三地或多地进行贱买贵卖，从而获得差额收入的外汇交易。间接套汇最大的难度是套汇者很难一眼看出某外汇在哪个市场便宜，在哪个市场贵。

5) 套利交易

套利交易是指套利者利用不同国家或地区短期利率的差异，将资金由利率低的国家或地区转移到利率高的国家或地区，以赚取利差收益的一种外汇交易。比如，某套利者有资金 100 万美元，美元存款利率为年利 10%，英镑存款利率为年利 15%，该套利者可以把手中低利率货币的美元转换为高利率货币的英镑，然后转存为英镑存款，存期 6 个月，待到期时再把英镑本利和转换成美元，从而获利。可以看出，这种转换虽然可以使套利者享受到高利率的好处，但是如果不进行保值，则高利率货币本利和在换回的时候可能会遭受汇率风险所造成的损失。因此，根据是否对高利率货币在换回的时候保值，可以把套利交易分为补偿套利交易和非补偿套利交易。

(1) 补偿套利交易。补偿套利交易是指套利者把资金从低利率国调往高利率国的同时，在外汇市场上卖出高利率货币的远期，以避免汇率风险的外汇交易。

(2) 非补偿套利交易。非补偿套利交易是指单纯地把资金从利率低的货币转换成利率高的货币存储，在换回本利和的时候并没有事先进行远期保值的套利交易。这种交易风险较大，不能确定盈亏，因此，套利交易一般都采用补偿性交易进行。

6) 外汇期货交易

外汇期货交易是指在固定的交易场所，买卖双方通过公开竞价的方式买进或卖出具有标准合同金额和标准交割日期的外汇合约的交易。外汇期货交易基本上可分为两大类：套期保值交易和投机性期货交易。

(1) 套期保值交易。套期保值的原意为"两面下注"，引申到商业上是指人们在现货市场和期货交易上采取方向相反的买卖行为，即在买进现货的同时卖出期货合约，或在卖出现货的同时买进期货合约，以达到避免价格风险的目的。

(2) 投机性期货交易。投机性期货交易是指那些没有现货交易基础的期货交易者，根据自己对价格变动趋势的预测而进行的以谋取期货价格差额为目的，承担风险的期货交易。

投机者和套期保值者参与期货交易的动机是不同的，投机者通过承担价格风险，力图获取投机收益；套期保值者进行期货交易是为了避免价格风险。因此，存在一定量的投机者是期货市场发育的必要条件。

7) 外汇期权交易

外汇期权交易买卖的是一种权利，买方买这种权利，卖方卖这种权利。买了这种权利的买方,有权在未来某一特定时间,以双方事先确定的特定价格买进或卖出一定数量的某种商品。买方有权选择执行期权,即按事先规定买进或卖出特定商品,也有权选择不执行期权。期权买方因为有这样的选择权,所以必须为这样的选择权支付费用,即期权费。而卖方在收取了期权费后,就要在买方选择执行交易时必须与买方进行交易,也就是说双方权利义务不对等。在是否执行期权的问题上,买方有权利无义务,而卖方有义务没有权利。

外汇期权交易是指期权的买方购买期权,有权在未来某一时间以某一特定价格买进或卖出某种数量的外汇的交易。从根本上说,外汇期权交易有两个最显著的特点:一是期权向其购买者提供的是按协定价格购买或出售规定数量外汇的权利而不是义务;二是期权交易的收益与风险具有明确的非对称性。对期权购买者而言,他所承受的最大风险是事先就明确的权利金,而他所可能获得的收益却是无限制的;对期权出售者而言,他能实现的收益是事先确定的、有限的,但他承担的风险却是无限制的。

第二节 汇 率

所谓汇率,就是两种不同货币之间的折算比价,也就是以一国货币表示的另一国货币的价格,也称汇价、外汇牌价或外汇行市。

一、汇率的标价方法

汇率的标价有以下几种方法。

(一)直接标价法

直接标价法,又称应付标价法,是以一定单位(1、100、1 000、10 000)的外国货币为标准来计算应付出多少单位本国货币,就相当于计算购买一定单位外币应付多少本币,所以称应付标价法,包括中国在内的世界上绝大多数国家目前都采用直接标价法。在国际外汇市场上,日元、瑞士法郎、加元等均为直接标价法,如日元 119.05,即 1 美元兑 119.05 日元。

在直接标价法下,若一定单位的外币折合的本币数额多于前期,则说明外币币值上升或本币币值下跌,称作外汇汇率上升;反之,如果要用比原来少的本币即能兑换到同一数额的外币,则说明外币币值下跌或本币币值上升,称作外汇汇率下跌。

(二)间接标价法

间接标价法,又称应收标价法,是以一定单位(如 1 个单位)的本国货币为标准,来计算应收若干单位的外国货币。在国际外汇市场上,欧元、英镑、澳元等均为间接标价法。 如欧元 0.9705,即 1 欧元兑 0.9705 美元。

在间接标价法中,本国货币的数额保持不变,外国货币的数额随着本国货币币值的对比变化而变动。如果一定数额的本币能兑换的外币数额比前期少,则表明外币币值上升,本币币值下降,即外汇汇率上升;反之,如果一定数额的本币能兑换的外币数额比前期多, 则说明外币币值下降、本币币值上升,即外汇汇率下跌。

二、汇率的类型

在外汇买卖中，站在不同的角度，汇率可以分为不同的种类。

(一)从制定汇率的角度来考察

从制定汇率的角度来考察，可分为基准汇率和套算汇率。

1. 基准汇率

通常选择一种国际经济交易中最常使用、在外汇储备中所占的比重最大的可自由兑换的关键货币作为主要对象，与本国货币对比，订出汇率，这种汇率就是基准汇率。关键货币一般是指一种世界货币，被广泛用于计价、结算、储备、可自由兑换、国际上可普遍接受的货币。目前，作为关键货币的通常是美元，把本国货币对美元的汇率作为基准汇率。人民币基准汇率是由中国人民银行根据前一日银行间外汇市场上形成的美元对人民币的加权平均价，公布当日主要交易货币(美元、日元和港币)对人民币交易的基准汇率，即市场交易中间价。

2. 套算汇率

制定出基准汇率后，本币对其他外国货币的汇率就可以通过基准汇率加以套算，这样得出的汇率就是套算汇率，又称为交叉汇率。

(二)从银行买卖外汇的角度考察

从银行买卖外汇的角度考察，可分为买入汇率、卖出汇率和中间汇率。

1. 买入汇率

买入汇率又称买入价，是外汇银行向客户买进外汇时所使用的汇率。

2. 卖出汇率

卖出汇率又称外汇卖出价，是指银行向客户买进外汇时所使用的汇率。

银行从事的外汇买卖活动分别以不同的汇率进行，买入外汇时往往以较低的价格买入，卖出外汇时以较高的价格卖出，两者之间的价差即为银行的经营费用和利润。

外汇市场上，银行通常采用双向报价法，即同时报出买入价和卖出价，在直接标价法下，较低的价格为买入价，较高的价格为卖出价，也就是说直接标价法下买价在前，卖价在后，间接标价法下，卖价在前，买价在后。

3. 中间汇率

中间汇率又称中间价，是银行买入价与卖出价的平均数。报刊报道汇率消息时常用中间汇率。

(三)从汇率制度角度考察

从汇率制度角度考察，可分为固定汇率和浮动汇率。

1. 固定汇率

固定汇率是指一国货币同另一国货币的汇率基本固定，汇率波动幅度很小，由官方干预来保证汇率的稳定。

2. 浮动汇率

浮动汇率是指一国货币当局不规定本国货币对其他货币的官方汇率，也无任何汇率波动幅度的上下限，而由外汇市场的供求关系决定汇率，自由涨落。

【专栏 8-2】

中国香港汇率制度的演变

19世纪末，英国为其殖民地提出并设立了联系汇率制。中国香港作为英国殖民地，采用了这种联系汇率制度。最初港元与英镑联系，但于1972年取消。1983年再度启用时，港元与美元联系，以1美元兑7.80港元的比价实行联系汇率制。香港没有中央银行，是世界上由商业银行发行钞票的少数地区之一，而港元则是以外汇基金为发行机制的。外汇基金港元发行的准备金，由政府设立。汇丰、渣打和中银三家发钞银行增发港元时，须按1美元=7.80港元的固定汇价以100%的美元外汇储备向外汇基金换取无息的发钞"负债证书"，作为发行港元的依据；而回笼港元时，发钞银行可将港元的负债证明书交回外汇基金换取等值的美元。其他持牌银行从发钞银行取得港元时，也要按$1=HK7.8的固定汇率以100%的美元向发钞银行进行兑换，反过来也可按此汇率向发行银行换取美元。这样，港元与美元的汇率就联系起来了。但是，在香港的公开外汇市场上，港元汇率是由市场供求状况决定自由浮动的。联系汇率与市场汇率并存、固定汇率与浮动汇率并存，是香港联系汇率制度最重要的机制。

(四) 从外汇交易支付通知方式角度考察

从外汇交易支付通知方式角度考察，可分为电汇汇率、信汇汇率和票汇汇率。

1. 电汇汇率

电汇汇率是银行卖出外汇后，以电报为传递工具，通知其国外分行或代理行付款给收款人时所使用的一种汇率。

2. 信汇汇率

信汇汇率是银行卖出外汇后，用信函方式通知付款地银行转汇收款人的一种汇款方式。银行卖出的外汇需要用信函通知国外分行或代理行付出，所用时间较长，因此需将银行占用在途资金的利息扣除，汇率较电汇汇率低。

3. 票汇汇率

票汇汇率是指银行在卖出外汇时，开立一张由其国外分支机构或代理行付款的汇票交给汇款人，由其自带或寄往国外取款。

(五) 从外汇的交割时间角度考察

从外汇的交割时间角度考察，可分为即期汇率和远期汇率。

1. 即期汇率

即期汇率又称现汇率，是指外汇买卖成交后，在两个营业日内办理交割时所使用的汇率。即期汇率的两种汇率(买入卖出)的排序顺序是：先小后大。

2. 远期汇率

远期汇率又称期汇汇率，是指在未来一定时期交割，而事先由买卖双方达成协议、签订合同的汇率。

这一汇率是双方以现汇率为基础约定的，但往往与现汇率有一定差价，其差价称升水或贴水。当远期汇率比即期汇率高时我们称外汇升水；当远期汇率比即期低时我们称外汇贴水。另外，远期汇率虽然是未来交割所使用的汇率，但与未来交割时的市场现汇率是不同的，前者是事前约定的远期汇率，后者是将来的即期汇率。

(六) 从外汇的管理制度不同考察

从外汇的管理制度不同考察，可分为官方汇率和市场汇率。

1. 官方汇率

官方汇率是由一个国家的外汇管理机构制定公布的汇率。在实行严格外汇管制的国家，一切外汇交易由外汇管理机构统一管理，外汇不能自由买卖，没有外汇市场汇率，一切交易都必须按照官方汇率进行。

2. 市场汇率

市场汇率是在外汇管制较松的国家，在自由外汇市场上进行外汇交易的汇率。

(七) 从外汇银行营业时间的角度考察

从外汇银行营业时间的角度考察，可分为开盘汇率和收盘汇率。

1. 开盘汇率

开盘汇率是外汇银行在一个营业日刚开始营业、进行外汇买卖时使用的汇率。

2. 收盘汇率

收盘汇率是外汇银行在一个营业日的外汇交易终了时的汇率。

三、影响汇率变动的因素

外汇汇率的波动虽然千变万化，但与其他商品一样，归根到底是由供求关系决定的。在国际外汇市场中，当某种货币的买家多于卖家时，卖方奇货可居，价格必然上升；反之，当卖家销路不佳时，竞相抛售某种货币，则汇价必然下跌。影响汇率供求关系平衡的因素有很多，概括起来主要有以下几种。

(一)国际收支状况

国际收支状况是决定汇率变动趋势的主导因素。国际收支是一国对外经济活动中的各种收支的总和。一般情况下，国际收支逆差表明外汇供不应求。在浮动汇率制下，市场供求决定汇率的变动，因此，国际收支逆差将引起本币贬值、外币升值，即外汇汇率上升；反之，国际收支顺差则引起外汇汇率下降。需要注意的是，一般情况下，国际收支变动决定汇率的中长期走势。

(二)国民收入

一般来说，国民收入增加，促使消费水平提高，对本币的需求也相应增加。如果货币供给不变，对本币的额外需求将提高本币价值，造成外汇贬值。当然，国民收入的变动引起汇率是贬或是升，取决于国民收入变动的原因。如果国民收入是因增加商品供给而提高，则在一个较长时间内该国货币的购买力得以加强，外汇汇率就会下跌。如果国民收入因扩大政府开支或扩大总需求而提高，在供给不变的情况下，超额的需求必然要通过扩大进口来满足，这就使外汇需求增加，外汇汇率就会上涨。

(三)货币供给

货币供给是决定货币价值、货币购买力的首要因素。如果本国货币供给减少，则本币由于稀少而更有价值。通常情况下，货币供给减少与银根紧缩、信贷紧缩相伴而行，从而造成总需求、产量和就业下降，商品价格也下降，本币价值提高，外汇汇率将相应地下跌。如果货币供给增加，超额货币则以通货膨胀的形式表现出来，本国商品价格上涨，购买力下降，这将会促进相对低廉的外国商品大量进口，外汇汇率将上涨。

(四)通货膨胀率的高低

如果一国的货币发行过多，流通中的货币量超过了商品流通过程中的实际需求，就会造成通货膨胀。通货膨胀使一国的货币在国内购买力下降，使货币对内贬值。在其他条件不变的情况下，货币对内贬值，必然引起对外贬值。因为汇率是两国币值的对比，发行货币过多的国家，其单位货币所代表的价值量将减少，所以，在将该国货币折算成外国货币时，就要付出比原来多的该国货币。通货膨胀率的变动，将改变人们对货币的交易需求量以及对债券收益、外币价值的预期。通货膨胀造成国内物价上涨，在汇率不变的情况下，出口亏损，进口有利。在外汇市场上，外国货币需求增加，本国货币需求减少，从而引起外汇汇率上升，本国货币对外贬值。相反，如果一国通货膨胀率降低，外汇汇率一般会下跌。

(五)利率

利率在一定条件下对汇率的短期影响很大。利率对汇率的影响是通过不同国家的利率差异引起资金特别是短期资金的流动而起作用的。在一般情况下，如果两国利率差异大于两国远期、即期汇率差异，资金便会由利率较低的国家流向利率较高的国家，从而有利于利率较高国家的国际收支。需要注意的是，利率水平对汇率虽有一定的影响，但从决定汇率升降趋势的基本因素看，其作用是有限的，它只是在一定的条件下，对汇率的变动产生暂时的影响。

(六)财政收支

一国的财政收支状况对国际收支有很大影响。财政赤字扩大，将增加总需求，常常导致国际收支逆差及通货膨胀加剧，结果本币购买力下降，外汇需求增加，进而推动汇率上涨。当然，如果财政赤字扩大，在货币政策方面辅之以严格控制货币量、提高利率的举措，反而会吸引外资流入，使本币升值，外汇汇率下跌。

(七)各国汇率政策和对市场的干预

各国汇率政策和对市场的干预，在一定程度上影响汇率的变动。在浮动汇率制下，各国央行都尽力协调各国间的货币政策和汇率政策，力图通过影响外汇市场中的供求关系来达到支持本国货币稳定的目的。中央银行影响外汇市场的主要手段是：调整本国的货币政策，通过利率变动影响汇率；直接干预外汇市场；对资本流动实行外汇管制。

(八)投机活动与市场心理预期

自1973年实行浮动汇率制以来，外汇市场的投机活动愈演愈烈，投机者往往拥有雄厚的实力，可以在外汇市场上推波助澜，使汇率的变动远远偏离其均衡水平。投机者常利用市场顺势对某一币种发动攻击，攻势之强，使各国央行甚至西方七国央行联手干预外汇市场也难以阻挡。过度的投机活动加剧了外汇市场的动荡，阻碍了正常的外汇交易，歪曲了外汇供求关系。另外，外汇市场的参与者和研究者，包括经济学家、金融专家和技术分析员、资金交易员等每天致力于汇市走势的研究，他们对市场的判断及对市场交易人员心理的影响以及交易者自身对市场走势的预测都是影响汇率短期波动的重要因素。当市场预计某种货币趋跌时，交易者会大量抛售该货币，造成该货币汇率下浮的事实；反之，当人们预计某种货币趋于坚挺时，又会大量买进该种货币，使其汇率上扬。由于公众预期具有投机性和分散性的特点，加剧了汇率短期波动的振荡。

(九)政治与突发因素

由于资本首先具有追求安全的特性，因此，政治及突发性因素对外汇市场的影响是直接和迅速的，包括政局的稳定性、政策的连续性、政府的外交政策以及战争、经济制裁和自然灾害等。另外，西方国家大选也会对外汇市场产生影响。政治与突发事件因其突发性及临时性，使市场难以预测，故容易对市场造成冲击，一旦市场对消息作出反应并将其消化后，原有消息的影响力就大为削弱。

总之，影响汇率的因素是多种多样的，这些因素的关系错综复杂，有时这些因素同时起作用，有时个别因素起作用，有时甚至起互相抵消的作用，有时这个因素起主要作用，另一个因素起次要作用。但是从一段较长的时间来观察，汇率变化的规律受国际收支的状况和通货膨胀所制约，因而它们是决定汇率变化的基本因素，利率因素和汇率政策只能起从属作用，即助长或削弱基本因素所起的作用。一国的财政货币政策对汇率的变动起着决定性作用。一般情况下，在各国的货币政策中，将汇率确定在一个适当的水平已成为政策目标之一。通常情况下，中央银行运用三大政策工具来执行货币政策，即存款准备金政策、贴现政策和公开市场政策，投机活动只是在其他因素所决定的汇价基本趋势基础上起推波助澜的作用。

【知识拓展 8-2】 汇率之路

网址：优酷财经 http://v.youku.com/v_show/id_XNDc1Mzg4MTI0.html?from=s1.8-1-1.1

第三节 国 际 收 支

【知识拓展 8-3】 国际收支

MOOC 网址：http://www.ehuixue.cn/View.aspx?cid=495

一、国际收支的概念

根据国际货币基金组织的定义，"国际收支是指在一定时期内，一国居民对其他国家居民所进行的全部经济交易的系统记录"。这个定义全面涵盖了一国对外经济活动而产生的收支范畴，既包含涉及货币收支的对外经济交往，也包括未涉及货币收支的对外经济往来，更适合当前国际经济往来的多样性和灵活性的特征。

二、国际收支平衡表及内容

国际收支平衡表是指经济体将其一定时期内的全部国际经济交易，按照经济分析的需要设置账户或项目编制出来的统计表。

国际收支平衡表所包含的内容十分广泛，国际货币基金组织将所有国际经济交易分为经济项目、资本和金融项目两大基本账户。我国的国际收支表即在国际货币基金组织标准的基础上编制，包括经济项目、资本和金融项目、净误差与遗漏三大基本账户，基本账户下设有若干层次子账户。

(一)经常项目

经常项目又称往来项目，反映实际资源在国际上交易和转移的基本情况，是国际收支平衡表中最基本和最重要的账户。经常项目下设货物与服务、收入和经常转移三个子账户。

1. 货物与服务

该账户又包括货物、服务两个子账户，货物又称有形贸易或商品贸易，记录商品的出口和进口，反映一国进出口贸易的基本情况；服务又称无形贸易收支，记录运输、旅游、通信服务、建筑服务、保险服务、金融服务、计算机与信息服务、版权费和执照费、其他商业服务以及个人、文化和娱乐服务等交易的基本情况。

2. 收入

该账户主要反映生产要素流动引起的生产要素报酬的收支。生产要素流动主要包括劳动力与资本两类，因此收入项下设职工报酬和投资收入两个子账户。职工报酬是指以现金或实物形式支付非居民工作人员的工薪收支；投资收入是指居民因持有境外资产而获得的报酬收入，包括直接投资收入、间接投资收入和其他投资收入三部分。该账户不包含本金的流动，本金的流动应记入金融账户，而相应的利息等收入记入本账户。

3. 经常转移

经常转移又称单方面转移或无偿转移，包括所有非资本转移的转移项目。具体而言，经常转移可以分为政府转移和私人转移两大类。政府转移，如战争赔款、政府间的军援、经援和捐赠，政府与国际组织间定期交纳的费用，以及国际组织为执行某项政策而向各国政府提供的转移；私人转移，如侨汇、遗产继承、赡养费、年金、退休金、抚恤金和资助性汇款等。

(二)资本和金融项目

1. 资本项目

资本项目包括资本转移及非生产、金融资产的收买和放弃两部分。资本转移包括固定资产所有权的转移、同固定资产的收买或放弃相联系的或以其为条件的资金转移、债权人不索取任何回报而取消的债务。非生产、金融资产的收买和放弃是指那些非经生产创造出来的有形资产(如土地、地下矿藏)与无形资产(如专利、版权、商标、经销权以及租赁和其他可转让合同)的收买或放弃而发生的外汇收支。

无形资产相关的交易涉及经常账户和资本账户。经常账户的服务项下记录的是无形资产的运用所引起的收支，而资本账户下记录的是无形资产所有权的买卖所引起的收支。

2. 金融项目

金融项目反映居民与非居民之间金融债券债务关系的变化，分为直接投资、证券投资和其他投资三类。

(1) 直接投资。直接投资反映某一经济体的居民单位(直接投资者)对另一经济体的居民单位(直接投资企业)的永久性权益。直接投资可以是在国外直接建立分支企业的形式，也可以是购买国外企业一定比例以上股票的形式。在后一种情况下，国际货币基金组织颁布的《国际收支手册》中规定这一比例最低为10%。

(2) 证券投资。证券投资包括股票和债券的交易。投资的利息收入或支出按净额记录在经常项目下，本金还款记录在金融项目下。

(3) 其他投资。其他投资包括所有直接投资、证券投资中未包括的金融交易，如贸易信贷、贷款、金融租赁项下的货物、货币与存款等。

3. 储备资产

储备资产包括货币当局认为可以用来平衡国际收支和某些情况下实现一定目的的各类资产的交易。储备资产包括货币化黄金、特别提款权、在基金组织的储备资产、外汇资产以及其他债权。

(三)净误差与遗漏

国际收支记录运用的是复式记账法，贷方总额和借方总额应该相等。但实际上，由于不同账户的统计资料来源不一、记录时间不同以及一些人为因素(如虚报出口)等原因，会造成汇总时出现净的借方或贷方余额。净误差与遗漏账户的设置，就是为了抵消导致国际收支平衡表借贷总额不平衡的部分，使国际收支平衡表总差额恢复为零。也就是说，一切统计上的误差均归入净误差与遗漏账户。

三、国际收支失衡的调节

国际收支平衡表中的账面平衡并不能代表国际收支平衡。

(一)国际收支失衡的表现

国际收支失衡，是指国际收支出现顺差或逆差。如果从账面上看，由于国际收支平衡表是根据复试记账原理编制的，所以借、贷方总额总是相等的，但这只是账面上的平衡，而不是国际收支平衡的真实表现。判断一国国际收支的真实情况，目前国际上通用的方法是将国际收支平衡表中记录的全部国际经济交易，按照其性质的不同分为自主性交易和调节性交易两大类。自主性交易的收入与支出相等即被视为国际收支平衡，收入大于支出为顺差，支出大于收入为逆差。自主性交易是指交易者出于自身的交易动机和需要进行的交易，包括经常项目和长期资本项目收支。调节性交易则是指在自主性交易产生不平衡时所进行的，用以调节自主性交易的不平衡而发生的弥补性交易，包括短期资本和储备资产项目的变动。

(二)国际收支失衡的原因

国际收支平衡是相对的、偶然的，而不平衡是绝对的、经常的。导致国际收支失衡的原因是多种多样的，主要有以下几个方面。

(1) 进口不断扩大，而出口一时难以相应增长而出现贸易和国际收支差额。

(2) 受物价和币值变动的影响。例如，一国发生通货膨胀、物价上涨，其出口商品成本随之提高，出口必然减少。而在进口商品汇率不变的情况下，价格相对较低，引起进口增加，其结果导致贸易和国际收支状况恶化。

(3) 国际市场商品需求发生变化，而一国在生产结构和出口商品结构方面来不及调整，从而导致国际收支差额。

(4) 受经济发展周期的影响。一国经济繁荣时期，由于生产高涨，进出口大幅度增加，经常项目可能出现顺差，外汇储备相应上升；而在经济萧条时期，出口减少，引起国际收支变化。

以上原因往往是相互交织、互为影响的，并共同导致国际收支失衡。

(三)国际收支失衡对经济的影响

一国国际收支持续失衡时，无论是顺差还是逆差，都会给该国经济带来危害。持续的、大规模的国际收支逆差对一国经济的影响表现为：会使本国经济增长受阻，长期逆差导致外汇资源枯竭，影响正常进口；本币的国际地位下降，不利于对外经济交往；本国的国际信誉受损等。持续的、大规模的国际收支顺差也会对一国经济发展产生不良影响。首先，持续顺差会增加外汇的供给和对本币的需求，在国内信贷不能减少的条件下，迫使本国扩大货币投放，从而引起本国通货膨胀；其次，持续顺差会导致国际短期资本大量流入，冲击外汇市场，不利于本国外汇市场的稳定；再次，大量顺差的存在，不利于其他逆差国家的经济发展，很可能引起国际摩擦，影响国际关系。

(四) 调节国际收支失衡的方式

调节国际收支失衡的方式主要有以下几种。

1. 实行直接管制政策

直接管制包括外汇管制和贸易管制。外汇管制主要是对外汇买卖直接进行管制来控制外汇的供求，影响商品劳务的进出口和资本流动，以改善国际收支。诸如对外汇收支实行统收统支，收入的外汇全部卖给中央银行，控制进口用汇和出口结汇，对外汇收支进行限制等。贸易管制则是通过关税、配额、许可证制度等经济的与行政的手段来直接控制进出口，以调节国际收支，缩减贸易逆差。

2. 实行财政货币政策

当一国由于总需求过度而引起国际收支发生逆差时，政府可以采取紧缩性的财政货币政策，减少开支，降低需求，控制货币供应量来消除逆差；而当一国总需求不足，经济衰退时，政府则可以通过增加财政开支，加大货币投放，增加消费需求，以减少国际收支顺差。

3. 实行汇率、利率政策

一国货币当局可利用调高或调低汇率的方式来影响进出口及资本的流动。一般来说，在国际收支出现逆差时，促使本币对外币的汇率下降，即本币的贬值，可以起到限制进口、鼓励出口的作用，借以改善国际收支状况；相反，在国际收支出现顺差时，促使本币升值，可以减少出口，鼓励进口，缩小顺差。

利率变动对国际收支具有如下的调节作用：中央银行提高利率水平，可以起到吸引外资流入、限制资本流出的作用，以缓和国际收支差额；反之，调低利率，则可以限制资本流入，促使资本外流，以减少顺差。

4. 加强国际经济合作

利用政府间信贷和国际金融机构的贷款，可以调节国际收支。例如，可以由国家间中央银行签订"互惠信贷协议"，在必要时相互提供贷款支持。

四、我国的国际收支

从新中国成立到 1979 年，我国一直实行严格的计划经济管理体制，与西方国家之间的资金借贷关系也很少，国际收支主要反映在对外贸易和非贸易方面。因此，我国没有编制国际收支平衡表，只编制外汇收支平衡表，以反映对外贸易和非贸易收支状况。改革开放以后，我国对外经济、政治、文化、科技交流不断扩大，原来的外汇收支平衡表已不能全面反映国际经济交易的全部情况。加之 1980 年 4 月和 5 月，我国相继恢复在国际货币基金组织和世界银行的合法席位，也需要报送国际收支平衡表。

因此，从 1980 年开始，我国在外汇收支平衡表的基础上编制国际收支平衡表，以反映我国对外经济交易的全部情况。中国人民银行经国务院批准，于 1985 年 9 月 2 日首次正式公布了 1982—1984 年中国国际收支概览表。此后，定期公布。

目前，我国国际收支平衡表是按国际货币基金组织《国际收支和国际投资头寸手册》(第六版)规定的各项原则编制的，采用复式记账法的原理记录国际经济交易。所有交易均发生在我国大陆居民和非我国大陆居民之间。2015年，我国国际收支状况及国际收支平衡表的主要内容如表8-2所示。

表8-2 我国国际收支平衡表(2015年)　　　　　　　　　单位：亿美元

项　目	行　次	数　额
1.经常账户	1	**18 272**
贷方	2	164 717
借方	3	−146 445
1.A 货物和服务	4	**23 014**
贷方	5	148 050
借方	6	−125 036
1.A.a 货物	7	**36 059**
贷方	8	133 694
借方	9	−97 636
1.A.b 服务	10	**−13 045**
贷方	11	14 356
借方	12	−27 401
1.A.b.1 加工服务	13	1 263
贷方	14	1 273
借方	15	−10
1.A.b.2 维护和维修服务	16	142
贷方	17	224
借方	18	−82
1.A.b.3 运输	19	−3 021
贷方	20	2 401
借方	21	−5 422
1.A.b.4 旅行	22	−12 150
贷方	23	3 617
借方	24	−15 767
1.A.b.5 建设	25	402
贷方	26	1 036
借方	27	−634
1.A.b.6 保险和养老金服务	28	−174
贷方	29	322
借方	30	−497
1.A.b.7 金融服务	31	−26
贷方	32	138
借方	33	−164

第八章 国际金融概述

续表

项　目	行　次	数　额
1.A.b.8 知识产权使用费	34	-1 305
贷方	35	67
借方	36	-1 371
1.A.b.9 电信、计算机和信息服务	37	821
贷方	38	1 531
借方	39	-710
1.A.b.10 其他商业服务	40	1 170
贷方	41	3 636
借方	42	-2 466
1.A.b.11 个人、文化和娱乐服务	43	-73
贷方	44	45
借方	45	-119
1.A.b.12 别处未提及的政府服务	46	-93
贷方	47	66
借方	48	-160
1.B 初次收入	49	**-3 717**
贷方	50	14 305
借方	51	-18 022
1.C 二次收入	52	**-1 024**
贷方	53	2 362
借方	54	-3 387
2.资本和金融账户(含净误差与遗漏)	55	**-8 258**
2.1 资本账户	56	**19**
贷方	57	32
借方	58	-12
2.2 金融账户	59	**-8 277**
2.2.1 非储备性质的金融账户	60	**-29 814**
其中. 2.2.2.1 直接投资	61	6 579
2.2.2.1.1 直接投资资产	62	-8 597
2.2.2.1.2 直接投资负债	63	15 176
2.2.2 储备资产	64	**21 537**
2.2.2.1 货币黄金	65	0

续表

项 目	行 次	数 额
2.2.2.2 特别提款权	66	-17
2.2.2.3 在国际货币基金组织的储备头寸	67	56
2.2.2.4 外汇储备	68	21 498
2.2.2.5 其他储备资产	69	0
3.净误差与遗漏	70	-10 014

注：① 根据《国际收支和国际投资头寸手册》(第六版)编制。

② "贷方"按正值列示，"借方"按负值列示，差额等于"贷方"加上"借方"。本表除标注"贷方"和"借方"的项目外，其他项目均指差额。

③ 2015年全年初步数为前三季度平衡表正式数与四季度平衡表初步数累加得到。其中，2015年四季度初步数的资本和金融账户因含净误差与遗漏，与经常账户差额金额相等，符号相反。四季度初步数的金融账户、非储备性质的金融账户同样含净误差与遗漏。2015年前三季度正式数的资本和金融账户、金融账户和非储备性质的金融账户均不含净误差与遗漏，净误差与遗漏项目单独列示。

④ 本表中前三季度的直接投资资产数据根据最新统计进行了更新，前三季度的时间序列数据在"统计数据"栏目中同步更新。

⑤ 本表计数采用四舍五入原则。

第四节　国际储备

【知识拓展8-4】国际储备

MOOC网址：http://www.ehuixue.cn/View.aspx?cid=495

一、国际储备的概念及特征

(一)国际储备的概念

国际储备是指各国中央政府为了弥补国际收支逆差和保持汇率稳定、应付紧急支付而持有的国际上可以接受的一切资产。

(二)国际储备的特征

国际储备具有以下几个方面的特征。

1. 官方持有性

国际储备资产必须是掌握在该国货币当局手中的资产，非官方金融机构、企业和私人持有的黄金和外汇尽管也是流动资产，但不能算国际储备资产。

2. 自由兑换性

国际储备资产必须能同其他货币相兑换，并是国际上能普遍被接受的资产。

3. 流动性

国际储备资产必须是随时可以动用的资产，这样这种资产才能随时用来弥补国际收支逆差，或干预外汇市场。

4. 无条件获得性

国际储备资产必须由一国货币行政当局无条件地获得，为此该国政府对该类资产不仅要拥有使用权，而且要拥有所有权。

与国际储备相关的一个概念是国际清偿能力，它是指一国政府平衡国际收支逆差、稳定汇率而又无须采用调节措施的能力。参照国际货币基金组织关于国际储备的划分标准，国际清偿能力除了包括国际储备的内容之外，还包括一国政府向外借款的能力，即向外国政府或中央银行、国际金融机构和商业银行借款的能力，因此，国际储备仅是一国具有的现实的对外清偿能力，其数量多少反映了一国在涉外货币金融领域的地位；而国际清偿能力则是该国具有的现实的对外清偿能力与可能具有的对外清偿能力的总和，它反映了一国货币当局干预外汇市场的总体能力。

二、国际储备的构成

目前，根据国际货币基金组织的表述，一国的国际储备包括以下四个部分：黄金储备、外汇储备、会员国在国际货币基金组织的储备头寸和基金组织分配给会员国尚未动用的特别提款权。

(一)黄金储备

黄金储备是指一国货币当局持有的作为金融资产的货币黄金，因此，并非一国所拥有的全部黄金都是国际储备资产。据统计，目前世界黄金储量中，饰品占50%，工业占15%，牙科占5%，货币使用占15%，其他用途占15%。目前，虽然黄金不再作为世界各国支付结算的手段，但人们仍把它作为国际储备构成的重要组成部分，这主要是因为它有高于其他任何储备资产的安全性，这表现在两个方面：一方面，在纸币本位制下，黄金是一种最可靠的保值手段，因为它可以避免通货膨胀带来的贬值风险，每当国际金融市场上某种货币疲软时，有关国家都争相抛售疲软的货币，购进黄金或其他较坚挺的国际货币进行保值。另一方面，黄金本身具有价值，完全不受任何超国家权力的支配和干扰，持有黄金储备成为维护本国主权的一个重要手段，这就是所谓的"弹药库"动机。

(二)外汇储备

外汇储备是目前国际储备中最主要、最活跃的部分，同时也是各国国际储备资产管理的主要对象，它是指一国政府所持有的可以自由兑换的外币及短期金融资产。外汇储备是一个国家国际清偿力的重要组成部分，同时对平衡国际收支、稳定汇率有重要的影响。

我国和世界其他国家在对外贸易与国际结算中经常使用的外汇储备主要有美元、欧元、日元、英镑等。

(三)基金组织的储备头寸

基金组织的储备头寸，也称作普通提款权，是指国际货币基金组织的会员国按规定从基金组织提取一定数额款项的权利，它是国际货币基金组织最基本的一项贷款，用于解决会员国的国际收支不平衡，但不能用于成员国贸易和非贸易的经常项目支付。

(四)特别提款权

特别提款权是国际货币基金组织创设的无偿分配给各会员国用以补充现成储备资产的一种国际储备资产。

国际货币基金组织于1969年创设特别提款权,并于1970年按成员国认缴份额开始向参加特别提款权的成员国分配特别提款权。特别提款权作为各国国际储备资产的补充,较其他储备资产具有以下几个特点。

(1) 特别提款权获得更为容易。普通提款权的获得要以成员国的缴足份额为条件,而特别提款权是由基金组织按参加国的份额予以"分配",不需缴纳任何款项,且这项权利的动用也不必事先约定或事先审查。

(2) 普通提款权的融通使用需要按期偿还,而特别提款权则无须偿还,是一种额外的资金来源。

(3) 特别提款权是一种有名无实的资产,虽然被称为"纸黄金",但不像黄金那样具有内在价值,也不像美元、英镑那样以一国政治、经济实力作为后盾,而仅仅是一种用数字表示的记账单位。

(4) 特别提款权仅仅是一种计价结算工具,不能直接用于民间持有及使用。

【专栏8-3】

人民币加入SDR

北京时间2015年12月1日凌晨1点,IMF(国际货币基金组织)正式宣布,人民币2016年10月1日加入SDR(特别提款权)。距离上一轮评估历时整整五年,IMF终于批准人民币进入SDR。IMF总裁拉加德在发布会上表示:"人民币进入SDR将是中国经济融入全球金融体系的重要里程碑,这也是对于中国政府在过去几年在货币和金融体系改革方面所取得的进步的认可。"

IMF总裁拉加德在回答第一财经记者现场提问时表示,人民币权重为10.92%。此外,美元权重为41.73%,欧元为30.93%,日元为8.33%。在人民币未"入篮"之前,美元、欧元、英镑和日元四种货币的权重分别为45%、36%、10%和9%。

首先,从对人民币国际化的影响来看,人民币加入SDR货币篮子,将有助于人民币在多边使用、国际投融资、跨境资产配置、国际货币体系等方面实现突破,将有助于突破人民币国际化的困局,进一步加快人民币国际化进程。

其次,从对我国金融业影响看,人民币加入SDR货币篮子,不仅满足国际市场需要,进一步推动IMF治理机制改革,而且能够促进国内金融改革,尤其是将倒逼我国资本账户开放和汇率形成机制改革,对于我国和世界经济金融体系来说,这将是双赢的结果。

再次,从对金融消费者的影响来看,随着外汇管制的放松,人民币结算区域不断扩大,很多国家和地区人民币的兑换和使用相当普遍,国内居民出境旅游、探亲、留学等不用像以前那样换外汇了,为他们节省了货币汇兑产生的手续费,并通畅了结算通道。

(资料来源:新浪专栏,http://finance.sina.com.cn/zl/bank/20151201/071723896296.shtml)

三、国际储备与国际清偿力

国际储备是各国政府用于国际支付、维持汇率稳定而持有的在国际间可以自由流动的一切流动资产,是一国金融实力的标志。国际清偿力是一国为本国国际收支赤字融通资金的能力,包括从国际金融机构融通资金的能力,该国商业银行所持有的外汇,以及提高利率可以引起资金流入的程度。国际储备与国际清偿力是有区别的,国际清偿力的内涵要广于国际储备。就一国而言,国际清偿力除包括该国货币当局持有的各种形式的国际储备之外,还包括该国向国外借款的能力。而国际储备只是一国具有的现实的对外清偿能力。国际清偿能力则是该国具有的现实的、可能的和潜在的对外清偿能力的总和。

四、国际储备的作用

国际储备的作用,可以从两个层次来理解。第一个层次是从世界的范围来考察国际储备的作用。随着世界经济和国际贸易的发展,国际储备也相应增加,它起着国际商品流动和世界经济发展媒介的作用。第二个层次则是具体到每一个国家来考察。

(一)清算国际收支差额,维持对外支付能力

当一国发生国际收支困难时,政府须采取措施加以纠正。如果国际收支困难是暂时性的,则可通过使用国际储备予以解决,而不必采取影响整个宏观经济的财政货币政策来调节。如果国际收支困难是长期的、巨额的、根本性的,则国际储备可以起到一种缓冲作用,它使政府有时间渐进地推进其财政货币调节政策,避免因猛烈的调节措施可能带来的社会震荡。

(二)信用保证

国际储备的信用保证作用包含两层意思:一是可以作为政府向外借款的保证,二是可以用来支持对本国货币价值稳定性的信心。比较充足的国际储备有助于提高一国的债券和货币稳定性的信心。

(三)干预外汇市场,调节本国货币的汇率

当本国货币汇率在外汇市场上发生变动或波动时,尤其是因非稳定性投机因素引起本国货币汇率波动时,政府可动用储备来缓和汇率的波动,甚至改变其波动的方向。通过出售储备购入本币,可使本国货币汇率上升;反之,通过购入储备抛出本币,可增加市场上本币的供应,从而使本国货币汇率下浮。由于各国货币金融当局持有的国际储备总是有限的,因而外汇市场干预只能对汇率产生短期的影响。但是,汇率的波动在很多情况下是由短期因素引起的,所以,外汇市场干预能对稳定汇率乃至稳定整个宏观金融和经济秩序起到积极作用。

(四)赢得竞争利益

一国持有比较充分的国际储备,政府就有力量使其货币高估或低估,争取国际竞争的优势。如果是储备中心国家,则对支持其关键货币的国际地位是至关重要的。

综上所述,国际储备不仅是一种支付手段,而且是平衡资产和干预资产。

本 章 小 结

外汇又称国际汇兑，是指以外国货币表示的，可以用于国际支付和清偿国际债务的支付手段和金融资产。

汇率是指在外汇市场上各种货币之间买卖的价格，或者说是两国货币之间的相对比价。汇率有两种标价方法：一种是直接标价法，另一种是间接标价法。影响汇率变动的因素很多，既有国内的，也有国际的；既有经济因素，也有政治因素。同时，汇率变动也会对经济产生影响。

国际收支是一国居民在一定时期内与外国居民之间经济交易的全部记录。国际平衡表是按照"有借必有贷，借贷必相等"的复式记账原理，系统地记录一定时期内每笔国际经济交易项目及其金额的一种统计表。它的基本内容包括经常项目、资本项目和误差与遗漏三个方面。各国在调节国际收支时所采取的政策措施主要有外汇政策、货币政策、直接控制和利用国际信贷与援助等。

复习思考题

一、名词解释

外汇 汇率 掉期交易 套汇 直接标价法 间接标价法 国际收支 国际储备

二、简答题

1. 简述外汇的分类。
2. 什么是汇率的间接标价方法？哪些国家只采用间接标价法？
3. 简述国际收支的概念。
4. 什么是国际收支平衡表？具体项目有哪些？

三、案例分析

2015年，我国国际收支格局由基本"双顺差"转为"一顺一逆"

2015年，在我国外汇储备持续下降的背景下，我国国际收支出现了新变化。长期以来，我国经常账户与资本和金融项目基本保持"双顺差"。2015年，这一格局转为"一顺一逆"，即经常账户顺差、资本和金融账户(不含储备资产)逆差。

其中，一个让不少人担忧的现象是，2015年，来华直接投资流入减少，这是否反映出外资在"撤退"？"境外投资者仍看好我国的长期投资前景。"外汇局新闻发言人强调，从数据来看，2015年，来华直接投资仍实现净流入2442亿美元。"虽较上年下降16%，但总的来看，净流入规模仍然较大。"

我国国际收支中另一项数据也引发了广泛的关注。外汇局最新数据显示，截至2015年年末，我国外汇储备余额3.3万亿美元，较上年末减少5127亿美元。其中，因国际收支交易形成的外汇储备下降3423亿美元，因汇率、资产价格变动等非交易因素形成的账面价值下降 1703 亿美元。

一些人认为，我国资本流出就等同于外资撤离，实质上，二者有本质区别。外汇局新闻发言人分析，我国资本流出主要是因为我国对外资产负债结构发生了显著变化，原来经常项目创造的财富都会进入央行储备资产，现在都变成了企业和居民自己持有。一方面储备资产在下降，但另一方面，民间部门的对外净资产在增加。

数据显示，2015 年前三季度，我国对外资产共增加 2727 亿美元，在国外存款和对外贷款等其他投资增加 969 亿美元。对外负债共下降 321 亿美元，其中，来华直接投资仍流入 1841 亿美元，而负债下降主要体现在非居民存款下降以及偿还以往年度的贸易融资等。

数据显示，我国储备资产仍居世界第一，2015 年年末，我国储备资产 3.33 万亿美元，居世界第一，这有利于应对可能出现的各种资本流动冲击。

(资料来源：中国贸易金融网，http://www.sinotf.com/GB/International_Settlement/1192/2016-03-14/wNMDAwMDE5ODkwNw.html)

问题：资本流出是否会对我国国际收支状况带来风险？我国的外汇储备资产和对外资产负债结构是如何抵御外来冲击的？

第九章

货币供求与均衡

【学习目标】

通过本章的学习,掌握货币需求与货币需求量,货币供给与货币供给量的基本含义、影响因素;了解货币均衡的含义及货币供求失衡的表现及成因;理解货币均衡的实现机制。

金融学概论(第二版)

【本章导读】

《管子·山国轨篇》说:"国币之九在上,一在下,币重而万物轻。敛万物,应之以币。币在下,万物皆在上,万物重十倍。"管子认为,货币从商品中独立出来,充当价值的化身,作为特殊商品与其他商品相对立。作为价值的货币同作为使用价值的各种商品之间的比价,其变化是此消彼长、轻重、贵贱相反的;即:如果货币过多,货币的内在价值就低,在其他条件不变时,货币的购买力就会下降,商品同货币的比价就会上升,这被称为"币轻而万物重";相反,货币减少,货币的内在价值就高,它与商品的比价就会上升,商品价格就会下跌,这被叫作"币重而万物轻"。

问题:

管子的观点中,币重、币轻与货币的供求有着怎样的联系?

第一节 货币需求

一、货币需求概述

(一)货币需求的含义

货币需求是指在一定时间内社会各经济主体为满足正常的生产、经营和各种经济活动需要而应该保留或占有一定货币的动机或行为。正确地理解货币需求,还需要注意以下几点。

(1) 它不是一种纯粹的主观的欲望,而是一种由各种客观经济变量所决定的对货币的持有动机或要求,是人们在其所拥有的全部资产中根据客观需要认为应该以货币形式持有的数量或份额。

(2) 人们产生货币需求动机的根本原因在于货币所具有的职能。在现代经济社会中,人们需要以货币方式取得收入,用货币作为交换和支付的手段,用货币进行储蓄和投资,由此对货币产生了一定客观数量的需求。

(3) 货币需求是一个宏观经济学问题。这是因为市场需求是由货币所体现的有现实购买力的需求,所以宏观调控主要是对需求的管理。当然,它的实现又必然通过对货币供给的控制来进行,因此,不能忽视与货币需求相应的货币供给问题在宏观调控中的实际地位。

(二)货币需求量

货币需求量,又称货币必要量,是一国在一定时期因国民经济发展水平、经济结构以及经济周期形成的对执行流通手段与价值储藏手段职能的货币的需要量。

根据是否考虑物价水平的变动,货币需求量有名义和实际之分。名义货币需求量是指一个社会或一个经济部门在当前价格水平下的货币需要量,一般用 M_d 表示;实际货币需求量则是在扣除价格变动以后的货币需要量,也就是以某一不变价格为基础计算的商品和劳务量对货币的需求,一般用 M_d/P 表示。

需要说明的是,价格变动的情况异常复杂,既有合理的因素(如对某些商品合理调价),也有非合理因素(如通货膨胀或紧缩)。如果根据过高的通货膨胀预计所计算的名义需求量来安排货币供给，过多的货币供给就成为直接加速物价上涨的因素；反之，如果不考虑价格不可避免的波动而简单地按实际需求供给货币，则会因货币供给不足而直接抑制经济增长。因此，区分名义和实际货币需求固然重要，而根据实际变化了的情况测算这两种货币需求更为重要。

根据货币需求的角度，货币需求量又有微观和宏观之分。微观货币需求量是从个人、家庭或企业单位的角度，考察其在既定的收入水平、利率水平和其他经济条件下，应保持多少适度货币量；宏观货币需求量是从整个国民经济的宏观角度，考察一个国家在一定时期内的经济发展和商品流通所必需的货币量。

二、货币需求的种类

从不同的侧面考察，货币需求量可分为微观货币需求量和宏观货币需求量、名义货币需求量和真实货币需求量、最适货币需求量和实质货币需求量等。

(一)微观货币需求量和宏观货币需求量

按研究对象的不同，货币需求可分为微观货币需求量和宏观货币需求量。微观货币需求量是指个人、家庭或企业，在既定的收入水平、利率水平和其他经济条件下所需要的货币量。它是从某一经济主体的经济行为出发研究货币需求的。宏观货币需求量则是指一个国家在一定时期内的经济发展与商品流通所需要的货币量。它是研究整体经济所需要的货币量。微观货币需求量是宏观货币需求量的构成和基础，宏观货币需求量是微观货币需求量的总括，二者之间存在不可分割的联系。

(二)名义货币需求量和真实货币需求量

按是否剔除通货膨胀对现实经济生活中的影响，货币需求分为名义货币需求与真实货币需求。名义货币需求是指一个社会或一个经济部门在不考虑价格变动时的货币需要量。而真实的货币需求量则是在扣除通货膨胀因素以后的货币需要量，也就是以某一不变价格为基础计算的商品劳务量对货币提出的需求。如果将名义的货币需求(M_d)用某一具有代表性的物价指数(如 GNP 平减指数)进行平减后，就可以得到真实的货币需求(M_d/P)。

(三)最适货币需求量与实质货币需求量

按计量的依据不同，货币需求分为最适货币需求量与实质货币需求量。最适货币需求量是根据客观事实和经济发展趋势测算出来、使经济能正常运行的货币需求量。它在理论上被认为是有利于经济发展、社会进步的合理的量。实质货币需求量是由现实的经济主体的经济行为所形成的货币需求量，受经济主体现有的收入、支出、预期等因素制约，是一个客观存在的需求量。当它与最适货币需求量趋于一致时就是合理的，否则，即为不合理。

三、影响货币需求的因素

根据现代经济运行的实际情况和中外经济学者对于货币需求的研究，决定货币需求(量)

的主要因素可以概括为以下八个。

(一)全社会商品和劳务的总量和价格水平

商品和劳务的供给量越大,对货币的需要量就越多;反之,则越少。商品和劳务的价格水平越高,需要的货币就越多;反之,则越少。

(二)货币流通速度

货币流通速度越快,单位货币所实现或完成的交易量就越多,完成一定的交易量所需要的货币就越少;反之,货币流通速度越慢,需要的货币量就越多。

(三)市场商品供求结构变化

商品供给一方面决定于产出的效率和水平,另一方面又受制于人们对它的需求,只有真正满足人们需要的商品供给,才会产生真实的货币需求。商品供求结构经常会发生变化,因而货币需求也随之发生变化。

(四)收入状况

收入状况是决定货币需求的主要因素之一。这一因素又可分解为收入水平和收入间隔两个方面。在一般情况下,货币需求量与收入水平成正比,当居民、企业等经济主体的收入增加时,他们对货币的需求也会增加;当其收入减少时,他们对货币的需求也会减少。如果人们取得收入的时间间隔延长,则整个社会的货币需求量就会增大;相反,如果人们取得收入的时间间隔缩短,则整个社会的货币需求量就会减少。

(五)信用的发达程度

如果一个社会信用发达、信用制度健全,人们在需要货币的时候能很容易地获得现金或贷款,那么整个社会所必需的货币量就相对要少些;反之,社会所必需的货币量就要多些。这是因为在一个信用制度不健全、融资不便利的社会里,人们要取得现金或贷款不太容易或者手续很繁杂,于是,人们出于便利的需要宁愿在手头多保留些货币,从而增加了整个社会的货币需求量。

(六)经济体制

经济体制涉及产权关系、分配关系、交换关系及宏观管理方式等方面,它与一定时期的经济政策相结合,是居民和企业等微观经济主体赖以生存的外部环境。这种环境如果存在根本性差异,就会形成不同的货币需求行为,从而对整个社会的货币需求产生影响。就我国而言,当前正处于向市场经济体制转轨的过程之中,企业机制、融资机制、利率机制以及与居民直接相关的医疗、退休等社会保障机制都正在发生着巨大的变革。这就必然使得微观经济主体的货币需求行为发生深刻的变化。

(七)居民的资产选择行为

居民进行资产选择,其目的有两个:一是保值,二是生利。不同的资产组合会对整个社会的货币需求产生不同影响。影响居民资产选择行为的因素除了收入水平以外,还有其他三个方面:一是金融市场的发达程度;二是市场利率;三是居民的预期和心理偏好。例如,如果居民预期物价上涨,就会减少对货币的需求,而增加对实物资产的需求;如果居民预期投资利润率上升,也会减少对货币的需求;如果居民预期利率上升,则会增加对货币的需求。居民的货币偏好,会增加社会货币需求;而对其他金融资产或实物资产的偏好,则可能减少社会货币需求。

(八) 企业经营因素

这是引起企业部门货币需求行为发生变化的一个直接原因。企业部门要购买生产要素,维持正常的经营活动,就必须持有一定量的货币来满足各项成本开支。当企业产品销售受到市场需求不确定因素的制约,使企业货币收入的随机性增大时,就需要准备部分经常性货币购买力,则整个社会的货币需求量就会增大。

【专栏 9-1】

> **货币需求是否是一个确定的量**
>
> 无论从微观角度考察货币需求,最终都面临一个任务,就是使之数量化,以便从中引出有操作意义的政策方案。要把一定时期内经济体系的货币需求加以量化,就会碰到这样一个问题:货币需求是否是一个确定的量?
>
> 如果进行事后分析,即对前期经济运行结果进行统计检验,那么,无论微观主体的持币行为和动机怎样,也无论经济政策的目标实现到何等程度,我们都可以认定,以往的货币需求是一个确定的量值。这也就是说,事后分析中的货币需求量可以被认定是一个确定的量。
>
> 但是,假若我们所要考察的货币需求不是前期的,而是本期或下期的,问题好像就不那么简单,经济学中的不确定、不稳定和难以预期的因素会使那些相关性极强的因素之间并非只能形成一个精确的数量比例。现实生活中的种种迹象都使我们很难把货币需求看成一个及其确定量值。较为贴近现实的思路是把它看作一个具有一定宽度的值域。这样考虑问题,可能不至于在货币政策上选择上陷入过分简单化的境地。

(资料来源:黄达.金融学(第三版)[M].北京:中国人民大学出版社,2012.)

四、货币需求理论

货币需求理论就是研究在一定的时间内,在一定的经济条件下,决定一国货币需求存量的因素有哪些,以及这些因素和货币需求存量之间关系的稳定性或可测性。近年来,随着社会的发展和货币信用关系的发达,对货币需求及其理论的研究仍在不断深化。

(一) 马克思的货币需求理论

马克思在研究和总结西方古典经济学各派观点的基础上,深入地研究了货币需求理论问题。马克思的货币需求理论,又称货币必要量理论。按照马克思对货币必要量的论述,流通中必需的货币量为实现流通中待售商品价格总额所需要的货币量。但是,由于单位货币是可以多次媒介交易的商品，由商品价格总额所决定的货币量应当是货币流量而非存量。用公式表示待售商品价格总额对货币的需要量，可以写成

$$货币必要量=商品价格总额/单位货币流通速度$$

若以 M 表示货币必要量，Q 表示待售商品数量，P 表示商品平均价格，V 表示货币流通速度，则有

$$M=PQ/V$$

由于马克思的货币必要量模型建立在金属货币流通基础上，因此，对该模型的理解必须注意以下几个方面的问题。

(1) 货币必要量理论强调待交换的商品价值决定其价格，货币数量不影响价格水平。这个论断适用于金属货币流通时期。由于金本位制度下铸币可以自由地进入或退出流通，因此，流通中的铸币量可以在价值规律下自发地调节商品流通对货币的需要量。因此，商品价格不会由于货币量的大量短缺或严重过剩而出现大幅度波动。但是，当金属货币的流通被纸币及不兑现信用货币流通取代时，就必须考虑货币供应对货币需求的反作用。

不兑现信用货币流通使货币供应量失去自动适应货币必要量的性能。流通中货币供应量与货币必要量经常存在着差异，必然引起商品价格的变动。针对不兑现信用货币流通下货币量对价格的影响，马克思在上述货币必要量规律的基础上提出了纸币流通规律，指出在纸币流通下，单位纸币所代表的金属货币量等于流通中所需的金属货币量除以流通中的纸币总额，公式表示为

$$单位纸币代表的金属货币量=流通中所需的金属货币量/流通中的纸币总额$$

在这个公式中，我们可以看出，如果说流通中所需要的金属货币量是由客观决定的，那么流通中无论有多少纸币也只能代表客观所需要的金属货币量。当纸币发行量超过流通中所需要的金属货币时，过多的纸币不会自行推出流通领域，必然引起单位纸币所代表的实际价值低于其名义价值，即发生纸币的贬值。纸币的贬值会引起物价上涨，导致通货膨胀。

(2) 货币必要量规律及其模式为我们提供了对货币需求进行理论分析的思路，但直接运用这个模式测算实际生活中的货币需求，还存在很多问题。比如，在货币必要量公式中，待售商品价格总额和货币周转次数是很难测算的。因此，该公式所指出的货币必要量还只能是理论分析中一个定性的量，而非实践中可以测算的量。

(3) 货币必要量公式反映的是货币的交易需求，是指人们进行商品与劳务交换时所需要的货币量。

马克思的货币必要量公式具有重要的理论意义，它反映了商品流通决定货币流通这个基本原理。货币是为适应商品交换的需求而产生的，因商品的交换进入流通，并因交换的需求改变数量。这对于我们了解商品流通与货币流通的内在联系具有重要的指导意义。但是，我们在具体应用中应当根据现代经济社会变化的新情况、新趋势，如信用货币已成为当今流通中的主体，经济的全球化、证券化趋势，虚拟经济形成的货币信用交易的客观存在，人们保存货币和投机因素对货币需求产生的影响等，进行深入的分析和研究，否则，简单地套用货币必要量的公式，可能不能得出正确的符合实际的结论。

(二)费雪方程式和剑桥方程式

费雪方程式和剑桥方程式是古典货币数量理论中的两个经典理论。

1. 费雪方程式

美国耶鲁大学教授欧文·费雪(Irving Fisher)于1911年出版的《货币的购买力》一书，对货币数量论作出了系统的阐述，提出了著名的现金交易方程式，即费雪方程式。

费雪认为，如果用 M 表示一定时期内流通货币的平均数量，用 V 表示货币流通速度，用 P 表示各类商品的加权平均价格，用 T 表示各类商品的交易量，那么，货币量 M 与其他三个经济变量间的关系可以由以下方程式表示：

$$MV=PT$$

在这个方程式中，M 是可以由模型之外因素决定的外生变量；V 是由制度性因素决定的，因而短期内不变，可以视之为常数；T 是由生产决定的，可以视之大体稳定。因此，P 与 M 的关系最为密切；或者说，货币数量的变化会主要地影响价格的变化。如果将公式两边同除以 V，可以得出：

$$M=PT/V$$

从形式上看，交易方程式与马克思的货币需要量公式没有大的区别，但两者的含义是截然不同的。前者强调货币数量变化对商品价格的影响，后者则特别强调商品生产过程对商品价格的决定作用。

2. 剑桥方程式

英国剑桥大学教授庇古(Arthur Cecil Pigou)根据马歇尔的现金余额数量说，于1917年发表了《货币的价值》一文，提出了著名的剑桥方程式：

$$M=kPy$$

其中，M 表示货币需求量，也就是所谓现金余额；k 表示以货币形式保有的财富占名义总收入的比例；P 表示价格水平；y 表示总收入。

剑桥方程式隐含的假设条件是货币供给与货币需求随时趋向均衡，$M_s=M_d=M$；在充分就业的条件下 y 是常数。因此，当货币供给相对需求增加时，唯一能使货币供求相等的途径就是物价上升；反之亦然。这一结论与交易方程式的结论相一致。

但两者在内容上还是有很大差异的：首先，费雪方程式强调货币的交易手段职能，剑桥方程式则强调货币作为一种资产的性质。因此，费雪方程式侧重分析货币总流量与总产出和价格水平的关系，剑桥方程式则侧重分析货币存量占收入的比例。其次，费雪方程式从宏观的角度分析货币需求，完全不考虑利率等因素对微观主体持币动机的影响，剑桥方程式则从微观角度分析货币需求。尽管利率因素并没有在方程式中明确表述出来，但已隐含在对 k 的分析中。

(三)凯恩斯的货币需求理论

凯恩斯认为，货币需求是指在一定时期内，经济主体能够而且愿意持有的货币数量。同时，他认为人们普遍存在着流动性偏好的心理倾向，人们更愿意持有现金而不愿意持有其他缺乏流动性的资产。这一流动性偏好构成了对货币的需求。所以，凯恩斯的货币需求理论，又被称为流动性偏好货币需求理论。该理论最著名的特征是在借鉴剑桥学派的结论基础上，注重对货币需求的动机分析。凯恩斯认为，人们的货币需求动机有三种，即交易动机、预防动机和投机动机。由此，货币需求由三部分组成：货币的交易需求、货币的预防需求与货币的投机需求。

1. 交易动机

交易动机是指人们为了应付日常交易活动而产生的持有货币的愿望。在现代社会中，任何经济主体为了完成交易都要保有一定数量的货币。这种出于交易的动机而产生的对货币的需求称为货币的交易需求。一般来说，经济越发达，交易的规模就越大，货币的交易需求越大。所以，货币的交易需求是国民收入的增函数。

2. 预防动机

预防动机是指人们为应付紧急或意外情况而产生的持有货币的愿望。任何经济体都保存一定数量的货币，以防意外支出。这种出于预防动机而产生的对货币的需求，就构成了货币的预防需求。一般来说，国民收入越高，风险程度越大，货币的预防性需求就越大。所以，货币的预防需求也是国民收入的增函数。

3. 投机动机

投机动机是指人们为了在未来某一适当的时机进行投机活动而愿意持有一部分货币。由于货币是最灵活的流动性资产，人们可以根据对市场利率变化的预测进行投机以便获利，从而产生了对货币的投机需求。

凯恩斯认为，在正常情况下，为满足交易动机和预防动机所需要的货币量，主要取决于经济形势和货币收入水平，是收入的递增函数；用于满足投机动机的货币需求主要受利率的影响，是利率的递减函数。

凯恩斯用 M_1 代表为满足交易动机和预防动机所持有的现金数量，Y 为收入，L_1 为收入 Y 与 M_1 之间的函数关系，则 $M_1=L_1(Y)$，如图 9-1 所示。

用 M_2 代表为满足投机动机所持有的现金数，r 为利率，L_2 为利率 r 与 M_2 之间的函数关系，则有 $M_2=L_2(r)$，如图 9-2 所示。

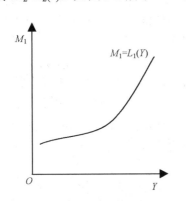 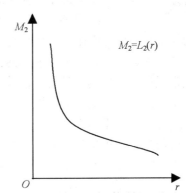

图 9-1　货币交易需求曲线　　　　　图 9-2　货币投机需求曲线

由于货币总需求等于货币交易需求、预防需求和投机需求之和，所以货币总需求的函数式为

$$M=M_1+M_2=L_1(Y)+L_2(r)$$

第二节 货币供给

一、货币供给与货币供给量

(一)货币供给的含义

货币供给是指货币供给主体在一定时期内通过银行体系向社会公众投入、创造、扩张(或收缩)货币的行为,是一个动态的流量概念。在现代经济社会中,能够向社会公众提供信用货币(现金货币和存款货币)的主体有中央银行、商业银行以及特定的存款金融机构。

(二)货币供给量

货币供给量是指在一定的时点上,由政府、企事业单位和居民所持有的现金和银行存款的总和,是一个静态的存量概念。

根据是否考虑物价水平的变动,货币供给量有名义和实际之分。名义货币供给量是指在现行价格水平下一定时点上的货币存量,一般用 M_s 表示;实际货币供给就是指剔除了物价影响之后一定时点上的货币存量,一般用 M_s/P 表示。人们通常所使用的货币供给量概念,一般都是名义货币供给量。

研究货币供给量的目的是为了使银行体系实际提供的货币量能够与社会经济总体对货币的必要量保持一致,并能保持经济的持续稳定增长。

二、货币供给量的供给

货币供给是指货币供给主体向社会投入货币的过程。货币供给主体包括中央银行和商业银行,中央银行发行基础货币,商业银行在基础货币的基础上派生存款创造货币,形成货币供给制。

(一)中央银行的基础货币

1. 基础货币的含义

基础货币,又称货币基数,或强力货币、高能货币,它是货币理论中十分重要的概念,是指具有使货币总量倍数扩张或者收缩能力的货币。基础货币是从中央银行发行出来,进入商业银行体系就会增强银行信用创造能力。

(1) 从其来源上讲,基础货币是中央银行的负债,即是由中央银行投放并为中央银行所能控制的那部分货币。需要注意的是,基础货币并不是全部的货币供给量,它只是货币供给量的一部分。

(2) 从其运用上讲,基础货币由公众持有的现金和商业银行的准备金构成,这两者实际上都是中央银行对社会公众的负债。

基础货币通常用以下公式表示:

$$B=R+C$$

其中,B 表示基础货币;R 表示商业银行的准备金(包括商业银行库存现金和商业银行存放于中央银行的存款)；C 表示流通于银行体系外的现金。

2. 基础货币的形成

货币供给的全过程就是中央银行供应基础货币，基础货币形成商业银行的原始存款，商业银行通过存贷款产生派生存款，最终形成货币供给量的过程。中央银行投放基础货币主要有三条渠道：一是对商业银行等金融机构的再贷款和再贴现；二是通过收购黄金、外汇等储备资产投放货币；三是通过公开市场业务等投放货币。

3. 影响基础货币投放的因素

基础货币是中央银行可以控制其投放量的货币。基础货币的投放受以下几个方面因素的影响。

1) 财政收支状况

当财政出现赤字并且通过向中央银行透支借款弥补时，基础货币投放增加；若财政出现节余，则基础货币减少。

2) 向金融机构贷款和公开市场业务

中央银行无论采取再贷款或者再贴现的方式，只要是向商业银行等金融机构注入资金，则基础货币投放增加；反之，基础货币投放减少。中央银行从公开市场上买进证券，基础货币投放增加；反之，基础货币投放减少。

3) 国际收支状况

国际收支的变动会引起中央银行黄金和外汇储备的变动。如果中央银行在本国国际收支顺差时增加黄金和外汇储备，则基础货币投放增加；反之，基础货币投放减少。

(二)商业银行的货币供给

商业银行的信用创造是货币供给的重要组成部分。商业银行是西方国家对存款货币银行的传统称谓。商业银行的货币供给过程即是商业银行派生存款的创造过程，这部分内容在第六章已经详细阐述，在此不再赘述。

第三节 货币均衡

一、货币均衡的含义

货币均衡是指货币供求作用的一种状态，指货币供给与货币需求基本一致，即 $M_s=M_d$。正确理解货币均衡的概念，需要注意以下三个方面的内容。

一是货币供给与货币需求大体上一致，而不是货币供求在数量上的完全相等。

二是货币均衡是一个动态概念，它并不要求在某一具体时点上货币供给等于货币需求，只是要求在长期内货币供求大体上一致。

三是货币均衡在一定程度上反映了国民经济的总体均衡状况，两者互相影响。货币供求不均衡必然导致国民经济的失衡；反过来，国民经济的运行状况势必要反映为货币的均衡或不均衡。

与货币均衡相对应的是货币失衡，即 $M_s \neq M_d$。货币失衡一般有两种情况：货币供给量大于货币需求量，或者货币供给量小于货币需求量。两种货币失衡都会导致国民经济失衡，前者导致通货膨胀，后者导致通货紧缩。

【专栏 9-2】

货币均衡的标准

如何衡量在一定时期内货币供求是否实现了均衡要求，其均衡的标准是什么呢？目前，理论界主要有以下三种看法。

1. 物价水平变动率

在市场经济条件下，物价水平完全受市场状况决定而公开的变动，货币供求的失衡，可能直接反映在物价水平上，因此，社会的物价指数便成为衡量货币供求是否均衡的重要标准。

2. 货币流通速度的变动

货币流通速度即单位货币在一定时期内周转的次数，是影响货币供求的重要因素。在市场经济条件下，如果货币供求失衡，在导致物价水平上升的同时货币流通速度也会加快。因此，在一般情况下，也可以用货币流通速度来衡量货币供求是否均衡的重要标准。

3. 货币供给增长率与国民生产总值增长率的比较

根据马克思的货币流通规律可知，当经济体制稳定、货币流通速度既定时，一定时期的商品、劳务总额也就决定了这一时期的货币需求量。如果国民经济增长商品劳务可供量增加时，货币需求也会增加，货币供给也会随之相适应地增加。所以，可以将货币供给的增长是否符合国民生产总值增长的需要来作为衡量货币供求是否均衡的标准。

(资料来源：戴国强. 货币金融学(第二版)[M]. 北京，高等教育出版社，2015.)

二、货币失衡的表现及成因

【知识拓展 9-1】货币失衡

MOOC 网址： http://www.ehuixue.cn/View.aspx?cid=495

货币均衡是中央银行操作货币政策并使货币供求基本适应的目标。实际上，货币均衡只是一个长期趋势，而短期内的货币失衡却是常见的。货币失衡主要表现为货币供给过多或货币供给过少。

(一) 货币供给量(M_s)大于货币需求量(M_d)的货币失衡

在现代信用货币制度下，货币供给过多是一种经常出现的失衡现象。造成中央银行货币供给过多的原因很复杂，主要可归纳为以下三个方面。一是客观原因，即在经济发展中，政府高速经济增长政策迫切需要货币资本作为支撑，银行迫于压力不适当地扩张信贷规模，从而增加货币供给量。二是主观原因，即中央银行在实施扩张性货币政策时，由于力度把握不适当，超过了经济发展的客观需要，也会形成过多的货币供给。三是因国际交往形成的外汇收支影响。由于国际交往，形成外汇收支，它对国内物资供求平衡也会发生影响。例如，我们引进设备时没有考虑技术、原材料等条件，导致进口的技术设备数量太多而出口的消费品又顾及不到国内的基本需求，那么最终会导致总需求的扩张而造成货币供求失衡。

(二)货币供给量(M_s)小于货币需求量(M_d)的货币失衡

货币供给量过少的原因一般有两种:一是经济增长速度较快,商品生产和交换的规模扩大,但中央银行宏观调控仍然处于偏紧的状态,货币供给量没有及时增加,从而导致经济运行中货币供给量相对不足。二是在经济运行中货币供给量与货币需求量大体一致的情况下,中央银行实施紧缩性的货币政策,减少了货币供给量,从而导致货币供给量不足,国民经济的正常运行受到抑制。

事实上,在大多数发展中国家,除了上面分析的两种货币失衡外,还存在货币供求的结构性失衡,它是指在货币供给与需求总量大体一致的均衡条件下,货币的供给结构及与此相对应的货币需求结构不相适应。这种结构性货币失衡往往表现为短缺和滞存并存,经济运行的部分商品和生产要素供过于求,另一部分商品和生产要素又求过于供。造成这种货币失衡的原因在于社会经济结构的不合理及在此基础上的结构刚性。

三、货币均衡的实现机制

(一)自动性调节机制

所谓货币均衡的自动性调节机制是指在不存在政府干预的情况下,货币供求从不平衡调节到平衡的过程。在没有政府干预的情形下,价格变动及货币流通速度变动成为供求自动调节的手段。

1. 价格完全管制下的供求自动调节

价格完全管制是指价格受政府强制约束,与市场供求不发生任何关系,在这种情况下,货币流通速度变动成为自动调节的手段。这是因为,当 $M_s > M_d$ 时,反映的是商品需求量大于商品供给量,由于价格失去调节作用,过多的货币并不为物价上涨所吸收,只能由人们握存货币,货币流通速度下降,以此使货币需求上升,从而达到 $M_s = M_d$。

2. 价格完全开放条件下的自动调节

价格完全开放即价格完全取决于市场商品供给与需求的相互作用,在这种情形下,价格变动成为货币供求自动调节的手段。当 $M_s > M_d$ 时,市场商品需求大于商品供给,由于货币自身没有价值,只代表着一定的价值,于是,价格标准发生变化,单位货币所代表的价值下降,商品价格强制上升。这时,可能出现两种情况:一种是人们持币待购,货币流通速度延缓,这样,商品价格只是缓慢上涨;一种是货币流通速度不变,商品价格上涨速度较快。如果货币供给继续增加,人们持币待购就会减少,货币流通速度加快,从而加速物价上涨。在货币流通速度不变及商品供给量不变情况下,物价上涨使货币需求增加,从而使 $M_s = M_d$,货币供求在物价上涨的情况下达到均衡。

(二)干预性调节机制

在现代经济社会中,各国政府为保证经济稳定增长,一般都以宏观调控的方式干预经济,以保证物价稳定以及经济增长。

1. 直接调控机制

直接调控机制是指政府运用行政手段，以命令的方式直接控制经济变量，以达到经济均衡及货币均衡。例如，在我国计划经济体制下，政府通过综合信贷计划和现金计划的编制和执行，使存款和现金控制在计划指标内，以保证社会总供给和总需求的平衡。这种调控机制方式简单，作用效应快。但随着经济的发展，这一计划机制缺乏灵活性，吃"大锅饭"、计划失误等种种弊端也愈发明显。

2. 间接调控机制

间接调控机制是政府运用法律方式规范通过信用程序供给货币的行为，是中央银行以市场经济体制为基础，运用存款准备金、再贷款、再贴现、公开市场业务等政策工具调控基础货币、准备金或短期利率，运用乘数效应影响货币供应量及利率，然后通过利率高低及对信贷取得的难易程度决定投资、储蓄等经济变量的变动，最终实现宏观经济目标。这种调控机制具有灵活性强、弹性大、利于政策的协调配合等优点，但对市场的完备程度要求较高。

3. 双重调控机制

我国目前正在建立社会主义市场经济体制，经济、金融体制改革正在逐步深入发展，宏观调控方式正在从直接调控向间接调控过渡。在这样的过渡时期，宏观调控机制是一种直接调控和间接调控相并存且此消彼长的双重调控机制。其最大弊病是中央银行宏观调控处于一种软弱状态，企业和商业银行极易钻两种机制耦合不紧的空子，货币资金配置仍然处于资金供给关系的"大锅饭"局面。因此，必须深化金融体制改革，为货币政策的制定和执行创造良好的条件。

(三) 开放经济中的货币供求调节

随着世界经济全球化的不断推进，一国的货币供求状况不但要受到国内经济条件的制约，而且还要受到国际经济形势与其他国家经济活动的影响。因此，将一国国内的货币供给量状况与国际收支状况加以综合考虑，对调整货币失衡显得尤为重要。

1. 当货币供给量大于货币需求量时保持一定逆差

当一国货币供给量大于货币需求量时，就会出现市场上商品可供量偏少、货币偏多的现象，这时，增加一国商品进口，保持一定逆差，一方面会引起国内商品可供量的相对增加；同时，中央银行卖出外汇，又相应减少了货币供给量，从而促进货币供求的均衡。

2. 当货币供给量小于货币需求量时保持一定顺差

当一国货币供给量小于货币需求量时，就会出现市场上商品可供量偏多、货币偏少的现象，这时，增加一国商品出口，保持一定顺差，一方面可以减少国内商品供应；同时，中央银行购买外汇又会增加本国货币的投放，使货币供给量增加，从而有助于货币均衡的实现。

3. 当货币供给量等于货币需求量时保持国际收支平衡

当一国货币供给量与货币需求量基本保持平衡时，说明国内货币供给量已经达到最合适的程度，这时，无论是顺差还是逆差，都将导致国内货币供给量的偏差，加剧货币供求矛盾，因此，保持国际收支平衡是最佳选择。

本 章 小 结

货币需求是对货币的需求的简称，是金融理论探索的重要对象。从历史来看，经济学家曾经从不同角度对货币需求进行定义。西方货币需求理论认为，货币需求是经济主体持有货币的意愿。探讨货币需求的含义除了考虑需具备一定的前提条件外，还应从宏观与微观不同角度来研究。

货币供给是经济主体把所创造的货币投入流通的过程。而货币供给量是指一国经济中的货币存量，世界各国中央银行都有其自己的货币统计口径，虽然存在着一定的差异，但都以货币的流通手段职能、支付手段职能以及流动性作为不同划分的依据。在典型的、发达的市场经济条件下，货币供给的控制机制由对基础货币和货币乘数的调控构成。央行在一定程度上通过直接控制基础货币的规模来调节货币供给量。基础货币，也称高能货币或强力货币，是由流通中的通货和商业银行的准备金组成。

货币均衡是指从某一时期来看，货币供给量与货币需求量在动态上保持一致的现象，经济上表现为市场繁荣，物价稳定，社会再生产过程中的物质替换和价值补偿都能正常、顺利地进行。在市场经济制度下，物价变动率是衡量货币是否均衡的主要标志。在市场经济制度下，综合物价水平取决于社会总供给与社会总需求的对比关系，而社会总供求均衡又是货币均衡的标志。所以，在市场经济体制下综合物价指数可以用来判断货币供求是否均衡。

复习思考题

一、名词解释

货币需求　货币供给　货币供给量　交易动机　预防动机　投机动机　货币均衡

二、简答题

1. 如何从宏观角度和微观角度来理解货币需求这一范畴？
2. 影响货币需求的因素有哪些？是如何影响的？
3. 试述凯恩斯货币需求理论有关人们持有货币动机的内容。
4. 货币失衡主要表现在哪些方面？你认为应如何加以调整？

三、案例分析

2007—2015 年中国货币供应量变化情况

截至 2015 年 7 月末，我国广义货币(M_2)余额 135.32 万亿元，同比增长 13.3%；狭义货币(M_1)余额 35.31 万亿元，同比增长 6.6%；流通中货币(M_0)余额 5.90 万亿元，同比增长 2.9%。2015 年 1—7 月净投放现金 50 亿元。

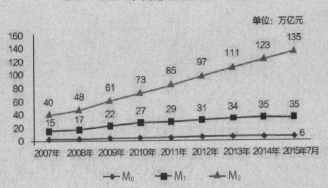

2007—2015年中国货币供应量变化情况

改革开放以来我们的经济平均增长速度为10%，而货币存量平均增长速度是31.5%，个别年份的甚至超过40%，也就是说，我国改革开放以来货币贬值速度在20%以上；一部新中国经济发展史，实际上就是一部隐蔽的通货膨胀史。

(资料来源：前沿产业研究院，http://bg.qianzhan.com/report/detail/459/160504-cba41a56.html)

问题：结合图表，试分析货币供应量对GDP和通货膨胀的影响。

第十章

通货膨胀与通货紧缩

【学习目标】

通过本章的学习,应掌握通货膨胀与通货紧缩的含义;理解通货膨胀的成因;了解通货膨胀的危害,掌握治理的对策。

【本章导读】

世界围观中国"猪肉通胀"

我国经济遇到大麻烦了吗？一些外国媒体抛出这个很扎眼的问题，是因为国家统计局于 2011 年 7 月 9 日宣布 6 月通胀率达 6.4%，尤其是猪肉价格以超过 57%的涨幅成为推升通胀的"第一杀手"，被认为对老百姓的生活造成"直接杀伤"。

据新加坡《联合早报》报道，6.4%的通胀水平不仅高于中国政府定的 4%全年通胀目标，食品价格涨势尤其凸显中下层居民生活担子加重的现实。清华大学经济外交研究中心教授何茂春在 2011 年 7 月 10 日接受《环球时报》采访时表示，"中国改革开放以来最严重的通胀发生在 1994 年前后，当时几乎所有居民消费品和工业品价格全部上涨，CPI 涨幅超过 20%，老百姓产生恐慌，疯狂兑换外汇并抢购囤积物品。与那个食品、日用品短缺的年代相比，现在中国社会对通胀的承受力强多了，全民抢购很难重返中国。"

"北京能赢么？"《纽约时报》2011 年 7 月 9 日提出这一问题时说，农民工工资上涨、食品和石油价格上涨以及农业核心地区遭受洪涝灾害是导致中国今年通胀的主要原因。清华大学中美研究中心高级研究员周世俭 2011 年 7 月 10 日说，我国当前的通胀主要由三方面原因产生，起首要作用的是货币型通胀，也就是市场货币量投放过大，为此，我国央行自 2010 年以来先后 12 次提高存款准备金率，自 2010 年 10 月以来 5 次加息，这些都是减少市场货币量、将通胀之虎引回笼中的有效工具。另外两个原因是结构性通胀和输入性通胀，前者是发展中国家共有，在经济发展过程中，适度的结构性通胀是正常现象。而输入性通胀主要与美国量化宽松政策导致国际大宗商品价格上涨，向别国输入通胀有关。国外甚至有一种声音将这一轮通胀归咎于中国此前制定的适度宽松政策，认为中国迫于经济危机推出的 4 万亿人民币刺激计划导致货币流动性过剩，进而引发通胀。

(资料来源：http://www.chinaccm.com/F3/F312/F31203/news/20110713/112131.asp)

问题：
(1) 上述案例说明通货膨胀会对经济社会产生什么影响？
(2) 该案例给了我们什么启示？

1997 年亚洲爆发金融危机，使我国经济发展的国际环境严重恶化，由于当时政府承诺人民币不贬值，导致我国对外贸易增长放缓，资本流入减少，国内物价下跌，出现了通货紧缩的局面，政府对此采取了一系列的经济政策。通货紧缩由此成了我国关注的经济问题。

第一节　通货膨胀

【知识拓展 10-1】 通货膨胀的物价指数

MOOC 网址：http://www.ehuixue.cn/View.aspx?cid=495

一、通货膨胀的含义

现今，通货膨胀大家都已不陌生，无论是在经济领域还是人们的日常生活中，它都为大家所关注，成为一个经常被人们提及的词语。在我国普遍为大家接受的通货膨胀的定义是：在纸币流通的条件下，流通中货币的供给量超过了客观需要量，从而引起货币贬值、物价普遍上涨的经济现象。要正确理解通货膨胀的定义，必须把握以下几点。

(1) 通货膨胀只发生在纸币流通的情况下。在纸币流通条件下，货币本身只是价值符号不具有价值，当其超过需要量时，不能像金属货币那样自动退出市场进行保值，这样极易引发通货膨胀。

(2) 通货膨胀与物价上涨关系密切，但不能等同。通货膨胀的必然结果是物价上涨，但是物价上涨并不一定反映为通货膨胀。通货膨胀是指物价(包括商品和劳务)普遍、持续的上涨，并非个别商品或劳务价格的上涨，而是指一般物价水平，即全部物品及劳务的加权平均价格的上涨，也不是一次的、暂时性的上涨。

(3) 纸币贬值不等于通货膨胀。当纸币贬值致使物价总水平上涨到一定程度时才视为通货膨胀。

二、通货膨胀的度量

通货膨胀表现在物价的波动上，它是一种与物价上涨有关的经济现象。所以，可以用反映物价水平变动的相对指标即物价指数，来衡量通货膨胀的程度。在国内外广泛采用的物价指数主要有以下三类。

(一)消费物价指数

消费物价指数(consumer price index，CPI)，也称零售物价指数或生活费用指数，是一种衡量各个时期城市家庭和个人消费的商品和劳务的价格平均变化程度的指标，它反映不同时期商品零售价格和水平变化的趋势和幅度。它是由各国政府选择若干种主要食品、衣服和其他日用消费品的零售价格以及水、电、住房、交通、医疗、娱乐等劳务费用的价格计算编制出来的指数，主要反映与居民生活有直接关系的商品、劳务价格的变动趋势与变动幅度。有些国家进一步根据不同收入阶层的消费支出结构的不同，编制出不同的消费物价指数。消费物价指数通常采用综合物价指数来计算：

$$综合物价指数 = \sum P_1 Q_1 / \sum P_0 Q_1 \times 100\%$$

其中：P_0——基期的商品价格；

P_1——报告期的商品价格；

Q_1——报告期的商品销售量。

采用消费物价指数的优点是：它能及时反映消费品供求的对比关系，资料容易收集，通常每月公布一次，公布次数较为频繁，因而能够迅速直接地反映影响居民生活的价格趋势。其缺点是：范围较窄，只包括社会最终产品中的居民消费品部分，不包括公共部门的消费资料、生产资料和资本产品以及进出口商品，从而不能说明全面的情况；而且计算消费价格指数所选择的商品的范围要随着人民生活水平的变化而变化。

(二)生产者物价指数

生产者物价指数(producer price index，PPI)，是根据生产企业所购买的商品和劳务的价格变化状况而编制的指数。它反映了包括原材料、中间产品及最终产品在内的各种商品批发价格的变化。由于生产者价格指数反映了企业的生产经营成本的变化，所以为企业所广泛关注。同时，由于企业经营成本的上升最终会在消费品的零售价格中反映出来，所以，生产者指数在一定程度上预示着消费者价格指数的变化。它的缺点是无法涵盖所有的商品和劳务的价格变化，对人民生活也没有直接的影响。

(三) GNP 平减指数

GNP 平减指数(GNP deflator)，是按当年价格计算的国民生产总值(即名义值)与按不变价格计算的国民生产总值(即实际值)的比率。例如，某国 2005 年的 GNP 按当年价格计算为 65 000 亿元，按 1985 年的价格计算为 44 800 亿元，若以 1985 年为基期(指数为 100)，则 2005 年的 GNP 平减指数为 65 000/44 800×100=145，表示与 1985 年相比，2005 年的物价上涨了 45%。如果 1995 年的 GNP 平减指数为 138(以 1985 年为基期)，则 2005 年与 1995 年相比，物价上涨了 5%(145/138-1=5%)。

GNP 平减指数的优点是范围广泛，除了居民消费品外，还包括公共部门的消费，生产资料和资本产品以及进出口商品，因此，能较准确地反映一般物价水平的趋向。虽然 GNP 平减指数能够较为全面地反映总体价格水平的变化趋势，但也存在一些不足之处，主要表现在：一是对那些不在市场发生交易的商品和劳务的价格只能进行估算，而估算的准确性往往不能完全给予保证。二是编制该指标所需的数据量大且不易搜集，因此难以经常性地统计公布，一般是一年公布一次，即使国民经济统计发达国家，目前也只能做到每季一次，所以也就不能迅速地反映通货膨胀的动向和程度。

三、通货膨胀的成因与类型

通货膨胀是物价总水平持续上涨的经济现象，关于通货膨胀的成因，各国学者有不同的见解，许多经济学家都认为通货膨胀产生的直接原因是货币(包括纸币、信用货币、电子货币等)的发行量过多，超过流通中实际需要的货币量，造成市场上过多的货币去购买价格既定的商品，使得物价普遍上涨。而引起物价总水平持续上涨的原因是很多的如商品的价格垄断、消费需求增加、政府财政赤字增加等因素都有可能造成通货膨胀，这些原因通常也是相互交错、共同作用，最终导致通货膨胀。凯恩斯学派的通货膨胀理论为需求决定论，强调引发通货膨胀的是总需求，而不是货币量。后凯思斯学派用"成本推进"来解释通货膨胀，认为主要是由于工资增长率超过劳动生产率的增长速度，导致产品成本上升，物价上涨。货币主义学派认为通货膨胀完全是一种货币现象，货币数量的过度增长是通货膨胀的唯一原因。马克思主义认为通货膨胀表现在流通领域，根源在于生产领域和分配领域，只有深入到生产领域和分配领域，才能找到产生通货膨胀的根本原因。通货膨胀成因的理论观点众说纷纭，这里分析归纳几个主要方面的原因。

(一)需求拉上型的通货膨胀

所谓需求拉上型通货膨胀(demand-pull inflation)，是指总需求超出了社会潜在产出之后引起价格水平持续上涨从而产生的通货膨胀。换而言之，就是对商品和劳务的需求超出了现行价格条件下可得到的供给，从而导致一般价格水平上涨。对于需求拉上型通货膨胀的原理，我们可用图 10-1 来加以说明。

图 10-1 中，AD 及 AS 分别表示原来的总需求与总供给曲线，其交点 E_0 决定了 P_0 的价格水平和 Y_0 的国民收入水平。假设 Y_0 已达到充分就业，总供给就应该保持不变，总供给曲线成为一条垂直于横轴的直线 AS′；当总需求继续增加时，比如由 AD 增加到 AD_1，AD_1 与 AS′相交于 E_2，价格水平就会由 P_0 上涨到 P_2，这种情形形成了需求拉上型的通货膨胀；假设 Y_0 未达到充分就业，当总需求继续增加时，还是由 AD 增加到 AD_1，AD_1 与 AS 相交于 E_1，则会使价格水平由 P_0 上涨到 P_1，国民收入水平增加到 Y_1。这种情形也形成了需求拉上型的通货膨胀。总之，无论在 Y_0 处是否达到充分就业，总需求的增加都将导致通货膨胀的产生，只不过价格上涨的程度不同从而使通货膨胀的程度也不相同。另外，总需求增加对产出的影响不同，在实现充分就业之前，总需求增加在导致价格水平上涨的同时也使国民收入增加，而实现充分就业之后，总需求增加只能导致价格水平上涨，却不能使国民收入增加。

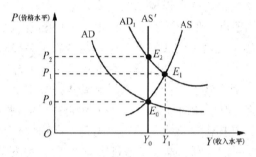

图 10-1 需求拉上型通货膨胀

但是，经济学家们对总需求增加的原因存在分歧。货币学派认为，货币供应量的增加是总需求增加的主要原因；而且，充分就业是一种常态，所以由货币供给增加所产生的总需求的增加必然形成需求拉上型的通货膨胀。与此不同，凯恩斯学派则认为，总需求由消费支出、投资支出和政府支出构成，总需求各部分的增加是总需求增加的原因；而且，充分就业不是一种经济常态，非充分就业才是常态。当经济处于非充分就业水平时，总需求的增加部分推动价格上涨，部分引起总供给的增加；只有当充分就业达到时，才全部通过价格上涨反映出来。我国经济学界经常用总需求膨胀来指代需求拉上型通货膨胀，这是对需求拉上型通货膨胀理论的补充和发展。

(二)成本推进型的通货膨胀

进入 20 世纪 70 年代后，西方发达国家普通经历了过高失业和高通货膨胀并存的"滞胀"局面。即在经济远未达到充分就业时，物价就持续上涨，甚至在失业增加的同时，物价也上升，而需求拉上论无法解释这种现象。于是许多经济学家转而从供给方面寻找通货膨胀的原因，提出了"成本推进论"。该理论认为，通货膨胀的根源并非总需求过度，而是由于总供给方面生产成本上升所引起。这是因为在通常情况下，商品的价格是以生产成本为基础加上一定的利润而构成的。因此，生产成本的上升必然导致物价水平的上升。对于成本推进型通货膨胀的原理，我们可以用图 10-2 加以说明。

图 10-2 中，AD_0 表示总需求曲线，AS_0 表示总供给曲线的初值，并假定二者的交点为经济充分就业条件下的供求均衡点，由此得到初始时的价格水平 P_0 和收入水平 Y_0。当成本增加时，企业会在同等产出水平上提高价格，或在同等价格水平上只提供较少的产出，因而总供给曲线会由 AS_0 向上移动至 AS_1，甚至 AS_2。当总需求不变时，价格水平则由 P_0 上

升至 P_1，甚至 P_2，而收入水平则下降至 Y_1，甚至 Y_2。

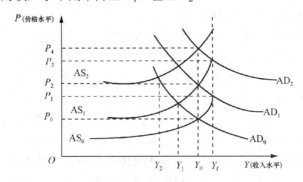

图 10-2　成本推进型通货膨胀

因此，成本推进说认为，正是由于成本的上升推动了物价水平的上升，并导致了收入水平的下降。经济学家们还进一步分析了促使产品成本上升的原因，主要有以下三个方面：①在现代经济中有组织的工会对工资成本具有操纵能力。工会要求企业提高工人的工资，迫使工资的增长率超过劳动生产率的增长率，企业则会因人力成本的加大而提高产品价格以转嫁工资成本的上升，而在物价上涨后工人又会要求提高工资，再度引起物价上涨，形成"工资—物价"的螺旋上升，从而导致"工资成本推进型通货膨胀"。②垄断性大公司也具有对价格的操纵能力，是提高价格水平的重要力量。垄断性企业为了获取垄断利润会人为地提高产品价格，由此引起"利润推进型通货膨胀"。③汇率变动引起进出口产品和原材料成本上升，以及石油危机、资源枯竭、环境保护政策不当等造成原材料、能源生产成本的提高，都是引起成本推进型通货膨胀的原因。

(三)供求混合型的通货膨胀

在现实经济生活中，物价上涨的原因，究竟在于"需求拉上"，还是在于"成本推进"，现实很难分清。并且，无论用需求拉上，还是用成本推进，都无法解释通货膨胀持续的原因。实际上在通货膨胀过程中既有需求拉上，又有成本推进，即所谓"拉中有推，推中有拉"，通货膨胀大都是由供给和需求这两方面因素混合在一起发生作用的结果。一方面，通货膨胀过程可能从过度需求开始，过度需求引起物价上涨，从而促使工会要求提高工资，这样成本推动力量就会发生作用，引起更大的通货膨胀。另一方面，通货膨胀也可以从成本推进开始，如在工会压力下提高工资或为了追逐利润而减少供给，但如果不存在需求和货币收入水平的增加，这种类型的通货膨胀将不会长久持续下去。这是因为在这种条件下，工资上升意味着产量减少和失业增加，终止成本推进的通货膨胀。因此，纯粹的需求拉上型通货膨胀和成本推进型通货膨胀是不存在的，在现实经济中大量存在的是供给与需求同时发生作用的混合型通货膨胀。供求混合型通货膨胀可用图 10-3 来表示。

图 10-3 中，如果只有总供给曲线从 AS_1 提高到 AS_2、AS_3，那么，在价格水平由 P_1 上升到 P_2、P_3 的同时必然伴随着生产总量从 Y_3 下降到 Y_2、Y_1，最终通货膨胀会在经济萧条中结束。如果总供给曲线的移动是由工资上升引起的，那在工资推进型通货膨胀的过程中则会伴随有需求变化的因素；或者在总供给曲线移动的同时，政府为了维持劳动力充分就业而采取扩张性财政政策，这样就刺激了总需求的增加，这两种情况下，总需求曲线都会发生从 AD_1 到 AD_2、AD_3 的位移。这样，在供给和需求的共同作用下使物价水平上涨，这种通货膨胀就是供求混合型通货膨胀。

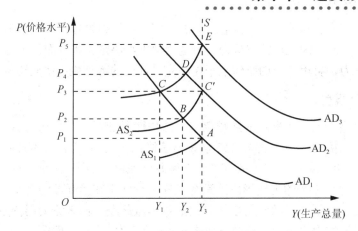

图 10-3　供求混合型通货膨胀

(四)结构型的通货膨胀

除了总供给与总需求因素外,许多经济学家还从结构方面寻找通货膨胀的原因。这些经济学家相信,即使在总供给和总需求相对平衡的条件下,某些结构性因素也可能导致通货膨胀,即结构型通货膨胀。结构性通货膨胀是指在总需求量和总供给量没有发生变化的情形下,由社会经济结构方面的因素而引起的通货膨胀。结构性通货膨胀主要有以下几种情况。

1. 需求结构转移型通货膨胀

在总需求不变的情况下,需求结构会不断发生变化,它会从一个部门迅速转移到另一个部门,而劳动力及其他生产要素的转移则需要时间。当需求从某些部门转移到其他部门,例如,从衰退部门转移到新兴部门时,原先处于均衡状态的经济结构可能会因需求的转移而出现新的失衡。对于需求增加的部门,产品的价格和工人的工资水平上涨;而对于需求减少的部门,由于价格和工资刚性(或黏性)的存在,产品的价格和工人的工资却未必会下降;结果需求的转移导致物价总水平的上升。

2. 部门差异型通货膨胀

在一国的经济生活中,总有一些部门的劳动生产率增长快于另一些部门,但它们的工资增长率却相同,由此所导致的整体物价水平的持续上升就称为部门差异型通货膨胀。为方便起见,我们将生产率增长较快的部门称为先进部门,将生产率增长较慢的部门称为落后部门。因此,当先进部门的工资由于劳动生产率提高而上升时,落后部门的工资和成本也会相应上升,进而推动物价总水平的持续上升,形成了部门差异型通货膨胀。

至于为什么劳动生产增长率不同的两类部门却有相同的货币工资增长率呢?对此,希克斯(Hicks John Richard)提出了劳动力供给的合同理论。在劳动合同理论中,希克斯提出了"持久性"概念。他认为,劳动力的买卖不同于转手即成的商品交易,它要在合同期结束时才能最终完成,由此产生了对劳动供求及工资的特殊影响,即劳动供求关系的变动不能立即影响工资。因此,他认为,落后部门(如服务部门)中工资的上升并不是由劳动力缺乏引起的,而是由落后部门的工人追求公平的工资造成的。对此,托宾(James Tobin)则提出了特殊的劳动供给函数理论。他认为,工人关心相对工资胜过绝对工资。如果一些工人们的工资比其他工人的工资相对地下降,他们就会退出劳动;但如果各种工人的工资都一律下降,他们就不会退出劳动。因此,托宾认为,不是劳动供给决定工资,而是工资决定劳动供给。正是由于这一压力,货币工资的整体水平便与先进部门的劳动生产率同比例增长。

3. 北欧学派模型

北欧学派模型,又称"斯堪的纳维亚型"结构性通货膨胀,最初是由挪威经济学家奥克鲁斯特(Aukrust)提出,后经古典经济学家埃德格伦(Edgren)、法克森(Faxen)以及奥德纳(Odhner)三人的发展完善而形成,故有"奥克鲁斯特-EFO 模型"之称。该理论是将"部门差异型"结构性通货膨胀的主要形成因素与世界物价水平在"开放经济小国"的特殊传递机制相结合,用于分析"开放经济小国"的通货膨胀问题,而理论的倡导者皆为北欧经济学家。因此,又被称为"小国开放经济通货膨胀模型"和"北欧模型"。

斯堪的纳维亚型通货膨胀也称输入型通货膨胀,是部门差异型通货膨胀的一种,但由于其典型性和特殊性,一些学者将其划为一种独立的通货膨胀类型。这种通货膨胀主要发生在"小国",这里的"小国"是特指在世界市场上处于价格接受者地位的一类国家。这些国家虽然参与国际贸易。但由于其进出口总额在世界市场上所占份额极小,因此其进出口产品的价格不会对世界市场上的价格产生任何影响,即它们仅为世界市场上的价格接受者,而世界市场上的价格变化却对这类国家的国内价格水平产生极为显著的重要影响。由此而导致这类国家的通货膨胀水平在很大程度上受到实际通货膨胀水平的严重制约。

该模型将小国经济区分两大部门:一是开放经济部门,它生产出在世界市场上参加竞争的可交换商品,其产品价格由世界市场决定,这些部门有较高的货币工资增长率和劳动生产率;二是非开放经济部门,它生产出的商品可在国际上进行交换,其产品价格完全由本国的需求情况和产品成本决定,货币工资增长率和劳动生产率较低。但是如上所述两部门的货币工资增长率趋于一致。因此,当发生世界性通货膨胀时,小国开放部门的成本和价格将会上升,在货币工资增长率的刚性作用下,非开放部门的工资和价格也会上升,结果该国的整体物价水平上升,引起通货膨胀。

4. 落后经济的结构型通货膨胀

落后经济的结构型通货膨胀主要发生在发展中国家。该理论认为,在发展中国家,由于落后的、不合理的经济结构不能适应经济发展的要求,尤其是农业、外贸和政府等部门存在制度性的刚性,使得一般物价水平随着经济发展而不断上升。首先,在农业部门,由于土地所有制的存在限制了农业投资和工业生产技术的改进,导致农业生产结构僵化,农业生产和供给弹性较低,所生产的农产品不能满足工业化、经济发展及人口增长的客观需要,农产品价格因此而上升。其次,由于发展中国家的外贸部门尤其是出口部门的效率低下,贸易条件十分不利,进出口结构不合理,出口以初级产品为主,其需求的价格弹性不足,出口增长十分缓慢;进口是以资本品及中间投入品为主,而这些进口品是维系国内生产所必需的,因此,要促进国内经济发展,就必须大量增加进口。这种不合理的进出口结构最终将导致国际收支逆差和货币贬值,货币贬值又必然导致进口商品价格上升。在一国进口需求刚性的情形下,进口品的价格上涨必将推动国内生产成本和 般物价水平的上升。

【知识点小案例】

2015 年 9 月 10 日国家统计局公布,2015 年 8 月 CPI 同比上涨 2.0%,环比上涨 0.5%。

数据显示，CPI上扬主要是受到猪肉和鲜菜价格的拉动。其中，猪肉价格上涨19.6%，影响居民消费价格总水平上涨约0.59个百分点；鲜菜价格上涨15.9%，影响居民消费价格总水平上涨约0.46个百分点。如果去掉猪肉和鲜菜，其他消费价格都是体现通缩的。由于猪肉价格主要是受到供给量的影响，是短期的因素，因此不存在通胀的压力。

点评：CPI是衡量通货膨胀的重要指标，而通货膨胀一般是指商品和劳务价格水平的普遍、持续上升。所以虽然CPI的涨幅达到了2.0%，但主要是由个别商品价格大幅上涨引起的，并不构成通货膨胀。

(资料来源：http://money.163.com/15/0910/11/B3593TEA00252G50.html)

四、通货膨胀的危害与治理

(一)通货膨胀的危害

关于通货膨胀对社会经济会产生什么样的影响，经济学界争论颇多，各持己见。其中，最主要的有两种针锋相对的观点：促进论与促退论。促进论认为通货膨胀对社会经济起到一定的积极作用，而促退论则认为通货膨胀对社会经济产生消极影响，危害社会经济的发展。通货膨胀的危害主要表现在以下几个方面。

1. 通货膨胀降低储蓄

通货膨胀意味着货币购买力下降，减少了人们的实际可支配收入，从而削弱了人们的储蓄能力；造成本金贬位和储蓄的实际收益下降，使人们对储蓄和未来收益产生悲观的预期。为避免将来物价上涨所造成的经济损失，人们的储蓄意愿降低，即期消费增加，致使人们的储蓄率下降，投资率和经济增长率都降低。

2. 通货膨胀减少投资

首先，在通货膨胀环境下，从事生产和投资的风险较大，而相比之下，进行投机有利可图。这说明，在通货膨胀环境中，长期生产资本会向短期生产资本转化，短期生产资本会向投机资本转化。生产资本，特别是长期生产资本的减少对一个国家的长期发展是不利的。同时，短期资本，特别是投机资本增加会使各种财产价格上升，土地、房屋等所有者可以坐享其成，而对这类财产的过度投机对于社会来说弊大于利。

其次，在持续的通货膨胀过程中，各行业价格上涨的速度有差异，市场价格机制遭到严重的破坏。投资者是根据投资收益预期而从事投资的，由于市场价格机制失去了所有的调节功能，投资者也无法判断价格上涨的结构，从而作出盲目的或者错误的投资决策，不利于产业结构的优化和资源的合理配置，使经济效益大大下降。

最后，在通货膨胀时期，会计标准可能还会沿用过去的标准。例如，对折旧的提取还是按固定资产原值和一定的折旧率为计算标准，使折旧提取大大低于实际水平，从而企业成本中的很大一部分转变成了利润，这种虚假利润也被政府征了税，企业未来发展的资金就将下降。

3. 通货膨胀不利于社会公平

通货膨胀对经济能力强的阶层有利，而对贫困阶层不利。在通货膨胀中最能获得好处的是利润获得者阶层,他们可以不断地从物价上涨中获得更多的超额利润。大部分雇员发现,在他们的货币工资没增加之前物价已经上涨了,而且货币工资刚增加,物价又上涨了。经过一番艰苦的斗争才补回一点损失,但其货币收入总是落后于物价上涨。而固定收入者的情况更糟,也许是通货膨胀已经发生了相当长的时间,或许已经有了几轮的物价上涨后,这些固定收入者的收入才增加。最凄惨的是靠养老金生活的退休者和穷人,他们既没有增加收入的希望,又得不到通货膨胀的好处。安定的社会秩序是一个国家经济发展的保证,而收入分配的不公,就会造成一个社会的不安定。

4. 通货膨胀造成外贸逆差

本国通货膨胀率长期高于他国,会产生两种影响:一是使本国产品相对于外国产品的价格上升,从而不利于本国的出口,并刺激了进口的增加;二是使国内储蓄转移到国外,势必导致本国国际收支出现逆差,并使黄金和外汇外流,给本国经济增长带来压力。

5. 恶性通货膨胀会危及社会经济制度的稳定,甚至令其崩溃

当发生恶性通货膨胀时,价格飞涨,已经不能再反映商品供给和需求的均衡,信用关系也会产生危机。这样就会危及社会经济制度的稳定,甚至令其崩溃,如第一次世界大战后的德国。

德国的恶性通货膨胀始于 1921 年,当时第一次世界大战后,因战争赔款和重建经济的需要,政府支出大大超过了收入。德国政府本可提高税收以应付这部分增大了的支出,但这种解决办法在政治上不易被接受,而且需要很长时间才能落实。政府还可以向公众借款来筹集这笔费用,但所需金额远远越过了政府的借款能力。因此,剩下的只有一条路:开动印钞机。政府只需印刷更多的钞票(增加货币供应)就可以支付它的费用,并用这些钱从个人和公司手中换取商品和劳务。1921 年后期,德国的货币供应量开始迅速增加,物价水平同时也开始迅速上升。1923 年,德国政府的预算状况进一步恶化,不得不以更快的速度印制钞票以应付财政危机。货币激增的结果是物价水平火箭式地上升,从而使得 1923 年的通货膨胀率超过 1 000 000%。恶性通货膨胀导致了严重的经济危机,使得经济制度崩溃,从而导致了政治危机。

【专栏 10-1】

国民党统治时期的恶性通货膨胀

1935 年的法币改革为国民党政府推行通货膨胀政策铺平了道路。由于国民党政府过分依赖增发货币来为巨额的政府预算赤字融资,在从 1935 年法币开始走上中国历史舞台至 1949 年的短短十几年间,法币经历了一个持续而且不断加速的贬值,最后完全形同废纸,且看 100 元法币购买力:

1937 年可买大牛两头;

1941 年可买猪一头;

1945 年可买鱼一条;

1946 年可买鸡蛋一个;

1947 年可买油条 1/5 根;

1948 年可买大米两粒。

其贬值速度简直超乎人们的想象。如此严重的通货膨胀有着深刻的政治和经济背景。

首先，连年的战争使得南京政府陷入了严重的财政危机。1945年以后，国民党政府更是疯狂扩大财政支出以支持急剧增加的内战军费开支，而巨额的财政赤字在当时条件下只能用发行货币来弥补。其次，连年的战争使得本来就匮乏的物资供给更加不足，社会总需求超过了总供给，导致了物价的飞升。再次，国统区在内战的失败中不断缩小，致使法币以及后来的金圆券、银圆券的流通范围不断缩小，这又加快了货币流通速度，加重了日益恶化的通货膨胀。最后，法币从诞生之日起便不断贬值，使得老百姓有很高的通货膨胀预期，1945年后，国民党在国内战场上的节节败退更使老百姓丧失了对法币的信任。

1946年春，由于物价上升加剧，时任行政院院长的宋子文决定采取抛售黄金的办法稳定物价和币值。这一措施曾在抗战时期使用过，并收到了一定效果，但是这一次却不灵了。手上掌握巨额游资的官僚资本家根本不相信物价能够稳定下来，因此他们趁机大做黄金投机生意，在市场上大量买进黄金。这种投机行为导致了黄金价格的急速上升。金价与物价相互刺激，进一步促进了物价的直线上升。当黄金的抛售满足不了投机者的需要时，出现了黄金抢购风潮。到1947年2月10日，中央银行不得不停止黄金的出售。供给的中断造成金价的暴涨，从而带动物价上涨，全国市场一片混乱，社会出现骚乱。南京政府于1947年2月16日公布了《经济紧急措施方案》，黄金政策由自由买卖转变为绝对冻结。

抛售黄金的改革失败后，南京政府采取了"经济紧急措施"，加强金融管制。但由于军费开支居高不下，物价上涨的浪潮持续不断，法币的印刷成本已经超过其自身所代表的价值，失去了正常货币的一切职能，给人民群众带来的只是恐慌和不满。蒋介石采纳了财政部长王云五的金圆券改革方案，于1948年8月19日发布了《财政经济紧急处分令》，宣布以中央银行所存黄金和证券作保，发行金圆券来代替法币。以300万元法币折合金圆1元，金圆的含金量为纯金0.222 17克，发行总额以20亿为限，并限期收兑换成金圆，但南京政府既没有规定金圆券兑换金圆的办法，也没有规定其兑换外汇的办法，因此，金圆券的含金量实际上是一种虚值，没有任何意义。借助于政治高压的强制手段，金圆券得以推行。但财政赤字的进一步扩大使得金圆券的发行额很快突破了20亿元的上限，此时美国已经关上援助的大门，蒋介石集团只能把军事开支的来源都压在增发的货币上，国统区很快变成了金圆券的世界。从1948年8月到1949年5月，前后不到9个月时间，金圆券的发行额就增加了30多万倍，金圆券的购买力跌至原来的500多万分之一。金圆券改革不到1年便以失败告终。

1949年7月4日，国民党政府又推出了银圆券的改革，在广州发行所谓可无限制兑现的"银圆券"银圆券1元折合金圆5亿元。但是，中国的老百姓此时已经对国民党政府的任何改革都没有兴趣了。

(资料来源：石柏林.凄风苦雨中的中国经济[M].郑州：河南人民出版社，1993；
张公权.中国通货膨胀史[M].北京：文史资料出版社，1986.)

(二)通货膨胀的治理

通货膨胀对经济发展产生诸多不利影响，对社会再生产的顺利进行有破坏性作用，极其严重的通货膨胀甚至危及社会的稳定。因此，各国政府都把应对通货膨胀列为主要的宏观经济目标。由于通货膨胀产生的原因比较复杂，因此，对通货膨胀必须对症下药，从其直接原因与深层原因、社会总供给与社会总需求等多方面进行综合治理。治理通货膨胀主要有以下几个方面的措施。

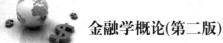

1. 总需求管理政策

针对需求拉上型通货膨胀，政府往往采取紧缩性的货币政策和财政政策来抑制过旺的总需求。

1) 紧缩性的货币政策

紧缩性的货币政策，其实质是控制货币供给的过快增长，具体方法有：①中央银行提高法定存款准备率，减少商业银行的超额准备金，从而抑制其信贷扩张能力，达到降低货币乘数，减少货币供应的目的；②中央银行提高再贴现率，以提高商业银行获取资金的成本，从而促使商业银行增加对客户贷款的利率，达到抑制企业贷款需求，减少货币供应的目的；③中央银行在公开市场上出售手中持有的有价证券，以减少商业银行的超额准备金，达到减少货币供应的目的。此外，中央银行还可以动用法律手段、行政手段来实施紧缩。

2) 紧缩性的财政政策

紧缩性的财政政策，通常包括增加税收、压缩政府支出、缩小财政赤字等。税收的增加，减少了企业和家庭可用于消费和投资的资金来源；政府支出的减少则直接意味着总需求的下降。

总之，货币政策是通过影响信贷、投资，从而影响市场货币供应量，以压缩总需求的；而财政政策则是直接影响政府、个人和企业的消费支出，以压缩总需求。这两种政策措施总的来说容易奏效，但往往伴随着失业率的大幅度上升。

2. 收入政策

收入政策，又称工资物价管制政策，是指政府制定一套关于物价和工资的行为准则，由价格决定者(劳资双方)共同遵守。其目的在于限制物价和工资的上涨率，以降低通货膨胀率，同时又不造成大规模的失业。显然，这种政策适合成本推进型的通货膨胀。收入政策一般采取以下形式。

1) 工资、价格管制

工资价格管制是指由政府颁布法令，强行规定工资、物价的上涨幅度，甚至冻结工资、物价，即政府以法令或政策形式强制性地将全社会职工工资总额或增长率固定在一定的水平上。这种措施对经济影响较大，通常只用在通货膨胀严重恶化时期。

对一般性的工资或物价，政府根据劳动生产率的提高等因素，制定一个增长标准，作为工会和雇主双方协商的指导线，要求他们自觉遵守。政府当局要求各个部门将其"工资—物价"的增长幅度控制在这一限度之内，即制定"工资—价格指导线"。

2) 以税收为基础的收入政策

以税收为基础的收入政策是指政府以税收作为奖励或惩罚的手段来限制工资、物价的增长的政策。如果增长率保持在政府规定的幅度之内，政府就以减少个人所得税和企业所得税作为奖励；如果超过界限，就增加税收作为惩罚。

二十世纪六七十年代初期，西欧和日本都实行过类似的收入政策，美国在二十世纪六十年代中期以前也分别实施过控制工资增长的"工资—价格指导线"方案和冻结工资政策。

但是，收入政策也存在以下几个方面的缺陷。首先，如果是保守性的指导性政策或税收性政策，效果取决于劳资双方与政府能否通力合作。其次，强制性的收入政策会妨碍市场机制对资源的有效配置，因为市场是通过价格信号来指导生产和要素流动的，如果禁止价格上涨，价格限制也就等于取消了资源转移的动力。再次，如果在价格管制的同时没有采取相应的紧缩需求的措施，公开的通货膨胀变为隐蔽型的，一旦重新开放价格，通货膨胀会以更大的力量爆发出来。

3. 指数化方案政策

在通货膨胀的条件下，为了维持经济的稳定成长，人们想出各种各样的办法对付物价持续上涨趋势，其中，指数化方案占了一席之地。

所谓指数化方案，是指以条文规定的形式把工资等收入和某种物价指数联系起来。收入指数化是按物价变动情况自动调整收入的一种分配方案。指数化的范围包括工资、政府债券和其他货币性收入。实施的办法是使各种收入按物价指数滑动或根据物价指数对各种收入进行调整，可以是百分之百的指数化，也可以是部分指数化。

这种指数化措施主要有两个功效：一是能借此剥夺政府从通货膨胀中所获得的收益，杜绝其制造通货膨胀动机；二是可以借此抵消或缓解物价波动对个人收入水平的影响，克服由通货膨胀造成的分配不公。借此还可以稳定通货膨胀环境下的微观主体行为，避免出现抢购商品、储物保值等使通货膨胀加剧的行为。

这一政策主要是针对开放经济的小国而言的，小国通常是世界通货膨胀的受害者而不是发源地。因此，对经济开放的小国来说，主要问题是如何抵御外来通货膨胀的侵袭和干扰。由于小国开放经济中，外贸部门很大，对外依赖程度高，通货膨胀主要是由外生变量所决定的，因此，收入政策即阻止工资增长政策并不能有效地抵御世界通货膨胀的输入，况且限制工资增长会受到工人或工会的强烈抵制，而实行稳定本国货币供给增长率也并不能防止世界通货膨胀的冲击，因此，也不能用稳定的货币政策应对通货膨胀。其最有效的办法是采取指数化政策，由于收入和利率等与价格指数相关联，可以消除通货膨胀对经济发展、收入分配和资源配置的影响。

但对于指数化政策，也有尖锐的反对意见：①全面实行收入指数化会提出很高的技术性要求，因此，任何政府都难以实施包罗万象的指数化政策；②收入指数化会造成"工资—物价"的螺旋上升，进一步加剧通货膨胀。因而，它对于成本推进型的通货膨胀是不适用的。

4. 增加供给政策

增加供给是凯恩斯学派和供给学派针对经济滞胀而提出来的，他们都认为，总供给减少是导致经济滞胀的主要原因。

凯恩斯学派认为总供给减少的最主要原因是影响供给的一些重要因素发生了变化，如战争、石油或重要原材料短缺、主要农作物歉收、劳动力市场条件变化、产品市场需求结构变化以及政府财政支出结构、税收结构、转移支付等方面的变化，因而造成了总供给减少并引起通货膨胀。因此，治理经济滞胀必须从增加供给着手。凯恩斯学派提出的对策主要包括：政府减少失业津贴的支付、改善劳动条件、加强职业培训和职业教育、改进就业信息服务、调整财政支出结构和税收结构等，其目的是降低自然失业率，使总体经济恢复到正常状态。

供给学派则认为，政府税率偏高是总供给减少、菲利普斯曲线右移的主要原因。过高的税率降低了就业者的税后收入和工作意愿，同时也降低了企业的投资意愿，并助长了逃税行为，造成资源浪费，阻碍了社会生产力的提高和总供给的增长。因此，治理滞胀必须首先降低税率，由此可提高劳动者的工作意愿和劳动生产率，增加储蓄和企业投资，提高资金的运用效率，刺激经济增长和降低失业率，从而走出经济滞胀的困境。

总之，治理通货膨胀是一个十分复杂的问题，不仅造成通货膨胀的原因及其影响是多方面的，而且其治理的过程也必然会牵涉到社会生活的方方面面，影响到各个产业部门、各个企业、社会各阶层和个人的既得利益，因此，必须根据具体情况采取多种措施相配合的方式，才能达到良好的效果。

5. 单一规则的货币政策

货币主义学派认为，造成20世纪70年代资本主义国家经济滞胀的主要原因是政府不断采取扩张性的财政政策和货币政策，所以导致通货膨胀预期提高、总供给曲线左移、菲利普斯曲线右移。因此，对付停滞膨胀的根本措施在于，政府必须首先停止扩张性的总体经济政策，将货币供给的增长速度控制在一个最适当的增长率上，即采取所谓"单一规则"政策，以避免货币供给的被动对经济和预期的干扰。货币主义学派强调，在已发生滞胀的情况下，只有严格控制货币供应量，才能使物价稳定，总体经济和社会恢复正常秩序。尽管货币供应量的降低在短期内会引起失业增加、经济衰退加重，但付出这一代价将换来通货膨胀预期的下降和菲利普斯曲线的回落，并最终根除停滞膨胀。

"单一规则"政策应对通货膨胀确实比较有效，20世纪80年代中期以来美国和其他一些发达国家的实践是其成功的证明。但是，对于一些将经济增长作为首要政策目标的国家来说，尤其对那些经济严重衰退、失业率居高不下的国家来说，这一政策有很大的局限性，不顾一切推行的结果可能会导致社会经济的动乱。

第二节　通 货 紧 缩

1997年的东南亚金融危机引发了全球经济的转折点，此后，世界经济告别了通货膨胀时代，转而走向低迷和通货紧缩。世界经济在经历了50年左右的反通货膨胀斗争之后，又开始面对通货紧缩的挑战。我国也不例外，1997年10月份，我国零售商品价格指数开始出现持续下降的现象，在此之前生产资料价格指数和工业品出厂价格指数已经持续下降了一段时间。这种现象说明我国当时进入了通货紧缩阶段。通货紧缩开始成为世界谈论的热门话题。

一、通货紧缩的含义

通货紧缩是与通货膨胀相对立的一个概念，如何定义通货紧缩目前仍存在较大的分歧。萨缪尔森(Paul A Samuelson)和诺德豪斯(David. E.W.Lederer)在其《经济学》第十六版中将其定义为"物价总水平的持续下跌"。加拿大经济学家戴维·E. W. 莱德勒(Davil E. W. Laidler)认为，通货紧缩是物价下跌和币值上升的一个过程，其反义词是通货膨胀。国内经济学界对于通货紧缩有四种观点：一是认为通货紧缩是价格水平的持续下降，称为单因素论；二是认为通货紧缩是指价格水平和货币供应量同时持续下降的现象，称为双因素论；三是认为通货紧缩是指价格水平、货币供给和经济增长三个指标的持续下降，称为三因素论；四是认为通货紧缩是指价格持续负增长、经济实际增长率持续低于潜在增长率的现象。因此，我们可以把通货紧缩理解为由于货币供给量持续减少所引起的有效需求不足、经济衰退、一般物价水平持续下跌、币值上升的一种货币现象。对于这一概念的理解应注意以下几点。

(1) 通货紧缩从本质上说是一种货币现象。在经济活动中，总需求对总供给的偏离或实际增长率与潜在增长率的偏离是产生通货紧缩的根本原因。

(2) 通货紧缩也是一种实体经济现象。它通常与经济衰退相伴而生，表现为投资收益下降和投资机会的相对减少，整个市场普遍低迷。从 1929 年到 1933 年的世界经济危机及其随后的大萧条就是通货紧缩的典型例证。但经济衰退并非就是通货紧缩，因为造成经济衰退的原因有很多。

(3) 通货紧缩是与通货膨胀相反的经济现象，其表现为物价水平的持续、普遍下跌。究竟物价持续下降多长时间才算出现了通货紧缩并无统一标准。巴塞尔国际清算银行提出，如果一国消费品价格连续两年下降便可视为出现了通货紧缩。

二、通货紧缩的测量

通货紧缩既然是宏观经济失衡的结果，那么，通货紧缩的测量就应该考虑到货币供给、有效需求和经济增长等宏观经济指标。

(一)货币供给不足、物价下跌

通货膨胀的基本内容是货币供给过度而造成货币贬值，导致物价上涨；与之相对应，通货紧缩意味着货币供给不足和物价的持续下跌，因此，货币供给不足和物价持续下跌是衡量通货紧缩的重要标志。但货币供给增长率和物价指数是多少就意味着出现了通货紧缩，则没有一致的标准。

(二)有效需求不足和经济衰退

由通货紧缩所体现的经济内容分析，通货紧缩意味着有效需求不足和经济衰退，因此，通常用有效需求不足和经济增长率下降来反映通货紧缩的程度。

有效需求是一个相对概念，是相对于供给状况而言的。例如，1998 年，人们公认消费需求不足，而事实上社会消费仍以较大幅度增长；1998 年消费品零售额比 1997 年增长了将近 11%，1999 年一季度比 1998 年同期增长了 5.4%。这就是说，有效需求过度或不足，是相对于供给而言的，是一种相对数概念。因此，作为有效需求不足问题的通货紧缩现象，其数量标志应该是由一个或一组相对数指标来体现，而不应以某一绝对数指标来简单说明。

通货紧缩虽然不是经济衰退的唯一原因，但通货紧缩对经济增长的威胁是显而易见的。通货紧缩使商品和劳务价格下降，但这种价格下降并非源于生产效率的提高和生产成本的降低，因此，势必减少企业和经营单位的收入；企业单位被迫压缩生产规模，又会导致职工下岗或失业；社会成员收入下降必然影响社会消费，消费减少又会加剧通货紧缩；由于通货紧缩，人们对经济前景看淡，反过来又影响投资；投资消费缩减最终会使社会经济陷入困境。

(三)货币流动性下降

在同量的货币供给条件下，若 M_1 增长率高于 M_2 增长率，则所形成的体现现实社会购买力的狭义货币 M_1 的比重增高，短期内总需求大于总供给，经济增长速度加快的同时物价持续上涨，形成通货膨胀压力；反之，若 M_1 增长率低于 M_2 增长率，转化为储蓄性质的准货币的比重增高，现实社会购买力萎缩，短期内有效需求不足，物价持续下跌，经济增长速度减慢，形成通货紧缩现象。因此，M_1 与 M_2 的增长比率，即货币流动性的变化情况，也是考核短期有效需求不足问题和通货紧缩现象的重要标志。

【专栏 10-2】

通缩危害甚于通胀

2009 年 5 月 15 日出版的英国《经济学家》刊文指出，通货膨胀虽然危害严重，但通货紧缩的危害有过之而无不及。

默尔·哈泽德一位讽世的低音男歌手，深解目前的货币混乱状况。他颤声唱道："通胀还是通缩，如果你能，请告诉我，我们会重蹈津巴布韦或日本的覆辙吗？"美国该如何避免这次自 20 世纪 30 年代以来最严重的经济衰退所带来的通缩压力，同时又可以预防美联储的一系列举措带来通胀压力？

对于通缩的担忧并不是基于 2009 年美国 3 月份的消费价格指数比 2008 年同期下降 0.4%。虽然这是自 1955 年以来第一次达到这样大的年下降幅度，但这只是能源价格巨跌所造成的短期结果，扣除食品和能源外的核心通胀率为 1.8%。真正令人担忧的是价格持续下滑，这才是真正通缩的标志。

到 2009 年 5 月为止，对通胀的预期还比较坚定，但工资冻结和减薪也许很快将改变人们的想法。在一次民意调查中，超过 1/3 受访者表示，他们或他们家庭的某些成员遭受了减薪或减少工时的痛苦。美国第一季度就业成本指数同比仅增长 2.1%，这是自 1982 年以来的最低增幅。在上次 2003 年的那场通缩恐慌中，工资总额增长了近 4%。

这有什么关系吗？如果价格下跌是先进的生产力使然，就仅 19 世纪末那样，那么它是一个进步而非经济崩溃的信号。然而，这次的通缩更像 20 世纪 30 年代的那场恶性通缩，因为需求疲软，家庭和公司都负债累累。在通缩情况下，即使名义工资、物价和利润都下跌的时候，债务的名义价值仍然是固定的，实际债务负担因此加重，从而导致借款方削减开支以还债或者拖欠贷款。那样则会破坏金融体系、加深经济衰退。

从 1929 年至 1933 年，物价下跌了 27%。而此次各国央行已经开始着手解决。美国、英国、日本和瑞士的央行已经将短期利率下调至或接近于零，并且通过购买债券而扩大资产负债规模。然而正是这种反通缩的热情引起了梅尔策等人士的警觉。梅尔策担心，送走通缩的代价是美联储不能或不愿及时转变政策以防止通胀抬头。

但通胀比通缩更容易调节。一国的央行可以通过将利率提升至需要的高点来抑制通胀，却不能通过将名义利率降至零以下来解决通缩。通缩剥夺了央行利用负实际利率来刺激消费的能力。那些已将利率降到几近零的央行现在正运用非常规的、量化的工具，但其效果有待验证。

(资料来源：搜狐财经网)

三、通货紧缩的成因及治理

(一)通货紧缩的成因

通货紧缩集中表现为社会总需求、物价水平疲软或下跌,究其原因,可能由直接的货币因素构成,也可能由其他因素引起,如经济结构失调、国际市场变化等。

1. 货币因素

货币因素主要是指因货币供给偏紧或不足而直接引发的通货紧缩。一种情况是在实行反通货膨胀政策时通常要采取控制贷款和财政支出、限制工资增长等一类措施,以压缩社会需求。这有利于控制物价上涨幅度,从而促进经济稳定。但是由于大力压缩投资和控制消费,又有可能形成社会需求过分萎缩,使市场出现疲软。结果通常是通货膨胀得到抑制,而由于实施的从紧的财政政策和货币政策还有一定的惯性,或是主管部门未能适时调整政策,由此而出现政策的负面影响。

另一种情况是,经济增长速度已经逐步放慢,而财政政策、货币政策未能及时调整。一般在经济高速增长时,都会实行偏紧的财政、货币政策,以防经济过热。如果经济增长已经趋缓,但依然奉行原来的从紧政策,就可能产生紧缩的消极影响。

例如,1982 年美国政府为了反通货膨胀,就采取了提高利率等紧缩措施,使通货膨胀率得以下降,同时当年 GDP 也转为负增长。1996 年日本经济增长恢复到 3.9%的较高水平,但日本政府于 1997 年实施提高消费税率、减少财政支出的紧缩政策,结果造成物价水平和居民消费持续下降,并导致经济连续两年出现负增长。

2. 经济结构失调

当经济结构失调状况积累到一定程度时,就必然要进行较大的调整。这种调整表现在以下两个方面:①开发新产业和新产品,实行技术升级;②某些传统产业和产品则面临相对过剩,需要压产或进行产品换代。在这种情况下,相当一部分产品面临市场需求不足、价格进一步下跌的压力,有些企业可能被迫减产和减员。这就必然会导致企业投资和居民消费的减退,反过来又加剧了市场需求不足、物价下跌的压力。

此外,还有消费结构变化的问题。在经济发展的基础上,居民消费经历着由低向高的发展过程,消费结构不断调整。在消费升级中往往出现以下情况:某些原来式样的消费品消费相对饱和,销售不旺;同时,居民增加储蓄,以备进入下一阶段的高档消费。这种情况自然会使一段时间内的消费增长放慢,市场需求和物价疲软不振。

上述结构性变化当然不是由货币供给状况所引起的,但是却会影响货币供给在数量和结构上的变化。这种变化表现在以下两个方面:①在投资需求不振的情况下,银行增加货币供给总量的努力要受到抑制,使货币供给增长速度放慢;②投资和消费需求减少,储蓄相应增加,又会引起货币流通速度减缓。二者同时减缓,就是市场需求不振在货币供给上的反映。

3. 有效需求不足

有效需求不足由以下两个方面原因导致:一方面,生产能力过剩,需求的增长跟不上生产能力的扩大,产品价格下降成为趋势;另一方面,由于存在消费预期和未来不可测因素,居民消费保守,现实消费需求不足。"9·11"事件使得美国消费信用下降,出现消费需求不足。

4. 国内市场竞争

随着市场机制的建立和完善,国内市场竞争愈加激烈,特别是同一产业同类产品的价格竞争,即打"价格战",必然带动相关产业甚至社会物价总水平下降。同时,高新技术的应用在一定程度上大大提高了劳动生产率,从而降低了产品成本。

5. 国际市场的冲击

一个对外开放的国家,往往会受到国际市场情况变化的冲击。当国际商品市场和金融市场发生动荡时,受到的影响将是:①出口下降和外资流入减少,导致国内需求减少;②国际市场商品价格下跌,进出口商品价格下降必然会增加因国内物价下降的压力。一个国家开放程度越高,则承受的冲击越大。

6. 国际传散

国际传散来自以下三个方面。

(1) 财政赤字逐渐缩小。美苏冷战结束致使全球军费支出削减,主要国家政府支出和赤字下降,许多市场经济发达的国家加速调整宏观经济政策,逐渐缩小财政赤字在国民生产总值中所占比重,过去这个比重一般在 30%～40%,20 世纪 90 年代以后下降到 10% 以下。财政赤字的减少延缓了需求扩张的速度,减小了扩张总额。

(2) 公司收购与兼并浪潮。20 世纪 90 年代末,全球出现了公司收购与兼并、资产重组的热潮,这些行为直接减少了经营成本,缩小了投资扩张所带来的需求增长,直接导致相关供给价格的下降。

(3) 东南亚地区金融动荡和货币贬值。东南亚国家大多为出口型国家,伴随着其大幅度货币贬值,商品出口增加,进口需求受到抑制,使其贸易伙伴出口商品的价格难以提高;同时加剧了商品供过于求,使全球物价下跌,导致整个世界市场物价指数下降。

(二)通货紧缩的治理

通货紧缩也会产生巨大的消极因素,通货紧缩时,会出现以下情况:①企业经营状况恶化。一方面,由于商品价格的下跌,企业利润率会下降,甚至出现亏损,这必然会削弱企业投资的积极性;另一方面,持续的物价下跌还会迫使企业缩减生产,裁减员工,乃至破产倒闭。②由于企业经营状况的恶化,居民收入减少,使其相应紧缩消费支出,财政收入和支出出现紧张,银行信贷萎缩。这反过来又会加剧社会需求不足和通货紧缩的局面,使经济陷入恶性循环的漩涡之中。这些都将危害社会经济的发展,所以各国也把治理通货紧缩作为重要的经济目标。通货紧缩的治理主要有以下几个方面的措施。

1. 积极财政政策,防止通货紧缩

采取积极的财政政策,扩大财政支出,可以发挥政府支出在社会总支出中的作用,弥补个人消费需求不足造成的需求减缓,从而使财政政策起到"稳定器"的作用。采取稳健的货币政策的核心是从防止通货紧缩、防范金融风险出发,适当增加货币供应量,促进国民经济持续、快速、健康的发展。同时,货币政策还要与税收政策、对外贸易政策、产业

政策密切配合，使各种政策工具实现有机结合。

2. 调整产业结构，提高经济增长

在着力扩大国内需求、刺激景气回升的同时，必须加快经济结构特别是产业结构调整，使之优化升级，大力提高经济增长质量。这对促使我国经济持续快速发展至关重要。为此，要切实建立起企业优胜劣汰机制，实施资产优化重组，促进产业结构调整；缩小城乡二元结构差距，开拓农村消费市场；加快社会保障制度建设，剥离国有企业对社会的包袱；调整第三产业发展结构，加快第三产业发展。

3. 规范储蓄投资，协调市场融资

目前，居民的金融资产投资过度集中在储蓄存款，而国有商业银行将这些储蓄转化为有效投资的效率短期内难以提高，因而应该积极发展股票、债券、养老基金、投资基金、保单等金融工具，使居民能在多种金融资产中进行理性的选择，以扩展储蓄—投资转化的渠道。同时，只有银行信贷市场、货币市场和证券市场相辅相成、协调发展，才能为投资者和筹资者提供高效率的市场融资机会，并为解决资金循环不畅问题建立起健全的金融市场机制。

4. 增加汇率制度灵活性

固定汇率制度容易导致通货紧缩的输入，使出口面临下降的困难。增强汇率制度的灵活性，可以减轻人民币升值的压力，促使国内物价回升，降低实际利率预期，有利于摆脱通货紧缩的困境。

5. 建立存款保险制度

在通货紧缩的情况下，金融机构的稳健性已经受到严峻挑战。要从保持金融体系功能健全出发，尽快建立存款保险制度，从保护存款人利益出发，提高金融机构的抗风险能力，增强金融机构的稳健性，为金融机构实现安全性、流动性和赢利性的统一提供条件。

本 章 小 结

通货膨胀是指一般物价水平的持续、明显上升。它可以通过消费物价指数、生产者指数、GNP 平减指数来测量。在关于通货膨胀的成因与类型上，经济学家提出了需求拉上论、成本推进论、混合型和结构型通货膨胀论等不同的理论。通货膨胀对社会经济产生了不利影响，针对不同的通货膨胀，形成不同的治理通货膨胀的对策，主要包括总需求管理政策、收入政策和指数化方案政策、增加供给政策和单一规则的货币政策。

通货紧缩是指一般物价水平的普遍、持续下降，可用货币供给、有效需求和经济增长等宏观经济指标来进行测量。通货紧缩产生的原因与货币因素、经济结构失调、有效需求不足、国内市场竞争、国际市场冲击和国际传散有关。治理通货紧缩的对策主要包括积极的财政政策和积极的货币政策、调整产业结构、规范储蓄投资、增加汇率制度的灵活性以及建立存款保险制度等。

复习思考题

一、名词解释

通货膨胀　消费物价指数　生产者物价指数　GNP 平减指数　需求拉上型通货膨胀　成本推进型通货膨胀　混合型通货膨胀　结构型通货膨胀　通货紧缩

二、简答题

1. 如何理解通货膨胀与通货紧缩？
2. 简述通货膨胀的成因。
3. 通货膨胀有何危害？治理通货膨胀的对策有哪些？
4. 简述通货紧缩的成因。
5. 通货紧缩有何危害？如何治理通货紧缩？

三、案例分析

前南斯拉夫的通货膨胀

前南斯拉夫的汇率极不稳定，其最大面值曾发行过 5000 亿第那的货币，成为世界上迄今为止最大面值的货币。如今，在英国伦敦大英博物馆钱币馆展出的钱币中，其中第一个栏目就是前南斯拉夫时期的 5000 亿第那，而当时的票面价值才值 10 个马克(约合现在的 5 欧元)。

当时由于货币贬值，前南斯拉夫人买台电视需要用车拉钱，据当地人称几乎要用整整一轿车后备厢的钱。甚至买一个面包也要用好几沓钱，数起来很费劲。当时货币贬值的速度说起来几乎令人难以置信，如果你到咖啡馆要一杯咖啡，马上付钱和喝完付钱是不一样的，因为往往喝咖啡的时间说不定货币又贬值了。有位学生家长早上给孩子吃午饭的钱，孩子没舍得花，晚上又带回了家，家长一听就骂了孩子一顿，因为到晚上这个钱已经贬得吃不了一顿饭了。

贝尔格莱德一位开餐馆的朋友曾告诉笔者一则真实的故事。国内一位朋友的亲戚在南斯拉夫出车祸去世，家人在清理死者的遗物时，发现其身上装有几亿面值的第那，按照家人的想象，死者在国外做国际贸易生意多年，这几个亿最起码也值几百万人民币。谁知托我这个朋友在该国银行一打听，这些钱只能买几盒火柴。还有一个真实的，富有戏剧性的故事。1996 年的一天，有位在当地中国餐馆工作的年轻服务员下班后，与一位厨师一起步行走回住地，在半路上捡到了一张面值为 5 个亿的第那，是 1992 年版的。当时这位服务生兴奋不已，同行的厨师也半开玩笑地说，这是咱俩一起捡到的，你要分给我一半，服务生笑着回答说没问题。回到住地后，服务生担心会有人劫财害命，连激动带害怕一夜没睡着觉，好不容易熬到第二天上班，便迫不及待地问一位南斯拉夫籍的女翻译，这些钱能值多少，翻译看后马上告诉他，虽然票面有 5 亿，但现在已不值一分钱，听完解释服务生大失所望，才知当时的通货膨胀之严重。

有关前南斯拉夫的这种经济现象，世界上许多经济学家不得其解。他们认为，其他任何国家遇到这种经济状况恐怕早都垮了,而前南斯拉夫经济居然还能正常运转,商品照常销售,人民还正常生活,可以说这在世界金融史上是一个奇迹。

(资料来源:李小丽,丛禹月.金融学[M].天津:天津大学出版社,2014.)

问题:
前南斯拉夫的通货膨胀有何特点?

第十一章

货币政策

【学习目标】

通过本章的学习,掌握货币政策的含义;理解货币政策的最终目标与中介目标;掌握一般性货币政策工具的种类;了解选择性货币政策工具的种类;理解货币政策传导机制理论;了解货币政策中介目标的选择依据;理解各货币政策工具实施的局限性;分析我国货币政策的实施情况。

金融学概论(第二版)

【本章导读】

2016年宽松货币政策仍可期

作为宏观调控的左右手之一，2016年货币政策被市场寄予厚望。根据中央经济工作会议的表述，2016年货币政策基调是"稳健的货币政策要灵活适度，为结构性改革营造适宜的货币金融环境，降低融资成本，保持流动性合理充裕和社会融资总量适度增长，扩大直接融资比重，优化信贷结构，完善汇率形成机制"。

尽管货币政策基调仍被定性为"稳健"，不过，大部分市场人士认为，从目前中国经济的走势来判断，2015年已经开启的降息降准(降低存贷款利率与降低存款准备金率)周期不会在2016年就戛然而止，不过，在降息、降准的频率以及其他货币政策工具的运用上将有变化。

过去中国市场流动性最为重要的来源——外汇占款持续缩水的势头未变，在这样的背景下，降准的必要性不言而喻。渣打银行大中华区首席经济学家丁爽表示，基于政府会出手防止投机性的资金流出以及企业的境内外资产负债表会更为平衡等原因，测算2016年中国资本外流规模将比2015年下降三分之一左右，在这样的假设下，若要保持广义货币(M2)12%的增长率，需要200~250个基点的降准，因此，降准次数应在4~5次。

而关于降息的必要性和可能性，市场观点则显现出分歧。一些市场人士分析指出，鉴于2016年CPI会温和回升，降息的空间已经不大。另外，2015年连续的降息似乎对降低企业融资成本作用有限，是否要继续降息值得进一步考量。不过，招商银行同业金融总部高级分析师刘东亮表示，2016年经济下行压力不减，停止降息会加大经济下行压力，货币政策调整应有预见性。

(资料来源：http://finance.huanqiu.com/roll/2016-01/8308767.html)

问题：
(1) 我国货币政策有哪些工具？
(2) 降息降准对国民经济会产生什么样的影响？

市场机制自发运行的结果是有规律的经济周期，既会出现通货膨胀和经济过热，又会发生通货紧缩和经济萧条。因此，各国中央银行都肩负着干预经济的重任，通过实施货币政策"熨平"经济的周期性波动。围绕货币政策目标，选择恰当的中间指标，运用具体的货币政策工具调节经济和运行，构成了货币政策的基本内容。本章以货币政策为核心，阐述了货币政策的目标、工具、传导机制以及我国的货币政策实践。

第一节 货币政策的目标

一、货币政策的含义

货币政策是一国中央银行为实现其宏观经济目标而采取的各种控制和调节货币供应量和信用量的方针和措施的总和。它是实现中央银行金融宏观调控目标的核心所在，也是国

第十一章　货币政策

家宏观经济政策的重要组成部分之一。

货币政策是一个政策体系，它由三个要素构成：一是货币政策目标，包括货币政策的最终目标和中介目标；二是货币政策工具或手段；三是货币政策效果。货币政策实施的目的就是通过运用货币政策工具，实现货币政策目标，以达到货币政策预期的效果，但要做到这一点并非容易。

货币政策目标的实现，预期效果是否理想，还有一个漫长过程，存在一些中间环节。因此，中央银行在设定货币政策最终目标的同时，需设定货币政策的中介目标。货币政策中间目标的设定，为中央银行实现货币政策最终目标提供了一个追踪的指标，它可以显示货币政策实施的进度，可供中央银行随时进行观察和调整。中央银行通过观察和调整这些中介目标，可以达到间接控制最终目标、实现货币政策预期效果的目的。

二、货币政策的目标体系

货币政策目标是中央银行实施货币政策所预定要对宏观经济产生的明确效果。按照中央银行对货币政策的影响力和影响速度，货币政策划分为两个不同的目标层次，即最终目标和中介目标，它们共同构成中央银行货币政策的目标体系。

(一)货币政策的最终目标

货币政策的最终目标是中央银行货币政策在一个较长时期内所要达到的目的，它基本上与一个国家宏观经济目标相一致。而一国宏观经济方面大致存在这样四种类型的问题。

(1) 社会经济生活是否安定？
(2) 国民经济发展状况如何？
(3) 生产要素和劳动力的就业情况如何？
(4) 国际收支是否保持平衡？

所以，现代中央银行货币政策所追求的目标是：稳定物价、充分就业、经济增长和国际收支平衡。

1. 稳定物价

稳定物价的基本含义是控制货币贬值与控制物价水平的上涨，因此在一般情况下，稳定物价的目标与"反通货膨胀"在实质上是一致的。所以稳定物价，就是要控制通货膨胀，使一般物价水平在短期内不发生急剧的波动。如何判断货币政策是否已达到稳定物价这一目标，需要有一定的指标来反映物价水平的变动情况。为了计算一般物价水平，就需要利用统计资料来编制物价指数。目前，通常用来测量一般物价水平变动的物价指数有：消费物价指数、生产者物价指数和国民生产总值平减指数。稳定物价是世界上绝大多数国家政府的一个重要的宏观经济调节目标，也是目前多数国家中央银行货币政策的首要目标。

要确立物价稳定的目标，物价稳定的数量界线是一个关系到货币政策操作调节的关键性问题。对于这个问题，不同的经济学家有不同的看法，不同的国家也有不同的标准。在实践中，各国中央银行一般根据本国经济发展状况和历史背景(如传统习惯)的不同，制定不同的标准。但从实际情况来看，一般要求物价上涨率控制在3%左右。

2. 充分就业

充分就业是指凡有能力自愿工作者，都能在合理的条件下及时找到适当的工作。充分就业并不是指社会劳动力100%的就业，而是把通常存在着的两种失业排斥在外：一是摩擦性失业，即由于劳动力市场供求失衡与经济结构的转变而造成的暂时失业；二是自愿失业，即工人不愿意接受现行的工资水平而造成的失业。凯恩斯学派认为，在社会经济中，除自愿失业和摩擦性失业之外，还存在着非自愿失业，即劳动者愿意接受现行的工资率和工作条件，但仍然找不到工作，即对劳动力的需求不足造成的失业。只有消除了非自愿失业，社会才实现了充分就业。西方学者通常以失业率(即失业人数与愿意就业的劳动力之比)作为衡量是否达到充分就业的指标。但对充分就业的测度或者说失业率是多少才算做充分就业却有不同的看法。有的经济学家认为只要失业率低于5%就可以算是充分就业，也有的经济学家认为要达到充分就业必须将失业率控制在2%～3%。

3. 经济增长

在西方经济学中，关于经济增长的概念通常有两种观点。一种观点认为，经济增长就是指国民生产总值(GNP)的增加，即一国在一定时期内所生产的商品和劳务总量的增加，或者是指人均国民生产总值的增加。另一种观点认为，经济增长就是指一国生产商品和劳务的能力的增长。在现实经济社会中，大多数国家衡量经济增长的指标一般采用人均实际国民生产总值的增长率，即用人均名义国民生产总值年增长率剔除物价上涨率后的人均实际国民生产总值年增长率来衡量。政府一般对计划期的实际GNP增长幅度定出指标，用百分比表示，中央银行即以此作为货币政策的目标。

近年来，西方经济学家对各国普遍采用GNP作为衡量经济增长的标准提出了异议，认为这是一种忽视失业后果的经济增长观。因为科学地量度经济增长的速度，就必须考虑经济增长形成的利益与经济增长成本之间的权衡与比较。而一个国家在经济增长中不合理地消耗各种资源，为追求增长而导致空气、河流的污染等现象，都使得经济增长的社会、经济成本急剧扩大，但并不影响衡量经济增长指标GNP的计算。因此，有关专家认为，在计算经济增长速度时，应将自然资源的损耗和环境退化等经济成本从正常的国民生产总值中扣除，所得出的才是符合可持续增长原则并符合经济生态学原则的净国民生产总值。

4. 国际收支平衡

一国国际收支如果出现失衡，无论是顺差或逆差，都会对本国经济造成不利影响。货币政策在国际收支的调节中也能发挥不容忽视的作用。在这方面，最常用的是利率和汇率手段。利率变动可以从以下两个方面平衡国际收支：一方面，利率的高低变动能影响国内投资规模的扩张或收缩，从而对企业、国内消费支出乃至物价水平，都会产生调节作用，这种作用能对商品的进出口产生间接的连锁反应；另一方面，利率变动还可以产生促进资本流动的作用。如果一国利率水平较其他国家为高，则其他国家的资本就会流入这个国家，而本国的资本则会停止外流。资本流入增加，流出减少，可以调节国际收支的逆差。在相反情况下，如果其他国家的利率水平较本国为高，则会出现与上述相反的资本流动现象。外流增加、流入减少，可以起到调节国际收支顺差的作用。调整汇率是利用汇率变动调节国际收支失衡的一项常用政策，汇率调节从本质上说，也是货币调节，因而也可以看作货币政策将外部均衡作为调节内容时的一种操作工具。众所周知，如果一国货币的对外汇率偏低，则该国输出商品和劳务价格就必然比其他国家相对低廉，而输入商品和劳务的价格就必然相对昂贵，因而会出现出口增加、进口减少的情况；与此相反，如果一国货币对外汇率偏高，就会出现刺激进口、减少出口的现象。正因为这一点，当一国出现国际收支逆差或顺差时，就可以有意识地调整汇率，运用本币贬值或增值的手段对商品及劳务的进出口施加影响，改善国际收支状况。

货币政策的各个目标之间常常存在一些冲突，往往不能同时兼顾。通常的情况是，为实现某一政策目标所采用的货币政策措施很可能阻碍另一货币政策目标的实现。不可否认，各项目标之间具有互补性，且存在着同时并进的可能性，但我们同样不能忽略它们之间冲突性的存在。

(二)货币政策最终目标的相互关系

货币政策的四大目标几乎具有同等重要的社会福利意义，如果能够同时实现，那将是非常美妙的事情。但现实往往不像人们希望的那样美好，在实际的政策操作中，四大目标并非都是协调一致，而是相互间存在着矛盾，中央银行的货币政策目标只能有所侧重而无法兼顾。总的来说，在四大目标中，经济增长与充分就业的正相关关系较强，具有较多的一致性，其他几个目标之间则都相互存在着矛盾。

1. 充分就业与稳定物价的关系

对二者关系作了最经典描述的是澳大利亚著名经济学家菲利普斯(A. W. Phillips)，他研究了 1861—1957 年近 100 年英国的失业率与物价变动之间的关系，并得出结论：失业率与物价上涨率之间，存在着一种此消彼长的关系。这一结论可用图 11-1 即著名的菲利普斯曲线来表示。

在图 11-1，横轴表示失业率，纵轴表示物价上涨率，A、B 两点表示就业与物价稳定的两种组合，A(4%，8%)表示 4%的失业率和 8%的物价上涨率的组合，B(8%，4%)表示 8%的失业率和 4%的物价上涨率的组合。

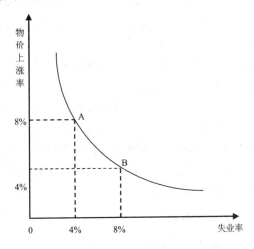

图 11-1　菲利普斯曲线

A 的情况表明，当一国政府追求高就业时，就要增加货币供应量，降低税率，扩大政府支出，刺激总需求的增加。经济学的理论告诉我们，需求增加可以拉动经济增长和扩大就业，同时也会带动物价的上涨，尤其是当需求价格弹性降低直至为零时，这时如果继续扩大需求，物价上涨率就会远远高出产出的增加。因此，高就业往往与高的通货膨胀率相伴。

B 的情况表明，当政府为控制物价继续上涨，就会采取措施抑制总需求，如缩减货币供应量，提高税率，削减政府支出，这样物价上涨率就有可能降下来，但经济增长也会受到抑制，失业率就会上升。所以，对决策者而言，可能的选择只有三种：①失业率较高的物价稳定，如 A 点；②通货膨胀率较高的充分就业，如 B 点；③在物价上涨率和失业率之间进行组合，如在 A 点与 B 点之间进行选择，即所谓的随机抉择。

因为经济增长与充分就业基本上是一致的，所以经济增长与稳定物价之间的矛盾与充分就业与稳定物价之间的矛盾也基本一致。

2. 经济增长与国际收支平衡之间的关系

国际收支由贸易项目和资本项目两部分组成。一国的经济增长必然会导致国民收入的增加和国民支付能力的增强，从而增加对进口商品以及本国用于出口的一部分商品的需求，此时如果出口贸易的增长不能抵消这部分需求，就会导致贸易收支出现逆差。就资本项目而言，一国经济的快速增长会吸引外资的流入，会导致资本项目出现顺差，正好可以在一定程度上弥补由贸易逆差造成的国际收支失衡。但这不一定就能够保证经济增长与国际收支平衡的协调一致，还要取决于外资的实际流入量和利用效果，并且还存在着偿付外债本息的问题。因此，这种依靠资本流入来弥补经常项目逆差的方式，只能是暂时的，并且所实现的均衡也是非实质性的均衡。

反之，在国际收支发生逆差时，通常要求压制国内的有效需求以减少进口，争取消除逆差，这有可能会影响国内经济增长速度，导致经济衰退的后果。因此，经济增长与平衡国际收支平衡也很难同时并进。

3. 稳定物价与国际收支之间的关系

在开放经济条件下，一国的币值和国际收支都会受到其他国家宏观经济状况的影响。在通货膨胀情况下，本国的利率水平一般会处于高位，容易引起外国资本流入。这样，一方面因平衡了外汇市场的供求关系，而有利于保持汇价的稳定；另一方面因资本的流入弥补了可能发生的贸易逆差，而有利于维持国际收支的基本平衡。因此，尽管通货膨胀不利于稳定物价目标，却有利于平衡国际收支目标。

反之，若保持物价稳定，却不一定能够保持国际收支平衡，这是因为一国的国际收支状况取决于本国与外国两个方面的经济环境。若外国发生通货膨胀而本国保持物价稳定，则本国难免要受到外国倾销商品的影响，导致出口商品竞争能力减弱，产生国际收支逆差失衡问题。因此，只有在各国保持程度大致相同的物价稳定标准时，物价稳定才有可能与国际收支平衡同时并存，但这样的机会并不常有。

4. 经济增长与充分就业之间的关系

虽然经济增长与充分就业这两个政策目标的正相关性较强，但由于经济增长被定义为人均国内产值的增长，意味着资本对劳动的比率增长，因而经济增长并不要求劳动力就业同步增长；并且，提高就业率有可能会使劳动生产率提高的速度放慢、经济效益下降。因此，经济增长与充分就业之间尽管没有根本性的冲突，但事实上还存在着侧重哪一方面的问题。

由此可见，宏观经济政策的四个目标之间是相互矛盾的，要同时达到这四个目标几乎是不可能的。事实上，即使是在市场经济发达的当代西方国家，也很难保持各个目标之间的统一。它们为实现其中一个目标，往往要以牺牲另一个目标为前提。例如，自1980年起，美国的里根政府和英国的撒切尔夫人领导的保守党政府，都首先把反通货膨胀作为宏观经济政策重点。这一政策的实施结果是，美国的通货膨胀率由1980年的13.5%下降到1984年年底的4%，英国也由1980年的18%下降到1984年年底的4.6%。物价上涨被抑制住了，却付出了经济停滞甚至负增长、失业率大幅度增高的巨大代价。美国1982年的经济增长率为-1.8%，失业率高达10.4%，直到1984年经济增长率才回升到3.9%，但失业率仍然高达7.4%；英国的经济增长自20世纪80年代起一直很缓慢，1984年仅为0.8%，而失业率高达12.9%。从这一系列数据中，我们可以清楚地看到，西方国家为控制住通货膨胀、实现稳定物价目标，而牺牲了经济增长和充分就业这两个目标。这一切恰好证明了宏观经济政策基本目标之间的矛盾性。

(三) 货币政策的中介目标

货币政策的中介目标，也称货币政策的中间目标，它是中央银行为了实现其货币政策的最终目标而设置的可供观察的具有传导作用的以及便于货币政策工具调节的中间变量指标。为什么要设置货币政策的中间目标呢？因为货币政策最终目标从开始启动到最终实现有一个漫长的过程，一般都在9~12个月，这么长的时间很难保证各项经济指标都能朝着预期的最终目标发展。如果等货币政策最终目标发生变化再来调整，恐怕为时已晚。所以各国中央银行为了不使自己陷入十分被动的境地，纷纷设置了一些可供观察并具有传导作用的中间变量指标。这些指标不仅与货币政策最终目标紧密相关，而且在短期内能够很快地显现出来。中央银行只需通过观测和调整这些中间变量指标，就可以达到间接控制的目的，从而实现最终目标。

1. 货币政策的中介目标的标准

货币政策的中介目标并不是任意确定的，一般应符合以下标准。

(1) 可控性。可控性是指中央银行通过各种货币政策工具的运用能够有效地起到控制和调节作用，并且不会遇到太多的麻烦和障碍。

(2) 可测性。可测性是指可预测、可度量，即中间目标的选定便于中央银行能迅速和准确地获取资料，并能被社会各方面理解、判断与预测。

(3) 相关性。相关性是指中介目标必须与货币政策最终目标之间具有高度的相关关系。

(4) 抗干扰性。抗干扰性是指中间目标的选定较少受其他因素的干扰，如财政政策、政治因素、体制因素等。只有选定受这些因素干扰较低的中间目标，才能真正起到传导作用。

2. 货币政策的中介目标的分类

一般有以下几种可供选择的中介目标。

1) 超额准备金

超额准备金，是指商业银行缴存中央银行法定存款准备金以外的准备金。超额准备金是商业银行扩大贷款规模，增加货币供应量的基础，也是货币政策传导的必经之路。超额准备金对商业银行的资产业务规模有直接决定作用。超额准备金增加，意味着市场银根放松；超额准备金减少，则意味着市场银根抽紧。例如，中央银行可以通过变动法定存款准备率或通过公开市场业务的操作来增加或减少超额准备金，达到放松或紧缩银根以及调节货币供给量的目的。

2) 基础货币

基础货币，又称强力货币，由各商业银行的存款准备金和流通中的现金构成，它是货币供应量的基础。作为中间变量指标，首先，它具有可测性。基础货币表现为中央银行的负债，其数额多少随时反映在中央银行的资产负债表上，中央银行很容易掌握这些资料。其次，它具有可控性。基础货币中的流通中的现金中央银行可以直接控制；存款准备金中央银行可以通过再贴现、再贷款以及法定存款准备金比率进行间接控制。同时，基础货币的增加或减少，通过乘数作用，会引起货币供应量成倍地增加或减少，从而达到调节经济的目的。例如，当中央银行实行扩张性货币政策时，就要放松银根，增加基础货币供应，通过乘数作用，整个货币供应量就会成倍增长，从而达到经济增长的目标；反之，当实行紧缩性货币政策时，就会抽紧银根，收缩基础货币供应，通过乘数作用，整个货币供应量就会成倍缩减，从而达到抑制需求、稳定物价的目标。但是，基础货币作为货币政策的中介目标，会受到一些非政策性因素的干扰。比如现金漏损率、定期存款占活期存款的比率等，这些因素会影响货币乘数效应，从而使中央银行无法准确地控制基础货币进而控制货币供应量。

3) 货币供应量

货币供应量由流通中的现金和银行存款构成。货币供应量是目前各国中央银行认为最适宜的货币政策中介目标，这是因为它不仅能直接影响总需求水平，而且便于中央银行控制和操作，其理由如下。①货币供应量与经济活动密切相关。货币供应量与经济运动方向是一致的，即经济繁荣时货币供应量增加，经济萧条时货币供应量减少。②具有可控性。在经济繁荣时，中央银行为防止通货膨胀而压缩货币供给量；经济萧条时，中央银行会扩张货币供给以复兴经济。这二者之间的界线非常明显，不可能误导中央银行的宏观决策。③具有可测性。尽管货币供应量有多个层次的划分，但中央银行总可以找准一个层次的货币供应量进行具体分析，通过分析、观测最后进行调节。④具有抗干扰性。例如，在需求过大和通货膨胀的情况下，中央银行为了抑制总需求，决定将货币供应量增长率从 12% 降为 10%。但由于通货膨胀心理和非政策性因素的影响，货币供应量增长率非但不会下降反而上升到 15%。这种情况不但不会使中央银行作出错误的分析，还会继续强化紧缩银根的措施。

尽管货币供应量作为货币政策的中介目标已为各国认同，但也有一些经济学家提出，这个中介指标应该修正，应改为国内信用增加额指标。所谓国内信用增加额，就是调整国际收支的盈余和赤字以后反映货币供给量变动的指标，其数额相当于国内货币供给量加上国际收支赤字或扣除其盈余，他们认为，货币供给量的变动在很大程度上要受国际收支状况的影响。因此，只要货币供给与社会总支出之间关系紧密，国内信用增加额就完全可以作为货币供给量的一个辅助观察指标。

4) 利率

利率之所以成为货币政策的中介目标，是因为利率是一个内生变量，其变动既影响经济活动又受经济活动中其他变量的影响。利率作为内生变量其理由如下：①利率与经济活动密切相关。当经济繁荣时,货币资金需求增加,求大于供,利率上升;反之,当经济衰退时,利率下降。②可传导性。货币供应量的变动可通过利率传导到生产和投资领域中去,货币供应量的增减会影响利率的上升和下降,进而影响企业投资、政府支出等的规模。③可控制性。中央银行可以通过对基准利率的控制进而影响整个金融市场的利率水平。

但是,利率作为中介目标,其有效性也存在不足之处,例如,在总需求随经济的上升而扩张时,货币需求增加,市场利率上升。如果货币当局此时采取降低利率的办法,其结果不仅不会抑制需求,反而会助长需求进一步扩张。实际上,这个时候要求的不是降低利率,恰恰是提高利率以抑制需求。

有的经济学家认为,超额准备金和基础货币应从属于货币供应量,因此,货币政策最重要的中介指标应该是利率和货币供给量。

【专栏 11-1】

美联储货币政策中介指标的演变

1913 年,美国国会通过的《联邦储备法》创建了美国的中央银行。在 1951 年 3 月,美联储和财政部达成历史性协议,开始独立制定和实施货币政策。到 20 世纪 70 年代末长达 30 年的时间里,美联储以凯恩斯主义为其政策的理论基础,把利率作为货币政策的中介指标。

随着货币主义的兴起,把货币供应量作为中介指标的观点开始盛行。1970 年,美联储开始引入货币供应量 M_1 作为中介指标,与联邦基金利率配合使用。1979 年,美联储正式宣布不再把利率作为中介指标,货币政策将更加注重控制银行体系的准备金,并通过准备金进而控制货币供应量。20 世纪 80 年代,货币供应量正式取代利率成为美联储货币政策的中介指标。美联储以货币供应量为中介指标的货币政策的操作成功地治理了通货膨胀,但随着时间的推移,金融管制的放松和金融创新的加快,使得货币供给又增加了许多新的因素,导致货币供应量与经济增长和价格水平之间的联系不再紧密。在此情况下,美联储不断根据形势的变化来修正货币供应量层次的划分,如 1971—1986 年美联储曾 6 次对货币层次的划分进行修正。

到了 20 世纪 90 年代初期,M_2 与经济活动的稳定关系也开始破裂,这样,以货币供应量作为货币政策的中介指标就失去了现实基础。1993 年 7 月,美联储主席格林斯潘在参议院作听证时表示,美联储决定放弃以任何货币总量作为中介指标,改以调整实际利率作为对经济实施调控的主要手段。理由是,随着经济主体投资方式的改变,社会上充满了大量的流动资金,这些资金没有也很难被包括在货币供应量之内,而用实际利率作为中介指标并加以监测,可将金融市场上的所有资金包括在内。

1994 年美联储以新的"中性"的货币政策取代过去较为激进的相机抉择的非中性货币政策,即利率水平保持中性,对经济既不起刺激作用也不起抑制作用,从而使经济在低通货膨胀的条件下以自身的潜力持久稳定地增长。这表明,美联储将以潜在经济增长率为标准来确定和调整利率。

美联储近年来实行了一种隐含的货币政策中介指标,即不再明确地把货币供应量或利率作为中介指标,在日常的货币政策操作中,以联邦基金利率为操作目标。

(资料来源:尹继志. 美联储货币政策传导和操作特点评析. 金融教学与研究,2006(2))

三、我国的货币政策目标

我国实施具体的货币政策是从 1984 年中国人民银行专门行使中央银行职能开始的。20 世纪 80 年代中期,国内理论界普遍认为,由于我国经济正处于由传统成长向现代成长阶段过渡的起飞阶段,因此,我们要用最大限度的稳定增长来保障经济起飞作为宏观经济政策的首要目标,而不宜把物价稳定作为宏观经济政策的首要目标。到了 20 世纪 80 年代后期,国内经济出现了较严重的通货膨胀,经济发展也有所停滞甚至倒退,这使得中央政府感到有必要调整一下货币政策要实现的目标。因此,中国人民银行宣布了货币政策目标为"稳定货币,发展经济"。这个政策目标认为,中央银行的货币政策目标不应是单一的,而应当同时兼顾发展经济和稳定物价的要求。稳定物价和经济增长是同等重要的,就稳定物价而言,应是一种积极的、能动的稳定,即在经济发展中求稳定;就经济增长而言,应是持续、稳定、协调的发展,即在稳定中求发展。否则,两者的要求都不能实现,政策目标也就无从完成了。这种做法符合我国过去的计划经济体制,特别是在把银行信贷作为资源进行直接分配阶段的情况下,货币总量控制与信贷投向分配都由计划安排,发展经济和稳定货币这两个目标比较容易协调。但是 10 多年来的实践表明,在大多数情况下,货币政策的双重目标并没有能够同时实现。在支撑经济增长的同时,却伴随着较为严重的货币贬值和通货膨胀,1984—1995 年的 12 年中,全国零售物价指数涨幅超过 5%的年份就有 9 年。

进入 20 世纪 90 年代以来,通货膨胀问题更是举足轻重,牵一发而动全身,并且由于我国当时企业预算约束没有硬化,发展的冲动依旧,中央银行仍然强调发展经济,那无异于是火上浇油,使市场机制更趋扭曲。相反,稳定货币容易使市场机制发挥作用。因此,1995 年 3 月颁布实施的《中华人民共和国中国人民银行法》对"双重目标"进行了修正,货币政策目标确定为"保持货币币值的稳定,并以此促进经济增长"。这个货币政策目标的表述体现了两个要点:①不能把稳定币值与经济增长放在等同位置,从主次看,稳定币值始终是主要的;从顺序来看,稳定货币为先。中央银行应该以保持币值稳定来促进经济增长。②即使在短期内兼顾经济增长的要求,仍必须坚持稳定货币的基本立足点。

1997 年亚洲经济危机对我国经济影响很大,出口剧烈下滑,国内市场总需求不足比较明显,我国经济进入通货紧缩时期,反通缩和经济增长成为货币政策主要目标。2003 年下半年开始,我国进入新一轮经济周期的上升期,住房、汽车为代表的消费结构升级成为经济上升的推动力,在此背景下我国开始了保持经济平稳增长的稳中从紧的货币政策。2008 年 9 月,美国次贷危机爆发,结合国内与国际的经济背景,中国人民银行确定了恢复经济并保持平稳增长的货币政策目标。

第二节　货币政策工具

货币政策目标是通过货币政策工具的运用来实现的。货币政策工具是中央银行为达到货币政策目标而采取的各种策略手段。按照其影响范围的不同,西方国家一般都将其划分为一般性货币政策工具、选择性货币政策工具和其他货币政策工具三类。

第十一章 货币政策

一、一般性货币政策工具

一般性货币政策工具，即传统的三大政策工具，也就是我们通常所说的"三大法宝"：法定存款准备金政策、再贴现政策和公开市场业务，这三大政策工具的主要作用在于控制和调节货币供给总量或信用总量。它们对金融活动的影响是普遍的、总体的，没有特殊的针对性和选择性。

(一)法定存款准备金政策

存款准备金是银行及某些金融机构为应付客户提取存款和资金清算而准备的货币资金。准备金占存款总额的比例就是存款准备金率。存款准备金分为法定存款准备金和超额准备金两部分。法定存款准备金是金融机构按中央银行规定的比例上缴的部分；超额准备金是指准备金总额减去法定存款准备金的剩余部分。法定存款准备金政策是指中央银行在法律所赋予的权力范围内，通过调整商业银行交存中央银行的存款准备金比率，以改变货币乘数，控制商业银行的信用创造能力，进而间接地控制社会货币供应量的策略措施。这个制度最初在英国实行，1913 年的美国联邦储备法则以法律形式第一次规定商业银行必须向中央银行缴存存款准备金，以此保障客户存款以及银行的自身安全。在现代银行，实行法定比率的准备金制度，其主要目的已经不是应付支取和防范挤兑，而是作为控制银行体系总体信用创造能力和调整货币供给量的工具。

对于法定存款准备率的确定，目前各国中央银行都根据存款的期限不同而有所区别。一般来说，存款期限超短，其货币性越强，需要规定较高的准备率，所以活期存款的法定准备率高于定期存款的法定准备率。也有些国家只对活期存款规定了法定准备率要求。中国人民银行自 1984 年专门行使中央银行职能后就开始实行存款准备金制度。

法定存款准备金政策是中央银行控制信用的有效工具，其具体的作用过程是：如果中央银行提高法定存款准备率，则会使商业银行原来的超额准备金变成必要准备金，同时使货币乘数变小，从而起到减少货币供应量、紧缩银根、收缩经济的作用。相反，如果中央银行降低法定存款准备率，则可以减少商业银行向中央银行交存的法定存款准备金，增加商业银行的超额准备金。超额准备金增加，商业银行可以增加放款，同时，货币乘数也会变大，这样就能放松银根，增加货币供应量，扩张经济。此外，随着商业银行超额存款准备金的增减，市场利率也会发生相应的变化，从而引起投资和社会支出的变动。

尽管中央银行操作这一工具极其简便，但是，许多国家的中央银行在使用这一工具时都非常慎重。因为它有明显的局限性：①容易导致商业银行资金严重周转不灵，陷于经营困境。由于银行一般只保留少量超额准备金，法定准备率的微小变动便会导致商业银行准备金状况的巨大变动，迫使银行调整其投资计划和项目以适应新的准备率。例如，不得不大幅度缩减贷款，或者大量抛售有价证券，这对于许多银行颇为困难，往往损害银行的利润，使其陷于资金周转不灵的困境。②冲击力太大。法定准备率稍有变动，就会导致货币供给量的剧烈变动，甚至可能成为经济波动的诱因。③存款准备金对各种类别的金融机构和不同种类存款的影响不一致，因而货币政策实现的效果可能因这些复杂情况的存在而不易把握。因此，这一政策工具只能作为中央银行的一件"威力巨大而不经常用的武器"。

(二)再贴现政策

再贴现是指商业银行及其他金融机构将已贴现但尚未到期的票据向中央银行所做的票据转让。再贴现率是商业银行将其贴现的未到期的票据申请再贴现时的预扣利率。再贴现政策是指中央银行通过提高或降低再贴现率来影响市场利率和投资成本,从而调节货币供应量的一种政策措施。再贴现政策是中央银行最早使用的货币政策工具,早在19世纪30年代已开始被英国英格兰银行所确立。

中央银行实行再贴现政策包括两方面的内容:一是再贴现率的调整;二是规定何种票据具有申请再贴现的资格。前者主要影响商业银行的超额准备金及社会资金供求;后者则主要影响商业银行及全社会的资金投向,从而使社会资金投放和经济结构趋于合理化。

再贴现政策作为货币政策工具,同法定存款准备率一样,也是通过影响商业银行的准备金的增减而起作用的。当中央银行提高再贴现率时,商业银行借入资金的成本增加,迫使商业银行减少或不向中央银行借款,这使商业银行的准备金相应缩减。如果准备金不足,商业银行就只有收缩对客户的贷款和投资规模,从而相应缩减市场货币供应量。随着市场银根紧缩,市场利率相应上升,社会对货币的需求量也会相对减少。反之,当中央银行调低再贴现率时,引起货币供应量与需求量的增加。此外,再贴现率的变动,在一定程度上反映了中央银行的政策意向,起一种"告示性效应"。例如,中央银行提高贴现率,意味着国家判断市场过热,有紧缩意向;反之,则意味着有扩张意向。这对短期市场利率常起导向作用。因此,人们往往根据再贴现率的改变来预测政府货币政策的变化,并随之改变其预期行为。

与法定存款准备率相比,再贴现率是一种作用较温和的工具,既可以调节货币总量,又可以调节信贷结构,在资本自由流动的条件下,还可直接影响国际收支状况。但是,再贴现政策也存在一定的局限性,表现为:①中央银行运用再贴现政策缺乏主动性。再贴现政策实施后能否取得预期效果,效果有多大,主要取决于商业银行对中央银行资金依赖性的大小。商业银行如有多种融资渠道,它为了避开中央银行的干预,会选择其他途径借入资金,使再贴现率调节难以发挥作用。②再贴现率的变动是有限度的,在经济萧条时期,调低再贴现率,也不一定能够刺激商业银行的借款需求。③贴现率虽易于调整,但贴现率的经常变化会引起市场利率的频繁波动,使商业银行及社会公众无所适从。这些局限性决定了再贴现政策不宜作为中央银行日常操作的货币政策工具,但再贴现率的调整,对货币市场的广泛影响仍然是不可忽视的。

【专栏 11-2】

企业怎样申请办理贴现业务

企业怎样申请办理贴现业务与贴现有关的商业票据,一般包括商业和银行承兑汇票两种。在我国,目前银行承兑汇票发展较好,是银行贴现的主要对象;而商业承兑汇票发展较为滞后,仅在部分试点地区可以办理贴现。

企业申请办理贴现,一般要经过以下六个环节。

第一,合同的订立。购货方与销货方进行商品交易时,双方要订立购销合同,明确商品交易关系。真实、合法的商品交易是商业汇票承兑、贴现与再贴现的基础。购销合同是证明这种交易的重要凭证。

第二，银行承兑汇票的预约。银行承兑汇票的预约是指购销双方就签发和使用银行承兑汇票事先所做的合意约定。例如，出票人在出票前需与受票人就银行承兑汇票的金额、到期日、地与付款人等达成一致意见。银行承兑汇票的预约成立后，购货方与销货方中的一方即负有依预约签发并交付银行承兑汇票的义务。

第三，银行承兑汇票的签发。银行承兑汇票按购货方与销货方的约定签发，具体可分为两种情况：一种是由付款人签发。当由付款人签发银行承兑汇票时，在汇票签发后，应向付款人的开户银行申请承兑。另一种是由收款人签发。由收款人签发的银行承兑汇票一式四联，并请付款人向其开户银行申请承兑，经付款人开户行承兑后，票据第一联由承兑银行留存，第二、三、四联交付款人。付款人将第四联留存，第二、三联退回收款人。

第四，贴现申请。销货方在收到银行承兑汇票后，该汇票到期前，如有资金需要，且这张银行承兑汇票符合有关贴现的基本条件，经背书后可向商业银行申请贴现。具体应提交以下资料：贴现申请书、贴现凭证、经持票人背书的未到期的银行承兑汇票、银行承兑汇票查询书、反映申请人经营情况和财务情况的报表及其他有关资料。

第五，贴现审查。商业银行收到贴现申请书及有关材料后，具体由信贷部门和会计部门分别对有关事项进行审查。信贷部门主要审查申请贴现的银行承兑汇票、商品交易合同及发票复印件等是否真实、合法；贴现申请书的贴现凭证的填写是否正确无误；贴现资金的投放是否符合有关信贷政策的要求；审查企业的经营状况及资信情况；了解银行承兑汇票付款人的经济效益和信用等级等。会计部门主要审查银行承兑汇票是否符合《中华人民共和国票据法》的有关规定；票据要素是否齐全；大小写是否相符；向承兑银行进行查询核实，并要求承兑银行书面电复。

第六，贴现审批。经审查合格的银行承兑汇票，各商业银行按其流动资金贷款的审批程序和审批权限进行贴现审批。经审批后，对获批准的贴现申请书由审批人填写审批意见并签章，再由会计部门具体办理贴现手续。

(资料来源：http://www.fayi.com.cn/page/Changshi/42/doc_2_0_213350.html)

(三)公开市场业务

所谓公开市场，是指各种有价证券自由成交、自由议价，其交易量和价格都必须公开显示的市场。公开市场业务则是指中央银行在公开市场上买进或卖出有价证券，以此来调控货币供给及影响利率水平的行为。

公开市场业务的传导机制是：当整个社会资金紧缺或经济萎缩时，中央银行认为有必要放松银根，就在公开市场购入有价证券，实际上相当于向社会投放了一笔基础货币。有价证券的出售者不论是谁(如银行、企业和个人)，经过票据交换以后，都必然会导致银行体系超额储备的增加。当银行扩大贷款规模后，则会通过货币乘数的作用，使货币供应量呈倍数扩张。与此同时，中央银行购买有价证券的行为会增加金融市场对有价证券的需求，引起其价格上涨，利率下降，这同样有助于商业银行扩大信贷。在这两方面共同作用下，中央银行可以顺利实现银根的放松，最终达到扩大投资，刺激消费，促进经济扩张的目的。反之，当市场上货币过多，经济过度膨胀时，中央银行抛售有价证券，引起货币供给量的减少和利率上升，抑制经济发展中过旺的投资和消费的势头。

同前两种政策工具相比，公开市场政策有明显的优越性表现为：①中央银行通过公开市场业务可以直接调控银行体系的准备金和基础货币，使之符合政策目标的需要。②中央银行可以"主动出击",不像再贴现政策那样,处于"被动等待"地位。③公开市场业务可以适时适量地按任何规模进行调节。中央银行既可大量买卖有价证券,又可以少量买进卖出,这就比威力巨大的法定准备率灵活。④中央银行可以根据金融市场的信息不断调整其业务,万一发生经济形势改变,能迅速做反方向操作,以改正在货币政策执行过程中可能发生的错误而适应经济情形的变化。正因为如此,公开市场政策成为许多国家中央银行青睐并积极推行的一项重要的货币政策工具。

公开市场政策要有效地发挥作用,必须具备以下两个条件才能顺利实施:其一,需要一个具有相当深度、广度的发达的金融市场,市场中的证券种类必须齐全且数量要达到一定规模,尤其短期国库券数量必须达到一定的规模,否则会制约公开市场业务操作的效果。其二,中央银行还必须具有强大的、足以干预和控制整个金融市场的金融势力,并且拥有雄厚的资金力量。这些条件在许多发展中国家是不具备的。

以上分别介绍了三大政策工具的运作和优缺点。在现实生活中,由于经济和金融活动的错综复杂,各国中央银行在实施货币政策的过程中,常将三大政策工具配合使用,以达到最佳效果。例如,要执行扩张的货币政策,中央银行在降低再贴现率的同时,配合降低法定存款准备金比率和从公开市场购进有价证券等措施,三管齐下,达到放松银根、扩张经济的目的。反过来,则在提高再贴现率的同时,辅以提高存款准备金比率和在公开市场出售有价证券等措施,达到抽紧银根、紧缩经济的目的。

二、选择性货币政策工具

选择性政策工具是指中央银行以影响银行系统的资金运用方向和信贷资金利率结构为目的而采取的各种措施的总和。上述三种政策工具侧重于货币总量的调节,而选择性政策工具则是在不影响货币供应总量的情况下,对某些具体用途的信贷数量产生影响。这一工具的使用取决于特定的经济金融形势和条件,一般期限较短,居于补充工具的地位。选择性货币政策工具主要有以下几种。

(一)优惠利率

优惠利率是指中央银行根据产业政策对国家要重点扶持和发展的经济部门和行业,如出口工业、重工业、高科技产业、农业等,制定较低的贴现率或放款利率,以鼓励其发展。

(二)证券市场信用控制

证券市场信用控制是指中央银行对有关证券交易的各种贷款进行限制,目的在于抑制过度投机。例如,规定一定比例的证券保证金率,就是中央银行对于有关证券交易的各种贷款,规定货款额与证券交易额的百分比率,以控制证券市场的信贷规模,并随时根据证券市场的状况加以调整。

最高贷款额度和保证金比率之间存在下述关系:

$$最高贷款额度=(1-法定保证金比率)\times 交易总额$$

例如,保证金比率为20%,如果购买100万美元的股票,购头者的最高贷款额度为80万美元,自己要支付20万美元。

(三)消费者信用控制

消费者信用控制是指中央银行调整对消费者所提供的信用规模，对不动产以外的各种耐用消费品规定分期付款的最低付现额和分期付款的最长偿还期限，对消费者购买耐用消费品的能力施加影响的管理措施。

(四)不动产信用控制

不动产信用控制是指中央银行对商业银行和其他金融机构的房地产贷款所采取的限制性措施。其目的主要是抑制房地产投机，通常可规定最高贷款限额、最长还款期限和首次最低付款额等。

三、其他货币政策工具

(一)直接信用控制

直接信用控制是指中央银行以行政命令或其他形式，从总量和结构两个方面，直接对金融机构尤其是商业银行的信用活动进行控制，其手段包括规定利率限额、信用配额、规定流动性比率和直接干预等。

1. 利率限额

利率限额是指中央银行根据客观经济状况，规定金融机构存款利率上限和贷款利率下限，目的在于防止金融机构为谋求高利而进行风险存贷或过度竞争。此法有利于银行的正常经营，从而控制银行的贷款能力和限制货币供应量。

2. 信用配额

信用配额是指中央银行根据金融市场状况及客观经济需要，分别对各个商业银行的信用规模加以分配，限定其最高数额。这种控制手段带有严厉的强制性，是有效扼制信用膨胀的手段，一般只在发生金融危机、战争等特殊情况下使用。

3. 规定流动性比率

规定流动性比率是指中央银行规定商业银行的流动性比率即流动资产占存款的比重，这是限制信用扩张的直接管制措施之一。一般来说，流动性比率与收益率成反比。商业银行为了保持中央银行规定的流动性比率，必须采取缩减长期放款、扩大短期放款和增加应付提现的资产等措施。

4. 直接干预

直接干预是指中央银行直接对商业银行的信贷业务、放款范围等加以干预。例如，限制贷款额度；干涉商业银行对活期存款的吸收；对业务经营不当的银行拒绝再贴现或采取高于一般利率的惩罚性利率；等等。

(二)间接信用指导

间接信用指导是指中央银行采用非强制性措施对商业银行的信用创造施以影响，经常采用的方式有道义劝告和窗口指导等。

1. 道义劝告

道义劝告是指中央银行利用其声望和地位，对金融机构发出通告、指示或与其负责人面谈，劝告其遵守和贯彻中央银行有关政策。例如，在房地产与证券市场投机盛行时，中央银行劝告商业银行缩减对这两个市场的信贷；在国际收支出现较大逆差时要求各金融机构减少海外贷款等。

2. 窗口指导

窗口指导是指中央银行根据产业行情、物价趋势和金融市场动向，规定商业银行每季度贷款的增减额，并要求其执行。

间接信用指导的优点是较为灵活，其缺点则是缺乏法律约束力。但由于中央银行地位特殊，特别是作为商业银行的最后贷款者和经营活动的监督者，往往总是能够促使商业银行与其合作的，所以在实际中这种做法的作用还是很大的。第二次世界大战后日本曾把窗口指导作为主要的政策工具来使用。

四、我国货币政策工具的使用和选择

中央银行使用什么样的货币政策工具来实现其特定的货币政策目标，并无一成不变的固定模式，只能根据不同时期的经济及金融环境等客观条件而定。考察我国货币政策工具的运用，也必须立足于我国的经济金融条件等客观情况，而不能生搬硬套其他国家的经验。

中国人民银行从 1984 年开始执行中央银行职能后，所使用的货币政策工具有贷款计划、存款准备金、利率等，其中最主要的是贷款计划。贷款计划主要包括两大项内容：一是确定全国贷款总规模，俗称"规模管理"或"规模控制"；二是确定人民银行对金融机构的再贷款额度。再贷款分为年度性贷款(1 年期)、季节性贷款(3 个月以内和 6 个月以内)、回拆性贷款(20 天以内)以及再贴现贷款等四类。年度性贷款严格控制在计划之内，后三类贷款由中央银行掌握。1995 年以前，贷款计划对中央银行来说是非常方便和有效的，但对于金融机构的经营来说，则缺少灵活性。总的来说，在《中国人民银行法》颁布之前，我国货币政策工具以直接调控为主，带有较多的计划性、行政性色彩，对金融运作和资金效率的提高有不利的一面。

1995 年 3 月《中国人民银行法》颁布后，我国货币政策工具逐步由直接调控为主向间接调控为主转化。就目前来看，我国货币政策工具主要有存款准备金制度、再贷款、再贴现、公开市场业务和利率政策等。

(一)存款准备金制度

我国实施这一制度是在中国人民银行行使中央银行职权后，1984 年规定各专业银行、城乡信用社及信托投资公司等向中国人民银行交存准备金的办法。最初的动机是集中部分信贷资金，通过再贷款形式控制信用规模及调整信用结构。为此，不仅确定了较高的法定准备金率，而且后来又规定了硬性的备付金(相当于超额准备金)比率，从而提高了总准备金率。由于偏高的准备金率使商业银行对支配资金不足，反过来又增加了它们对中央银行的借款需求，结果使这一工具对控制银行机构的信用创造能力并不显著。1998 年 3 月对上述制度进行了改革,将原来的准备金存款项目与备付金存款项目合并,统称为准备金存款,法定比率由 1988 年制定的从未调整的 13%下调为 8%,1999 年调至 6%。这标志着我国存款准备金制度已越来越成为间接调控的工具,而不仅仅是中央银行集中资金的手段。随着近几年国有商业银行的股份制改革和银行内部法人治理结构的改革,商业银行和中央银行之间的资金联系已日趋薄弱。但是,自 2006 年以来,由于我国银行体系积存的大量流动性,中国人民银行频繁动用法定准备金政策,该项最为猛烈的货币政策工具的性质已经发生了微妙的改变,成为一种经常性的货币政策工具。

(二)再贷款

再贷款是指中央银行对商业银行的贷款。再贷款原是我国中央银行基础货币吞吐的主要渠道和调节贷款流向的重要手段。在中央银行实施金融宏观调控中,特别是在其他货币政策工具的功能得不到应有发挥的条件下,通过再贷款调节信贷规模与结构,并从而控制货币供应量,确实起到了重要的作用。但如前所述,由于存款准备金制度的扭曲,中央银行对再贷款工具的运用往往缺乏自主性,即不是出于实现宏观调控目标,而是迫于商业银行资金需求的压力。这使得再贷款这一政策工具的作用力度有所削弱。1994 年以来,伴随外汇占款在中央银行资产中的比重大幅上升,再贷款的比重开始下降,更多地引进和发挥其他政策工具的作用成为既定方向。另外,伴随近年方方面面深化改革力度的加大,特别是规范商业银行经营行为改革的诸多措施的出台,再贷款工具本身及其运用也在逐步规范和完善之中。

(三)再贴现

贴现业务自 1986 年正式开办以来,由于当时商业信用欠发达,票据市场发展滞后,票据承兑贴现量少且不规范等种种原因,再贴现业务量比重很小,相对于规模很大的再贷款余额来说,其政策效果小得可以忽略不计。而且,由于再贴现利率由国家统一规定,往往既不反映资金供求状况及其变化,也无法对商业银行的借款和放款行为产生较大影响。凡此种种,使再贴现作用一直不明显。近年来,中国人民银行从公布实施《中华人民共和国票据法》到加大利率体制改革,从引导广泛开展票据承兑、贴现到倡导和推行票据结算等方面,为再贴现的扩展创造条件。1996 年以来,再贴现规模已呈明显的扩张势头,其作用也将逐渐凸显。

(四)公开市场业务

1994 年中国人民银行正式开始在上海的银行外汇市场通过买卖外汇进行公开市场操作,而以国债为对象的公开市场业务也于 1996 年 4 月正式启动。但由于大规模开展公开市场业务的条件还有不少欠缺,如国债的发行和交易没有达到足够大的规模、国债品种的结构及持有国债的微观主体结构不合理或不对称,在一定程度上限制了这一政策的运用。今后随着改革的深化和条件的成熟,公开市场业务将成为重要的政策工具。

(五)利率政策

我国的利率体系主要包括:一是中国人民银行对商业银行的存贷款利率;二是商业银

行对企业和个人的存贷款利率；三是金融市场的利率。第一种利率在很大程度上决定了后两种利率。一般推论，当中国人民银行提高对商业银行的贷款利率和再贴现率时，相应增加了各商业银行的筹资成本，商业银行可能减少对中央银行的资金需求或提高其对企业单位和个人的贷款利率，资金市场的利率相应上升，资金需求相应减少，从而达到调节货币供应量的作用。但是，这样的机制发挥作用所要求的条件，是利率的变动能真实反映资金供求，融资成本的变动能够在很大程度上影响资金供求。就现阶段来看，这两个条件尚未完全具备。目前，我国实行的是管制利率，中国人民银行一声令下，各商业银行步调一致地涨价或降价。居民和企事业单位在商业银行的存贷款利率，从活期到定期，从短期到长期，完全由中国人民银行规定。这就意味着，无论银行间经营管理的水准差别有多大，它们拿到市场上出售的商品价格都差不多(部分贷款业务利率允许在一定范围内上下浮动)。利率管制造成这一重要的价格杠杆在资源配置方面的作用受到严重约束，利率调整对投融资行为及公众消费的导向作用不明显。

除上述工具外，中国人民银行还采取优惠利率政策、专项贷款、利息补贴和特种存款等办法。通过这些措施，分别扶持国家急需发展的部门，如能源、交通、出口、民族贸易和支持重点建设工程等。这类选择性的货币政策工具，能够针对特殊情况，灵活地加以运用。但其直接行政决策的色彩过浓，不利于提高信贷资金的运用效率。

第三节　货币政策的传导

一、货币政策传导机制

(一)货币政策传导过程

通过研究货币政策的最终目标、中介目标和货币政策工具，可以发现三者是相互联系、相互依存的。中央银行确定货币政策的最终目标以后，必须根据最终目标的要求制定出一些在短期内能实现的经济指标，即中介目标，并运用相应的货币政策工具来实现这些目标，以进一步实现货币政策最终目标。货币政策的传导过程如图11-2所示。

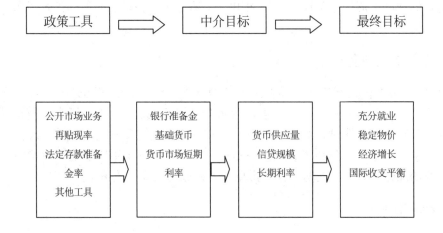

图11-2　货币政策的传导过程图

(二)货币政策传导机制理论

货币政策对经济的调节作用不仅取决于货币政策本身的松紧,而且与其传导机制密切相关。一定的货币政策工具怎样引起社会经济生活的某些变化,并最终实现预期的货币政策目标就是货币政策的传导机制。对货币政策传导机制的分析,在西方主要有凯恩斯学派的传导机制理论、托宾的 q 理论、货币学派的传导机制理论和信贷传导机制理论等。

1. 早期凯恩斯学派的货币政策传导机制理论

现代经济学家对货币政策传导机制的研究起始于凯恩斯。这种理论最初是就货币市场对商品市场的影响进行的分析,被称为局部均衡分析。其思路可归结为:通过货币供给 M 的增减变动影响到利率 r,利率的变化再通过资本边际效益的影响使投资 I 以乘数的方式增减,投资的变化会进一步影响总支出 E 和总收入 Y。这一传导过程可简写为

$$M \rightarrow r \rightarrow I \rightarrow E \rightarrow Y$$

在这个传导过程中,利率发挥了关键的作用,是最主要的环节,货币供给量的变化首先影响利率的升降,然后使投资、总支出发生变化。

这种局部均衡分析从货币市场的变化分析到商品市场的变化就停止了,只显示了货币市场对商品市场的初始影响,并未反映出二者之间的循环往复的作用。因此,考虑到货币市场与商品市场的相互作用,凯恩斯学派又作了进一步的分析,称为一般均衡分析。其基本思路如下。

(1) 假设货币供给增加,若产出不变,利率会相应下降;利率下降会使投资增加,并导致总支出增加,进而推动产出量上升。这与原来的分析相同。

(2) 由于产出量的上升,货币需求相应上升,如果没有新的货币供给投入经济生活,货币供求的对比会使原来下降的利率回升。这是商品市场对货币市场的作用。

(3) 利率的回升会使总需求减少、产量下降,产量的下降又会使货币需求下降、利率回落。这是一个循环往复的过程。

(4) 这个过程最后会接近一个均衡点,这个点同时满足了货币市场供求和商品市场供求两方面的均衡要求。在这个点上,利率可能较原均衡水平低,而产出可能较原均衡水平高。

当然,货币政策的实际传导过程非常复杂,所以凯恩斯学派对传导机制的分析不断增加新的内容,主要集中在对货币供给变化到利率变化、利率变化到投资变化的更具体的传导机制及一些约束条件的分析上。但不论进展如何,凯恩斯学派传导机制理论的共同特点是对利息这一环节的特别重视。

2. 托宾的 q 理论

以托宾为首的经济学家沿着一般均衡分析的思路扩展了凯思斯的模型,把资本市场、资本市场上的资产价格,特别是股票价格纳入传导机制,认为货币理论实际上是微观经济主体资产结构管理理论,沟通货币经济与实体经济的并不是货币数量或利率,而是资产价格以及关系资产价格的利率结构等因素。其传导过程可表达为:货币是起点,直接或间接影响资产价格(主要是股票价格),资产价格的变化引起实际投资的变化,并最终影响实体经济和产出。他们认为,股票价格是对现存资本存量价值的评估,是评价企业市场价值的依据,而企业的市场价值与资本的重置成本的比较将影响投资行为。托宾将 q 定义为企业市

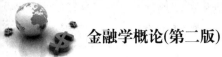

场价值与资本重置成本之比,q 值较高,意味着企业市场价值高于资本的重置成本,在生产要素价格未上涨时,企业家愿意增加投资支出,追加资本存量,此时会使投资需求增加,总需求上升,国民收入增加。因此,q 值是决定投资的主要因素。这一过程可以表示为

$$M \rightarrow r \rightarrow PE \rightarrow q \rightarrow I \rightarrow Y$$

式中:PE 为股票价格,其他符号的含义同上。

托宾 q 理论与早期凯恩斯学派的货币政策传导机制理论不同的是,货币供给变动导致的利率变化,在后者是直接作用于实际投资和总支出,而在前者则是通过资产(股票)价格,再作用于实际投资,表面上看只不过增加了一个环节,实际上托宾在货币传导机制中加入了资本市场的因素,展示了货币市场、资本市场和商品市场之间的联系,将人们的注意力引到资产价格方面来,因而为货币政策传导机制理论带来新的视角和更丰富的内容。

3. 早期货币学派的货币政策传导机制理论

与凯恩斯学派不同,货币学派认为利率在货币政策传导机制中不起重要作用,他们强调货币供给量在整个传导机制上的直接效果。货币学派论证的传导机制如下所示:

$$M \rightarrow E \rightarrow I \rightarrow Y$$

$M \rightarrow E$ 表明货币供给量的变化直接影响支出,原因在于货币需求有内在的稳定性。货币主义将货币供给视为外生变量,因此,货币需求函数中不包含任何货币供给的因素,货币供给的变化也不会直接引起货币需求的变化。当作为外生变量的货币供给变化后,比如增加,由于货币需求并不变动,公众手持货币量必然会超过其愿意持有的货币量,从而使支出增加。

$E \rightarrow I$ 指变化了的支出用于投资的过程,货币主义认为这是资产结构的调整过程。超过意愿持有的货币可能被用来购买金融资产、非金融资产,直至人力资本的投资;不同的投资取向会相应引起不同资产相对收益率的变化,从而引起资产结构的调整;在这一调整过程中,不同资产收益率的比又会趋于相对稳定状态。

M 作用于支出,导致资产结构调整,最终会引起名义收入 Y 的变化。由于 Y 是价格与实际产出之积,这一变化究竟在多大程度上反映了实际产量的变化,又有多大比例反映在价格水平上?货币主义认为,货币供给的变化在短期内对两方面均可产生影响,长期而言,则只会影响到物价水平。

4. 信贷传导机制

信贷传导机制理论的出现比较晚,它强调信贷传导具有独立性,不能由利率传导、货币数量传导的分析所取代,要专门考察,而且侧重于紧缩效应分析。这方面的研究主要从两方面展开。

1) 对银行信贷传导机制的研究

银行贷款不能全部由其他融资形式(如发行企业债券和股票)所取代和普通消费者这样的特定的借款人,其融资需求只能通过银行贷款来满足。这样,中央银行如果能通过货币政策的操作影响贷款的供给,那么就能进一步影响总支出。

假设中央银行决定实施紧缩性的货币政策,如在公开市场上出售有价证券,那么商业银行的可用准备金 R 就会减少,存款货币 D 的创造也会相应减少,在其他条件不变的情况下,银行贷款 L 的供给就会相应削减,结果就会使那些依赖银行贷款融资的特定借款人不得不削减投资和消费,导致总支出下降。这一过程可表示为

公开市场的紧缩操作→$R→D→L→I→Y$

银行信贷传导的特点是不必通过利率机制，而且商业银行所提供的信用数量并不一定受中央银行行为的制约，有时商业银行会根据自己对经济形势的判断和经营策略的要求，主动地改变其信用规模。显然，这一理论强调了银行在货币传导机制中的作用。

2) 对借款人资产负债表的研究

20 世纪 90 年代，一些经济学家从货币供给对借款人资产负债状况的影响的角度来分析信贷传导机制。他们认为，货币政策会影响借款人的资产状况，特别是现金流的情况，进而影响其投资支出。以紧缩性货币政策为例，这种影响主要体现在：紧缩的货币政策会使利率上升，利率上升将直接导致利息等费用支出增加，使净现金流减少；同时，下游企业和消费者支出的减少将间接引起销售收入的下降，也会减少净现金流；利率的上升还会导致股价下跌，使企业净值下降，可用作借款担保品的价值减少。由于上述影响，使贷款的逆向选择和道德风险问题趋于严重，并促使银行减少贷款投放。一部分资产状况恶化和资信状况不佳的借款人不仅难以从银行获得贷款，也很难从金融市场直接融资，结果会导致投资和产出的下降。这一过程可表示为

$$M→r→PE→NCF→H→L→I→Y$$

式中：NCF 表示净现金流，H 表示逆向选择和道德风险，其他符号同上。

这一研究涉及利率的变动及其对股票价格的影响，与托宾的 q 理论相似，但它随后将研究引向企业的净值及其信用状况方面，即通过借款人信贷渠道对投资和总收入产生的影响，这是与托宾的 q 理论不同之处。

5. 开放经济条件下的货币传导机制

在开放经济条件下，净出口成为总需求的一个重要组成部分。货币政策可以通过影响国际资本流动改变汇率，并在一定的贸易条件下影响净出口。在实行固定汇率制的国家，中央银行可直接调整汇率；在实行浮动汇率制的国家，中央银行必须通过公开市场业务的操作来改变汇率。当中央银行实行紧缩的货币政策时，利率上升，外国对该国生息的金融资产的需求会增加，而该国对外国类似资产的需求会减少。因此，外国人会通过购买该国货币来达到购买该国金融资产的目的，这样就会使该国货币因需求的增加而在外汇市场上升值，本币的升值将导致该国出口减少，进口增加，使该国的贸易收支恶化，净出口下降，从而导致总收入下降。当中央银行实行扩张性的货币政策时，则会出现相反的调节过程。这一机制可表示为

$$M→r→re→NX→Y$$

式中：re 代表汇率，NX 代表净出口。

需要指出的是，在金融全球化的趋势下，国际资本流动对本国货币政策的操作具有抵消作用。例如，当本国要提高利率以限制总需求时，利率的上升却会因为外国资本的流入而受到抑制。

【知识点小案例】

20 世纪 90 年代初，英国陷入了第二次世界大战后的第四次经济衰退。1991 年出现了 2%的负增长，1992 年又连续出现了 0.5%的负增长。在经济衰退阴影的笼罩下，工业生产萎靡不振，房地产市场疲软，企业大量倒闭，失业猛增。英格兰银行为刺激经济实行扩张性货币政策，先后 7 次下调利率，基本利率由 15%下降到 10.5%。而邻近的德国，经济增长强

劲，1990 年 GDP 增长率达 5.1%。再加上德国自 1990 年 10 月统一后，振兴东部经济成为政府的重要任务。大量投入的东部资金加重了德国政府的财政负担，导致了国内通货膨胀率上升，德国政府于是相应提高了利率。英德两国利率差距的拉大，导致了英国资本大量外流，英镑贬值压力增大。但作为欧共体的一员，英国在放松银根，增加货币供给以抑制经济衰退的同时，又不得不维持欧共体内的固体汇率。于是，英格兰银行只能在外汇市场上动用外汇储备大量回购英镑，试图扭转英镑对欧洲货币(尤其要德国马克)的颓势，并大幅度提高国内利率，这样的操作在很大程度上抵消了扩张性货币政策的效果，致使英国经济毫无起色，失业率居高不下。

与此同时，英镑还受到了国际投机资本的猛烈攻击，英国政府不得不在 1992 年 8 月 16 日宣布英镑贬值，退出欧洲货币体系，英镑对德国马克自由浮动。英镑贬值，提高了英国产品在国际市场上的竞争力，农产品、纺织品以及加工工业品的出口大幅增长，当年英国的外贸赤字减少几十亿美元，失业率下降，经济出现复苏迹象。在浮动汇率条件下，英国实行独立的货币政策，扩张性货币政策取得了比较积极的效果。

(资料来源：百度文库)

点评： 英国初始的调控收效甚微，主要是因为固定汇率下的货币政策的独立性受到限制，维持固定汇率的措施抵消了扩张性货币政策的效果。而当英国退出固定汇率体系，英镑自由浮动时，扩张性的货币政策很快就扭转了经济衰退的局面。

(三) 货币政策的传导渠道

从上述理论分析中可以看出，货币政策的传导渠道主要有两条。

1. 商业银行

商业银行也可称为机构传导途径，是指中央银行动用了货币政策工具后，可以改变商业银行从中央银行的融资成本，使商业银行的准备金头寸发生变化；然后，商业银行会通过调整信贷规模、利率、贷款期限等使其他社会公众的消费、储蓄和投资活动受到影响，进而使全社会的总支出和总产出量发生变化，以实现货币政策的最终目标。在间接金融占统治地位的情况下，这是货币政策的主要传导渠道。

2. 金融市场

金融市场也可称为市场传导途径，是指中央银行实施了货币政策工具后，会使金融市场(包括货币市场、资本市场和外汇市场)的供给和需求发生变化，引起各种金融资产的收益和价格的变动。这种变动同样会影响到企业、居民等经济主体的消费、投资、储蓄和进出口行为，并最终影响货币政策目标的实现。

从上述两条传导渠道可以看出，货币政策的传导顺序一般是由中央银行首先作用于商业银行和金融市场，再由商业银行和金融市场作用于企业、居民等经济主体，最后由各经济主体作用于各宏观经济变量。

二、我国货币政策的传导机制

我国货币政策的传导机制，经历了从直接传导向直接传导、间接传导的双重传导转变，并逐渐过渡到以间接传导为主的阶段。

(一)传统体制下的直接传导机制

这种机制与高度集中统一的计划管理体制相适应。国家在确定宏观经济目标时，如经济增长速度、物价稳定和国际收支平衡，已经通过国民经济综合计划将货币供应量和信贷总规模乃至该项指标的产业分布和地区分布包括在内。因此，中央银行的综合信贷计划只是国民经济计划的一个组成部分。中央银行的政策工具唯有信贷计划以及派生的现金收支计划，在执行计划时直接为实现宏观经济目标服务，这种机制完全采用行政命令的方式通过指令性指标运作。其特点是：①方式简单，时滞短，作用效应快；②信贷、现金计划从属于实物分配计划，中央银行无法主动对经济进行调控；③由于缺乏中间变量，政策缺乏灵活性，政策变动往往会给经济带来较大的波动；④企业对银行依赖性强，实际上是资金供应的"大锅饭"。

(二)改革以来的双重传导机制

我国改革以来至1997年，货币政策直接传导机制逐步削弱，间接传导机制逐步加强，但仍带有双重传导特点，即兼有直接传导和间接传导两套机制的政策工具和调控目标，如图11-3所示。

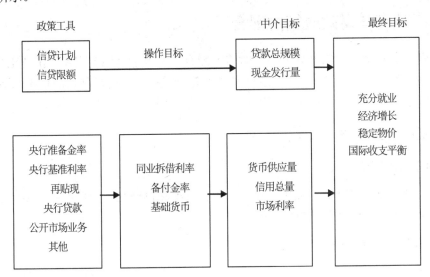

图11-3 双重传导机制

(1) 第一个环节是运用货币政策工具影响操作目标——同业拆借利率、备付金率和基础货币。信贷计划、信贷限额是直接型的货币政策工具，其影响直达中介目标：贷款总规模和现金发行量。直接传导过程中没有操作目标，或许可以称季度、月度贷款、现金指标是其操作目标。这个环节是调控各金融机构的贷款能力和金融市场的资金融通成本。

(2) 操作目标的变动影响到货币供应量、信用总量和市场利率。信用总量的可测性不强，目前还不太实用；我国实行管制利率，不存在市场利率，只有中央银行根据经济、金融形势变化来调整利率。这个环节是金融机构和金融市场、企业和居民在变化了的金融条件下，作出反应，改变自己的货币供给和货币需求行为，从而影响到货币供应量的变动。

(3) 货币供应量的变动影响到最终目标的变动。改革之初，货币转化为存款和现金比较透明，贷款总量基本反映了货币供应量，只要守住了贷款就几乎守住了货币供给。但发展到现在，两者的相关性减弱，只控制贷款并不能完全调控货币供应量，直接控制的效果减弱。然而，在货币政策间接调控货币供应量的机制不完善的条件下，只能两者并用。在经济过热、通货膨胀严重时，直接控制比间接调控的效果更好，所以并没有马上放弃它，形成了双重调控的特点。

我国经济经历了高通货膨胀后"软着陆"成功，商业银行推行资产负债比例管理，各级政府防范金融风险的意识大大加强，取消贷款限额的条件基本成熟。1998年我国不失时机地取消了对商业银行的贷款限额，标志着我国货币政策传导机制从双重传导过渡到以间接传导为主。

然而，我国的社会主义市场经济体制仍在建立之中，商业银行和企业的运行经营机制还不健全，所以货币政策传导效应也有待提高。只有真正按现代企业制度的要求加快商业银行和企业的改革步伐，使其对中央银行的货币政策传导反应灵敏，才能完善货币政策传导机制。

第四节 货币政策与其他宏观政策的配合

一、货币政策与财政政策的配合

国民经济运行需要财政政策和货币政策的配合。两者都是稳定宏观经济的工具，其目标具有某些一致性，如两者在宏观调控中的作用是一致的，作用机制也都是通过调节企业、居民的投资活动和消费活动而达到政策目标。但两者还有一定区别。

(一)货币政策与财政政策的区别

1. **两者作用领域不同**

财政政策主要通过社会产品和国民收入进行分配和再分配，国民经济调节主要在分配领域；货币政策是通过货币供给调节国民经济运行，主要在交换领域。

2. **两者作用机制不同**

财政直接参与国民收入的分配，并对集中起来的国民收入在全社会范围内进行再分配；银行除利息收入外，并不直接参与 GDP 的分配，主要进行资金的调剂。

3. **两者的作用方向和重点不同**

财政政策在消费需求形成中起决定作用，调节的重点在结构，如产业结构调整等；货币政策对个人消费需求作用不大，调节的重点是供求总量，通过货币供应量影响总需求，从而影响总供给。

4. **两者在膨胀和需求方面作用不同**

财政的扩张和收缩需求效应要通过信贷机制的传导才能发生，如财政发生赤字或盈余，银行要同时扩大或收缩信贷规模，财政的扩张和收缩效应才能真正发生；而银行自身可通过扩大或收缩信贷规模产生扩张或紧缩需求的作用,从这个意义上讲,银行信贷是扩张收缩需求的总闸门。

5. 两者的"时滞"不同

财政政策内部时滞长,外部时滞短。在我国现行制度下,要改变税收、投资、公债、公共支出等,须由财政部门提出建议草案,报国务院审批,再经全国人民代表大会通过后方可执行,故内部时滞较长。但财政政策实施后,由于财政直接参与微观组织的经济活动,直接影响到各单位、个人的购买力及投资、消费行为,故外部时滞短。货币政策内部时滞短,外部时滞较长。这是因为货币政策一般由中央银行根据经济形势自行决策,故内部时滞短;中央银行掌握的货币政策工具要经过金融市场或商业银行这些中介环节,再影响到经济单位和个人,故发生作用所需的时间较长,即外部时滞较长。

(二)财政政策和货币政策的搭配模式

1. "双松"政策

松的财政政策主要通过减少税收或扩大支出来增加社会总需求;松的货币政策主要通过降低法定存款准备金率、利息率等扩大信贷规模,增加货币供给。在社会总需求严重不足、生产能力和生产资源大量闲置的情况下,宜于选择这种政策组合,从而刺激经济增长、扩大就业。但调控力度过大、过猛,也会带来严重的通货膨胀。

2. "双紧"政策

紧的财政政策主要通过增加税收、减少支出等来抑制消费和投资从而抑制社会总需求;紧的货币政策主要通过提高法定存款准备金率、利息率等来增加储蓄,减少供给,抑制社会投资和消费需求。这种政策组合可以用来治理需求膨胀和通货膨胀。但力度过大、过猛容易造成通货紧缩、经济停滞。

3. 紧的财政政策和松的货币政策

紧的财政政策可以抑制社会总需求,防止经济过热,控制通货膨胀;松的货币政策可以保持经济适度增长。这种政策组合效应在控制通货膨胀的同时,保持适度的经济增长。

4. 松的财政政策和紧的货币政策

松的财政政策可以刺激需求,对克服经济萧条较为有效;紧的货币政策可以避免过高的通货膨胀,但长期运用这种组合,会积累大量的财政赤字。因此,这两种政策必须协调应用。

二、货币政策与收入政策的配合

收入政策主要是为了调节社会有效需求以及保证收入分配相对公平而采取的强制性或非强制性的工资管理等方面的政策。收入政策既有总量的概念,也含有结构因素。

在总量方面,收入政策通过控制名义工资和其他收入的增长率,调节消费需求,进而影响物价水平和经济增长速度等宏观经济问题;在结构方面,收入政策通过调整国民收入初次分配和再分配的比例结构,使社会各阶层的收入水平相对合理,调节消费与积累、政府储蓄与私人储蓄等比例关系，改变投资结构，进而影响投资结构、投资效率和经济增长速度等宏观经济问题。

收入政策可以认为是从微观经济领域入手而作用于宏观经济方面的国家政策。在稳定物价和启动经济增长问题上，它与货币政策相辅相成，因而需要密切配合。

三、货币政策与产业政策的配合

产业政策是国家为了促进国民经济的稳定协调发展，对某些产业、行业、企业进行一定形式的扶持或限制的政策。由于市场机制不能解决资源有效配置的所有问题，市场机制在微观领域、在促进提高生产效率等方面比较有效，仅在经济结构调整、产业升级换代等方面作用比较弱小，表现出相当的盲目性和无序性。市场经济的自由发展会出现垄断，垄断会破坏合理的产业组织结构，影响市场机制在微观领域配置资源功能的发挥。因此，在运用财政政策、货币政策等进行宏观总量调控时，还应该发挥产业政策的作用，调整宏观和微观结构领域。

产业政策从调整生产结构入手，改善供给结构，属于供给管理政策，它与需求管理政策相互配合，实现总供给和总需求的积极平衡。

本 章 小 结

货币政策是货币当局利用其政策工具，对宏观经济进行间接调控的一系列方针、措施和手段的总称。在现代金融经济中，货币政策日益成为政府进行需求管理的最重要的手段。

货币政策的最终目标是稳定物价、充分就业、经济增长及国际收支平衡。货币政策的四大目标之间既有协调，又存在冲突，需要中央银行在实施货币政策时，统筹兼顾、合理搭配各种政策工具的使用。

货币政策工具分为一般性货币政策工具、选择性货币政策工具和其他货币政策工具三大类。其中，一般性货币政策工具为世界各国所广泛使用，包括法定存款准备金政策、再贴现政策和公开市场业务，又被称为货币政策的"三大法宝"。

货币政策对实际经济活动的调控是间接的，中央银行运用一定的货币政策工具，往往不指望能直接达到其预期的最终目标，而只能通过借助某一中间目标的传导，间接地作用于实际经济活动，从而实现最终目标。货币政策中间目标的选择，必须满足可测性、可控性、相关性和抗干扰性这3个基本特性的要求。

在货币政策传导机制方面，凯恩斯主义与货币主义存在重大的分歧。凯恩斯主义强调利率在货币政策传输中的作用；货币主义则认为货币与经济的联系是多方面的，其传导的渠道也不限于利率一边。

同其他经济政策一样，货币政策也存在时滞。货币政策的时滞会削弱货币政策的时间功效，给货币政策的制定和实施带来困难。因此，货币政策必须与其他宏观经济政策配合使用。

第十一章 货币政策

复习思考题

一、名词解释

货币政策 货币政策目标 货币政策工具 法定存款准备金政策 再贴现政策 公开市场业务 货币政策的传导机制理论 财政政策

二、简答题

1. 货币政策的最终目标有哪几个?
2. 货币政策的最终目标的具体含义是什么? 各目标之间的相互关系是什么?
3. 货币政策为什么需要中介目标? 有哪些中介目标? 选择货币政策中介目标的依据是什么?
4. 中央银行的货币政策工具有哪些?
5. 一般性货币政策工具是如何发挥作用的? 各自有哪些优缺点?
6. 凯恩斯学派的货币政策传导机制理论的观点是什么?

三、案例分析

美联储动用一切工具促进经济复苏

面对错综复杂的经济形势,美联储的决策者们开始打起了"太极",这也让原本对这次年中议息会议期待颇高的投资人一时间没了方向。

经过两天会议,美联储的决策机构联邦公开市场委员会一致投票同意,维持利率在零至0.25%不变。在会后,联储几乎完全套用了2009年4月29日议息会议的声明,继续动用"一切工具"促进经济复苏和价格稳定,继续按原定计划推进国债收购计划。当局并未像部分人预期的那样公开提到"退出策略"的问题,但却暗示对通缩的担忧有所减轻。

上述模棱两可的声明让金融市场一时难以捉摸。美国、欧洲和6月25日的亚太股市呈现个别发展态势,而美元则连续两天走高。

1. 海外股市涨跌互现

相比2009年4月29日的上次议息会议,2009年6月22日美联储的例会在股市引起的反响要平静许多。6月24日收盘,美国三大股指涨跌互现,其中,道指微跌0.3%,标普500指数上涨0.7%。

而在6月25日,亚太股市则普遍走强。其中,东股市大涨2.2%,中国香港股市跳升2.1%,澳大利亚股市涨1.0%,新加坡股市也收高1.0%。除了印度和越南等极少数市场外,地区股市几乎全线收高,且涨幅大多超过1%。在欧洲,6月25日中盘,欧洲斯托克600指数大跌1.5%。

分析人士认为,美联储在会后声明中基本重申了前一次会议的立场,而没有体现出太多的策调整,不管是偏紧还是偏松,这反倒让市场有些无所适从。

与4月份的声明不同,美联储在最新声明中没有提到通胀"过低"的风险,但对于加息当局也没有提及。CBOT联邦基金利率期货的最新走势显示,市场预计美联储在2009年内加息的概率仍有33%,2009年6月初,该数字一度高达75%。不过,多数专业人士仍认为年内加息的可能性不大。

就进一步放松策的角度来看,美联储只是重申要在 2009 年秋季前收购 3000 亿美元的国债,但当局没有说会继续加大收购力度。

2. 美元迎来朦胧利好

不过,美元似乎从联储会议中获得了支撑。过去两天,美元指数连续走高,进一步巩固 80 的重要关口。截至北京时间 2009 年 6 月 25 日 20 时 33 分,美元指数报 80.48,上涨 0.3%,2009 年 6 月 24 日,该指数涨了 0.6%。

Forex.com 的首席汇市策略师多兰认为,美元之所以获得支撑,是因为联储没有提及任何有关加大量化宽松策力度的意思,所以消除了对美元的不利因素。还有人认为,美联储对经济的评估没有预期的那么乐观,这可能诱发了避险意识升,对美元有利。

ZEPHYR 管理公司的董事总经理吉姆表示,如果说这次会议有任何负面消息的话,那就是美联储似乎比市场更悲观一些。在会后声明中,联储表示,尽管经济似乎出现了和的改善迹象,但决策者依然坚持认为"经济活动很可能在一段时间内维持疲软"。

(资料来源:http://guba.eastmoney.com/news,600030,12255022.html)

问题:

美联储运用了什么货币政策来促进经济复苏,货币政策中介指标调整的依据是什么?

第十二章

金融发展与改革创新

【学习目标】

通过本章的学习,了解金融与经济的发展的关系;掌握金融风险的含义、类型和成因;了解金融创新的含义和内容;熟悉我国的金融改革与金融创新。

【本章导读】

<blockquote>

城商行内控漏洞再现——富滇银行金融市场部被"一锅端"

富滇银行作为历史上在我国西南和东南亚各国具有强大影响力的地方银行,具有较高的历史文化品牌价值。2007年12月30日,昆明市商业银行成功更名为富滇银行,赋予了这一历史知名品牌新的内涵和生命力。2010年,银监会批复同意富滇银行设立老挝代表处,富滇银行成为全国145家城市商业银行中首个获批在境外设点的地方性商业银行,可见富滇银行在当地的影响很大。而金融市场部更是因为"骄傲"的政绩一向被富滇银行引以为荣。然而,3500万的贪腐金额不仅使富滇银行声誉受损,也创造了近年云南金融贪腐案之最。

我们知道国债交易有"T+0"、"T+1"的产品。其中T+0的结算方式,可以最大限度地实现了客户投资的高流动性,即能够实现券款实时交割,当日买入的债券当日可以再次卖出或进行转托管、非交易过户等操作;当日卖出债券所得资金,当日就可进行转账或提现。云南昆明富滇银行金融市场部总经理等人通过找朋友的公司委托,或者自己委托等方式,几个人一起利用"T+0"的操作使得当天投进去的钱,当天就出来了,账面上还是一样的方式相互拆借资金,然后以近乎高利贷的利息再借给中小企业,为自己谋利,结果在部门检查对账时被发现。

(资料来源:百度文库)

问题:
内控疏漏会对商业银行经营管理带来哪些风险危害?

</blockquote>

第一节 金融与经济发展的关系

一、金融与经济发展

金融作为现代市场经济中的核心,其基本特征和作用是采用还本付息的方式聚集资金和分配资金。金融与经济的关系,可简单概括为:经济决定金融,金融反作用于经济。

(一)经济发展决定金融发展

经济发展决定金融发展,主要表现在以下几个方面。

(1) 经济发展决定金融发展的结构、规模和阶段。从结构看,宏观经济的部门结构决定了金融结构,如二元经济结构决定了二元金融结构;企业的组织结构和商品结构决定了金融的业务结构;市场结构决定了金融体系的组织结构和金融总量的结构等。从规模看,一定时期的货币供给量主要受制于当期商品可供量,而当期信用总量或金融总量的多少与经济发展的规模成正比。此外,一国金融机构的数量、分支机构、从业人员的数量一般也都与该国的经济规模直接相关。从阶段看,经济发展由低级阶段到高级阶段,金融发展也相应地由低级阶段进入高级阶段。

(2) 金融是依附于经济的一种产业,是在商品经济的发展过程中产生并发展的。货币的产生、信用的出现、经营货币信用业务的金融机构的发展以及宏观金融管理机构监管的完善等都离不开经济发展。经济越发展，金融越发达。金融脱离了经济就成了无源之水、无本之木。

总之，金融在与整体经济的关系中一直居于从属地位，它不能凌驾于经济发展之上。金融作为现代市场经济中的第三产业，其基本功能是满足经济发展过程中的投融资需求和服务性需求。因此，金融只有为经济发展服务并与之紧密结合，其发展才有坚实的基础和持久的动力。

(二)金融发展推动经济发展

金融在随着经济发展而发展的过程中，对经济发展的推动力日益增强，但是金融业的快速发展在推动经济发展的同时，显现出不良影响的可能性也随之增强，当这种不良影响显现时就会对经济发展造成阻碍甚至破坏经济发展。

1. 金融对经济发展的推动作用

金融对经济发展的推动作用，表现在以下几个方面。

(1) 现代经济中，一切经济活动都离不开货币信用因素，商品和劳务以货币计价流通，各部门的余缺调剂要借助信用形式，各种政策的实施也与货币信用相关，而金融业正是通过自身的运作为现代经济发展服务；提供货币促进商品生产和流通，提供信用促进资金融通和利用，便利经济活动，引导资源合理配置，提高经济发展效率。

(2) 金融业的基本功能是促进储蓄并将其转化为投资，为经济发展提供资金支持。如通过吸收存款、发行有价证券、向国外借款等途径组织资金来源；通过发放贷款、贴现票据、购买有价证券等方式为经济发展注入资金，金融筹集资金和运用资金的能力越强，其对经济发展发挥的推动作用也越强。

(3) 随着现代市场经济的发展，金融业获得了快速的发展，金融业的产值大幅度增加，占国民生产总值的比重也不断提高，金融业自身的产值增长直接构成一国 GDP 的重要组成部分，提高了经济发展水平。

2. 金融对经济发展产生的负面效应

1) 货币供应量过大危害经济发展

现代信用货币制度下，货币供给在技术上具有无限供应的可能性，货币当局出现认识偏差或操作不当就可能造成货币供大于求的状态，出现通货膨胀。信用出现过度膨胀或者当经济已经处于总需求大于总供给时，信用扩张就会带来明显的负面影响：加剧供求矛盾，对生产、流通、分配、消费等经济各领域造成广泛的破坏性影响。另外，新型金融工具不断涌现加剧了信用膨胀，产生了金融泡沫，特别是衍生金融工具交易与真实信用和社会再生产无关，与市场流通或产业发展无关，通过在金融市场上反复易手而自我膨胀，拉大有价证券与真实资本价值的差距，滋生金融泡沫，刺激过度投机，增大了投资风险，对经济发展有很强的破坏性；金融泡沫有强大的资金吸附能力，使大量资金不能用于真实的经济发展；同时，金融泡沫不具有持久性，虚拟资本在价格暴涨中的泡沫膨胀，只能通过价格暴跌来抵消，这种膨胀与抵消会直接造成金融市场的动荡和整体经济运转的失常，扩大了经济波动的幅度并可能导致危机事件发生。

2) 金融业的金融风险直接引发金融危机

金融业是高风险行业，在经营过程中始终伴随着利率风险、流动性风险、信用风险、汇率风险、电子风险、国际风险等的系统风险和非系统风险。风险失控就会出现金融机构支付困难、清偿力不足，公众会因此挤兑存款、抛售有价证券、抢购保值品，而这种金融恐慌现象又会进一步造成社会支付链条的中断和货币信用关系的混乱，大批金融机构破产倒闭，整个社会爆发金融危机。由于金融业是一种公共性行业，涉及经济中的方方面面，一旦出现金融危机，整体经济运作和社会经济秩序都会遭到破坏。

因此，各国都十分重视金融宏观调控和金融监管，力图通过有效的宏观调控实现金融总量与经济总量的均衡，通过有效的外部监管、内部自律来控制金融业风险，防止金融泡沫，保持金融安全与健康，发挥其对经济的支持与促进作用。

二、经济货币化与经济金融化

经济货币化是指一国经济中用货币购买的商品和劳务占其全部产出的比重及其变化过程，一般用一定时期的货币存量与名义收入之比来表示。这是因为经济的货币化直接扩大了货币需求，从而引起货币存量的增加，而一个国家的名义收入基本上可以代表总产出量。

(一)经济货币化

1. 经济货币化程度的影响因素

一国货币化程度的高低，是多种因素综合作用的结果。其中，有两个因素起支配作用：一是商品经济的发展程度；二是货币金融的作用程度。

1) 商品经济的发展程度

用商品化衡量的商品经济发展程度是货币的基础。商品经济越发达，商品交换、价值分配和价值管理就越复杂，货币的作用力就越大。因此，在二者的关系上，商品经济的发展程度决定了货币化的程度，而货币化程度的提高反过来对商品经济的发展又具有重大的推动作用。

2) 货币金融的作用程度

货币化程度与金融的作用程度正相关。一般来说，金融的作用程度主要取决于两个因素：①货币信用关系的覆盖面与影响力。当货币信用关系渗透于全部经济生活中时，货币不仅是衡量和表现所有商品和劳务的统一价值尺度，成为在一切经济活动中起媒介和传递作用的交换手段和支付手段，而且是影响生产、流通、储蓄、消费活动和引起价格、利率、汇率等杠杆性经济变量变动的重要因素，成为国家干预和调节经济的主要工具。货币流通和信用活动领域的扩大和影响力的增强，可以直接推动货币化进程。②金融业的发展程度。随着金融业的发展，其行业规模、业务范围和业务能力日益扩大，金融服务商品日益提高，当银行成为全社会的信用中介和公共簿记后，其信用创造能力大为增强，可以向社会提供足量的所需货币，尤其是支付清算系统的发展，使以货币为媒介的商品交易更为便利、快捷和安全，货币流通更为顺畅，货币效率大为提高，这一切都可以有效地推动货币化进程。

2. 经济货币化的发展趋势

在商品经济的发展中，货币化程度的提高不是无限度的，当货币化达到一定程度之后便会相对稳定在一个水平上。因为不论金融或经济发展到什么程度，总存在着一部分为自己消费而生产的产品或服务量，所以，货币化比率不可能大于1，其最高值或极限值只能是1，通常只是趋于1。

从对各国经济发展过程的实证分析表明，经济货币化进程也不是匀速的。从原始的自然经济向商品经济的漫长转化过程中，货币化程度的提高也是缓慢的；而在商品经济快速发展或从计划经济向市场经济的转换过程中，往往伴随着货币化程度的迅速提高；但当货币信用经济高度发达，货币化比值达到一定高度时，其提高速度越来越慢，此时可称作社会经济已实现货币化了。

3. 经济货币化的作用和影响

由于经济货币化的差别既表明了经济发展水平的差异，也体现了货币在经济运行中的地位、作用及其职能发挥状况的优劣，货币化程度高，意味着社会产品均成为商品，其价值均通过货币来表现和衡量，商品和劳务均以货币为尺度进行分配，货币的作用范围大，渗透力、推动力和调节功能强。因此，经济货币化对于商品经济的发展和市场机制的运作具有重要作用。

商品流通以货币为媒介，打破了实物交换在时间、空间和对象上的限制，从而形成大流通、大市场；所有商品和劳务都在市场上用货币进行购买，可以扩大价格的覆盖面和作用面，充分发挥价格机制对生产和流通的引导、促进及调节作用；货币作用范围的扩大和功能的强化，使国家可以充分利用货币形式和货币政策对经济实行干预或宏观调节。因此，提高经济的货币化程度是促进现代市场经济发展的内在要求。

(二)经济金融化

当社会经济实现货币化以后，并未停止发展。由于现代市场经济的发展和金融业的高度发达，促使经济货币化向纵深推进，进入到经济金融化的高级阶段。所谓经济金融化，是指全部经济的总量中使用金融工具的比重。由于金融工具总值表现为社会金融资产总值，而全部经济活动总量通常可用国民生产总值来表示，因此，金融化程度可以用金融资产总值占国民生产总值的比率来衡量，该比率与金融化程度成正比。金融化程度越高，表明金融在经济中的地位越重要。因此，金融化程度的提高，有利于金融在经济中充分发挥其先导和推动作用，扩大金融的影响面和影响力。但与此同时，也将加大金融在经济发展中出现不良影响和副作用的可能性，并且使这些不良影响和副作用的破坏力随之增加。20世纪50年代以后，主要发达国家已进入了货币信用经济的发展阶段。金融业高度发达，特别是大规模的金融创新之后，非货币性的金融资产迅速增加；金融业比值提高很快，表明金融在这些国家经济中的地位与作用日益重要，因而调控金融总量、监管金融运作也就成为这些国家的政策重心。

第二节　金融风险及其防范

随着金融业的迅速发展，巨额资金在国内外流动，加上政治、经济和市场的变化，使金融业潜伏着甚至呈现出很大的风险。据有关资料统计，从1980年以来，世界上有120个国家发生过严重的金融问题,这些国家为解决这些问题所耗费的资金高达 2500 亿美元。1994 年年底,墨西哥发生了严重的金融危机;1995 年,日本出现了"住专"巨额不良资产危机;1997 年东南亚金融危机的爆发,2007 年美国次贷危机的爆发给世界经济、金融发展带来了极为深刻的负面影响,也使得金融风险问题受到前所未有的重视。识别金融风险,防范、控制和化解金融风险,是政府、金融机构、企业以及居民都须思考和解决的问题。加强对金融机构和金融市场的监管,规范和维护金融秩序,有效防范和化解金融风险,仍是我国当前金融发展的一项战略要求。

一、金融风险的含义及种类

(一)金融风险的含义

有关风险与金融风险我们可以做这样的一般理解:所谓风险,最简单的解释就是指不确定性。这种不确定性使人们预期要达到的目标可能落空而造成某种损失,因而我们通常所理解的风险主要是指带来不利结果的那种不确定性。推而论之,金融风险则是指各经济实体在从事金融活动中遭受损失的可能性。

(二)金融风险的一般类型

从不同方面对金融风险进行分类,有助于全面、深刻地认识各类金融风险,并有针对性地采取防范措施,以达到风险管理的目的。就金融风险的一般类型而言主要有以下几种。

【知识拓展 12-1】 迎风破浪——金融风险的一般类型
MOOC 网址:安徽省网络课程学习中心 http://www.ehuixue.cn/View.aspx?cid=495

1. 政策风险

所谓政策风险主要是指由于国家宏观经济金融决策的不适时宜或失误而带来的风险。一国的宏观经济金融政策如果出现了问题,轻则带来金融风险,重则产生金融危机。例如,1997 年,东南亚国家爆发的金融危机就存在这方面的原因。由于东南亚一些国家宏观经济管理不力,致使经济结构失衡,国际收支经常项目长期出现赤字,外债总量过大,外资主要流向股市和房地产等高风险投机领域。同时,这些国家的经济金融政策失误,长期坚持僵化的固定汇率政策,损害了出口竞争力;过早地开放资本账户,对本外币转换不加任何限制;金融监管失控,金融机构呆账、坏账剧增。国际投机资本利用这些国家经济金融的问题和政策空隙,进行全方位的冲击,直接引发了这次金融危机。

2. 利率风险

所谓利率风险,是指由于利率变动而给借款者和投资者带来的损益。在利率变动的情况下,金融机构可能因资产与负债期限结构的不一致,其成本和收益随利率变动而相应发生变化,并对收益水平产生影响;在货币与资本市场上,利率的变化意味着有价证券的价格也要有相应的变化,从而以有价证券方式进行投资和融资的双方都会因此而增加或减少投资收益或融资成本。例如,假设某投资者购买了一份期限为 8 年的固定利率债券,如果在这 8 年中,市场利率呈上升趋势,那么,这份具有固定年收益率的债券的市场价格就将下跌，该债券的持有者也就会蒙受损失。

3. 汇率风险

汇率风险是指因汇率变化而使以外币计价的资产或负债的数额变得不确定的情况。汇率风险的表现形式很多，有外币结算风险、外汇买卖风险、会计评价风险等。例如，在签订以外币计价的交易合同时，如果未能确定将来支付时的汇率，待合同履行时就会因汇率变动而出现损失。20 世纪 90 年代初，我国大部分以美元计价的日元外债到期，而此时正值日元汇率上升，由签约时的大约 200 多日元兑 1 美元剧升到 90 多日元兑 1 美元，国家和有关企业因汇率变动而偿付了比原始债务高出 1 倍以上的债务。

4. 违约风险

违约风险也可以称为信用风险。例如，借款人不履行约定的还款承诺；存款人在存款到期前去银行"挤兑"等都属于违约风险。在我国的实践中，也存在着一些借款企业由于投资失误、市场变化以及其他种种原因而不履行还款业务，从而造成银行大量呆账损失的现象。例如，1992 年、1993 年广东、海南等地的房地产开发热，导致了 1995 年、1996 年及以后年度许多银行和非银行金融机构的经营困境。

5. 管理风险

管理风险可能因金融机构的管理者决策失误而造成，也会因金融机构中重要岗位人员的违规行为而产生。例如，英国巴林银行倒闭案，就起因于其驻新加坡期货公司交易员里森的越权违规交易。里森在期货公司中既是前台首席交易员，又是后台结算主管，在他利用私设账户擅自违规做日经指数期货交易时，由于监管不力，最终因巨额亏损，导致巴林银行的倒闭。

二、当前我国金融各主要行业的风险表现

(一)银行业的风险

由于我国银行业资产结构过于单一，其风险集中表现在信贷资产风险方面，突出的问题是国有商业银行存在巨额不良资产。根据银监会的统计，按贷款国际五级分类标准，我国商业银行 2015 年年末不良贷款余额为 12 744 亿元，占全部贷款比重的 1.67%，较 2014 年、2013 年不良贷款率增幅明显。银行不良资产比例过高、余额过大的问题非常严重。

为此，国有商业银行在加强金融资产和金融债权保全方面进行了积极的探索。例如，采用贷款五级分类法，更准确地反映信贷资产的质量和风险状况；组建金融资产管理公司，剥离并盘活银行不良资产，帮助银行摆脱困境。

(二)保险业的风险

目前，我国保险业主要的两大领域均存在着不同程度的风险。1997 年我国首次出现了寿险业比重超过产险业的格局。与此同时，寿险公司的潜在风险也在逐渐增加和积累。在投保人、被保险人和保险人中间都发生过诈保、骗保类的道德风险事件，而近年来中央银行多次降息则给寿险公司带来了利差风险。财产保险公司方面，也有诸如保险人在核保和核赔中不负责任或操作失误而引起的理赔风险；由于习惯于先出单后收费而产生的应收保

费风险；收取巨额保费后的资产管理和投资风险等。

针对保险业的风险，我国已采取了一些积极措施：保险法已经出台，保监会亦已成立，在强化行业监管的同时，加强了以核保、核赔为中心环节的保险公司内控制度建设，加强了对应收保费的催收、清理和管理工作，并且严厉打击各种保险诈骗等犯罪活动。

(三)证券业的风险

我国证券业的风险集中在上市公司经营风险、证券欺诈风险以及过度投机等方面。例如，1992 年深市的"8·10 事件"、1995 年沪市的"327 国债事件""琼民源"事件以及一系列违规资金进入股市的事件……这些事件给股市及证券机构带来了很大冲击。

《中华人民共和国证券法》的颁布，使我国证券市场的稳定性显著加强。证监会亦采取了一系列监管措施：强化对证券市场参与者的全方位监督，对证券发行、证券交易、上市公司、证券经营机构和专业服务机构以及投资者的运作作出严格规定；加强市场监管，保护中小投资者利益；实施有序扩容和重组，有效地改善市场资金供求关系；通过证券市场的规范化建设，努力使我国的证券市场与证券机构朝着健康、有序运作的方向发展。

(四)信托业的风险

我国的信托业经历了由最初的混业经营向分业经营的转变。在此过程中，曾发生几家信托投资公司被关闭的事件。例如，中银信托投资公司，由于经营管理混乱，严重资不抵债，1995 年 10 月由中国人民银行接管；基于相同或相似的原因，中国农村发展信托投资公司于 1997 年 1 月、中国新技术创业投资公司于 1998 年 6 月、广东国际信托投资公司于 1998 年 10 月先后被宣布关闭。上述事件反映出信托业高度的经营风险。究其原因是多方面的，包括信托业务的不突出、资金实力不强、资产负债业务不规范以及经营管理混乱等。

鉴于我国信托业存在的严重问题，政府从明确信托业的发展方向、发挥信托业的专业特色入手，在坚持分业经营的要求下，对现有的信托投资公司进行了战略性改组，在此基础上加强了信托经营机构内控制度的建设。

【知识拓展 12-2】迎风破浪——金融风险的一般类型具体表现

MOOC 网址：徽省网络课程学习中心 http://www.ehuixue.cn/View.aspx?cid=495

三、金融风险防范对策

(一)金融法制监管

加强对金融风险的防范，首先要健全金融法制，强化金融监管。改革开放以来，我国已先后颁布了一系列金融法律法规，如《中华人民共和国中央银行法》《中华人民共和国商业银行法》《中华人民共和国保险法》《中华人民共和国证券法》《中华人民共和国信托法》《中华人民共和国票据法》《中华人民共和国证券投资基金法》等，但还需进一步制定各类实施细则及相关配套法律法规，提高相关法律的可操作性。同时，要适应金融发展与创新的需要，制定新兴金融业务方面的法规，使金融立法具有一定的超前性和针对性。

根据现行的分业管理模式，加强金融监管。我国已在中国人民银行之外，组建了证监会、保监会，并且还专门成立了中央金融工作委员会。2003 年，银行业监督管理委员会挂牌成立。在此基础上，进一步做好各监管部门之间的协调工作，弥补分业监管体制在金融监管方面留下的空白点；建立健全金融同业自律监管组织，强化自律监管机制；充分发挥财政、税务、工商、审计、纪检、监察等具有公共监督职能的机构和会计师事务所、律师事务所、审计事务所、评估事务所等市场中介组织对金融业的外部监督作用；对同一行业实施内外资金融机构统一监管，本、外币统一监管以及表内外业务统一监管，防范和控制好行业系统风险等做好准备。

【知识点小案例】

中国建设银行"高贷门"警示法律风险

2011年，深圳中国建设银行被卷入了一个"高贷"门。深圳新星化工冶金材料有限公司董事长陈学敏对媒体称，该公司2009年6月向中国建设银行深圳分行申请贷款6000万元，加入了深圳市总商会互保池，遂获批3000万元贷款，3年期。不到两年，新星化工提前清偿了贷款，但就在其紧锣密鼓谋划上市期间，却与深圳中国建设银行陷入一项"期权财务顾问协议"纠纷。这份协议或将使得新星化工背负6918.13万元的巨额债务。对此，中国建设银行深圳分行针对新星化工所提出的问题一一作出了解答。

点评：银联信分析认为，此次中国建设银行之所以陷入"高贷门"，其中一个重要的原因在于，与贷款企业在贷款前后缺乏合理的沟通，尤其是在相关内容创新产品上，更是没有及时地与相关企业进行沟通，从而带来了不必要的法律风险。因此，建议商业银行在信贷过程中始终高度关注可能存在法律风险。

(资料来源：腾讯财经．金融市场)

(二)普及国民金融意识和风险意识

金融市场是一个高风险市场，金融业是一个高风险行业。目前，我国正处在金融业发展迅速，金融市场不断发育、成熟的过程之中，有关金融活动的制度、程序、操作等都还不很健全和规范，因此，必须广泛开展国民的金融意识和风险意识教育，使国民能够了解和认识金融知识及金融风险，提高国民参与金融活动时的风险识别能力和风险防范、承受能力。

(三)实施信用与风险评级制度

信用是金融活动中最关键的要素之一，建立和实施信用与风险评级制度，是防范金融风险的又一有效措施。

从现状看，我国在这方面的工作显得十分薄弱，要做的事情还很多，防范和控制的具体内容包括：一是建立全社会普遍接受和信任的具有独立、公正利益的信用和风险评级机构，为在全社会范围内开展信用评价业务提供必要的组织机构保障；二是建立对主权国家和地区的金融风险评级制度，密切关注国家主体风险；三是建立对金融机构的信用与经营风险评级制度，为他们的客户提供对称的信用信息；四是建立对非金融机构法人的信用评级制度，以使金融机构的业务经营建立在客户信用可靠的基础之上；五是建立个人信用评级制度，尽快填补我国在个人信用状况方面的信息空白，为进一步发展个人金融业务创造必要的条件。

通过建立健全多层次的信用和风险评级制度，能够提高社会各类经济主体信用等级和风险状况的社会透明度，从而为金融交易活动公平、有序地进行提供良好的社会环境。

(四)金融改革与创新

金融改革与创新是防范金融风险的积极、主动性措施。金融业的发展必然伴随着如何防范金融风险的课题，而金融改革与创新则是解决这一课题、促进金融业健康发展的有效途径。有关金融的改革与创新将在下一节具体说明。

【知识拓展12-3】迎风破浪——金融风险的防范对策
MOOC网址：安徽省网络课程学习中心 http://www.ehuixue.cn/View.aspx?cid=495

第三节　金融改革与创新

一、金融改革与创新的必要性

金融创新是近年来国际金融业迅速掀起的一股浪潮。随着经济的发展、科技的进步，社会对金融服务业的需求和要求都越来越高。原有的金融业务、金融商品、金融工具、金融机构以及金融市场等已不能很好地适应这种新的需求，迫切需要进行改革和创新。尤其是我国，目前正处在经济起飞阶段，经济体制正在转换、市场经济正在发育，金融改革与创新更有非常重要的意义。

(一)企业的改革发展与金融的改革创新

在社会主义市场经济条件下，企业发展与金融环境条件有着十分密切的关系。随着企业经营理念从单纯的生产经营型向生产经营与资本经营并重型的转变，金融已成为企业经济活动的命脉。企业不仅可以通过金融方式进行筹融资，而且需要借助于金融手段、金融工具规避经营风险。在企业制度改革的过程中，同样需要金融服务的配合。例如，企业的股份制改造、资产重组、破产清偿和保险保障等都需要金融服务的支持。企业改革与发展对金融服务提出了全新要求，需要金融业调整组织机构，扩大业务范围，提供多种金融工具，增加服务种类，积极进行金融改革与创新。

(二)政府的宏观管理与金融的改革创新

在社会主义市场经济新体制中，金融是宏观经济调控重要的经济杠杆。而金融调控离不开发达的金融组织、完善的金融市场、多样化的金融工具以及先进的金融技术手段。例如，政府通过公债的发行和交易，弥补财政资金的不足、调节社会的货币供应量，客观上要求有一个发达的公开市场与之相适应，需要有更多的发行方式、品种种类可供选择，以降低发行成本；需要有方便交易和转让的大容量的二级市场，以增强公债的流动性和赢利性；需要有现代化的支付清算系统，以加速资金周转，提高资金利用效率。这些都要借助于金融的市场创新、工具创新以及技术创新才能实现。

(三)居民生活改善与金融的改革创新

随着经济的发展和国民收入的提高以及收入分配的市场化和货币化,居民的货币收入在不断增加,人们的价值观念和金融意识在不断增强,对金融服务的创新也提出了更高的要求。首先,人们不再满足于银行存款这种单一的储蓄方式,而是要求金融机构和金融市场能提供多种金融资产供其选择,创造多种金融工具满足其投资需求、避险需求和保值增值需求。其次,在收入水平提高的情况下,人们的消费水平、消费层次、消费倾向发生了变化,如高档消费品、购房、购车文化消费及智力投资等需求在增加,因而要求金融机构开拓新的消费信贷业务,提供诸如房屋按揭、分期付款购车、助学贷款等消费信贷服务。最后,随着人们生活节奏的加快、生活质量的提高,金融机构的中间业务有了更大的发展空间,这也要求金融机构针对新的市场需求,开发更多居民满意的新型服务品种。

(四)国际经济交往与金融的改革创新

随着我国对外开放的扩大、国际经济交往的频繁,尤其是加入 WTO 以后与国际惯例接轨的做法,迫切要求我国金融业加快金融改革创新的步伐。

随着我国进出口贸易的扩大,需要金融机构能够提供方便及时的国际结算服务、灵活多样的进出口融资方式,以及有效避险的金融交易工具。在筹集利用外资方面,要求金融机构开拓国际市场,以较低的成本和优惠的条件筹措资金。而国内企业要进行海外投资,则要求银行提供诸如投资动态、资金供求、利率汇率变动以及币种调换等各方面的信息咨询和配套服务。此外,随着国际经济交往的频繁和多样化,在国际租赁、国际信托、国际保险等方面也将对金融创新产生越来越多的需求。我国"入世"以后,我国的金融业更需要通过自身的改革创新,来应对外资金融机构的竞争挑战。

二、金融改革创新的主要任务

参照国际金融业的做法和经验,我国的金融改革创新主要从以下几个方面展开。

(一)金融机构的改革

在计划经济时代,我国的金融机构形式单一,基本上是国家银行体系,其作用也仅限于会计、出纳的作用。改革开放以来,金融组织体系进行了重大改革,现已形成以中国人民银行为核心、国有商业银行为主体,包括政策性金融机构、股份制商业银行、其他非银行金融机构并存,分工协作的金融体系。

今后,我国金融机构的业务发展趋于综合化,不断推出新业务种类和新服务项目,满足顾客的需要;同时,商业银行业务与投资银行业务相结合,使银行发展成为全能性商业银行,而非银行金融机构通过创新涉足银行业务。金融机构的发展通过海外设立分支机构,以间接投资、参股方式等途径促使银行国际化、网络化、电子化和信息化。

(二)金融市场的培育完善

金融市场是融通资金、买卖有价证券的场所。实践证明,金融市场的建立和发展,对优化资源配置、方便资金融通、提高资金使用效率、筹措长期资金等具有重要作用。积极培育和规范金融市场,使其不断走向成熟,是我国金融业改革创新的一项重要任务。

改革开放以来,我国的同业拆借市场、国债及其回购市场、企业(公司)债券市场、股票及基金市场以及金融期货市场有着不同程度的发展,并且发挥了一定的积极作用,但从总体上讲,我国的金融市场发育还不够完善、运作还不够规范。货币市场方面,在继续发展同业拆借市场、国债交易市场的同时,进一步拓展票据流通市场,有效地动员社会储蓄向生产投资转化,采取多种融资方式,提高融资效率;资本市场方面,在现有交易品种、交易方式基础上,有选择地推出一些新的品种与方式,如扩大企业债券发行和交易规模,增加项目融资、BOT、可转换债券和经营权转让等业务;外汇市场方面,按照汇率及外汇市场逐步放开的原则,在原先基础上,稳妥地、有序地推进汇率制度改革和外汇交易市场建设。

(三)金融工具的创新

二十世纪六七十年代以来,发达市场经济国家由于金融竞争激烈、金融风险加剧,纷纷推出新的金融商品与金融工具。这些新的金融商品与金融工具,概括起来大致有以下三类。

一是为套期保值以减少或转移利率、汇率风险而创新的金融工具,如浮动利率债券、浮动利率贷款、远期利率协议、利率互换、货币互换、股票价格指数交易及各种金融期货、期权交易。

二是为增加金融资产的流动性,降低融资成本而创新的金融工具,如贷款股权对换交易、可转换为股票的债券等。

三是为增强安全性和提高效率而创新的金融工具,如信用卡、提款卡等。新的金融商品和金融工具,给投资者提供了更多的选择余地,给融资者增加了更多的融资手段,大大促进了国内外的资金融通,提高了金融体系的效率。

经济体制改革之前,我国的金融商品、金融工具品种很少,可供人们选择的余地很小。随着金融体制改革的推进,这种局面逐步得到改观,新增了多种金融商品,如各种政府债券、金融债券、股票、信用卡、可转让大额存单和投资基金等。今后,我国还将继续金融商品、金融工具的创新,对已开发的金融商品和金融工具要发展新形式、挖掘新功能,如债券可依据期限、发行方式和支付方式等方面的差异,开拓出更多的品种;投资基金既有封闭型又有开放型等、与此同时,逐步地、审慎地、有选择地使用各种衍生金融工具。

(四)金融技术手段的创新

当今世界的金融业,十分重视采用最新的科学技术手段,提高金融服务水平及业务处理效率。在一些发达国家,金融电子化已经取代了原先低效率的手工操作方式,极大地提升了金融业的现代化水平,推动了金融业的发展。

所谓金融电子化,是指将计算机和通信网络引入金融领域,使金融业务操作和金融管理实现技术手段的更新。金融电子化主要体现在以下几个方面。

1. 电子货币

电子货币的使用需要提供智能卡、销售点终端(POS机)等设施条件。所谓智能卡,其外观与磁条卡十分相似,卡上有一个包含了中央处理器、存储器及输出输入通道的极小的芯片，可以将一个客户的各类账户信息(如账号、金额等)都储存进来，并当作支付工具使用。POS 机一般装备于商场、饭店等消费场所。利用银行计算机网络联结这些销售终端，可以办理持卡人的消费划款结算业务，实现持卡人和消费单位银行账户之间的自动转账，从而起到电子货币的作用。

这一业务的开展，可大大节省社会的现金流通量，在方便客户的同时也为银行自身带来效益。

2. 自助银行、电话银行及网上银行

1) 自助银行

自助银行主要是指使用银行的自动柜员机，包括自动取款机、自动存款机、自动登折机等，使客户得到账户查询、取款、存款、转账、修改密码等服务。

2) 电话银行

电话银行是指银行采用语言转换器，将银行计算机连接到公用电话网上，为客户提供账户查询、挂失止付、信用卡授权、转账等服务，使客户不受时间、地点的限制，通过电话就可自己办理银行业务。

3) 网上银行

网上银行的客户可从网上获得其支票、储蓄、存单、信用卡账户余额的最新信息，从中了解有关支票是否兑现、确认存款、账户间的资金转移；通过网络银行办理货币收付、转账结算；在网上申请贷款等。

除此以外的网络金融还有网络证券业务、网络保险业务等。金融机构利用互联网向客户提供金融服务，与传统金融操作方式相比具有很多优势。对金融机构而言，可以减少其固定营业网点，降低经营成本；对客户而言，可以不受空间、时间的限制，得到便捷的、不间断的金融服务。总之，互联网技术提供了一种全新的、多功能的金融服务媒体。

3. 金融管理电子化

金融管理电子化是指互联网技术和现代化通信设施进入包括办公、统计分析、稽核、经营决策等在内的管理领域。办公自动化、信息管理系统、数据库管理系统、电子化稽核系统、决策支持系统等，成为金融业经营管理的重要组成部分。金融管理电子化可以提高信息收集、处理和统计、分析的速度及效率，能为管理者提供辅助决策信息，因而大大提高了金融业的管理和决策水平。

目前，我国对金融电子化工作也十分重视，不断加大投入力度，努力使金融业成为最先使用高新技术手段的现代化行业。

第四节 我国的金融改革与金融创新

我国金融改革的过程就是一个金融不断创新的过程。2001 年 12 月 11 日，我国正式加入 WTO，标志着我国金融业对外开放进入一个新的发展阶段。改革开放以来，金融机构改革不断深入，金融产业结构日趋多元化，相继建立和发展货币市场、资本市场、外汇市场、黄金市场、保险市场和衍生产品市场，但这并不等于说我国金融领域全方位地与国际金融接轨，事实上，在金融领域的许多方面，我国还不具备金融创新的条件，因此，了解我国金融国情，有助于循序渐进地在一些方面积极推进金融创新的进程。

一、金融改革与金融创新的关系

(一)我国金融改革的过程就是金融不断创新的过程

我国金融体制改革的过程，是一个金融不断突破传统旧体制，不断推进金融市场化，促进金融发展的过程。从上述意义上讲，我国金融体制改革的过程，就是一个金融不断创新的过程。为此，我们在强调金融要创新时，一定不要忘记我国金融业一直没有停止过创新。

(1) 金融体制与制度的创新。其包括：从"大一统"的银行体制到单一中央银行体制的初建到独立的中央银行体制的逐步形成；从证监会、保监会监管机构的建立到银行、证券、保险分业经营、分业监管体制的形成；从"统存统贷"到"差额包干"到"实存实贷"到全面实行资产负债比例管理的信贷资金管理体制改革；从高度集中的外汇管理体制到汇率并轨和人民币经常项目下自由兑换的改革；以及从直接金融管制到间接金融调控手段的不断运用等。

(2) 金融组织制度的创新。其包括：中央银行大区行架构的形成；商业金融与政策金融的分离，三家政策性银行的建立；以国有商业银行、股份制商业银行和城市商业银行为主体的存款货币银行体系形成，以证券经营机构、保险机构、信托投资机构等为主体的非银行金融机构体系形成；以及外资金融机构陆续进入我国市场，一个逐步开放的、金融多业全方位竞争格局的形成等。

(3) 金融市场的创新。其包括：以同业拆借、商业票据和短期政府债券为主的货币市场；银行与企业间外汇零售市场、银行与银行间外汇批发市场、中央银行与外汇指定银行间公开操作市场相结合的外汇统一市场；以承销商为中介，以股票、债券为主要品种的证券一级市场，以上海、深圳证券交易所场内交易为核心，以各地券商营业部为网络，以及遍布全国各地的国债柜台交易的证券二级市场等。

(4) 金融业务与工具的创新。其包括：保值储蓄、住房储蓄、按揭贷款、信用证、信用卡、代客理财、网上银行、网上证券交易、银行柜台出售开放式基金、投资与保险联结、"银证通"等金融业务的创新；国库券、商业票据、短期融资债券、回购协议、大额可转让存单等货币市场工具创新；长期政府债券、企业债券、金融债券、可转换债券、股票、封闭式基金、开放式基金、股权证等资本市场工具创新等。

(5) 金融技术创新。例如，金融机构资金汇划电子化、证券交易电子化、信息管理电子化和办公自动化，电子货币"一卡通"、网上银行、网上股票交易等。

(二)进一步的金融创新是金融深化改革、适应开放的要求

目前，一个以市场化金融体制为特征的间接金融调控体系、金融多业发展竞争格局以及规范有序的金融市场运作机制正在形成中。为此，我国进一步的金融创新，将主要取决于政府对我国金融所处阶段及其任务的准确把握和理解，以及因此而采取的改革措施的力度和推进的速度。

进一步推进我国金融创新的动因主要来自两个方面，一是进一步深化金融改革，构建市场化金融体制架构的要求。目前，我国的市场化金融体制尚未完成，金融领域内还存在

诸多问题。例如，金融监管体制和制度还不健全，金融各业管理体制还不顺畅，金融市场运行秩序还比较混乱，金融业务和金融工具还比较单一等，这些方面都要求金融不断深化改革。二是实现金融全面对外开放的要求。按照加入WTO后金融领域对外开放的要求，我国在2006年年底经过五年过渡期，已经向成员国有步骤地开放我国金融服务业，我国金融业正逐渐融入金融全球化的浪潮中，逐步形成金融机构设置的全球化、金融活动和市场的全球化、资本流动的全球化以及金融监管的国际化，我国金融不再是"中国化"的，而是"国际化"的。国际金融形势变化，区域金融动荡，都可能对我国金融的稳定和安全产生实质性影响，因此，只有不断地金融创新，才能不断提高我国金融机构的国际竞争力，也才能维护我国的金融安全和稳定。

(三)我国金融创新必须充分考虑我国的金融"国情"

随着金融改革的深化和金融开放的扩大，我国金融创新的进程加快，但这并不意味着我国金融要在短期内全方位地与国际接轨，也并不意味着一定要按照发达国家的金融模板设计我国的金融创新。我国的金融创新应当充分考虑我国金融业发展时间不长、金融深化程度不够、金融市场化程度不高的基本国情，在金融领域的许多方面我国尚不具备与国际金融接轨的条件。

(1) 在金融业发展模式上，我国尚不具备混业经营的条件。尽管金融混业经营已呈国际趋势，特别是美国废弃金融分业经营体制后，国内金融界居统治地位的观点是，应当修改我国有关的金融法律法规，取缔自1994年以来的金融分业经营体制，实行混业经营。这是一种只考虑了混业经营必要性却忽视了金融混业经营可行性的观点。从我国金融业现实情况看，并不具备混业经营的条件。从我国的银行业看，内部控制松弛、风险意识淡薄、不良资产严重等问题仍然存在。在银行主业风险较大、信用基础不牢的情况下，如果实行混业经营，一旦出现更加严重的损失，不仅会损害银行及储户的利益，甚至可能引起大范围的挤兑，导致信用危机。从证券业看，我国证券市场还不十分成熟，市场投机操纵气氛甚浓，股价波动频繁而剧烈，整体风险很大。从保险业看，这一行业多家经营格局刚刚形成，经营规模尚小，经营还很不稳健、规范，如果允许其过早地涉足其他金融领域，将滋生出很大的金融风险。

(2) 就金融市场发展看，我国尚不具备建立各种金融衍生证券交易的条件。金融衍生证券交易的出现与兴起，是金融市场发展到一定阶段的产物，例如，西方发达国家期货、期权交易市场是在证券现货交易发展了一二百年，已相当成熟，于20世纪70年代才出现的。即便如此，由于衍生证券交易在提供交易避险机制的同时，也增强了市场的投机性和市场风险，因此，仍然出现了类似巴林银行倒闭等国际金融案件的发生。在我国证券市场的发展中，也曾推出过国债期货交易，结果也由于过度投机而被迫关闭。事实上，由于我国证券市场仅有20多年的发展时间，市场发育程度还非常低，证券现货交易也存在着很大的投机性，蕴涵着巨大的市场风险，给监管部门带来了很大的监管难度。因此，我国证券市场还不具备开展衍生证券交易的基本市场条件，离与国际市场接轨还存在相当大的距离。

(3) 在金融工具创新方面，我国也在很多方面不具备与国际接轨的条件。目前，在国际金融领域，各种衍生证券交易、货币互换、利率互换、远期利率协议、外汇市场掉期交易、远期合约等金融工具等都十分常见和流行。这些金融工具的出现，一是要有一个发达的金融市场；二是要求利率已经实现市场化；三是要求外汇市场高度开放，货币可以自由兑换；四是要求资本市场开放。目前，我国在这些方面都不具备与国际接轨的基本条件，因此，我国的金融工具创新还只能局限在较狭窄的范围内。

二、金融创新的重点

结合我国的金融现实和金融对外开放的要求，金融创新以深化金融改革为依托，循序渐进地推动和实行。

(一)金融监管体系创新

金融创新需要建立健全银行业、保险业和证券业分业经营、分业监管的体制和制度规范，形成从市场准入、业务合规、风险控制到市场退出的全方位监管体系。处理好宏观监管、行业自律与微观内控机制的关系，一方面，健全金融同业公会，建立全国金融同业公会的联系机制、协调机制、合作与交流机制，形成同业自律控制系统；另一方面，建立健全金融机构内控机制和内控制度，形成有效的金融机构内部控制系统。修改与WTO基本法律规则不符的法律规范，抓紧制定尚处于空白的金融法律制度。要防范和避免几种现象：一是监管中的功利化、利益化倾向；二是监管过度与监管不足并存的现象；三是市场准入的超国民待遇与次国民待遇并存现象。

(二)金融组织体系创新

金融创新需要综合改革国有独资商业银行体制，部分改造为国家控股的股份制商业银行，实现银行产权主体的多元化，完善金融法人治理结构，建立有效的约束机制和激励机制；发展股份制商业银行，大力支持中小金融机构特别是民营金融机构的发展，规范和完善民间信用；积极发展保险公司、基金管理公司等非银行金融机构，鼓励证券公司兼并和资产重组，形成我国的投资银行业；特别要注意防范金融发展中的无序竞争与过度竞争行为。

(三)金融市场创新

金融创新需要重点发展以同业拆借、票据承兑贴现为主的货币市场；规范证券市场秩序，引导资本市场健康发展，在条件成熟时适时推出创业板市场；建立健全统一的外汇市场；逐步放开黄金市场；加快利率市场化改革进程，逐步建立以中央银行利率为基础、以货币市场利率为中介、金融机构存贷款利率由市场供求决定的市场利率体系及其形成机制。

(四)金融业务和金融工具创新

金融创新需要鼓励金融机构在保持常规金融业务品种外，大力开拓中间业务、表外业务，推行电话银行、信用借记卡、代客理财等业务；继续发展封闭式基金，积极推行开放式基金；发行零息债券、可转换债券；适时推出以银行同业拆借利率为基础的浮动利率存款、浮动利率贷款等新型银行业务品种；拓展商业保险品种，发展投资类保险和组合保险；探索资产证券化试点等。

【知识拓展12-4】互联网金融新发展

MOOC网址：http://www.ehuixue.cn/View.aspx?cid=495

(五)金融技术创新

金融创新需要大力实施技术创新战略，实现金融业务的电子化、信息化、网络化，建立金融网络安全系统，建立健全现代化的支付清算系统，在金融技术上实现与国际金融业的全面对接。

本章小结

经济发展决定金融发展，金融对经济发展具有一定的推动作用，但是在发挥这种积极推动作用的同时，也可能出现一些负面影响，因此，应加强金融宏观调控，深化金融改革。

金融创新是各种金融要素的重新结合，是金融机构为追求微观利益和金融当局为提高整个金融业宏观效益而发生的金融创造性变革，重点包括金融监管体系创新、金融组织体系创新、金融市场创新、金融业务和金融工具创新、金融技术创新等内容。金融创新对整个金融业乃至整个经济运行机制形成了利大于弊的影响，应当积极地推进金融创新，同时也应加强有效的金融监管。

中国金融改革的过程就是一个金融不断创新的过程。但在金融领域的许多方面，我国还不具备金融创新的条件，因此，应继续深化金融改革，循序渐进地推进金融创新的进程。金融创新一方面提高了金融机构和金融市场的运行效率，提高了金融资源的开发利用和再配置效率；另一方面提升了社会投融资的便利度和满足度，提高了金融业对经济发展的贡献度，进一步推动了经济发展。

复习思考题

一、名词解释

经济货币化　金融创新

二、简答题

1. 简述金融与经济发展的关系。
2. 经济货币化的程度受到哪些因素影响？
3. 简述金融创新的动因。

三、案例分析

银行网络化的模式创新

面临互联网企业大举进入金融领域，中信银行信用卡中心(以下简称卡中心)采用先进的去中心化的Web网络结构处理业务。这一思路的架构理念，已然超过淘宝网的传统网络模式，具有腾讯微信架构的网络特征。

中信银行信用卡中心整个商业模式都是以大数据为基础，卡中心及时跟踪大数据，把大数据的重心放在了业务应用架构上。具体做法是，卡中心建立了先进的大数据采集平台体系。首先是这个体系的理念超前，卡中心从COOKIE到用户关系信息，都进行了布局；其次是这个体系没有照抄就搬互联网企业的做法，而是充分发挥自身优势，建立了O2O型的大数据信息库，用活了资源。其中，客户线上信息库整合网上多种类型战略性信息资源；客户线下信息库发挥了银行实体资源广泛优势，深入到实体经济内部挖掘有用的信息资源。中信银行这一商业模式是由产品、服务和体验一连串连续升值的价值环节构成的。第一个环节，由产品定位的"准"字开始，通过大数据准确定位产品；第二个环节是信用卡与消费信贷服务的"快"字，通过大数据实现秒速贷款，做到即申，即审，即批核；第三个环节则进入到以"心"字为核心的体验。在创造用户体验的过程中，卡中心的做法环环相扣，达到了非常高的战术组合水平。一是，利用定位功能确定商圈，目前已实际覆盖全国161个商圈，累计服务千万人次，中信银行为此获得2012年深圳金融创新优秀奖。二是，利用用户活动轨迹追踪，确定更高价值商圈。三是，再利用大数据进行客户需求的体验分析，既包括客户的需要，也包括客户的体验，最终实现用户体验的LIKE曲线。

比如：利用大数据，卡中心将客户使用信用卡加油与吃饭的信息关联起来进行分析。信用卡中心发现，在周末18:00之前加油的客户，有60%会去吃饭；再结合LBS信息，对客户就餐所在区域分析，发现其中70%有去中心城区吃饭的习惯。于是信用卡中心与中心城区的汉拿山烤肉店合作，在每个周末17:30的时候，向在驶出加油站的客户，打出这样的手机广告："物超所值，美味、环境优雅，价格适中，朋友聚会的理想场所，持中信卡可享五折优惠!"经过实战检验，效果非常理想。剖析这个案例可以看出，银行运用互联网开展业务，进行模式创新，已经达到相当的高度。

（资料来源：新华江苏·财经·新闻）

问题：结合案例试分析中信银行如何巧妙运用O2O型创新商业模式？你身边还有哪些金融创新的例子呢？

参 考 文 献

[1] 黄达. 金融学[M]. 北京：中国人民大学出版社，2014.
[2] 兹维·博迪. 金融学[M]. 北京：中国人民大学出版社，2010.
[3] 戴国强. 货币金融学[M]. 上海：上海财经大学出版社，2012.
[4] 瞿建华，李军燕. 金融学概论[M]. 大连：东北财经大学出版社，2015.
[5] 何宇，王增孝，周新竹. 金融学概论[M]. 北京：清华大学出版社，2016.
[6] 马宇，辛波. 金融学[M]. 北京：中国金融出版社，2015.
[7] 凌江怀. 金融学概论[M]. 北京：高等教育出版社，2015.
[8] 杨利，伍瑞凡. 金融学[M]. 北京：科学出版社，2015.
[9] 李树生，冯瑞河. 金融学概论[M]. 北京：中国金融出版社，2013.
[10] 茆训诚. 金融学概论[M]. 北京：机械工业出版社，2011.
[11] 李健. 金融学[M]. 北京：科学出版社，2010.
[12] 曹凤岐. 金融市场与金融机构[M]. 北京：北京大学出版社，2014.
[13] 阮加，韦桂丽，张晓明. 中央银行学[M]. 北京：清华大学出版社，2010.
[14] 张锐. 中国外汇储备的理论解读[J]. 对外经贸实务，2007(4).
[15] 曹龙骐. 金融学[M]. 北京：高等教育出版社，2011.
[16] 朱疆. 货币银行学[M]. 北京：清华大学出版社，2014.
[17] 蔡正祥，王品正. 货币银行学[M]. 北京：高等教育出版社，2007.
[18] 幸理，陈莹. 货币银行学[M]. 武汉：华中科技大学出版社，2008.
[19] 才凤玲，冷丽莲. 货币银行学原理[M]. 北京：清华大学出版社，2009.
[20] 张孝君. 金融理论与实务[M]. 北京：人民大学出版社，2014.
[21] 马瑞华，孙学辉. 现代金融学[M]. 武汉：武汉理工大学出版社，2012.
[22] 萧松华. 货币银行学[M]. 成都：西南财经大学出版社，2013.
[23] 陈善昂. 金融市场学[M]. 2版. 大连：东北财经大学出版社，2012.
[24] 高彩霞. 货币金融学概论[M]. 上海：上海财经大学出版社，2008.